台湾文献与史实钩沉

陈支平 著

2015 年·北京

图书在版编目(CIP)数据

台湾文献与史实钩沉/陈支平著.—北京:商务印书馆,2015
ISBN 978-7-100-11439-4

Ⅰ.①台… Ⅱ.①陈… Ⅲ.①地方文献—台湾省②台湾省—地方史 Ⅳ.①K295.8

中国版本图书馆 CIP 数据核字(2015)第 155430 号

所有权利保留。
未经许可,不得以任何方式使用。

台湾文献与史实钩沉
陈支平 著

商 务 印 书 馆 出 版
(北京王府井大街36号 邮政编码100710)
商 务 印 书 馆 发 行
北 京 冠 中 印 刷 厂 印 刷
ISBN 978-7-100-11439-4

2015年9月第1版　　　开本 787×1092　1/16
2015年9月北京第1次印刷　印张 26 3/4
定价:68.00元

目 录

前 言 ·· 1

卷一 孤本的搜集与史实分析 ··· 1

一、《惠安王忠孝公全集》与明末清初闽台史事 ········ 2

二、《师中纪绩》与康熙统一台湾史事补遗············ 22

三、《闽颂汇编》与姚启圣生前身后事 ·················· 44

四、《闽颂汇编》与姚启圣治闽平台事 ·················· 65

五、《难游录》等郑氏史料辑补 ···························· 84

六、《靖台实录》与《平台纪略》的比较分析 ······ 101

七、周澍与《台阳百咏》述略 ····························· 113

八、从东洋文库所藏闽省督抚将军奏稿看王得禄事迹

 ··· 129

九、乙未台北抗战与《新编绣像台湾巾帼英雄传》 ··· 143

十、从清末盐政浯洲场公牍汇钞看金门盐政 ········ 155

十一、从台北芦洲李氏中医方剂集子看民间的疾病与治疗

 ··· 179

卷二 从官私文书看清代台湾的"民番"关系 ············ 197

一、清代政府对于"平埔族"政策的基本沿革 ········ 198

二、"番社"通事的作用及其弊病 ·························· 211

三、"番社"及其通事、土目与汉民的关系 ············ 225

四、从民间契约文书中所反映的"民番"物产交易的

若干特点 ·· 245

1

五、从碑刻文书看"民番"对埤圳水利的管理与使用 …………… 269

　　六、六份阄书中所见的台湾民间分家析产 …………… 292

卷三　族谱及其他民间文献的史料解读 …………………… 311
　　一、从族谱等资料看清郑力量的逆转与康熙统一台湾 … 312

　　二、闽台民间信仰演变与尊贵者之关系举隅 ………… 335

　　三、《林氏族谱》与林贤从征台湾史事 ……………… 351

　　四、流传于闽台地区关圣帝君与岳武穆王的善书辑述 … 369

　　五、闽台地区回族、畲族等少数民族的妈祖信仰 …… 385

　　六、试论闽南梨园戏《管甫送》的剧本变迁 ………… 403

前　言

自 20 世纪 80 年代以来，中国大陆逐渐兴起了研究台湾历史文化的热潮，至今久盛不衰。然而至 2000 年以前，众多的大陆研究者们，更多的是关注于学术研究论点的产生以及学术研究与现实关系的重大意义，而对于学术研究基础的建构以及有关台湾历史文献资料的搜集与整理，却不甚重视。

大陆学者不甚重视台湾历史文献资料的搜集与整理，可能与台湾学界已经整理出版诸多台湾历史文献丛刊有很大的关系。自 20 世纪五六十年代开始，台湾地方当局及台湾银行组织数十名著名学者，经过 20 年的努力，搜集编辑了大型《台湾文献丛刊》，共整理出版各种文献资料四百余种。这套文献丛刊成为至 20 世纪为止，研究台湾问题最基本和最重要的资料。大陆各个主要研究机构和图书馆，大多购置了这套文献丛刊；大陆学者从事台湾问题的研究，基本上引用于这套丛刊中的资料。

台湾整理出版的《台湾文献丛刊》固然规模宏大、影响广泛，但这套丛刊是极不完备的。因为这套丛刊只能网罗台湾岛内的文献资料，而不能顾及台湾之外，特别是大陆收藏的众多文献资料。大陆许多图书资料部门所收藏的有关台湾问题的文献资料，无论在数量上还是质量上，均可超越《台湾文献丛刊》，亟待我们去搜集、整理和出版。

我于 20 世纪 80 年代前期研究生毕业以来，一直从事中国古代史中明清历史的教学和研究工作。台湾的历史文献资料，从严格意义上说，都是涵盖在明清以来的历史文献之中。有鉴于大陆学界在台湾历史文化研究中忽视文献资料基础建构的缺陷，我从20世纪80年代开始，就比较关注台湾历史文献在大陆的收藏情况。如此坚持下来，有了可喜的收获。2004年，由我主编的大型《台湾文献汇刊》100册由九州出版社和厦门大学出版社联合出版，在学界产生了良好的影响。

21世纪以来，建构坚实的台湾历史文献资料基础，以促进台湾历史文化研究向深度和广度进展，已经成为中国大陆学界的共识。2007年，北京海峡出版中心联络中国第一历史档案馆、中国第二历史档案馆以及厦门大学等机构，一道推动"台湾文献史料出版工程"。经过数年的努力，多达数百册的不同类型的台湾历史文献得以出版问世。我本人也因而主编出版了《民间遗存台湾文献选编》25册。

大陆整理出版的台湾文献资料越多，往后继续搜集整理的难度就越大。《民间遗存台湾文献选编》出版之后，我还是一如既往地搜集有关的文献资料。大概是年龄渐大的关系吧，各地的朋友怜老惜痴，很肯给足面子。这几年坚持下来，竟然还有不少收获。2012年开始，我受闽南师范大学之邀，协助推进该校的闽台历史文化研究。于是在2014年9月，《台海文献汇刊》60册以闽南师范大学和厦门大学海峡和平发展协同研究中心联合策划编辑的名义，由厦门大学出版社正式出版。

在这30年搜集和整理台湾历史文献的历程中，尝尽辛酸苦辣固不待言，但是作为一名学人，每当有了新的发现，特别是获见了不为前人所识的孤本之后，心中的惊喜总是冲淡了一切。惊喜之余，不免好奇，把这些新发现的文献与旧时的文献做些比较分析。读书中间，有了所得之后，间也写成一些文字，或者做些演讲。久而久之，也就有了一定的规模。

承蒙商务印书馆的盛情，准备为我出版有关台湾历史文化方面的著作。我赶紧抽出半年时间，对于这些断篇碎稿进行比较系统的整理和补充，终于形成了《台湾文献与史实钩沉》一书。

本书共由三卷组成。卷一是我对十余种孤本的史实分析；卷二是利用新发现的台湾彰化县的官府档案及民间文书，讨论清代台湾平埔族与汉族人民及政府之间的关系；卷三是我对民间族谱及其他杂书的史料解读。全书的侧重点虽然是在于介绍以往较少为人关注的文献资料，但是其中以我个人的思考方式来分析解读当时台湾不同侧面的史实问题，或许对于促进今后的台湾历史文化研究，有所裨益。

本书的出版，除了要感谢商务印书馆的鼎力支持之外，我还要特别感谢为我搜集、整理台湾历史文献资料给予无私帮助的各位朋友们。如今已经进入信息社会，各种资讯凭"云"可得，唯有中国的古籍，越发躲在深闺不出门，阅读维艰。假如没有这些朋友的无私奉献，我的这本所谓"钩沉"的书，恐怕是只沉无钩了。谚云：在家靠父母，出外靠朋友。我要在此再次衷心感谢所有的朋友们。

卷一
孤本的搜集与史实分析

一、《惠安王忠孝公全集》与明末清初闽台史事

《惠安王忠孝公全集》,共十二卷,手抄孤本,原藏惠安县档案馆。20世纪五六十年代经厦门大学、福建师范大学转抄,得以面世。

《惠安王忠孝公全集》为明朝遗民王忠孝的遗稿。王忠孝,字长孺,号愧两,福建省泉州府惠安县沙格村人。崇祯元年(1628),登进士第,以户部主事榷关,劾太监忤旨,廷杖下狱,复戍边,其后,唐王朱聿键立,历官光禄寺少卿,进太常卿,旋擢都察院副都御史、兵部左侍郎。福京破,一度起兵抗争。失败后杜门不出,延平郡王郑成功驻扎厦门,前往依附。郑成功待以宾礼,军国大事,时询问焉。清康熙二年(1663),清军攻陷厦门岛,王忠孝迁移台湾。

王忠孝在世时,有多种著作。根据其遗嘱所述:"所著《四书语录》《易经测略》《诗经语略》《孝经解》《四居录》及奏议诗文等若干卷,可详读,学究平实,语勿示人,诸孙能成立,刊刻传家,亦可教子弟。"①康熙五年(1666),王忠孝病逝于台湾。康熙十二年(1673),其家族亲人谨遵遗嘱所示,"送公柩归里,葬于惠北松岗之原"②。

王忠孝的遗稿,大概就是这个时候带回老家惠安县沙格村的。由于岁月的变迁,其他著作已经散失,现今留下来的有"文类"二卷、"疏

---

① 《惠安王忠孝公全集》卷二《遗嘱一》。
② 《惠安王忠孝公全集》附卷,洪旭:《王忠孝传》。

奏类"二卷、"书翰类"四卷、"诗类"三卷、附卷一卷,合称《惠安王忠孝公全集》。

《惠安王忠孝公全集》是现今存世且为数不多的寓居台湾岛内的明朝遗民著述之一,对于研究明末清初历史以及明朝遗民的心路历程,有着很好的参考价值。但是,自20世纪后期该书被发现以来,很少有人对它的史料价值进行分析。下面,我就该书所反映的隆武时期战守问题以及明朝遗民的交往请托等问题,做一论述。

(一) 关于隆武时期的战守之争

由于明代后期党争的延续以及明朝灭亡的缘故,有关当时人对于南明这段历史的文献记载,往往带有浓厚的意气倾向和偏执倾向。举黄宗羲为例。黄宗羲是明末清初时期的著名学者,传世的著作很多,至今仍有重要的参考价值。但是他在记述南明时期的史实时,就存在许多意气用事和好恶偏执的地方。当代学者顾诚在《南明史》中说:"黄宗羲记述明清之际史事往往出于门户之见和个人好恶。像魏学濂在甲申三月于北京投降大顺政权,本无可议。黄宗羲因为同魏学濂是患难世交,绝力开脱其'从贼罪名'。"顾诚又写道:"黄宗羲、张岱在鲁监国政权处境艰难时,转入清方统治区遵制剃头,以明朝'遗民'自居,既不能见危授命,也大可不必那样义形于色地痛斥'奸臣'马士英以显示自己才是正人君子。……(著者)无意于为马士英当国时期的昏庸辩解,只是由于黄宗羲等人往往出于偏私心理任意歪曲史实,甚至造谣生事,在当时既加剧了南明内部的纷争,对后来的史家又造成了许多人为的困难。在这种情况下,依据可信史料对某些比较重要的人物和事件加以澄清就是必要的。"①顾诚先生的论述是很有见地的。

我们现在研究南明历史，往往认为这些当事人的记载，出自亲历，可信度高，就难免不知不觉地过分依赖这些文献记载。我本人在《南明史料的另眼解读》一文中，也曾经提到："学术的客观性是历史学家们研究历史时所应秉持的基本立场。然而对于南明历史的研究，却始终掺杂着过多的主观意识与史实的推测。导致这一现象的主要原因，是三百多年来史家研究这段历史所能依据的史料记载，基本上是来自那个特定时代的人们，特别是亲身经历了当时朝廷易代并且参与了抗清活动的人们的痛苦记忆。这种痛苦记忆的历史叙述，必然贯穿着两种挥之不去的主观意识。主观意识之一，是在很大程度上延续了明代后期的政治惯性。明代后期，朝廷政治的最大弊端，莫过于朋党对立、纷争不已。而当清军入关、大敌当前之际，南明的小朝廷们试图抵抗清军的入侵进而光复河山，当务之急无疑是应该团结一切所能团结的力量，一致对敌。然而实际的情景并非如此，南明的小朝廷以及绝大多数的追随者们，基本上延续了明代后期的这一政治积疴，各立山头，相互攻讦指责，四分五裂。在这种政治惯性的影响下，当事人所能留下来的记载，就不能不充斥着大量诸如'汉贼不两立'的文字表述。主观意识之二，是存在着过多的事后设想。由于有着'汉贼不两立'的前提思维，许多当事人在描述史实过程的时候，往往会把事件的失败，归咎于其他朋党以及其他的不同政见者，同时又往往会设想出一套自以为高明的政策、策略及战术来。可惜的是当权者不能采纳自己的这些对策，否则局面断不至于如此的不可收拾。政治立场的偏见与事后诸葛亮式的设想，当然都不是记述历史学文献的合理方式。当然，明末清初之时这些当事人撰写

---

① 顾诚：《南明史》，中国青年出版社1997年版，第300页。

这些记忆文字，大多是为了抒发自己心中的愤恨与悲痛，并不是为了给后世的历史学提供什么翔实资料的。然而不幸的是，清朝的统治者以及他们的史官们，似乎不太愿意或在意给后世留下过多的有关这段历史的详细文献记载。于是，这些失败的当事人所留下的赖于抒发自己情感的痛苦记忆的文字，却理所当然地成了我们后世研究南明历史的最珍贵的文献记载了。这样，南明史料中过多的主观意识与史实的推测，就不知不觉地在不同程度上被后世的研究者们所承继了下来，以至于我们今天在研究南明这段历史时，还会有意无意地延续着南明时期的某些政治与道德的价值判断，以及莫名其妙地为三百多年前的一些事件做出自己的历史设想。"①

这种文献记述模式与史实评判标准，反映在福建的隆武政权之上，则是塑造了以唐王朱聿键及黄道周等一班文臣锐意中兴恢复和以郑芝龙集团等一班以盗寇出身、拥兵自重挟制朝廷谋私利的两种势力的对立，最终丧失了中兴恢复的大好时机，惨败于不可收拾。从当时隆武政权的战略部署上看，隆武皇帝及一班文臣们极力主张出兵北伐、恢复中原，但是掌握军队的郑芝龙等人，则认为兵力衰微，根本无法出击，最好的办法就是据守闽北险关，待机而动。顾诚在《南明史》中这样写道：

> 朱聿键原本希望郑芝龙、郑鸿逵统兵出福建，建功立业。在他的一再训令下，郑芝龙不得不派永胜伯郑彩出杉关，援救江西建昌义师。郑彩到达杉关之后却按兵不动，无论监军给事中张家玉怎样催促，他一概置之不理。不久听说清军将至，拉起队伍就跑，三日夜退到浦城。张家玉极为愤慨，上疏劾奏，隆武帝下诏削去郑彩的伯爵。1646年（隆武二年、顺治三年）正月，又因郑鸿逵部将黄

---

① 陈支平：《史学碎想录》，福建人民出版社2012年版，第96—97页。

克辉从浙江省江山撤退回闽,隆武帝大怒,指责郑鸿逵"始则境内坐糜,今复信讹撤转,不但天下何观,抑且万世遗耻。未有不能守于关外而能守于关内者",下诏将郑鸿逵由太师降为少师。①

从清代前期的各种记载直至当代史家的论述,关于隆武时期的战守问题,基本上都是如此描述,似乎成了一种定论。在这种定论中,给人的深刻印象是,假如不是郑芝龙一班人的拥兵自重和怯敌退守,隆武政权是有能力出击恢复的。但如果真的是这样的话,隆武政权至少必须具备兵精和粮足这两大前提。

隆武政权何来兵精和粮足这两大前提呢?先说兵精。隆武时期所拥有的明朝体制的军队,基本上是从江浙、江右一带战败溃退下来的军队,这其中包括郑鸿逵所部的军队。这些残余的明朝体制的军队,一是行伍不全,游兵散勇居多;二是队伍涣散,缺乏坚实的战斗力。郑氏集团所拥有的队伍,数量不详,但是这些队伍一贯是以海上武装为主,并不擅长于陆战。即使是到了郑成功时期重建军队之后,郑成功的军队也基本上保持着善于海战而不擅长于陆战的传统。再者,郑芝龙在其晚期已经归降于明朝,担任了明朝的官职,即使有保留一部分海上武装,其数量也有限。再说粮足,福建省素来是人多地少的区域,粮食的自给时有困难,而且政府的税粮征收,不是明朝财政的重点。明朝历代政府也没有在福建设置粮食及税银的储备制度,从政府的体制上看,福建并不存在粮足的条件。当然,郑芝龙集团经过多年的海上贸易活动,应该有相当的财富积累。但是从制度的层面上说,这些财富毕竟属于私家财产,只可"义劝",不能强求。至少郑芝龙本人并没有"毁家纾难"的意愿和决心,这部分财富还是不能计算到隆武政权的"粮足"上去。

---

① 顾诚:《南明史》,中国青年出版社1997年版,第290页。

因此，从当时隆武政权的实际境地来考察，既无精兵，也不粮足，完全缺乏与清朝军队正面硬碰硬的大规模作战的能力。当然从郑芝龙这方面看，其存有私心固有可议之处，但是在当时的情势之下，另怀打算、不肯完全"毁家纾难"恐怕也是在所难免。事实上，在明末危难时刻，怀有这种心思的明朝官吏大有人在。

隆武政权虽然不具备与清军正面进行大规模作战的"精兵、粮足"的能力，可是在隆武政权内部，徒托空言、不顾实际而怂恿朱聿键亲征的官员比比皆是。于是朱聿键信以为真，他在隆武元年（1645，清顺治二年）秋七月乙卯日的亲征诏书中写道：

> 朕仰赖天地人之盛眷，故今大出二十万之雄兵。先钦差御营御左先锋定虏侯郑鸿逵统领大兵十万，内令前军都督府总兵官施天福道出广信；后军都督府总兵官黄光辉一军道出金、衢，该爵亲领右军都督府总兵官陈顺等及中军文武监纪推官等副参游等八十员，驰赴军前，适中调度。再钦差御营御右先锋永胜伯郑彩大兵五万，内令前军都督府总兵官陈秀、周之藩一军出汀州，直抵南昌；王秀奇、林习山一军出杉关，直抵建昌，该爵亲领都督副总兵洪旭督运及中军文武监纪推官等副参游等八十员，驰赴军前，适中调度。再差都督总兵官郑联、林察领兵一万，舡三百号，由福宁直抵温、台。此水陆二支，俱听定虏侯节制。以上勋臣兵将，自七月二十八日，朕亲登台福祭授钺专征之后，务令星驰电发，齐至南京，速救涂炭。择定八月十八日，御营御中军平虏侯郑芝龙，总兵郑泰，武英殿大学士蒋德璟、黄道周及文武五府六部大小诸臣共一百四十六员，尽起福州三卫戎政五营共兵二十万，正天讨之亲征，为四路之后劲。再差都督府郑芝豹领兵一万，护送御用钱粮。再差户部侍郎

王观光、兵部侍郎昊震交督诸军之月饷,明各路之军经。再差礼科给事中陈履贞监军于定虏侯,兵科给事中严通监军于永胜伯,凡有军机,俱同商榷。两侍郎即准于随征文武内量才速补,令即视事,一面飞疏奏闻。①

这种亲征诏书,毫无现实依据,但是在当时隆武朝野之内,除了郑氏集团的主要人物之外,几无怀疑者。而当郑芝龙提出要征集二十万大军必须筹集军饷时,反而遭受上下攻击。关于这一点,连《明季南略》的作者计六奇都感到有些不可思议,他在"郑芝龙议战守"中说:"集廷臣议战守,兵定二十万,自仙霞关以外,宜守者一百七十处,每处守兵多寡不等,约计十万。余十万,今冬精练,明春出关。一枝出浙东,一枝出江西。统二十万之兵,合闽、两浙、两粤之饷计之,尚虞不足。"②

从现在存世的有关隆武政权的文献史料看,由于绝大多数的论者均认为隆武政权的覆灭是由郑芝龙昆仲一伙拥兵自重、不肯北征所致,因此我们只能看到大量指责郑氏集团的记述,而对于郑芝龙昆仲所提出的战守主张,却无从了解其较为详细的内容。值得庆幸的是,在《惠安王忠孝公全集》中,留下了王忠孝于隆武二年(1646)正月奉命到福建北部山区巡视军防的记载,则可以从另一个亲历者的眼里看到当时闽北前线的真实情况。该书卷二《自状》云:

命余巡两关,赐剑印,特敕便宜行事。……行至浦城,上仙霞,及江右永丰二渡关。逐一宣谕安戢。所至邑居,烟火如故,惟村落居民,挈家入山谷,留丁壮看家。盖怵虏,亦避兵也。而是时

---

① 钱海岳:《南明史》(第二册),中华书局2006年版,第73—74页。
② 计六奇:《明季南略》卷七。

行在称关兵淫掠状，汹汹骇听闻。余旋朝，据实以闻，谓有迁徙，而无掠害。但兵甲钝弱，未可言战，因并及战守布置。上颇以为然，而终疑兵无掠害一语，则先入之言也。

王忠孝在《自状》中的叙述未免简略，但其中讲到了当时隆武军队在闽北、江右守御情形的关键两点：一是"兵甲钝弱，未可言战"，二是澄清了盛传于京师福州的传言，"行在称关兵淫掠状，汹汹骇听闻。余旋朝，据实以闻，谓有迁徙，而无掠害"。王忠孝曾经就此次北行巡关安戢的见闻回奏朝廷，其中所言则较为详细：

> 正月十三日奉敕谕王忠孝准即赴仙霞岭明谕定虏侯郑鸿逵。……十八晚入浦城县，见邑中市肆不惊，亦无营兵进城。但城外居民，每有挈家室入深山者。警息讹传，民情风鹤，旋幸亦底辑也。……臣自浦城至仙霞，经过村落，计二十余处，悉心咨询，详加晓谕。所到兵民贸易，幸各辑和。惟近关数村，搬移入山，只留丁壮看家，其象与浦邑同，有迁徙而幸无扰害也。又仙霞之外为峡口，从东入关，亦有傍径，则江山县界也。臣途逢御史余日新，曾与商及，已议添防矣，鸿逵当兵二千守之。

> 夫臣所奉勅①书为安戢兵民也，而兹述诸险要情形者，兵民之错聚之地，实厪圣明干念，故臣因晓谕所至而缕陈之，以慰圣怀。若此日兵民不竞，关内安堵，皆仰藉皇上德威，非微臣安戢之力也。抑臣因是而慨今之雷守者，未可漫视也。夫地有险夷，守之难易因之，如仙霞一关，层峦深谷，天险足恃，此以守为守者也。二渡峡口，地势旷邈，安能处处扼防，还须御之门庭，则非能战，必不能守者也。关外之兵，臣未尽见，关内之兵，惟施福营多旧兵，

---

① "勅"即"敕"。本书引用古代文献时，字形尽量尊重原貌，下文类似情况不再说明。

器甲粗备，郭芝英次之，余多新募乌合，不堪冲锋，守未易言，可浪战耶？如臣愚识，以谓马金岭失事，诸将自知惧罪，皇上亦急思更弦，犹宗社之灵。若狃于零捷，为敌所愚，陷入徽界，而突出轻骑邀袭，闽危在旦夕矣。伏乞皇上速勒定房侯，汰将并营，日夕整顿，除各关派守严备外，剩兵若干，速选大将一员，统领出关，屯驻常玉之间，坚壁相机，犄角牵制，并联衢广声势。盖守定议战，以战为守，天下事庶可为也。臣归至浦城，见辅臣路振飞，已经详缕，先驰回奏，伏候圣裁。①

在这段奏疏中，王忠孝把自己在仙霞关一带的见闻如实上报，守军数量稀少、战斗力低，"多新募乌合，不堪冲锋，守未易言，可浪战耶？"王忠孝从自己的亲身经历和见闻中，得出不宜浪战、据险防守的主张。他把这一主张向朝中的许多大臣详细解说，得到了部分大臣的同意，但是隆武帝一味沉浸在虚幻之中，坚持北征的偏见，终于导致了不可收拾的局面。《惠安王忠孝公全集》附卷收有洪旭写的《王忠孝传》，说到了这一过程：

> 隆武立，起（王忠孝）岭东参议，改光禄寺少卿。时在廷主亲征之议。……上锐意出赣，公力谏不可，疏留中不下。郑鸿逵亦切谏。上曰："与廷臣议之。"时大学士蒋公、路公、何公，少司农汤公，暨行在诸公俱集。鸿逵指画关门险要，置烽增垒，星罗棋布，为十可守、百不可出之议。公与蒋公云："所不与共心力者，有如此水。"乃共规派兵卫参置文武。鸿逵与其侄赐国姓成功，分域严备。诸公则督饷督师。凡数日，颇有条绪。合奏，上意坚不可挽。鸿逵曰："吾赴东海死矣！"遂削发缴印敕去。关门守御俱弛，

---

① 《惠安王忠孝公全集》卷三《上唐王赐剑巡视仙霞关安戢及战守形势疏》。

而有输款清朝者也。①

王忠孝虽为福建惠安人，但是他以进士出身，素与郑氏集团没有关联。在当时文臣群攻郑氏昆仲的时候，如果不是有巡关之行，王忠孝很可能加入文臣攻郑的行列。因此，王忠孝的记载，应该有很高的可信度。在当时兵弱饷困的处境下，郑氏集团的成员们主张坚守闽北险关的策略，可能更具有现实性和可行性。但是南下溃退至福建的这班皇室成员及文臣们，最擅长的是高调北征，不顾实际。而主张坚守的郑氏集团，却成了众矢之的。就郑芝龙等一部分郑氏集团的成员而言，确实在当时的情势下有着某种保护自身利益、首鼠两端的心理和行为，但是还有另一部分郑氏集团的成员如郑鸿逵、郑成功等，都是极力主张抗击清军的重要人物。王忠孝的这些记载，或许对于我们比较客观地了解隆武时期的战守情景，有着重要的警示作用。

（二）明朝遗民的交往与请托

《惠安王忠孝公全集》中收有四卷"书翰类"的文献，这其中有与郑成功、郑鸿逵及郑氏集团诸多将官等的书信，也有与明朝官员、同僚、遗民的书信，同时还有与自己乡族亲人、乡族所属地方官员的书信。这些书信的通信时间，大都在北都、南都陷落，王忠孝回到福建之后。从这些书信中，我们可以大体了解到王忠孝在明朝灭亡之后的社会交往情况，对于进一步分析清初闽台地区的时局，以及明朝遗民生活的某些侧面，不失为一种珍贵的资料。

隆武政权覆灭之后，郑成功号召沿海居民奋起反抗清军的南下，并

---

① 《惠安王忠孝公全集》附卷，洪旭：《王忠孝传》。

且一度反攻南京,试图恢复明王朝。但是在清军的强大压力下,终归失败。郑成功反攻南京失败,标志着郑成功的抗清运动,从兴盛期进入衰退期。从此之后,郑成功的军队,基本上以厦门、金门二岛作为依托,在福建等沿海一带与清军抗争。

郑成功军队的军饷供应来源,大致分为两个方面。一方面是继承其父郑芝龙时期的海上贸易所得;另一方面是就地筹饷,向占领地的百姓征收钱粮。由于控制的地盘日益萎缩,向百姓所能征集到的粮饷也随之萎缩。但是在激烈的军事行动中,军需是刻不容缓的。在这种困境之下,郑氏集团不得不加大对占领区百姓的搜刮,其搜刮的程度有时甚至是相当严峻、残酷的。①

王忠孝的家乡是惠安县北部的沙格村,基本上属于郑氏集团势力可以触及的区域。有时因为战势的变化,也有可能成为清军的势力范围,或者成为双方争夺的范围。于是,王忠孝的家乡,不断地遭到郑氏集团军队以及清军的骚扰和掠夺,家乡的父老乡亲不堪其扰,经常恳求王忠孝利用自己在官场的交往关系,予以说情,以减轻军饷等的征调。王忠孝顾念乡梓之情,无法漠然置之,他在给惠安乡亲的回信中表达了此意:

> 日接远翰,曾寄缄报,载读重函,侑以厚贶,何深情之无已也。所示惠饷,陈君漳行未归,到时当以调弊减额为要务。若省差官、减都派、禁抄掠,陈公能任之。不肖惠人也,维桑与梓,必恭敬止,无俟亲朋致嘱,自当留意。但身在事外,恐言未必见信耳。公呈备悉,亲友雅意,不肖老矣,迨血病五十余日,旦夕填沟壑是

---

① 参见陈支平:《清郑力量的逆转与康熙统一台湾》,载中国社会科学院台湾史研究中心张海鹏主编:《台湾历史研究》(第一辑),社会科学文献出版社2013年版,第57—75页。

冀。兹稍稍色起，渡海归来，不耐风涛，而又鹪栖既折，薄产抄没，故园景色，不堪回首。此间村屋借住，薯园赁犁，老厮张网，痴儿课锄，虽曰流寓，略成土著，诸亲知者，咸共见闻。易旅之六二日，旅次即怀其资，一旦舍去，从头经营，向之轻弃其乡者，今转怀土矣。孤臣幽衷，深思自见，寄语亲朋，大家成就一个老逸民，何碍于斯世之浩荡也。桑梓大计，敢不勉图！①

因此在这批书信中，出现了不少关于王忠孝向有关将领、官员请托，恳求减免家乡税饷方面的内容。如在与郑军援剿黄公的信中说：

> 台旅驻扎沙乡，弟之乡族聚焉。一村而分山海二饷，各有所辖。民属两家之民也，两母之子，谁肯先言为轸念，兵丁亦不免而相效尤。正饷之外，题目繁多，民多有流窜者，仁台想未之知也。弟从不欲以琐事相干，梓里在念，情难袖观。今除正饷完纳，希谆诚诸任事者，加以焰护，俾兵民相安，感同身受。至于寒族子弟，颇称奉公惟谨，倘有偶获庋贵部者，尤祈汪涵，亦知自当处分谢过。此盖未必然之事，而预为申恳者也。②

在与郑军将领唐五舍的信中说：

> 沧桑来，亲知隔世，翰教忽落荒岛间，喜同促膝，又接舍侄孙家信，知为饷事萦怀，人未免有情，谁能恝然亲知。顾当事急在储糈，吾党即为乡邦请命，竟属虚谈，而又满多姻亲，无处缓频得起。使推此与彼，徒滋话柄，故不肖概不敢专从一人起见，惟有恳陈公，虚心平气，听吾乡公议报竣，此则鄙衷清夜自扪，亦无从为

---

① 《惠安王忠孝公全集》卷六《复诸乡亲书》。
② 《惠安王忠孝公全集》卷六《与援剿黄公书》。

诸亲朋道也。希照亮。①

在与郑军将领蔡联官的信中说：

委官一事，昨以为无碍敝乡，适见详文节略，乃知其以沙格，混在峰尾澳内也。惠有八澳，峰尾辖七都八都，沙格辖九都十都，相去二十余里，微论澳名不同，即都里亦难相混。敝里乃十都也，委官黄显追饷沙格，敝里仙塘一铺，全完饷单可据，他乡有欠无几耳。移舟峰尾，为虏哨劫掠，指引皆属叛兵，且当日乡兵，在吉蓼虏兵坐船，先行报知，而委官以为乡民欲哄宽饷，遂致失事，在峰尾已难苛求，况可波及沙格？今不别完欠，不分澳名，混作一起申详，得无城火之殃？幸藩批宽政，海民有天。到底事定拘追，必有一番震动，鄙见欲寄息与两澳里老知悉，俾执票赴援剿公，面质完欠。未完者自当输纳，已完者核实请豁。则援剿公不苦于饷数之无着落，百姓咸沾藩恩。不豁则檄行该都，不得彼此互推，庶几兵民相安，公私两便，亦可省追饷之扰也。砼愿畏关户外，桑梓利病，难于袖观，稔仁人素肯为地方造福，私以可否就正，幸明教。倘以为可，幸先为寄息于援剿公；以为不可，则听之，亦不敢从井救人矣。②

在与不具名的"友人"书信中说：

阔别多时，殊切悬企，闻在屿城征饷，虽未足以展其长才，若虚心抡恤，所惠地方不浅。屿城于寒乡毗里也，不肖先年举事，亦曾有指臂亚旅之谊，在世丈亦知之，舟楫尽废，民贫极矣。顷者续加之数，为邮一呈，已荷半免，而又有十三人之加，辗转何日了

---

① 《惠安王忠孝公全集》卷六《复唐五舍书》。
② 《惠安王忠孝公全集》卷七《与蔡联官书》。

局？不肖虽轸结在怀，不便再渎。幸世丈现肩其任，为一主持，听十三人自行控诉，看批豁如何，然后合两次所续加额数，炤下排算，将前豁之数，炤两摊减，勿使偏枯。在不肖有同仁之视，而屿中诸人，亦相安不争也。①

在与郑军将领康颖舍的信中，请求释放被拘的乡人石贵：

> 沙格石贵，思明州人也。其父祖系木匠，寓寒舍铺店者三世矣。其兄先跟随其家严在曾湾，惟石贵尚住沙格，寓陈家，为贵部陈五擒解台下。询其故，以邻人谤其勾虏拿兵也。此事关系重大，若有的证确据，自当严究，石贵朴拙穷匠，与贵兵征睚眦之嫌，实无此情，安可以无根谤语，致陷不白也。羁留多时，其兄日来苦诉，姑为代披，祈兄台念屋乌之爱，速成释放，感不独石贵也。敝乡虏兵日夕往来，贵兵以看戏被捉，皆系我兵从虏者为之向导，不惟石贵无辜，并不可妄咎乡民，致滋葛藤也，恃爱并及之。②

在与郑军甘、万二将军的信中，更是未雨绸缪，预先请托即将出征的将军，遇到家乡沙格的乡民，务请多多护佑：

> 璧门昨晤，未获罄谈，闻北发之师，节制实属元戎。是行也，师徒繁多，势当因粮于敌，至驻扎之地，民心亦宜收拾。料仁人自有妙用也。敝乡沙格，僻在内地，万一旌旗偾临，并祈禁斥保护。年来以义举株连，祸及乡族，次日亦不容膜视之。恃爱嵩恳，主主臣臣。③

从这些书信中，我们固然看到王忠孝不时地为家乡的百姓请命说情，但从另一个方面，恰恰也说明了郑氏集团在抗清过程中的困境。由

---

① 《惠安王忠孝公全集》卷七《与友人书》。
② 《惠安王忠孝公全集》卷六《与左营康颖舍书》。
③ 《惠安王忠孝公全集》卷八《与甘、万二将军书》。

于所拥有的腹地十分有限,军队的税饷非常紧缺,长此以往,劣势越来越明显。单从经济的因素来考察,郑氏集团的最终失败和清朝统一台湾,也是必然。

王忠孝不但为家乡的百姓请托减免税饷等,也经常为自家及家人、婢仆等请托通融种种事项。王忠孝本人虽然坚守气节跟随郑氏集团流落沿海及台湾岛内,但是为了家族的生计,他也在台湾与福建沿海一带有所经营。如在与友人林瑞老的信中就谈及自己为了生计,不得不置船贩运粮食等货物。"别日多矣,客况何似,还棹何期,云树之想,料具同情。岛中鲜饶宦,而有三二气谊,较淡苦。敝舟久滞江干,资斧莫继,不得已南下买籴,冀得些脚,以佐珠桂。闻此中有税有票,所费不赀,则犹空载明月耳。冒昧作一牍于四兄,希其推念免税,以当解推,倘难全免,得三之二焉,所谓故思其次也,乞留意。"①王忠孝在《哭侄孙及甫文》中谈及自家在台湾参与开垦田园之事,"来东宁者三,癸卯三月,以开垦至,为一门食指计也"。②洪旭在《王忠孝传》中亦言:"延平王既定台湾,书邀公。公遣人具牛种,为五亩计。"

然而在当时战乱的情景下,军队胡乱搜刮税饷,有时不免波及王忠孝的船只货物,为此王忠孝也只好经常请托于相关的将官朋友,希望得到宽免放行。如在与自家有亲姻关系的郑军将领唐五舍的信中请求对自己的商船予以放行:

> 缔姻实拜高谊,儿某又无所表见,飘零荒岛,不敢抑蹑贵盛,只二三声气是求,深荷不弃,荣感多矣。择双月问名,或云岁首更告,儿旋岛方定,届期先闻也。……渔舟一在獭窟,未见其佳。年

---

① 《惠安王忠孝公全集》卷六《与林瑞老书》。
② 《惠安王忠孝公全集》卷二《文类·哭侄孙及甫文》。

来以海若作生涯，量腹而受，若有分限者，然再藉定公经画，坐而获膽，得无怨居积之忌乎？一笑，开年必图之。刻下獭舟须冬票，以重申前请，想不我靳。领出，便驰付舟子，归乃领也。台翰山中迎春，当事概许发炤，复老应能缕缕，尊衔太谦，谨附赵不宣。①

在与庄左山的信中，为小婢之父的商船说情：

> 沧桑以来，世态顿殊，兄台独能矫然自挺，不忘日月。盖前者曾寄佳韵，深情灏气，溢于咏歌，知为有心人矣。马坪王某，小婢之父也，濒海抄洗，资生无策，乃入岛丐活，不肯怜某贫也，以三十金付之经纪，拯其沟壑，非为计子母也。近贩锡料共贰挑余，宿贵里柯尾家，是夜为柯雄劫去。仁里守望严密，何从得此横施？闻为兄丈辖内，力能相及，幸谕还。在不肖三十金犹小，穷人数口，关此锱铢，丈肯为理，造福宏矣。当时同劫者，尚七挑，不肖只言贰挑者，就王某分下而言也，希留意。②

当郑氏军队形势十分严峻的时候，往往会征调或没收沿海的商船以应对战事。在这种情况下，王忠孝的请托，有时也困难重重，难以奏效，如下引与冯奇老的信中，透露出所托的将领也无能为力的情形：

> 顷接沈诸二公札，知老年翁垂注雅意，而中间曲折，恐未及详。方事之初起也，在前月二十八日。其商人为忠勇公差官留之在船，直认以为己事，故寒父子不及知。比知，而藩批已封固原货，付武卫公寻究矣。当时小儿曾面年翁求教，台意甚以为难。次日姑访武卫公一缕之，不及晤，只以买主称饷合同，仗其转详，听藩公批夺。此民间控诉恒情，无所谓戾违也。闻以年侄陈姓为讦，又以

---

① 《惠安王忠孝公全集》卷六《复唐五舍书》。
② 《惠安王忠孝公全集》卷六《与庄左山书》。

商无王姓为疑,似乎不肖漫与人事者,此更易剖陈。乃惠邑陈梦说之子也,其父为通城令,没于献贼,贫不能自全,为舍侄之妻弟,故舍侄托之往来察数,资以些须利息。其货之出入,乃三商事也,当时误以事勾羁,故向周之人言及,不知其身不在场也。此一段之呈明,不肖之出言无及王姓,此货并非侄孙一家私物,寒门自亲至疏,十余人凑集此项经纪,此三商仅三分之一耳。从来寄托贸易之人,安能同姓?内有士会者,则小价之子,不肖仅百金付之,毫不肯冒昧也。百金小事,安肯琐托,特以阃门子侄资本所关,情不容默,法或可恕,一向武卫公书之,非事外干情者比也。不审武卫公如何措辞,致有葛藤,则大出意料外矣。吾侪所信者心,所守者法,事既在公,静听藩裁,倘乘间有可扶护,幸勿靳一言,所曲全非仅老朽一人也。①

根据信中所言,这批船货放行与否,须上报至郑成功本人那边才能分晓,即所谓"事既在公,静听藩裁"。最后不得已,王忠孝只好直接给郑成功写信,请求放免。信中写道:

辱在旻覆,九载于兹,从未有雀角之争,致讼神明。突闻曾十二词,颜令舅为之代控,连及小仆,不胜惭悚。畴昔雅称声气,弟即不德,何遽不相包容至此也?原欲面披,戎务倥偬,不敢上渎,姑略剖之。

弟多年旅况,备小舟乞灵海若,凡官兵坐船,屡次借坐,未尝推脱。间或拈阄议定,无局脱他舟之例。曾十二系拈阄载兵,众帮水手三名,议凤定矣。临期突驾大担,局移敝舟,并换水梢以行,仅放回三人,局脱一人。若要兵要艑船,曾安见有小船,何不就近插坐,而

---

① 《惠安王忠孝公全集》卷六《与冯奇老书》。

于大担觅舟耶？抑小舟既行，众帮水手三名，自当帮贴安家。敝梢向取不理，遂致争竞，亦恒情也。相扯就质于弟，即呵责敝梢，谕令散去。仍嘱以自行给发，工食不必取贴。十二活口可问，弟以为自反有礼矣。令舅持一柬来问，语喃喃不休，弟以情节告之。时值小孙害痘，乘危不暇作缄，走价持柬相谢，仍仗庠友李际机达意，订以面悉，初不意令舅之急急发词也。平心而论，小舟既代入揭，安家不取津贴，水手鬪竞，复自谴责，弟岂偏心好胜之人耶？亦可以情恕理谴矣。揆厥讼端，十二等自知理曲，虑揭行日久，家属必至取贴，故肤恝令舅，为先发制人之策，而实无大葛藤也。且十二耀韬，原系敝身积年水梢，其隶颜舟，未满十日，率然相遇，犹认同伙，尚未知为令舅之人也。何得诪张为虐，而致伤友谊至是！总之，弟德薄望微，诚不足动物，致生诟厉，惟有静听电灼，非敢深辩是非也。①

郑成功碍于王忠孝的情面，最后网开一面，把这批被拘押的王氏家人及船只放行归还。为此王忠孝又给郑成功回复了致谢函。

以上所引述的请托信件，都是来自郑氏集团内部的，王忠孝作为明朝遗民依附于郑氏集团的一员士绅，还是具有一定的社会声望，因此，他的请托也往往得到较好的回报。然而随着郑氏集团退守台湾后，福建等大陆地区已完全被清朝所控制，他的家乡沙格自不能例外。因此到了清顺治后期，郑氏集团的将领官员对于沙格的事情，也是无能为力。值得注意的是，王忠孝虽然坚守明朝气节成为移民并流浪台湾岛内，但他还与在清朝内部为官的一些朋友、世交保持着联系，并且通过这些朋友、世交，尽可能地为自己家乡的某些事情请托。而这些在清朝为官的朋友、世交们，也会在力所能及的范围内，对王忠孝的家事予以关照。

---

① 《惠安王忠孝公全集》卷八《与国姓书》。

这种情况在《惠安王忠孝公全集》中亦有所反映。

王忠孝寓居厦门岛和台湾岛的时候，正配夫人继续留在家乡主持家族事务，自己带着两个妾随行，"余知事不可为，遣儿携诸孙及老妻入山，余南下铜山，二老妾从焉。侍行者，从侄孙亥、族侄环，及仆婢而已"①。清军占领惠安县沙格一带之后，有些清朝的地方官员顾念王忠孝的士绅身份及个人品德，对他家族的事务，有时也有所照顾。如王忠孝在《自状》中写道："（隆武二年）七月，……甫一月，北骑抵泉，郡邑望风下。郡守持一书一檄到余家，邀余出谒，儿答以从无抵舍，遂执儿去。有清道闵肃者，年家也。释余儿归。郡中派粮，诸绅以余贫不派及，而郡守令遂意消，且以闵宽余儿，不苛绳也。潜踪数月，钩索益急。余与郭介庵终不出谒，订曰：'宁以儳囚见，不以遗绅见也。'"②王忠孝在这段文字中记述了他在隆武二年（1646）抗清活动失败后逃入山中，清朝郡守"持一书一檄到余家，邀余出谒"，后又派粮，当时诸绅"以余贫不派及，而郡守令遂意消"。这实际上就是虚与应付，暗中予以帮助减免负担。王忠孝在给四姐的一封信中，曾提到"周惠老"对他们家族的关照。该信函说："衰年好病，几忘岁月，每欲玉移，而不可得，屈于时也。杖杜之叹，以生道左，况于荒洲？噬肯适我，自多一慨息耳。冬杪得孙，略伸结眉，虽是寻常事，然频分喜胤，亦天之报施善人一端耳。周惠老远情，幸为拳拳。世界沧桑，念先朝嗟黎离者，何人哉？而廑及海上渔樵，谊深矣。"③在王忠孝的四卷"书翰"中，还有两封写给顺治年间清朝委任惠安县县令邢虞建的书信：

> 张舍亲来，方知台驭新临，螺阳席麻，而不肖以散逸陈人，辄

---

① 《惠安王忠孝公全集》卷二《文类·自状》。
② 同上。
③ 《惠安王忠孝公全集》卷七《与四姐书》。

承函教之及，感戢奚似。仰惟仁台珪璋隽品、经济宏才，虽未及挹紫芝，已悉汪度千顷。侧闻王敝师祖籍贵省，二位世兄，悉叨声气，则不肖于仁台，盖渊源之余波，而嘤鸣之叶音也。其为忭跃，曷可言谕。年来衰病，一意幽栖，旦晚又有十洲泛游之想，企望高风，迹阻抠趋，鳞羽可通，德音易承，百凡惟祈注存。不肖从荒礁霞岛间，拜瞻福曜而已，作方外之神交。率勤附候，不尽瞻依。

另一封书信较为简短：

> 捧教备悉近况，衙斋如俭察，而以风尘当诵论，苦行当有圆满日也。①

在这两封信中，虽然没有直接谈及减免税粮等的实务，但是王忠孝与邢知县攀起世交，互通音问。② 这些书信使我们了解到当时的明朝遗民，虽然坚守气节、不愿屈服于新朝，僻居荒岛，但是在私下里，还是与清朝任职的官员故旧有所往来，并且有所请托。甚至在王忠孝年老病重为子孙立遗嘱的时候，还念念不忘把自己归葬于惠安沙格老家。为了达到这一最后的心愿，他希望亲人们利用自己的关系和声望，拜会当地的官员，为自己的骸骨回归故乡打通关节。他在"遗嘱"中写道：

> 保甫之居停见我云，人有传我死者。子瞻有云：疾病年，人皆相传谓已死。盖我自去冬末，病至二月初才好，不得出门，而珥哥又病不起，故人讹传也。然行年逾稀，亦其时也。……万一不测，尔当与亲朋商一水居舡，三四载者，来扶我归。即力不能，亦须向知己相援也。此边人泛泛也，言之似赘。又须于当道处，明投一呈，内云："父某自己丑年云游四方，多在舟山之间。去年舟山之变，附舟南下，闻在澎湖结茅而居，年已七十四矣。近云裏理扶

---

① 以上二书均为《惠安王忠孝公全集》卷七《复惠安县令邢虞建书》。
② 据嘉庆《惠安县志》卷二十一记载，邢虞建于顺治十年至十二年（1653—1655）任清朝惠安县县令。

归,谨呈。"明大意如此。托大力者送之。必当于愿兄发一令票,雇他一押舡,跟官系我所见识者,同舡来此边,亦遣一身护送至界而还,庶水次无虞,我老骨可遂首丘之怀也。当费此勉为之。①

《惠安王忠孝公全集》中的这些记述,从一个以往不为人们所知的角度,展现了明朝遗民的生活状态。我们以往对于明清易代的认知,过多地注意到所谓"留人不留发、留发不留人"的极端对抗状态,但实际上,明朝的士绅经过王朝的更替,一部分人加入清朝的官吏行列,另一部分人则如王忠孝等,坚持明朝的气节,成为遗民。而这二者之间,依然存在着诸多的联系,加上中国一千多年来士绅观念所形成的人际文化,都在很大程度上影响着明朝遗民的生活状态。这显然是我们以往研究明朝遗民所不曾注意到的问题。而《惠安王忠孝公全集》的问世,无疑对于我们较为全面地了解明朝的遗民生活及其社会关系、人际文化,具有很高的史料价值。

二、《师中纪绩》与康熙统一台湾史事补遗

(一)康熙十八年(1679)之前清、郑军队在福建的对峙

康熙统一台湾,其战功首推靖海侯施琅。自从明清易代以来,郑成功以福建南部之厦门、金门为据点,与清朝军队在东南沿海一带长期对峙和抗争。清顺治十八年(1661,明永历十五年),郑成功亲率军队进攻

---

① 《惠安王忠孝公全集》卷二《文类·遗嘱二》。

台湾，从荷兰殖民者手中收复台湾。此后郑成功及其后裔便以台湾为核心，继续与清朝军队在海峡两地进行抗争。到了康熙前期，随着清王朝在中国大陆统治的加强与稳固，清朝军队在与郑氏集团的对抗中优势日益显现，但是直至康熙十八年（1679）之前，清朝军队依然无法在闽台两地彻底击败郑氏的军队，在许多战役中双方还是互有输赢、各有得失。

康熙统一台湾，从战略进程上看，可以分为两个阶段：第一阶段是把郑氏集团的军队赶出福建等大陆各地，使之困守台湾；第二阶段是派遣水师舰队，直接进攻澎湖、台湾，彻底消灭盘踞在台湾的郑氏政权。靖海侯施琅的功绩，就在于圆满地完成了康熙统一台湾的第二阶段的战略意图。然而遗憾的是，现当代史家对于这段历史的研究，以及一般社会民众对于康熙统一台湾史实的认知，基本上专注于靖海侯施琅所执行的第二阶段的军事行动及其功绩，而对于第一阶段的战略实施过程，则较少有人涉及。即使是20世纪末台湾省文献委员会所编撰的篇幅巨大的《台湾通志》，在其《大事志》中，竟然也只言片语未曾提及这第一阶段的战事历程。[①]

事实上，康熙统一台湾所进行的两个阶段具有战略意义的战役，其重要性和艰难度，都是难以区分高下的。从战役双方力量的对比上看，到了康熙十九年（1680），由于清王朝占据了广泛的战略腹地，战争资源比较雄厚，因此其军队整体实力或许占有一定优势，但是此时的郑氏军队，也是全力以赴，主力尚未受到严重的挫败。到了第二阶段，郑氏军队经历了第一阶段的大败之后，主力损失过半，再也无法组织精锐的队伍向清军展开主动出击，只能是据岛而守，企图利用天险来抗拒清军的进攻。双方的战略优势和劣势，在第一阶段战役之后已经不可逆转了。

---

① 刘宁颜总纂：《重修台湾省通志》卷一《大事志》，台湾省文献委员会1994年版。

关于第一阶段战役的经过及其所造成的态势,道光《晋江县志》有比较详细的记述,兹抄录如下:

> 康熙十三年三月,耿精忠反,伪檄至泉州,提督王进功纵诸将焚掠,诸县俱降。郑经遣刘国轩、何祐、冯锡范入厦门。五月,郑经复据厦门。六月,经入泉州,遣刘国轩败精忠兵于涂岭。十六年二月,大兵至泉郡,经走厦门,各县以次恢复。十七年七月,刘国轩寇同安,都统雅大里遁归泉州,国轩遂围泉州。时国轩水陆并进,攻南安,杀守将,诸县守兵相继弃城遁,遂攻泉州南门。城堕四十余丈,我师筑短墙以守,会天大雨,城不克拔,相持两月,援兵四集,围乃解。……
>
> 十九年二月,提督万正色兵至泉州,合巡抚吴兴祚军与(郑军)战于围头。克厦门,进扼料罗,贼惧遁归澎湖。万正色疏:臣等于二月初六日攻复海坛,其全胜情形,业于二月初七日具疏题报外,随探逆贼朱天贵率艘遁据南日、湄洲等澳,希图抗御。臣即咨会抚臣吴,统师由陆路声援。臣审候风利,亲率大艅,于二月十四日自海坛进取,鼓励将士,乘锐攻击,逆贼望风披遁,我师奋勇尾追,直至平海与抚臣会师。而朱天贵又将败遁逆艘,窜合伪右武卫将军林陞,伪左武卫江钦,伪镇黄应、黄德等,会艘三百余艘,并力坚踞崇武。经抚臣先以陆师于二月十七日抬运红衣炮火,直抵崇武缘岸,设伏炮击,贼取水路绝,惊惶游移,栖泊不安。臣遂于二十日乘风顺自平海扬帆南下,贼径率逆艘,分列大洋,数股迎战。臣指挥将士,分作六股攻击,自巳至酉,钩搭大战,犁沉贼舟大小一十二只,贼溃飘海面大洋外,遂克获崇武,安泊船只。贼复于二十一日午时,乘南风大发,径会各港逆艘,前来拚命死战。抚臣仍

于崇武缘岸炮击，臣指挥两股占据上风，以两股从下风诱战，以中两股冲艟炮击，上下夹至，犁沉贼舟一十七只，烧毁六只，擒获三只。阵斩伪总兵吴丙，伪骁翼营副将林勋，伪副领薛春，伪翼将林熊、俞硕筹、方国发等。阵斩贼兵六百余人，活擒五十二名，击沉溺死贼兵二千五百余众。得获器械、伪印、剳、火药、旗帜等项。鏖战两日夜，贼势莫支，我师乘胜追至泉州港，又得臭涂地方，而贼艟遂飘洋南遁，回顾巢穴。是役也，破海坛，取湄洲、南日、平海，攻复崇武、臭涂，皆贼所连年据扼边海要地以肆毒螫者，幸赖我上咸灵，一旦肃静，而福、兴、泉沿边居民，获安衽席矣。①

从《晋江县志》的记载中可以清楚地了解到，在康熙十八年（1679）以前，台湾的郑氏军队，还不时在福建一带打击清军，清军也一度被打得相当狼狈，如康熙十三年（1674）郑军利用耿精忠之乱的机会，攻占了闽南各地，"诸县俱降"；康熙十七年（1678）郑军反攻泉州一带，"诸县守兵相继弃城遁"。但是经过康熙十九年（1680）二月清军由水师提督万正色和巡抚吴兴祚率军决战之后，郑军精锐水师丧失过半，不得不逃离大陆沿海，退守澎湖和台湾二岛。大陆的郑军"一旦肃静，而福、兴、泉沿边居民，获安衽席矣"。

（二）康熙十九年（1680）万正色指挥的海坛、崇武战役

水师提督万正色所指挥的第一阶段即海坛、崇武等福建沿海的战役，之所以为后来的史家所忽视，原因可能有二。一是水师提督万正色在后续对攻取台湾的意见与当时的福建总督姚启圣相左，姚启圣刻意忽

---

① 道光《晋江县志》卷十八《武功志》。

略万正色的功绩与能力,海战后不久被转迁为陆路提督,从而排除了万正色参与日后指挥水师进攻台湾的可能性。这就造成当时及其后对于康熙统一台湾这一历史过程的文献记载中,忽视了万正色的作用,致使后世留下来的有关万正色在第一阶段战役中卓越贡献的文献记载比较稀少。二是靖海侯施琅在完成统一台湾的第二阶段战役之后,又参与了台湾的重建与治理,相关的文献记载很多;施琅本人也留有著述,专书介绍当时海战的全过程。①这样一来,人们的视野,就自然而然地关注到了靖海侯施琅的突出贡献,而忽视了万正色的贡献。

近年来我因编纂《台湾文献汇刊》的缘故,在福建师范大学图书馆看到一本由清代惠安人王得一所撰写的《师中纪绩》的孤传抄本,内附有万正色的书信若干,汇为《师中小劄》。据该书前言所言,是书编撰于康熙二十年(1681),是海坛、崇武海战之后的第二年。因此,《师中纪绩》并《师中小劄》不仅是迄今为止所能看到的有关万正色海坛、崇武海战最详细的文献资料,而且因其时间接近当时并有万正色的书信存世,其史料价值更是毋庸置疑。

万正色与施琅都是泉州府晋江县人,据《泉州府志》记载,万正色的大致经历如下:

> 万正色,字惟高,晋江人。初以黄姓从军,有功授职,屯磁阳,擢兴安游击。吴三桂反,随将穆瞻讨贼,破罗汉关,以计擒贼伏兵,取朝天岭,衣贼衣,袭广元,于是昭化苍溪望风皆服。迁平鲁参将,值兴安兵变,戡定乃行。陛见赐赉有加,授岳州总兵官。时贼之宿将重兵皆聚于岳,竖栅洞庭湖而筑堡于岸,以拒我师,四载不下。正色为前锋,军七星山,别遣轻骑袭岸。身率壮士砍其水

---

① 施琅:《靖海纪事》,《台湾文献史料丛刊》(第六辑),台湾大通书局1987年版。

栅，岸上举火大呼。贼惊溃。复堑君山以扼之，据驼河绝其饷道，战芦席口，焚其舟，斩贼将张炳、赵有库等，凡十七战皆捷。贼杜辉、江义遁，与吴应期婴城固守。正色遣表弟魏士曾用死（反）间计赍书赴贼中，应期果疑，杀杜辉等十三人，士曾亦遇害。贼猜惧皆出降，应期奔去，遂拔岳州，长沙诸郡以次削平。时海寇犹肆陆梁，正色密疏陈海疆情形，晋太子少保、提督福建水师，以林贤、黄镐、陈龙、杨嘉瑞为援剿四镇，与巡抚吴兴祚水陆并进，破海坛、进泊湄洲。诘旦会战扬帆，直捣贼队。兄德耀率四镇继至，大破之。复金门、厦门。伪将罗士珍等以海澄降，正色招抚降附、禁戢诸军。都司有掠民羊者，斩以狗，民得安堵。复疏展沿海界，禁四省似离，一时复业。移陆路提督，改云南。为部将所愬，罢归卒。……著有《平岳平海疏议移文》及《师中纪绩》等书。①

万正色所著的《平岳平海疏议移文》现今已无从获见，所幸《师中纪绩》尚存至今。我们从这部书中，可以更为详细地了解康熙统一台湾第一阶段海坛、崇武战役的实际情况。康熙十八年（1679）年底万正色到福建就任水师提督，十二月十七日"公泊舟定海"，祭江誓师。康熙十九年（1680）正月决策进击，该书中的《决策航剿》描写了此次海战从决策到实施以及取得胜利的全过程，云：

> 初总督姚公以康熙三年癸卯攻克金厦，皆用红毛船只，疏请遣使往荷兰国檄召，会艅合剿。康熙十九年正月初九日，公在定海操舟，遽递上谕欲待荷兰船到然后进攻。公念荷兰国船来否莫必，迟速难期，再延三四月，风信转南，我舟又当退泊闽安，劳师费财，敌锋愈炽。不如乘现在舟师直取海坛。海坛一破，则振我先声，夺

---

① 乾隆《泉州府志》卷五十六《国朝勋绩·万正色》。

彼锐气，乘胜长驱。海坛之寇各怀内顾，必自溃坏。遂咨会总督决意进攻。而巡抚吴公，亦于正日二十日拜疏出师，次福清县界。谍言逆艘联艅进泊崇武、湄洲，声势甚大。又以总督姚公有奉旨缓师之意，咨移严切，遣家人慕容夜至公船备询胜策。公但寄言：吾筹已定，断无他虞也。

初朱天贵与黄德、王一鹏等扼据海坛，公密访兴化有朱炳坤者，天贵从叔也。延致军前冬，令赍书往抚天贵。天贵持两端，令炳坤赍刺报命。公曰天贵即未就抚，吾亦就中取事矣。遂微露其事，令黄德等知之。二月初二日，拜疏出师，声言乌船由大洋进发，赶缯小船由浒屿门直取赆美澳。天贵谍知，分兵堵御。初六日扬帆至南茭，公忽令放炮转小麈，自以所乘大艘由浒屿门入，诸镇随之，一时骈进，大小船首尾相摩，帆影蔽江，无一伤碍。午后抵海坛，天贵措手不及，急迎战。公佯置天贵，直取他艘。黄德等以天贵有异志，各怀观望。我舟合艅冲击，遂各披靡南窜。

公泊舟海坛，严禁掳掠。……十四日进攻湄洲，逆艘泊平海。巡抚吴公驰师相会。公曰贼锋已挫，必合艅崇武，以决死战，公可驰扎崇武坡，绝其汲道。彼饥渴内迫，必不能军，吾候风便，直捣其背，破之必矣。吴公从之。十七日师抵崇武，沿岸设炮。贼有近岸汲水者，辄击沉之。二十日我舟南下，贼率艅迎战。公麾诸艘乘风纵击，贼败遁。既复合艅再战，随征总兵颜立勋舟陷贼中，公驰搏出之。桴鼓督战益急，舟行有稍退者，公辄令射杀之。会日暮，回师崇武口。贼亦寄泊洋中。公念竟日鏖战，兵士力疲，恐贼人乘夜劫澳。入定后，忽传各镇移扎他处。安泊甫毕，贼果结艅掩击，知公移泊，遂大惊。二十一日向晨，公饬诸镇曰：昨日一战，胜负未分，今当鼓勇前驱，共歼逆丑。倘有退缩，各依军令。众唯唯登舟。饭已，贼乘南风盛发扬帆直上。舟人皆以贼据上风为虑。公曰毋畏，但须贼舟近，方许起椗耳。因令掌号举帆以待。已而贼舟渐迩，风信忽西。公喜曰：吾所少缓须臾者，正谓天时当有异耳。遂各掣椗分捣贼舟。时朱天贵、林陛、王德、王应等以数舟合逼公艘，锐甚。公令左右炮一时并发，击碎贼舟。公胞兄德耀及左镇林等亦相率继至。贼殊死战，公入艅搏战火器猛烈，贼不能支，遂败遁。公乘胜尾追，抵夜夜收泊岱队港口。二十二日，贼窜归料罗。会飓风大作。公移舟臭涂澳。二十三日，巡抚吴公自崇武驰会。公曰，贼已败窜，海澄诸寇即日溃散，公疾引兵由同安石浔渡师金厦，可不战而得。吾少候风利，邀其归路。数千逋寇，可立歼也。是日郑经飞檄刘国轩退守厦门。二十四日陈昌、罗士珍等果以海澄降，兵民惶惧，鼠匿山谷。二十六日郑经知事不可为，令将家属东遁，男妇争舟，虽曳杀水中不能禁也。督抚诸军进扎厦门。公泊舟永宁，贼犹结艅料罗。公令林、陈为先锋，乘胜掩击。贼望风奔窜。二十九日舟抵金门，受诸降附。父老携猪酒犒军，公弗受，多方劳来，民皆安堵。

三月初三日，抵厦门，仍饬诸军毋离舟次。客有劝公乘胜直取澎湖者。公曰澎湖势险，船难遽进，贼归数日，必有准备。且天贵全艅犹在南澳，此时南风盛发，我舟前往，既无可泊之澳，又恐天贵闻我空虚扬帆直上，而金厦又虞多事矣。况凌波绝险事，有不可知者乎！遂入海澄，与总督会疏，以援剿镇林等分镇海坛、金门、厦门、铜山。时姚公已密疏请候荷兰船到，配投诚兵，令水师提督进取台湾。上下其议，公抗疏力陈不可。上遣兵部侍郎温公衷其议,且令会巡边海,酌兵守要。八月,温公入朝覆奏。卒从公议。

公既平闽海,漳州都统把申都鲁问曰:"公方排群议,独建殊勋,固以料敌之审,荷兰远处外国,公能逆计其不来,何也?"公曰:"此实易知,但人不察耳。红毛番有二种,虽臣服于我,亦与郑氏相通。查其头目,时在台湾。又我所檄召种类,皆受辖于彼地红毛者。彼既与郑氏相通,安肯令所辖属与我助战哉?为将者,须察天人、细参情理,原非苟且论战侥幸成功也。"把甚悦服。①

根据上述内容,我们可以知道此次战役于康熙十九年(1680)二月初二日正式开始,初六日双方战船初次正面接触战斗。万正色在战役开始之前曾多次派人与郑军首将朱天贵联络,劝其归降,虽然一时未能达到目标,但是万正色由此在郑军中制造了相互猜疑的氛围,"公佯置天贵,直取他艘。黄德等以天贵有异志,各怀观望。我舟合艓冲击,遂各披靡南窜"。二月十四日,万正色率领水师进攻湄洲,郑军退泊平海。十七日,清军预先占领惠安县崇武要地,在崇武险要处所,安置红衣大炮,并扼制沿海水源,断绝郑军的水源供应。"贼有近岸汲水者,辄击沉之。"二十日,双方崇武海面再次决战,未分胜负。二十一日再战,清军渐显优势,"贼殊死战,公入艓搏战火器猛烈,贼不能支,遂败遁。公乘胜尾追,抵夜夜收泊岱队港口"。郑军败退金门料罗湾,万正色率船队南下追赶至臭涂澳,由巡抚吴兴祚率领的陆师也赶来会合。二十四日驻守漳州府海澄县的郑军将领陈昌、罗士珍率部下投降。二十六日,郑军从厦门撤退到台湾,清军占领厦门、金门各地。三月初三日,万正色本人抵达厦门,安抚沿海民众。

康熙统一台湾的第一阶段战略实施,其战役整整历时一个月,基本

---

① 王得一:《师中纪绩附师中小剳》,《决策航剿》。

上肃清了郑氏集团在福建等大陆的势力，为下一步进攻台湾奠定了必不可少的基础。

（三）海坛、崇武战役之后万正色极力招降海上郑军

康熙十九年（1680）之前，清军在福建沿海一带清剿郑氏军队，历时三十余年，始终无法把郑氏的军队赶入海中，其中最重要的原因是，清军以陆战见长，而郑军以海战称雄。清军要击败郑军，建立一支能征善战的水师刻不容缓。但是组建一支能征善战、足以与郑军一较雌雄的水师，并非易事。因此从康熙年间以来，清政府就试图利用己方在政治与资源上的优势，着力分化瓦解郑军的水师，招降郑军的水师将领和士兵，将其转化为清军的水师。如此此消彼长，清军的水师得到迅速的扩展。

万正色作为出生在福建沿海的水师提督，对此有着更深切的体会。因此他一到福建就任，就敏锐地看出应该充分发挥从郑军那边招降来的将领及其部下的作用，促使他们尽力为清朝搏战。但当时的情景是，虽然清朝已经招降了一部分郑军水师将领，但是并没有放心地使用。万正色立即上疏朝廷，恳请朝廷对于郑军归降的水师将领，予以实职奖赏并委以重任。《师中纪绩》中有《议设援剿镇》篇云：

> 时投诚总兵官林贤、黄镐、陈龙、杨嘉瑞、朱云从、何应元、吴孕骥等，各招募水兵合万有余人，公念兵将非制，约束不灵；又荏事方新，拊循非素，须令感恩，始堪破敌。因从容语之曰：湖广诸镇，例有援剿，吾请援例，为诸君题授实职，可乎？贤等皆喜，谓我辈输诚以来，虽颇著战功，未登一命。倘荷造就，敢惜捐躯！公遂拜疏，请以林贤、陈龙、黄镐、杨嘉瑞为左右前后四镇，以何

应元、吴孕骥补提标前后营游击。疏上,下和硕康亲王议。王执不可。公曰职在岳州,所有末议,将军贝勒概荷赐允,是以历年强寇获致廓清。今承简命,承闽疆,所有建明,悉系进剿机宜,尤望殿下俯垂俞鉴也。王曰兵机进退,悉听尊裁。事系建官,实难遽允。公曰职题请援剿,正系兵机何也。用兵之道,先宜恩结,后以威制。今林贤诸人未有实职,虽各握兵,未入经制。职甫入闽,恩意未洽,一旦出海,人各一心,虽有韩白,弗能济也。若各授以总镇实职,彼事惬意中,荣出意外。感恩既至,报德难忘。同心协意,何攻不克哉?王默然久曰:请听子题矣,遂其疏覆,上许之。①

万正色此举极富政治远见,投诚总兵官林贤、黄镐、陈龙、杨嘉瑞、朱云从、何应元、吴孕骥等受到重用之后,果然不负所望,悉心尽力为清朝效力,不仅在万正色的此次战役中发挥了中坚作用,而且在后来施琅进军澎湖、台湾的战役中,也都担任着清军水师主力的角色,②为康熙统一台湾做出了重要贡献。

不仅如此,万正色对于招降郑军水师首将朱天贵,投入了极大的心血。在海坛、崇武海战中,虽然还不能直接招降成功,但是因而造成了郑军内部的相互猜忌,朱天贵本人亦在万正色的策动下,首鼠两端,未能投入全力与清军搏战。这对此次海坛、崇武海战的胜利,作用不可小视。《师中小剀》收存有四封万正色在此期间写给朱天贵的信函,使我们得以了解万正色招降朱天贵的具体情形。

---

① 王得一:《师中纪绩附师中小剀》,《议设援剿镇》。
② 参见施琅:《靖海纪事》(上卷),《飞报大捷疏》。

1. 招海上朱天贵书（十八年十二月廿九日交朱丙坤）

腊末得接好音，雅相投慕，乃知老亲台见几（机）而作，智识超群，虽古明哲不是过也。题请总兵实任，弟自能力兼之，惟祈老亲台蚤图所处耳。师行之际，或里应外合，或擒逆计及取，乘胜长驱。贵眷自可安全。一时去就，千载勋名，不于此基之哉？奉上牌劄一道，聊以为信。台衔原劄祈先付来，以便缴题。盖大丈夫心口相商，天日可表。临机观变，确有定见，断不可游移错过也。楮短情长，悉在来人口中。惟丙照迅发颙切又又。

2. 与朱天贵招书（三月十四日发，十五日行）

三月十五日①读老亲台所过诸今叔手书，苦衷款曲，可质天人。披肝沥胆之诚，洵足肺腑相照矣。但时者事之机，迟者事之贼，乘时决机，又冀高明迅断耳。题擢之任，弟窃能肩，必不轻诺以相负也。至尊札末云欲顺道取粮以为将来资费，弟思老亲台此番率众收党惠然肯来，功加海宇，获福无疆，安藉此俗情以重苦我桑梓赤子耶？

3. 复朱天贵书

丈夫相与，一言千古，断无肝鬲不相照而可以共建隆业者。弟自去岁腊月得接好音，即以现任总兵密相期许。窃量弟力，实堪无负。故特伏令叔秉坤崇致左右，宁敢孟浪一诺致生犹豫乎？兹老亲台欲统率全鯨直来相附，息彼此之兵戈，救斯民于水火，功益加隆，秩宜益晋，朝廷爵赏断可力决，故弟二十五日备读台敬，二十六日即抵漳与姚制台商酌飞疏。先请特仗令叔祖某悉披衷曲，并将制台崇函奉览。思勋业之有期，念时机之难再，伏祈迅发台筛，毋再迟缓颙望。

---

① 此处日期可能有误，或为二月十五日。

4. 复朱天贵书

昨令叔到，备陈款曲，益信老亲台周详审处始进，为不苟也。弟之丹诚想所共鉴，特遵台教权为委牌，其以铜山一汛相烦者，盖镇防系，叠已缮疏具题。而老亲台一镇，弟亦僭为派定也。昨制台书商，弟亦以此覆之，尚此披诚，惟希鉴茹。江天在望，不尽愿言。

万正色对于招降朱天贵可谓煞费苦心。由于朱天贵担心贸然归顺，自身的利益无法得到保障，所以一直虚与周旋、首鼠两端，并且不断提出条件，增加要价筹码。万正色同样也虚与委蛇，在适当的前提下满足朱天贵的一些要求，如在第四封信中，万正色同意朱天贵拥有原来的船队，并且把铜山汛地交给朱天贵把守，展示出对朱天贵的充分信任。不过在另一方面，万正色在与吴兴祚巡抚、姚启圣总督的来往信件中，多次反复权衡招降朱天贵的利弊得失与实施措施，对于朱天贵也严密防范。如在与部臣吴、介二钦差的信函中，即主张对于朱天贵应当剿抚并用："伪总督朱天贵遁逃结铜山、南澳，现有二十余镇，小船约有三百余只。职预差的员谕以利害，随遣其心腹伪员赍书密披衷诚，欲稍候数日尽收余党前来归顺。职现在修葺战伤船只，鼓励将士，刻候风利，立期进歼，剿抚互用，可谓先声后实者此也。"①万正色在与巡抚吴兴祚的书信中说：

十六日敝标员同总兵朱云，从自南澳持天贵书到，意欲预讨一安顿地方，以慰诸镇营之心，仍遣伪副将一员，到制台处投书。所讨汛地，意欲相符。制台驰札相商，弟以铜山一汛，实为下游要害，此子颇称褊伶俐，实堪委任。且弟安边疏内，以南澳一镇，须

---

① 王得一：《师中纪绩附师中小剳》，《与吴、介二部书，三月十五日行》。

并设铜山,则彼此綦置,亦足相维。故书覆制台,以此汛相界,而弟亦权委一牌,付敝员赉去,速彼前来。想风利即到也。伏思受降如受敌,故于十八日豫拨诸镇分驻浯屿、大担、金门等处,据其要地,以为声势。盖豫备不虞,兵家要旨,此弟之所深为绸缪者也。惟老谊台教之。

万正色在与总督姚启圣的书信中说:

> 朱天贵久欲投诚,而延缓至今,不解何故?闻郑锦遣人赍□□□与之,倘阳顺阴逆,乘南风北遁,养成□□,又多一番费手矣。晚意抚若不就,剿之□亟,断不可令迟留观望,驯致流毒也。谨此上请,惟祈老台台迅赐裁教望望。

由以上所引可见,万正色在招降朱天贵的同时,也始终保持着军事上的高度警惕性,剿抚互用。最终促使朱天贵全军来降,使得郑氏军队的主力遭到严重的削弱,而清军一方水师的力量则大大增强,为日后进攻澎湖、台湾打下了坚实的军事基础。康熙二十二年(1683)施琅率领水师进攻澎湖、台湾之时,在水师中担任主要责任的总兵官,有半数以上是从郑军那边招降来的将领。如上面所引述的林贤、黄镐、陈龙、杨嘉瑞、朱云从、何应元、吴孕骥等大多参战,其他如万正色煞费苦心招降的郑军水师总督朱天贵等,均为随征大员。万正色及当时清朝福建政府所推行的招降郑军的政策,是康熙最终统一台湾的重要因素之一。

(四) 万正色与总督姚启圣的战略分歧

从上面的论述中,我们可以看到万正色不仅是一位杰出的水师提督,具有很强的军事作战才能,而且还具备着较为深远的战略眼光以及政治眼光。在万正色与总督、巡抚、将军以及中央部委钦差的来往信件中，我们还可以看到许多关于万正色建议妥善安置军队、流民、当地贫黎的主张。这些主张虽然在某种范围上也许超出了负有军事作战职责的提督的职权，但是这也恰恰说明了万正色对于政治与民生的关心和远见。如在与杨将军的书信中，极力拜托安抚残黎："敝泉当兵燹之余，兆庶颠连，凋瘵已深，加以米珠薪桂，资生无路，正仁人君子所同加悯念者。以老台台主持其上，俾水火残黎得有生活，其功德宁有量哉！想拯溺扶危、兴利除害，为今日救民急着者，老台台自有妙用，而弟则桑梓念深，不觉殷殷悬望也。"在与钦差吴、介二部臣的信中，恳请多多关注民生穷黎："逋寇不患不除，穷民转宜急念。夫闽地狭瘠，非山则海，小民生计，半藉鱼盐。自迁界之余，蕞尔内地，既无广土可耕，加以征师十余万，徭役重繁；投诚数千，张颐杂处。顷岁三时不登，饥馑荐至。至米贵如珠，民不堪命。若稍缓罔恤，势必奸险滋生。此又目前隐忧，不可不亟为之所也。闽海寇平之后，经略奠安，水重于陆，必裁减陆兵，而后饷无虚糜。必重设海防而后邦可久安；必尽复边界而后民有恒产；必开禁采捕，而后民有生息。若依次而行，不出三年，职断可保以长治。若守经胶执疮痍，日□□□形之患，将有不可测矣。……安边救民之柄，又不得不仰望宪鉴。"对于安置投诚郑军，万正色也力求万全，既要妥善生计，又得根除后患。他在写给吴兴祚巡抚的信中就提到："窃谓闽省兵额，不下十万，其中间老弱及愿求为民者，谅亦不下一万。若汰此一万之数，拨现在投诚以凑其额，则愿为民者既遂其愿，而投诚者获补现粮。法所谓车杂而乘之，率善而抚之旋，处降卒之道，似无过此者。乃制台备闻弟言，满慰厥心，竟以时有所阻不及举行。则又弟所不能力恳者。但投诚虽众，实无几千。弟大艑在此，足寒其胆，亦无烦台虑也。近又闻制台将所有投诚分拨各县安插，恐原兵原将悉属原辖，倘怀觖望，不无生事。则思患预防，犹烦设处耳。"

深具军事指挥才能和战略眼光的万正色，本来是执行第二阶段战略行动即进取澎湖、台湾的上佳人选，但是他很快被迁任为陆路提督，失去了参与指挥进击澎湖、台湾的机会。其中原因，显然是与总督姚启圣在一些重要决策上的分歧有着密切关系。如在上引的万正色与巡抚吴兴祚的书信中所反映的，万正色建议妥善安置投诚郑军，总督姚启圣"竟以时有所阻不及举行"。

万正色与总督姚启圣的最大分歧，在于是否在康熙十九年（1680）抓住战机开展海坛、崇武之战，以及海坛、崇武海战大胜之后，是否立即进攻澎湖、台湾的决策上面。北京国家图书馆收藏有孤本《闽颂汇编》一书，其中保存有姚启圣的奏疏。当水师提督万正色和巡抚吴兴祚即将开展海坛之战的前夕，作为福建总督的姚启圣，还是强烈反对发动海坛之战。该书有姚启圣的《题明出师》一折，详细地记述了姚启圣与吴兴祚和万正色在是否开展海坛之战问题上的分歧。该奏折长达一万余字，兹摘录如下：

> 题为钦奉上谕事，康熙十九年正月初七日准兵部密咨内开，康熙十八年十二月二十日奉上谕，总督姚、提督万，今欲多调水陆兵丁破灭海贼，取金门、厦门，屡经具题其事，所关最为重大。当日击破海贼，克取金门、厦门，曾用荷兰国夹板船只。兹入海进剿，既少前坚固大船，而荷兰国船兵又未曾到，以我小船入海，诚恐万一不能如意，着议政王贝勒大臣会同详议具奏。钦此钦遵。该臣等会议得海贼窃据海澄等处，恣意扰民，应速行殄灭，以安闽省。但海贼盘踞水面已久，必须兵强船齐，方可攸往。前取金门、厦门，既用荷兰国船兵破贼，今亦应用荷兰国船兵，合力举行。则有济大

事，实为显然。……

正月十二日接准提督万（正色）咨开捧读圣谕，敢不益加慎重。但思海寇鸱张，荼毒日甚，生民水火，刻望徯苏，兹我新旧大小船舰现有二百四十只，配坐官兵炮手二万八千五百八十名，业已齐到定海，逐日操演与贼相对。而联络大小船五十余只，亦将保竣出洋。若待荷兰国船并力合攻，兵力加厚，固为万全，然荷兰国船未必即到，纵能速到，亦在五六月间，而转瞬三四月，南风盛起，我舟泊在定海，乃属下风，难于征进，势必抽回闽安镇内，再图后举。弥历日月，其势已摧。且篷索日久，势必朽坏，又当再行修理。师老财殚，民生愈瘁。加以逆寇游移沿边掳掠，将此嗷嗷待毙之民，即成逞思乱之众，寇氛愈炽、扑灭尤难，不转为闽方大害哉？且兵者形也，战乃势也。现今海逆难尽选精锐，分遣伪总督林升、朱天贵等结艅据扼海坛、南日、湄洲、崇武沿海一带地方，而我师操演既孰，鼓励已就，将士踊跃争先，皆乐一战。本提督因形因势，拟此正月中旬审候风潮便利，一股由内港石牌洋征进，一股由外洋观音澳旰尾征进，两股夹攻，直迫海坛。加以上风临之，断可取胜。既去海坛，再觇动静。如可乘胜长驱，当即咨会水陆夹攻，务求万全。或稍有未得其利，暂驻海坛，再行会商可也。……

正月二十一日准巡抚部院吴（兴祚）咨开，……果万万不能制敌，安容水师提督万（正色）竟自轻进？是以于本月十二日到定海阅视。见将士齐心奋励，新船坚固且大，与旧船连艅冲击，操胜可恃。水师提督之直任攻取海坛者，诚非孟浪。至于一过三四月风汛转南，贼占上风，我船反受其侵压，即定海亦不能驻扎，势必抽回内港，而示贼以绥师老气衰。且坐待荷兰船只五六月到，再待至八九月风汛进兵，此半年有余，靡费钱粮无算。又船上蓬索杆具朽烂应修，事事堪虑。诚如水师提督万来咨所陈利害，不若乘风汛之顺利、船只之堪用，无待荷兰船到，先水陆进攻贼窟之为得也。……

本部院急于灭贼之心如焚如溺，倘料贵提督之兵必能取胜，恨不得急请进兵，灭此朝食，又焉肯屡咨渎请，求贵提督审虑周详、计出万全耶？但贵提督实止孤军，而且新配下船操练未久，即本部院与巡抚部院各统舟师亲出同安、江东两港，然止可为遥应之兵，张其声势，与贵提督之战，实胜不能助、败不能救也。本部院虽系诸生，不谙水性，然自入任以来，尽皆冲险之地。从戎二十年，且在闽日久，留心水陆。窃谓海坛之贼，可以智走，不可以力取也。若必极力以攻海坛，计斯下矣！若一攻海坛而不得，我兵焉能逆风退归？则全省大事去矣。……当即飞咨抚、提二臣务期万分慎重，弗以封疆为轻戏外，但臣与昭武将军管提督事臣杨、巡抚臣吴、水师提督臣万，报国之心实同，而意见微有各异。抚臣与水师提督则急于灭贼，不候红毛船到，即行进兵者也。将军提臣与臣则欲新配水师再行操练半年，容臣漳州添造船兵练熟。抚臣同安添造船兵齐熟，俟红毛船到，一同进兵者也。①

从姚启圣的奏折所言以及奏折中引述巡抚吴兴祚、水师提督万正色的意见中可以知道，姚启圣对于当时的清军水师缺乏信心，认为船小兵弱、准备不足，因此寄希望于向荷兰国借兵，调用红毛夹板船。而巡抚吴兴祚和水师提督万正色则认为荷兰人首鼠两端，借用红毛船一事根本

---

① 《闽颂汇编》第137—171页，载陈支平主编：《台湾文献汇刊》（第二辑第二册），九州出版社、厦门大学出版社2004年版。以下所引此书，不再重复注明其作者、出版社及出版时间。

不可靠，只有依靠自身的力量和决心，适时利用风潮有利的二月时分，果断进击。双方意见终于无法磨合，巡抚吴兴祚和水师提督万正色只好自己决定出击。战役的结果充分证明了姚启圣的怯敌误判，清军取得大胜。但由此亦可知，当时万正色不顾总督姚启圣的反对，坚持开战，这是需要冒很大的政治及个人前程风险的，万正色为了国家的整体利益，不顾个人得失，这在清代前期的社会政治环境之下还是很难得的。反观姚启圣的作为，则更为顾及自家的功利考量，不甚光明磊落。①

姚启圣在海坛、崇武海战结束之后，嫉功护己，一面向朝廷诬陷巡抚吴兴祚和水师提督万正色，一方面又极力乘胜进攻澎湖、台湾。姚启圣主张经过海坛、崇武大胜之后，郑军退守澎、台，不久郑经又去世，郑氏内部颇不稳定，应该借此良机，立即进军。而万正色认为清军虽经大胜，但福建沿海惨历数十年战乱，民生凋敝，苦不堪言。且郑经去世后其内部并无内乱的迹象，因此不宜贸然进攻，而应以培植民生，进一步瓦解招降郑军为上策，一旦时机成熟，再行进攻。《师中纪绩》载有当时清朝福建总督、巡抚、提督及水陆各镇，以及部臣钦差会议是否决策进攻澎湖、台湾事云：

> 康熙二十年三月，台湾郑经死，冯锡范等以其长郑欣系他人子缢杀之，立其次子秦，年方十二岁。四月伪宾客司傅为霖密书与总督姚公，言主少国疑，冯、刘不和，疾引兵攻取，彼为内应，可以得志。姚公甚喜。又泉州有投诚王麟者，引宁海将军喇攻破东石贼砦，喇甚任之。以澎湖守将董腾泉之滨海人也，命麟访其族中有可往彼招致者。麟以其友董扬闻，喇将军随令赍书往澎湖招抚董腾。腾怒言非念亲族当斩汝首矣。随即遣回，而揭报喇书，且请回台湾

---

① 关于姚启圣的个人性格及与吴兴祚、万正色的关系问题，下文将有更详细的讨论，可参看。

以杜嫌疑。扬归诡言腾欲内向，而未有机会。喇甚喜，赏扬白金百两，令赍书再往，扬惧不敢，潜往厦门，私造金盃，并古风一首，诡为腾言三王同叛，究归一统。彼虽身系外国，心切内归之意，特献喇将军，将军信之。复赏董扬白金二百两，疏奏其事。而总督姚公亦以傅为霖之事闻，上以滇黔已定，宜乘现备船兵攻取台湾，令督抚提镇会议进取，勿失机会。公念台湾远处海外，刘国轩颇能用兵，若悬军远斗，不惟有穷兵黩武之嫌，且有伤威失重之虑。且台湾变故已数月，文武辑睦，绝无警警息。遽启兵端，实为非利。遂先抗疏具陈。而总督姚公、巡抚吴公，与水陆各镇俱赴泉州会议。公披悉利害，众莫能难。而重违姚公之意，莫敢启颊。姚公色忿，且泣下言：诸君受国厚恩，宜以死报，今敌已有衅，各怀畏怯，启圣今日除死方休，否则断无放过也。公从容言曰：人臣事君，死生以之。但死而有益，死之可也。若悬兵浪战，死而无益。又且有损，兵民何辜？国家何赖焉？今所据者傅、董二家心怀内附，而傅非握兵之将，董无怀德之诚，无论内附之心未可遽信，纵或有真，而往来会议，机已漏泄，傅、董二人身且不保，何能成事哉？且兵家之胜，计利而动，郑经之死已阅三月，若有内乱，必相贼杀，扫荡之功固可无劳师旅。今冯处于内，刘在于外，二人相好、不见疑猜，凭依天险，以逸待劳，汪洋风浪之中，愚诚未见其利。提督诺公曰水陆大举，心力俱一，荡平小寇，似亦无难。但陆师进退，能算得定，水师机势，难于预测耳。公曰政恐陆师尤难算定也。逆寇围困海澄数月不解，满汉援兵屯扎笔架山者不下数万，朝廷重赏在前、严罚在后，当此之时，城中赢卒幸乞余生，城外援兵希图免罪，心非不一，力非不协也，而相去咫尺，莫能救援，竟使剧城沦陷、大帅身亡。岂非我兵进退机莫能握哉？姚公曰：此前日之事，今毋庸言。公曰：非也，语云"前事不忘，后事之师"。用兵者先计彼己，后观利害，故举无遗策。今东逆孳，困斗可虞。澎湖孤岛，险于海澄。凌空破浪，难于野战，利害之形，瞭若观犬。伏愿诸公审之。且攻者不足，守者有余，吾惟谨边防、严接济、抚绥残黎、招携柔远，彼国之众，群怀内附，遣使往抚，能无听命？诺公曰：闽疆海寇，久历年所，若徒事招抚，终是涂抹，或恐遗患。公曰兵家之胜不可先传。吾言抚非专用抚也，我无显示攻取之形，彼必渐疏守御之计。此中机宜，君宁不悟？吾已疏奏朝廷，请宽进取日月，先行招抚，徐图便宜，苟就吾抚，则明其条约，俾可遵守，不事兵革，固为厚幸。倘怀观望，则量度机会，一面出师，一面奏闻，兵端不漏，脱兔难防。彼民困于内，财匮于外。不越一二年，可获全胜。孰与信所难信、幸冀成功哉？言讫，下跪曰：吾特为生民请命，诸公察之，生民幸甚。姚公不悦起回寓，诸镇亦各散去。巡抚吴公私谓公曰：朝廷已锐意灭贼，制宪亦坚执不回，台湾当丧败之余，又遭家难，鼓众前征，事未可知，何苦过拗？公曰岂有未可知之事而轻试于兵者乎？姚公知公意执，遂密疏请旨意八月奉旨授公提督福建陆路总兵官，以内大臣施公代其事。①

万正色身为泉州府晋江县人，亲历了明末清初以来福建沿海地区的战乱，对于乡梓的破败与民生的惨状，感受甚深，心有戚戚焉。他从顾念乡梓、悲天悯人的心理出发，强烈希望给予乡梓一定的喘息机会，以救民生。关于这一点，万正色在与其他同僚的书信中也屡有记述。如在与喇将军的信中说："闽省当兵燹之除，所有残黎既苦徭役，又遭荒馑，

---

① 王得一：《师中纪绩附师中小刳》，《议罢远征》。

嗷嗷待毙,有心共恻。幸藉国家威灵,鲸鲵绝迹,使傒苏之民,微冀息肩。此如羸病既深,幸获痊可,保安调养,犹恐不周。若更加剥削,其不就毙者能几何哉?乃当事者不究所终,或欲攻台湾,或欲取澎湖,心非不壮,事则殆矣。故职窃谓今日之事,只可养兵息民,尽吾招徕之道,澎湖诸岛,究当内附。若穷兵勤远,则黩武之变,有不堪言者。谨将复议八款咨稿呈览,虽刍荛之言未必有当,而战守攸宜,亦足以知管见之所存,伏惟鉴察,曷任瞻依。"

总督姚启圣为浙江会稽人,对于福建沿海特别是闽南地区经历数十年战乱之苦,缺乏切身的感受。他从福建总督的身份出发,自然是希望早日收复澎湖、台湾为上策。其实,从战略军事部署的角度看,万正色的缓征策略,可能更为符合当时的实际情况。万正色并不是主张放弃澎湖、台湾,而是认为不可急于浪战。须先行安抚沿海居民,使之诚心归服清王朝的统治,同时继续施行对郑军的招抚政策,在最大程度上进一步削弱郑氏政权的力量。如此等到机会成熟,可一鼓击破。所谓:"请宽进取日月,先行招抚,徐图便宜,苟就吾抚,则明其条约,俾可遵守,不事兵革,固为厚幸。倘怀观望,则量度机会,一面出师,一面奏闻,兵端不漏,脱兔难防。彼民困于内,财匮于外。不越一二年,可获全胜。"

在这次关于是否立即进攻澎湖、台湾的决策会议上,万正色与总督姚启圣的意见均未能说服对方,最后康熙皇帝派遣兵部侍郎温岱前来福建前线考察以断取舍,万正色的缓征建议得到兵部的认可,"上遣兵部侍郎温公衷其议,且令会巡边海,酌兵守要。八月,温公入朝覆奏。卒从公议"。但是总督姚启圣耿耿于怀,"姚公知公意执,遂密疏请旨意八月奉旨授公提督福建陆路总兵官,以内大臣施公代其事"。姚启圣作为福建总督大臣，自有权力提议更换水师提督人选，启用内大臣施琅替代万正色。但是从后来的征台进程上看，当时并没有立即进军，而是经历了两年多的充分准备之后，于康熙二十二年（1683）六月向澎湖、台湾进军，最终收复了台湾。这正是万正色在康熙二十年（1681）决策会议上所预料的，"不越一二年，可获全胜"。

万正色《师中纪绩》及《师中小劄》的传世，无疑对于我们比较全面地了解康熙统一台湾的全部历程，厘清以往研究这段历史所被忽视的一些问题，具有很高的史料价值。

三、《闽颂汇编》与姚启圣生前身后事

（一）姚启圣著作与《闽颂汇编》

姚启圣（1624—1683）于清代康熙十五年（1676）出任福建布政使，康熙十七年至康熙二十二年（1678—1683）出任福建总督，在治闽平台的历史过程中，发挥了重要的作用。但是有关他在福建任职期间的各种著作，却很少传世。据乾隆、嘉庆年间法式善撰写的《八旗诗话》中所言，姚启圣的著作，至少在这个时候已经不见于世，该书云：

姚启圣，字熙之，一字忧庵，汉军人。康熙癸卯举人第一，由知县累官总督、尚书加少保。有《忧畏轩遗稿》。少保籍本浙绍，诗文俱有奇气，稿毁于火。曾孙栎于游中得其手书诗五十章镂板。以生平器度宏远谋略过人，故历官多异政。当康熙甲寅闽变，破家

慕守仙霞,浙东赖以底定。施琅平台湾,少保应时输军饷重犒收士心,运筹之力居多。迨刘国轩败澎湖凯旋,施琅于海道奏捷,少保由内地驰报迟琅二日至京,琅已先封靖海侯矣。尝于闽属广制学田矜恤寒畯,至分德之事功赫奕,诗固不足增重,而英飚异彩,自非咿唔小儒能为。①

由于姚启圣以《忧畏轩遗稿》命名的著作在清代中期即已失传,故现代研究姚启圣及平台事迹的学者,基本上只能从其他转抄的文献中获见引述姚启圣的奏疏、文告等,来分析这一时期的历史事实。②

2002年,我因搜集编辑《台湾文献汇刊》之故,偶然中在北京国家图书馆看到《闽颂汇编》一套。此书自称由福建省"工士农商"所编撰,不分卷数,清康熙二十三年(1684)前后的刊本。书中所述,除了"工士农商"们各自撰写的褒扬姚启圣功德恩惠的文字之外,竟然还收存了姚启圣在福建任职期间的各种奏疏、文告近十卷,约占全书篇幅的三分之二。此书洵属孤本,故研究清前期及郑氏集团历史者罕得引用。

《闽颂汇编》中由福建省内"工士农商"所撰写的褒扬姚启圣功德恩惠的作者,多达一百余人,篇幅亦达到全书的三分之一。因此,与其说《闽颂汇编》是为了纪颂安闽平台以臻太平的文献汇编,还不如说是为了专门歌颂姚启圣功德恩惠的文献汇编,书名改为《姚颂汇编》更为贴切。在《闽颂汇编》的卷首,除了由"赐进士第通奉大夫礼部右侍郎兼翰林院学士加一级壬戌知贡举前内阁学士兼礼部侍郎内国史院侍读学士侍读内秘书院侍读翰林院编修庶吉士纂修实录玉牒起居注日讲

---

① 法式善:《八旗诗话》稿本,不分卷。
② 参见施伟青:《施琅评传》,厦门大学出版社1987年版。

官己未知贡举殿试充读卷官丙午顺天武闱主考己亥会试同考官治通家眷侍生富鸿基顿首拜撰"的序言之外,就是"总督福建少保兵部尚书姚公再造全闽鸿功碑",该碑文纪云:

  三代之后,继体之君任大臣咸斤斤守祖宗之制,故有事多不得尽其能,其间底绩非常,定难保民,始终无嫌者,不教有也。我皇上丕承景运、缵述大统,具仁智勇之体,以天人之学出治,示古今治乱于指掌,而善用人,乃者三方叛乱、海内骚然,皇帝垂拱于上,运宵肝之心,咨命文武以腹心股,推毂之后,阃以外不问焉。越七年,反者伏诛,粤闽滇以次平。闽之难在海,盖三十年有六年,故祸烈于滇粤,而皇帝简用总督少保兵部尚书会稽姚公平之。公顺天解元,素倜傥、负大志,兼文武才。起家知广东香山县,定县之乱,声称于时。甲寅闽叛,公从田间椎牛洒酒召诸少年日趋行,为朝廷一用于疆场。于是从王师下温州,即军中拜温、处金事,统所部义勇破贼于紫阆山,斩其魁。丙辰仙霞关降,公率师略延建。九月福州降,时郑经负嵎于泉漳,刘进忠游移于潮惠韩,大任亡命于汀。天子知公能,以布政使用公。公受事首厘别诸弊政。……天子曰:闽有布政如此,何忧贼为?则用公为总督,晋兵部尚书督诸军。公涕泣再辞,不允。曰皇上能用臣,臣请平海以报。退具十疏,密陈机宜。分撤藩兵,召藩帅十人以入。首捐金买籴,饬文武所司无害民。开修来馆,奏请俸饷,悬赏格纳叛。不数日,海之将卒弃营垒驾艨艟来降日数千人。公皆使温饱,得所散黄金如泥沙勿计也。公……公既得诸降人,熟贼众虚实,知海澄蹶张,恃朱天贵犄角之兵,乃用降将说天贵。天贵瞿然起曰:我岂甘老潢池哉?愿一得当归朝耳。乃与公定约,举楼船三百艘扬帆下铜山。贼觇大惧。公于是乘间破十九寨,取金厦二岛、恢复海澄,打破贼帅刘国轩等,贼一夕遁台湾。公既歼贼,漳以南悉平。

天子玺书褒公,晋公宫保。闽人皆相贺,公曰未也,誓告牧守军吏毋得横征蔽贿,无邀籴,毋污良,作奸举苦,民之大害,除去之。公曰未也,三疏请复徙界、归徙民,部署要害。开采捕,捐牛种,给降者垦田,民浸浸有乐利。公又曰未也,海不灭,兵不归,民苦未艾,则保奏提督施公督水师,请班禁旅。天子曰督臣议善,公则清居,兵之屋还民,除民间大滑数十辈,置赡士学田于八府五十三县。行教养之道以安内。于是大治。兵于定海,则率士卒讲武。沙中炎暑劳瘁至极。公即烦苦理军事不少倦。今夏六月提督施公请命出师,供妈祖于厦门,捐私钱十万有奇,犒将士,将士无不感奋誓灭贼。先是平阳总兵朱公天贵所领舟师皆公五年赡养,既奉檄至,以师期久请还镇,提督施公亦以为宜还,部且报可。天子独用天贵留后。至是天贵感殊知,顿首公帐前曰:天贵请灭贼为公报朝廷。师出八日,天贵麾战舰鼓勇先登,打败贼于虎井,焚其炮舟。拔澎湖,天贵竟死敌。云澎湖既拔,郑氏震惧,且素闻公威信,遣使奉版图来降,愿内徙。奏闻,天子大喜,诏公经理焉。……公广谋略、明赏罚,任人不疑。军旅政事一以民为本。寝食夜旦出入嗜欲辄为民计。大之利弊兴革,小之日用风俗,无不回环于肺腑,以故闵典鬻则奏革大当;恤奔命则捐募民力;念荫避津派则疏舟舡、察邮传。清灶场之弊,商不负于课饷。逐私征之税,民不穷于贸易。严折算之令,还孥赎女。绝馈遗之私,买水市薪,佽离重合,供亿无求。蠲租步祷,天反其水旱。成桥梁,浚河渠。建门观地,复其形胜。肆□反侧,赈恤灾荒,孤老士庶,各受公福；疾病死葬，咸蒙公惠。虽天欲大康闽人，诞以再造，亦由于天子用公无嫌，俾得以始终□肩灭贼保民也。闻之公自署其燕居之轩曰忧畏，曰吾忧在苍生之不理，不忧海贼之不灭；畏在闾阎之不乐，不畏强御之不欢。于戏！此公之底定闽也。

公性节俭，后庭无曳帛之妾，诸公子往往蔬食，而犒士日费金币数千百。用兵七载，大小六十余战，复县邑，三降伪帅，九膳养甲兵一万五千有奇，捐造战舰二百余艘，缮甲帐器械等数十万，不取民间一钱。岁且节省度支中帑数百万。广颡丰髯，炯炯若神明。闽人图貌肖像供于家，征村之隶望之反走。每生晨，里社燃灯火，絃歌达昼夜，比元夕者三日。公诚所谓流功名千万岁者矣。闽人于公平海之日，大书救民用兵之绩伐石镌碑洪江之浒，以示来襟。铭曰：……

　　康熙二十二年岁次癸亥冬十月吉旦　全闽工士农商鼎建。①

"全闽工士农商"鼎建姚启圣鸿功碑的时候，姚启圣尚在福建总督任职，不料仅在次月即十一月，姚启圣就不幸逝世。"全闽工士农商"悲痛欲绝，除了加紧筹刻《闽颂汇编》之外，还上书恳请把姚启圣的遗骸埋葬在福建境内，以便时时慰藉思念之情。《闽颂汇编》载该恳请书云：

贡生谢果、许璠、乡耆郑慰等请留总督福建太子少保兵部尚书姚公灵榇葬福州，呈为故督恩深吁天疏请止葬闽土用慰舆情事。……先制府太子少保兵部尚书姚公自命藩以晋制府，由平海而迨经邦，一念惟思救民七年。但图灭贼，义行仁沛，事事皆起死回生，弊剔奸除，人人快青天皎日。广施用间之略，全收戡乱之功。

---

① 《闽颂汇编》第19—31页，载《台湾文献汇刊》（第二辑第一册）。

足胝手胼，焦老山海，十死百战，恢复东南。老壮穷坚，诋祗伏波之矍铄，事烦食少，竟同诸葛之殂亡。……乞留公榇永葬闽州，负土成坟，效衔泥之羽，焚钱插竹，长夹道之枝。生死真无间，然魂魄定应乐此。既为造瓯闽之人，祖灵爽自恋黔黎，何妨归剑履于家山，盛事令传桑梓。非群言之近诞，实古人之有行。刘审□卒官，父老诣阙求葬汝土；朱仲卿遗命子孙，爱我莫如桐乡。人主俱允上书，部民争为起家，昭垂前史，感动后人。况少保之功勋倍两贤之失业，遭逢圣代，爱惜劳臣。……请留总督福建太子少保兵部尚书姚公冠服卜葬泉漳，呈为元臣身随箕尾、泽在人间，乞留葬冠服以慰舆愿。①

因此，我们可以知道《闽颂汇编》一书，完全是为了给姚启圣歌功颂德而编撰的。但是在这本意之外，却为我们今天研究康熙前期平定台湾的史实，保存了不可多得的有关姚启圣奏疏、文告的原始资料。同时又正因为这些珍贵的奏疏、文告被保存在所谓的《闽颂汇编》这种奇怪特出的书名之中，以致一般的研究者们，无法以常理推测这其中竟然有姚启圣奏疏、文告的珍贵资料，从而为人们所忽视。《闽颂汇编》的存世，可以说是清代历史文献以及台湾文献的一份传奇了。

（二）《闽颂汇编》中歌功颂德者的地域分布

《闽颂汇编》中撰写诗文、谣谚等各种文字而为姚启圣歌功颂德的"全闽工士农商"者，大致有八百多位。我们对这些作者进行身份及地域分布的归类，从中或许可以体现出歌功颂德者的某些基本特征来。

---

① 《闽颂汇编》第109—113页，载《台湾文献汇刊》（第二辑第一册）。

地区	县、卫	人员分布	小计	大计
福州及闽东地区	闽县	乡绅8，举人11，武举人1，监生4，生员15，儒士2，乡耆3，候选2，贡生1，诸生1	48人	357人
	福清	乡绅9，生员13，监生3，候选2，乡耆1，举人6，贡生4，儒士3	41人	
	侯官	乡绅13，乡耆3，生员26，举人10，监生6，贡生3，儒士3，候选4，布衣1	69人	
	长乐	贡生4，儒士1，乡宾3，举人6，监生4，候选1，生员9，童生1，训导2，乡绅4	35人	
	永福	乡绅2，举人3，生员5	10人	
	连江	生员52，武生5，乡绅1，贡生8，监生3，举人3，乡宾1	73人	
	福州	监生1，生员12，乡耆2，举人3	18人	
	古田	举人1，生员3	4人	
	闽清	生员2，贡生1	3人	
	罗源	生员1，贡生1	2人	
	福宁	生员13，儒士2，乡绅2，举人3，贡生5，监生3，武举人1，乡耆1，子民5人	35人	
	宁德	贡生3，儒士2，生员7，乡绅1	13人	
	福安	士民3	3人	
	大田	生员2，儒士1	3人	
兴化府	兴化	乡绅27，监生11，生员38，举人10，武进士1，贡生7，武举人4，官生1，候选5，武生员2，儒士1，候补通判1，教谕1	109人	194人
	莆田	乡绅3，教谕1，监生4，候选3，生员37，儒士13，举人8，武举人3，贡生3，武生员1，教授1	77人	
	仙游	乡绅2，举人1，生员4，儒士1	8人	

(续表)

地区	县、卫	人员分布	小计	大计
闽西地区	永定	乡绅2，贡生2，举人4	8人	34人
	宁化	举人1，候选1，贡生1，生员3，训导1，监生1	8人	
	上杭	生员1，乡绅1	2人	
	长汀	贡生4，举人2，监生1	7人	
	连城	生员2，举人2	4人	
	归化	贡生2，生员1，举人1	4人	
	清流	贡生1	1人	
闽北地区	建阳	贡生1	1人	96人
	建宁	乡绅1，候选3，生员12，县丞1，监生2，举人1，儒士1	21人	
	顺昌	生员3，乡绅1	4人	
	南平	举人2，监生2，生员1	5人	
	延平	举人9，贡生1，乡绅5，生员4，武举人1	20人	
	沙县	举人2，生员7，儒士1	10人	
	建安	生员20，乡绅1	21人	
	邵武	举人2，生员5，监生1	8人	
	将乐	贡生1	1人	
	永安	生员3	3人	
	尤溪	乡绅1	1人	
	浦城	生员1	1人	
泉州府	泉州	乡绅17，举人21，生员11，贡生4，候补1，监生4	58人	89人
	晋江	贡生2，生员13，举人3，监生2	20人	
	安溪	生员3	3人	
	南安	生员3	3人	
	同安	生员2	2人	
	永春	生员2	2人	
	德化	生员1	1人	

(续表)

地区	县、卫	人员分布	小计	大计
漳州府	龙溪	举人9,乡绅5,贡生1,生员5	20人	78人
	漳州	武进士1,贡生9,乡绅3,举人6,教授1,生员3,儒士1,乡耆1	25人	
	南靖	生员1,举人1,乡绅2	4人	
	漳平	乡绅1	1人	
	漳浦	乡绅1,举人1,生员1	3人	
	诏安	举人1,贡生1	2人	
	海澄	乡绅1	1人	
	长泰	乡绅3,举人1,贡生2,生员15	21人	
	镇海	贡生1	1人	
其他	福州	羽士16人,僧5人	21人	21人
总计		869人		

根据上表的统计,在这参与歌功颂德的"工士农商"中,人数最多的是福州及闽东地区,有357人,如果加上羽士、僧人21人,总共有378人;其次是兴化府,虽然只有三个属县,但是也有194人;接下去是闽北地区96人,泉州府89人,漳州府78人;闽西地区即汀州府属,只有34人。从清代福建省内读书入仕的情景看,生员、举人以上的士绅者,主要分布在福州府、兴化府、泉州府、漳州府四个沿海府县里,尤其是泉州府,经常在各种应试中拔有头筹。[①] 而闽东、闽西、闽北等福建西北部山区,读书入仕者相当稀少。因此,从上表所反映出来的整体情况看,参与歌功颂德的"工士农商"者,主要集中在福州、兴化、泉州、漳州四个沿海府县,大体体现了清代士绅的分布情形。但

---

① 参见陈支平:《福建六大民系》第五章《福建汉人各民系的人文性格》,福建人民出版社2006年版,第204—259页。

奇怪的是，在福州、兴化、泉州、漳州四个沿海府县的比例中，却十分的反常。福州地区的歌功颂德参与者，竟然是泉州府和漳州府的数倍之多；而兴化府，所属只有三个县，还不到泉州府属县的半数，但是参与歌功颂德者，也有泉州府和漳州府的一倍以上。

以上参与歌功颂德者的地域分布情况说明了两个问题：一是有历史上的原因，从明代中后期始，福建沿海的私人海上贸易活动兴起，主要参与者是闽南区域的泉州府人和漳州府人。因此导致从朝廷官僚到福建本土士绅，对于禁海还是开禁，形成两种迥然不同的意见。大体言之，主张开禁自由贸易者，基本上是出生于闽南区域的泉州府士绅和漳州府士绅；而主张严禁者，则以福州府和兴化府的士绅为主。这种历史上的区域利益纷争，一直延续到清代前期的抗清斗争。参与郑氏集团的士民，也基本上是以闽南区域的泉州府人和漳州府人为主。这就导致了参与不参与对姚启圣歌功颂德的第二个因素，即福州人和兴化人，强烈希望清朝政府早日平定台海，恢复正常的社会秩序；而闽南区域的泉州府人和漳州府人，与郑氏集团有着诸多的关系，许多人的亲属戚友可能就直接参加了郑氏的军队。于是，闽南区域的泉州府人和漳州府人，对于清朝政府试图消灭郑氏势力，心情相当复杂和矛盾。许多人也希望早日安定、恢复民生，但是又不希望自己的亲属戚友受到未知的伤害。在这样的处境下，闽南区域的士绅们，就不能不对姚启圣的行为采取旁观的姿态。更何况姚启圣屡屡对于泉州府出生而又战功赫赫的水师提督万正色、施琅不怀好意，多有谗言诬陷，①这就不能不使得闽南区域的士绅们，对于过分的歌功颂德敬谢不敏、消极参与了。

我们现在当然无法知道当时闽中这些"工士农商"撰写各种诗文

---

① 关于姚启圣与水师提督万正色、施琅的关系，可参见上节及下文。

歌谣、刊刻《闽颂汇编》，究竟是出于内心由衷，还是为了投其所好、讨好谄媚总督，甚至是受到总督的指使？但有一点是清楚的，姚启圣在世的时候，他是知道当时的这些闽中"工士农商"们，正在做这件事情，因为他于康熙二十二年（1683）二月二十九日曾经为此发过一个公告，即《申禁刻谣立碑》，该文告记云：

> 为申禁镌刻歌谣建立祠碑以遵功令事。照得居官服政，上期不负朝廷，下期不负百姓。本部院自督闽以来，罪多功少，即有一二为民之事，亦不过分内应行之事，有何功德足以表述？况闽自曩昔雁乱之后，受困最深，纵百法调剂，元气尚未全复。本部院抚衷自问，负疚已多，尚敢烦我士大夫及黄童白叟辈贻以不虞之誉乎？是以前此镌刻歌章，本部院屡经出示通行严禁，无何各绅士耆民不善体察，迄今复更有撰颂谣者，有刻篇什者，有制彩轴者，甚至有建议绘像塑像兴祠立碑呈县详请者，不愈增本部院愧汗浃背耶？况称功颂德，奉有上禁。尔等读书者，潜修品行营业者，勤俭生理孝弟尽于家、和睦著于里，斯民也，即可谓三代直道之民矣。若以本部院衾影多惭，而相与揄扬不置，崇尚虚文，此非本部院所愿闻也。合再出示禁谕。为此示，仰地方诸色人等知悉，示后凡有舆颂篇章未刻者，立速停止。已刻者，即将原版焚毁，不得仍前刊刷以兹流传、贻笑千古。至于绘像塑像兴祠立碑，万万不必建议，重增愧赧。此本部院功少过多，实不敢当赐盛举。尔绅士庶民各宜见谅，勿再有违，自取查究未便。①

此时台湾尚未平复，清朝朝廷内外厉兵秣马、大战在即，胜负尚未可知，这班"全闽工士农商"在这个节骨眼上大肆为总督姚启圣歌功

---

① 《闽颂汇编》第344—346页，载《台湾文献汇刊》（第二辑第四册）。

颂德，似乎很不合适。《闽颂汇编》的编撰、刊刻，其背后无疑蕴藏着不少的社会因素、政治因素在内。也许正是这种说不明、道不清的背后原因，致使这种大张旗鼓地撰写、刊刻出来的《闽颂汇编》，在刊刻问世之后不久，便人亡事非、时过境迁，也就很快被人弃之如敝屣，至今成了孤本。否则，当时参加撰写刊刻此书的"全闽工士农商"有八百余人之多，刊刻数百册珍藏爱惜应该没有问题，断不至于至今在福建全境，竟找不到《闽颂汇编》的一缕身影。

（三）《闽颂汇编》所歌功颂德的姚启圣的另一面

在《闽颂汇编》中所收录的"全闽工士农商"们撰写的诗文歌谣中，姚启圣是一位完人、良吏、清官，但是在姚启圣担任福建总督的最后三四年中，朝廷内外对于姚启圣也有不少非议，最为严重的例子是，康熙二十年（1681）由左都御史徐元文亲自上疏，弹劾姚启圣的种种不法。徐元文的《含经堂集》收有《劾福建督臣疏》，该疏文云：

> 题为特参督臣纵恣谲诈、妬功害能，乞奋乾断，严行惩治事。窃惟人臣之义，砥节奉公、实心勤事，惟其诚而已。如或浮夸诞妄、变幻诪张，媢嫉他人之功、掩覆一己之短，是为不诚之尤，有不可一日置诸人上者。福建总督姚启圣自为香山知县，秽迹彰闻，革职论死，幸漏吞舟。顷以逆孽变乱，子身戎行，遂冒军功去瑕洗垢，一二年间骤致节钺。正当殚力竭忠，仰报恩遇，不谓启圣素性乖张，举措轻妄，以虚词为实事，以干没为己赀。其言欺罔无据，其心险测不平。臣请略举数端有大可骇者。大臣官员侵占民利，煌煌严禁，而启圣前者妄请借司库银十二万两，经营取息，可骇者一。启圣自陈疏历叙其贫，自称家无片瓦。而以臣所闻，启圣挥霍

金钱,泥沙不异,即吏部题请加衔疏捐银共十五万有奇,此十五万者,不从天降地出,谓非克军饷、朘民膏,臣不信也。可骇者二。闽地民困已极,启圣不思加意存抚,乃拆毁民居筑园亭水阁,日役千人,舞女歌儿充牣房闼。又强娶长泰县乡绅戴玑孙女为妾,委其兄戴法署行教官事,物议腾沸。可骇者三。海坛进师,启圣力为阻挠,一则曰不敢轻举丧师辱国,一则曰不敢以封疆为儿戏,及恢复海坛、继取金门厦门,启圣又言当直取台湾。其始则欲养寇,其继则又欲穷兵。可骇者四。启圣有卒数万,与海澄万余之贼相持三载,不能成功。乃欲令水师提督统新降之众,远涉波涛以图万一之侥幸。继因词穷理屈,即自请出师。漫无布置方略,姑为是语以塞人言。可骇者五。吴兴祚、万正色平贼奏功,启圣心怀惭妒,跪向侍郎温岱云正色秘遣人与伪都督朱天贵约定投诚,随让海坛而去。其言尤为不根,海坛败遁之后,朱天贵尚尔狂逞,启圣有疏云厦门虽经恢复水路,强项者为朱天贵,后患实大可虑。天贵既与正色约定,何又云后患可虑乎?海坛之捷在正月,天贵投诚在五月,广东提督侯袭爵三月间,有疏云天贵率为真二十余魁联艘狂逞,则所云让去者,显系凿空妄造。臣不知启圣何心?与驱除海逆者作难如此。可骇者六。总督封疆大吏,乃因欲行谗言,长跪部臣之前,殊失大臣体谊。可骇者七。该部据启圣之言,以为兴祚等冒滥军功,是不惟无赏,且应谴斥。幸赖皇上圣明洞见万里,令即行议叙,自此劳臣吐气,人心莫不鼓舞。克海贼者既有功,则妒功者自应有罪。总之启圣恣睢放诞、险诈欺诬、存心行事,举朝共知。委以岩疆,甚非八闽苍生之福。臣谨特疏指参伏乞皇上大奋乾断,敕部确察,严加议处,以为人臣谲诈行私者之戒,国是一定,而纪纲肃然矣。为此具本谨题请旨。①

概括左都御史徐元文的弹劾奏疏，主要有三点。一是讲姚启圣素性乖张，举措轻妄，敛财营私，生活不检点；二是决策不当，进退失据，"其始则欲养□，其继则又欲穷兵"；三是嫉贤妒能，诬告在海坛之战中建立功勋的巡抚吴兴祚和水师提督万正色。

徐元文以左都御史的身份亲自弹劾姚启圣，这在清朝的都察院体制中，属于事态严重者。姚启圣在惶恐之余，也上呈奏疏，自我辩白。《八旗通志·姚启圣传》保留了较多的姚启圣辩疏文字云：

> 启圣回奏：寻奏言臣于康熙十七年十月进兵至凤皇（凰）山，因一时投诚者甚多，犒赏不继，与抚臣吴兴祚议及外省贸易颇有微息，前督臣李率泰、经略臣洪承畴曾借帑为之，遂冒昧上疏，未蒙俞允。臣等虽因公起见，然不应以细事上渎宸聪。臣自入任京中，未有产业，而军前捐银十五万有奇者，香山革职后贸易七年，颇积微赀，并臣浙江祖业变价，及亲朋借贷，经年累月，而后有此数。臣视师漳南，于康熙十七年七月巡边至省，见总督衙门被耿精忠屯兵居住，以致拆毁倒塌。臣因捐赀修整。每日所用匠夫不过数十名，各给口粮工价。栅外有员役搭盖小房，令其自行拆去。至臣妾数人，俱有子女，年已老大，并无歌儿舞女。强娶戴玑孙女，更无其事。教官戴法乃前督臣郎廷佐批委者，臣到任时，戴法已署事八月矣。康熙十八年十一月臣有密陈进剿机宜清字一疏，请水陆各分五路进兵，内称转盼来春，南风一起，船只难行，又须坐守一年，徒费钱粮。臣彼时尚尔踊跃，岂至次年辄肯迟滞？且抚臣一经拜疏出师，臣即会同将军杨捷亲领官兵进攻乌屿、海仓并十九寨，上下

---

① 徐元文：《含经堂集》卷二十《奏疏四》。

夹攻，以分贼势。至得厦门之后，即攻台湾。臣先于十八年九月有密陈一统规模清字一疏，云前得厦门弃而不守，亦不再攻台湾，将船只尽毁，以致海贼复起，我兵无船可用。今托皇上洪福，如得厦门之后，即进剿台湾，不难破卵覆巢。是臣欲攻台湾始终如一，非既得厦门方请直取台湾也。又十七年九月，臣等大败海贼于蜈蚣山，实因兵单，不能分取海澄观音山等处。至十月中催各路官兵到漳，而贼已深沟高垒矣。平南将军臣赉塔、抚臣吴兴祚、提臣杨捷，及臣等会商，若止于陆路进兵，断难必胜，决须水陆夹攻。臣百端筹划，不敢轻举，遗误封疆。审有可取之机，方敢上疏自请督师，非姑为是言也。侍郎臣温岱入奏之言，臣得之朱天贵。天贵六月到漳，招抚投诚之说，天贵言之，而后臣知之。总之抚臣、提臣拜疏出师，则平贼之首功已定，臣何所容其惭妬乎？温岱曾云总督、提督俱要和衷，臣因望阙跪誓，不肯负恩。岂跪部臣乎？总之臣任闽三载，虽无妬功之心，实有溺职之罪。伏祈勅部严加议处，另简贤能，庶臣心安而臣心白矣。疏入，报闻，下部知之。[①]

姚启圣在辩疏中自然是把所告之事排除得一干二净，但是我们参考其他文献，发现都察院长官左都御史徐元文所指出的三方面问题，基本有据，可能只是存在深度的差异而已。关于第一点敛财营私，兵部进行核查，姚启圣确实有贪污行为。康熙二十三年（1684）"部议以启圣修缮船舶、军械，浮冒帑金四万七千有奇，应追缴"，只是康熙皇帝认为姚启圣既已去世，且其对治闽平台确有贡献，因此"念其劳，免之"[②]。

关于徐元文指出的第二点和第三点，即决策不当、进退失据和嫉贤

---

① 《八旗通志》卷二百零四《人物志八十四》，清文渊阁四库全书本。
② 《清史稿》卷二百六十《姚启圣传》。

妒能，这二者是联系在一起的。本书上一节专论水师提督万正色的叙述中已经有所论列。当巡抚吴兴祚、水师提督万正色准备发动海坛海战的时候，姚启圣担心清军水师船只弱小，多有顾忌，力主邀请荷兰红毛船参战，久久候等不至，幸得水师提督万正色与巡抚吴兴祚果断出师，取得大胜。海坛海战大胜，清军取得厦门、金门二岛之后，姚启圣一改初衷，又极力主张乘胜进击，进攻澎湖、台湾，受到水师提督万正色的反对，朝廷最终采取万正色的建议，延缓了进攻澎湖、台湾的时间。姚启圣忌讳万正色及巡抚吴兴祚在海坛之战中的功劳，设计诬陷，①水师提督万正色因而被移调陆路水师，改任靖海将军施琅担任进攻澎湖、台湾的主帅。其实，海坛海战结束之后，姚启圣本人也不讳言与提督万正色的矛盾，他在推荐施琅接替万正色为水师提督的《特举能臣》奏疏中，就明白地说出了他的由衷：

> 为检举微臣明知故忍、上负国恩恩赐处分以励臣节并特举能臣蚤靖海氛事。目下剿贼平海，全赖水师提督一官。今陆路既不能冲击矣，如水师战胜，贼自败走台湾，如水师不胜，贼仍盘踞厦门。是总督、巡抚、陆路提督不过相助为理，而决胜成功实水师提督一人任也。前自昭武将军请辞水师提督之后，会推镇江将军王，今改任四川提督陛授湖广总兵万（正色）为福建水师提督，是皇上求才若渴之心，求一胜任水师提督者，亦可谓博览旁求、费尽苦心矣。

---

① 《八旗通志》卷二百《人物志八十·吴兴祚》中也有关于姚启圣在海坛之战诬陷万正色及吴兴祚的记述："上命兵部侍郎温岱前往（福建）会同详阅定议。温岱至闽，姚启圣与言克复海坛时，正色与伪总兵朱天贵密约投诚，然后进兵，并无杀贼攻取之处。温岱回京，兵部据其言入奏。上谕曰：进剿海贼一事，吴兴祚、万正色会同定议，志靖海氛，不俟荷兰舟师，乘机进敌。正色水师先行出洋，兴祚率陆兵声援。驱除海逆，迅奏肤攻，不得以朱天贵密约投诚谓冒滥军功。仍即与议叙。"据此，则姚启圣嫉功能，诬陷吴兴祚、万正色，未免做法卑鄙。幸好康熙皇帝心中明白，最终没有埋没吴、万二人的功绩。可见左都御史徐元文在弹劾奏疏中所指出的这一条，也是事实。

提督与臣，均系封疆大臣，自应和衷共济，岂可滥置异同之词？臣思今日在外诸臣，切不必问其才干之有能与有不能，要先看其遇事之肯任与不肯任；亦不必问其行事之克济与不克济，要先看其心力之肯尽与不肯尽，而大概定矣。

臣任藩司时，闻知原任水师施威名，郑锦畏之如虎，所以郑锦将施之子齐舍与侄亥舍给以官爵以羁縻之。通省之乡绅举贡生员文武兵民黄童白叟万口同声皆知其堪任水师提督也。①

在这一奏疏中，姚启圣表面上是为了"特举能臣"施琅，但是在谈及更换水师提督的缘由时，指责万正色虽有才干但是不肯尽心任事，致使总督和水师提督无法"和衷共济"。

姚启圣举荐施琅时，把施琅讲得天花乱坠，是堪当平定台湾大任的不二人选。但是当施琅就任之后，战前诸事处理得当，受到康熙皇帝的赞扬与信任后，姚启圣的心理就开始不平衡了；而当施琅率领水师取得澎湖大胜，被封为靖海侯之后，姚启圣与施琅的矛盾就更加显现且对立起来。姚启圣竟然责怪施琅取胜之后没有谦让、没有让总督出面向朝廷邀功报喜。但是平心而论，澎湖海战事关清、郑数十年的对峙局面能否最终结束，朝廷极为关注，作为前线主帅的水师提督施琅，是有义务和责任以最快的速度向朝廷报告的。从制度上说，福建总督与水师提督，属于同僚关系，各自都有向朝廷、向皇帝直接上奏疏的职权。因此施琅在第一时间向朝廷奏报，从制度和情理上说，都是无可非议的。姚启圣之所以因为这些事情而抱怨嫉恨施琅，到底还是因为功利之心太重，致使如徐元文所弹劾的争权专私、嫉贤妒能的心理在作怪。

李光地曾经于康熙二十二年（1683）前后回到福建故乡一次，与

---

① 《闽颂汇编》第498—500页，载《台湾文献汇刊》（第二辑第一册）。

姚启圣有过一次谈话，涉及姚启圣与施琅的矛盾问题。李光地事后对此有所记录：

> 壬戌癸亥平海事，本是渠发端，施烺（琅，下同）本与相好，又是渠所荐过者。至用兵时，上本令渠二人同事，及施为将，渠生嫉妒，百般阻挠。施遂上疏欲自专，其事上竟从之。两人大相恶，姚遂用三千金买孙蕙上本，说兵不可轻动，恐船入大洋，损兵辱国。及予给假见之，云老公祖不须如此，当日施尊侯本老公祖所荐，他之功即老公祖之功也。姚曰：老先生莫不是云小弟忌他立功么？姚某虽偏，也不小量如此。但兵凶器也，须动出万全。他轻动躁猛，万一飓风作，摄入大洋，丧师辱国。他是武人，我辈是文臣，如何不替国家慎防？予云都门亦有孙御史为此言者，某给假时有旨，今李某虽给假，明早令入启奏，次日上云：孙某本汝见过否？予奏云：两日前见过，予若驳其本，渠立刻便坏事。内有云或南风北风皆可乘利，对上淡水下淡水依以为固，自谓工巧不知淡水，乃贼地，如何为我所守？总是不明白乱说耳。予奏云：孙某所言不失慎重之意，但以臣度之，天运循环，无往不复。闽广江浙受其蹂躏者，数千里地受其荼毒百万生灵。三世为将已道家所忌，况四世为贼乎？且渠今内乱，我朝方盛，真天亡之时也。但虽天时地利俱好，而其中必须一点人事凑合，断未有安坐不费一草一木而贼将倾巢来归者。上云：别的不须踌躇，只是恐风起，摄船入大洋，贼众乘之，丧师为虑耳。此语亦非孙蕙一人言之，定海将军姚启圣皆有本来如此说。予奏云：此处臣亦经问过施烺，施烺大笑云：此皆不曾身经之言。若云兵有利钝，不必大洋，若飓风作入大洋，纵有百万战舰，至其中如一舵，我船不自主，贼船能自主乎？纵使偶

然漂至一处，相去一丈欲会合而不可得。予既不因之为功，贼又安能乘之为利？施烺自言为定海将军时，曾遇此险，三百号船俱入大洋，风雨三日，夜风雨少歇，施烺出望，语舟子曰：那一点黑当是广东南澳，向彼处去，遂抵其上。候至月余，三百船皆至无一损伤者。如遇此事，不过无利，亦曾无害。上遂意决。老公祖所闻左右之言，亦不尽确，望更详审。此朝廷大事，和衷相济为善。渠终是心里明白，自此遂解。后蓝理被其参处，予虽为救出姚，亦谓其枭雄。恐有扣阁事，屡以千金抚慰之。及施烺调用，姚只不发，亦予言之而后发。到得了台湾时，渠又不应抢先上本说朱天贵阵亡，是他的标员，已成大功，像施烺全无作为者，遂优旨，施大衔恨，施遂蓄毒入郑家，得姚一点阴利事，命陈起爵入奏平贼事，遂口为上陈之。其实姚报捷内若肯归功于施，施本岂能删姚？且施曾为姚荐，其功更大。渠不出此，致施为此，上已心不怿姚。会姚二三日连上五六本，竟要更制立法，四海九州岛，欲自重加整理。而第四本至有改冠服诸大论，以稿见示予。复书云顷有他语。老公祖功大蒂固，总不妨，今所上，真不好了；第四本又不宜。后姚复书云，果以第四本奉严旨，乃服老先生高见也。不数月遂气忿疽发背而死。①

从李光地事后的记述中，可以了解到姚启圣起初为了排除万正色，极力推荐施琅接替为水师提督。施琅上任后，事有专权，姚启圣无法颐指气使，有旁落之感，遂与施琅互为交恶、不可开交。李光地为了平台大局，周旋其间，试图协调双方关系，但是效果不佳，双方均无法忍让，互相攻讦愈发刻薄，最后因姚启圣不久去世才得以不了了之。

---

① 李光地：《榕村语录续集》卷十二。

从姚启圣与两任功勋显著的水师提督万正色、施琅的关系交恶过程看，姚启圣的个人性格，确实存在某些如徐元文所弹劾的那种"素性乖张"的成分。由于他热衷争权专私、嫉贤妒能，因此较难与同僚们和衷共济，甚至为了逞一己意气之争，不惜耽误大事。如上引李光地所云，为了不让施琅建功，竟然再次渲染海战险恶，不宜浪战，"遂用三千金买孙蕙上本，说兵不可轻动，恐船入大洋，损兵辱国"。大战在即，前方总督如此反复无常，一时坚称即可进兵，一时又主张不可浪战，实在不是封疆大吏所宜秉持的立场。

当然，我们不能因此就认为姚启圣在治闽平台过程中毫无建树，相反地，姚启圣作为前线总督，在稳定福建地方、剔除旧弊、恢复民生，筹集军饷军需、保障军队供给，以及瓦解郑氏集团内部力量等方面，都做出了杰出的贡献。因此，纵观姚启圣在福建任上的所作所为，固然不像《闽颂汇编》里面所歌颂的那样几为完人，而是秉性多有缺点，但是他确实也在治闽平台的过程中，发挥了相当重要的作用。关于这一点，李光地在《榕村语录》中的评价比较中肯，他说：

> 姚总督本是一无赖光棍，竭民膏脂，用如泥沙，可称穷凶极恶。而临死半年之间，革除闽中数百年大当里役诸事，贪官猾吏势豪劣衿，闻即参处，风力甚好、手段甚辣，人不敢犯，至今官吏倒置诸弊政，久经禁革，势亦不能复行。大当之事，一到万金之家立败，惨至有将祖父尸棺掘起暴露而卖其茔域者。姚熙之向予云：予年已六十，算所蓄银，尚有百万计。予尽意用今生，料是足用。至儿子辈真豚犬，即有金山银海，彼亦不能自存，与之何用？吾当立意，自今一钱不取，为民兴利除害。一日请藩司姓马者至，命坐其座。用二力士掖之不得动，渠自下堂拜之八拜。藩司窘极，呼叫既

毕，藩司叩头不能起，请其故？姚曰：无他，要汝做好官，帮我而已。凡予所欲为事，贵司帮我奉行尽力，不许丝毫欺蔽。藩司领命惟谨。渠遂搜剔害民之事尽行除去，即里长亦复革绝。予告之曰：老公祖革去里长，亦属太过。自明太祖立此，不独通官民之情，地方官一到，亦须有一人服役应用，如何可去？渠云老先生所言乃儒者之常道，小弟所革，乃除恶务尽之意。卒竟去之。贪官即刻参处，蠹役立毙杖下，惟作恶秀才未至处死，然亦闻风缩首革面矣。一日到兴泉，众衿郊迎，姚见之，为之下舆执手道故，直呼若侪辈云：诸兄今来甚善，自称名云某大留意诸兄，欲诸兄用心读书做好人，为国家用、为乡邦光，如某某者其行事如彼如彼，访挐之时，某意亦不欲生之，后转念倒底是吾辈一脉，故终宽之，诸兄当勉力。仁义何常蹈之则为君子。姚启圣是何等样人？乃无赖光棍！今竟翻然为善，从前种种，譬如昨日死；从后种种，譬如今日生。诸兄但看姚某此后若何，倘若蹈前辙，诸兄再见当唾之骂之打之，书其恶迹于通衢，以耻之语毕别去。众衿乃相率欢舞，半年而率民立祠至今。有官吏不肖为恶者，相率而哭诸姚庙，雨旸有愆，相率而祷诸姚庙。人心所向，亦即有灵。然本是一不好人。①

综上所论，康熙二十二年（1683）前后"全闽工士农商"编撰《闽颂汇编》，其起因可能是多方面的。一方面是姚启圣在任时大力稳定福建地方、剔除旧弊、恢复民生，使得许多民众受益，心怀感激，对于姚启圣的歌功颂德，在一定程度上也是出于真心。而姚启圣本人功利心太强，暗中默许，甚至背后指使的嫌疑，也是不能完全排除的。因此，我们对于《闽颂汇编》的发现，固然可喜其蕴藏着一批关于康熙

---

① 李光地：《榕村语录续集》卷十二。

前期治闽平台史事的珍贵资料，同时我们也可通过对本书编撰过程的分析，对姚启圣的功过善恶有一个比较客观的理解。

四、《闽颂汇编》与姚启圣治闽平台事

（一）《总督大老爷姚恩德述略》中所记述的姚启圣政绩

福建总督姚启圣虽然在秉性上功利心太强，有着诸如热衷争权专私、嫉贤妒能的缺陷，导致一系列同僚交恶、相互攻击的事件，但是姚启圣同时又不失为一名良吏，在稳定福建地方、剔除旧弊、恢复民生、筹集军饷军需、保障军队供给，以及瓦解郑氏集团内部力量等方面，都做出了杰出的贡献。但是在以往的论著中，人们更多的是谈论姚启圣在制定平台政策、招降纳叛、恢复迁界、推荐施琅出征等问题上的贡献，而对于姚启圣在福建任上的其他政策措施，则知之甚少。姚启圣去世之后，闽中士民"痛哭"撰写了《总督大老爷姚恩德述略》，比较全面地叙述了姚启圣在福建任上的各种政绩，该述略大致如下：

全省子民痛哭总督大老爷姚恩德述略。总督姚大老爷竟捐馆舍矣，呜呼痛哉！我大老爷功在社稷、泽在生民。位跻方岳，年登上寿，承袭开府，赫赫绵绵，精爽飞腾，苍穹鉴佑，天为星辰，地为河岳，自不待言，亦何所憾！独我小民，身受数载深仁厚德，忽遭此大变，日月晦结，飞走悲号，情发于中，痛哭不能自已。呜呼！痛哉！哭声有尽，哭心无穷，由是荐绅学士相与哭于哀歌挽诔之中，父老子弟相与哭于乡社党塾之内，耕夫牧竖相与哭于陇亩草泽之上，樵童渔父相与哭于山陬水涯之间，织女纫妇对杼轴而滂沱，陆走舟行怅风尘而掩涕归。诚者叹衽席之未安，失巢者嗟室庐之未返。何人不哭，有泪皆干。呜呼痛哉！然则亦有不哭者，亦有不特不哭而且生喜者乎？曰有之矣，惟此辈。此辈之不哭，不特不哭，而且生喜也。则我小民之痛哭所以愈不能自已也。呜呼痛哉！

一当海疆多事之际，方藉重兵镇压，大老爷轸念小民供亿艰难，一力担当灭寇，不顾疑谤，请撤亲王爷兵，又请撤喇将军兵，又请撤护印兵，竟能肃清山海，功成民安，为朝廷省数百万军储。今通城剩得一椽半堵可以修理居住，妻子不受凌辱，无供饭供油供柴供盐菜之苦者，是谁之赐也？如何而不痛哭？

一调移数十万生灵，壮者散四方，老弱转沟壑。大老爷累疏开界复业，使蓁莽转为桑麻，狐兔化为鸡犬。今沿海千里，处处茅檐。妇子得返旧业，饱麦薯、足鱼蟹者，是谁之赐也？如何而不痛哭？

一顺治初年，大兵进闽，寄居民间，其屋竟作入册兵房，失业四十年。大老爷力清还民，数百家皆厦屋也。今民之栖故居保祖业者，是谁之赐欤？如何而不痛哭？

一民间兵火连年，敲朴已极，而夫徭浩繁，派一科十，小民竭一日之劳，所趋不足当一日之差。自大老爷与抚院董大老爷同心合力，严行禁革，急用夫役，概发夫价，民间不至夜半三更典衣鬻子，以当铺甲赔夫役者，谁之赐也？如何而不痛哭？

一相桥拖西一带民房，未经奉旨前，被耿逆圈占，以数万姓之广厦祖业，一旦抛弃。至今失巢之家，尚有栖庙宇住蓬茅者，颠沛万状。大老爷惓惓恻念，三疏请还，已蒙俞旨还民，复荷诸党史同心悯恤，禁止毁折，俾二十余载已失之巢，异日复还枝栖者，是谁之赐也？如何而不痛哭？

一闽中里长，现年凡上司差派，及本县日用礼节，概系现年承应。从前地方无事，支持已难，迩来军兴旁午，每值现年，破家不已，继之以死，自死不已，累及妻儿弟兄以俱死。大老爷轸念重困，具题禁革，数百年之凤弊大祸，一旦得甦。勒石各县，以垂永久。今现年只纳钱粮，无供应之苦，保有身家性命，是谁之赐也？如何而不痛哭？

一喇恶非商非贾，非有仕宦素封，而鲜衣美食，高梁广厦，乘舆畜婢。宴会婚嫁，越制丰奢。不过全恃打诈作生涯。大老爷访其巨憝心，监责立毙，群奸稍知敛迹。今村僻有收一会、卖一猪牛羊，卖石余粮食，腰间藏数两以为养生送死之计，夜间安枕，无虑飞殃横祸、人命贼案之波及者，是谁之赐也？如何而不痛哭？

一读书本懦弱，年来兵厮台隶，每每侮辱，甚至非理辱责，向谁告诉？大老爷敬重斯文，置田赡养，屡行季考作兴，使上下其知士为朝廷名器，士亦知自爱。迩来斯文无罹横祸者，是谁之赐也？如何而不痛哭？

一军兴以来，凡军需船粮，派之民间，责之保甲。大者如舍槽大桅，龙骨榉铁之数，既派取于上游出产之地，复派取于省会不产之乡。且指一派十，勒索折价纳官，动至二三百金。小民一时鸠凑不及，可怜保甲刑比，卖妻鬻子代赔。大老爷筹度需用，概捐资于出产之处采取，军需立济，而民得安靖。此恩此德，如何而不痛哭？

一闽省日用，全靠海味。从海禁森严，百物腾贵。鱼蟹一斤，卖至一钱，或七八分。加以民穷日甚，高堂无以供甘旨，至有骨肉疾病，求一脔片鳞作羹汤以资病口，而不可得者，惟有挥泪忍泣而已。大老爷累疏请许小船采捕，民间上得养高堂，下得给饔餐，中及馈问，物错充裕，价值廉平者，是谁之赐也？如何而不痛哭？

一闽省用兵之后，田土崩荒，人户逃亡，州县按籍追征，里长驮赔，浮米绝丁，有敲朴至死妻子刑辱者。大老爷具疏题报，邀恩蠲免。里长如释枷锁，不啻起枯骨而再生之。此恩此德，如何而不痛哭？

一肩挑生意，向来塘兵抽税，土棍又勾兵做牙，每担勒抽三五分不等，又将货物抽去些少，进城头门抽，二门又抽，计一担抽去半担，倘稍争执，横遭毒打。自大老爷访拿柴牙、笋牙，又出示严禁，不许白手抽分。今肩挑无拦路强索，是谁之赐欤？如何而不痛哭？

一闽省凋残，输纳钱粮，分厘拮据，而钩头火耗杂派贴解守柜等项，种种加增，正粮愈逋逃。自大老爷严行禁革，官收官解，民省一分杂用，多完一分正供，皆其赐也。如何而不痛哭？

一开店本钱稀少，卖得货物，望攒得分文养活父母妻子。有等游花强乞，每日不下三四十起，奇形丑态，每人勒要三四个钱，每日也费三四分。更有一班绸袍缎靴，数人上店弹筝唱曲，硬索三五分，稍不如意，坐店不去，一时便误一时生意，半日便误半日生意，开店人何敢与较？本钱日败。大老爷捐发盘费船只，驱逐此等处境。今各店每月剩得两把碎银凑本钱，是谁之赐欤？如何而不痛哭？

一从来大兵之后，必有凶年。闽中连年播插之时，旱魃为虐，累月不雨，祈祷不应。大老爷当军国重任，操练水陆，调理机宜，刻无宁晷，一闻百姓祈雨，即捐资修斋结坛，步行拜祷，甘霖立沛。田畴有秋，是谁之赐欤？如何而不痛哭？

一渔者靠采捕为生，前此禁网严密，有于界边拾一蛤一蟹者，杀无赦。咫尺之地，网井恢张。渔者卖妻鬻子，究竟无处求食，自身难免饿死者不知其几。大老爷设法以无蓬无桅小艇许其采捕。既不妨公，又不害私，渔者夫妻得有生业，而卖去男女渐次赎回完聚者，是谁之赐也？如何而不痛哭？

一樵夫及挑粪农民，被营兵拿去挑马料、挑马粪、刬马草、笼料谷，不从被打半死，误时失业，莫此为甚。大老爷屡出乡村微行，各营畏惧，不敢纵小厮于村僻抢夺，及拿人工作者。晨出暮归，得以自食其力，是谁之赐也？如何而不痛哭？

一富民孰保无事？自大老爷洁己爱民，不受年节馈送之礼，当道老爷亦得遂其做清官之愿。迩来地方词讼简省，人无破家荡产之殃者，是谁之赐欤？如何而不痛哭？

一贫民孰无急难？既无财主可借，只有营头月会可以相应。大加三四五利，转眼便是三两个月，妻子被扯了出门，惨何可言？自大老爷痛革钱会，犯者保甲邻右屋主一体坐罪，人人惧怕。贫至急时，也要无奈挨过，反保全妻子无恙、骨肉团聚，谁之赐也？如何而不痛哭？

一兵粮向多减克，甚至有竟无发者。大老爷待士卒有如骨肉，钱粮以时给发，又时加赏赉，临阵必计完全，故战无不胜。至有犯法亦不肯少贷，至公本于至明，人人凛遵纪律。治兵虽云严厉，究无刑兵辱将之事。保全标下身名，是谁之赐欤？如何而不痛哭？

一妇女向出城要到县中给照，费二三钱，向道里府里请筹管筹礼、押筹礼、门下挂号礼，又费三五钱，至赴吉时婚嫁者，又数倍于此。究之营中逃脱者日甚，徒为厉民。自大老爷三番出示放行，尤恐不悛，又上疏题明许妇女出城。今城内外死丧疾病吉凶诸事，妇女得以探视至亲，以伸天性至情者，是谁之赐也？如何而不痛哭？

一瞽者乞食于市，及算命营生，当骡马充塞道路，惟有枵腹度日。今市巷清静杖行无碍，□日趋二三分银，得三五管米，救命渡生，是谁之赐欤？如何而不痛哭？

一闽产盐之区，向来腾贵者，因商人无本，勾引旗兵合伙。自前逆藩起，每百斤省会卖至一二两，上游卖至三四两，私贩充斥，官盐壅滞，巡缉费用愈多，商人本钱愈折。自大老爷定价，私贩无甚获利，其弊自绝，官盐疏通，而百姓无茹淡之苦，是谁之赐欤？如何而不痛哭？

一省会杂处，奸宄屡屡窃发，劫杀之殃害民，劫杀之案害官。自大老爷分派各营，于通衢僻壤守堆，官民并得安生，谁之赐欤？如何而不痛哭？

一死亡将士，大老爷屡次延僧荐拔。及复界，各地方上神家先，岁时得受居民享祀，凡为鬼为神，俱感大恩大德，如何而不痛哭？

一地方多事，军官往来络绎，向来府县派之民间行户。衙蠹指一派十，骚扰纷纷。大老爷轸念凋残孑遗，凡往来供应暨行减省，至不可已，捐俸备办。凡一切行户，免敲朴之祸，如何而不痛哭？

一闽省火患时起，有等凶徒尚乘机抢掠，号曰火鹞。一遇火发，数十成群，持械截路，强夺箱箧。大老爷稔知此风，每火发时，即亲临救灭，遇此辈即行绑拿，故居民无虑抢掠，近者得以安心搬徙，远者得以专心救护。遇大变而市肆晏然，复蒙捐资拯恤，是谁之赐欤？如何而不痛哭？

一向值封琉球，胥棍夤缘为利，动派造船，及招募过海兵役，公私靡费数十万金钱。濡滞二三载，册使不得复命。大老爷征查从前浮冗，立议役拨于官、兵拨于营、船拨顶号战舰。册使随到随行，免守候之苦、供应之扰。近人安，远人怀，是谁之赐欤？如何而不痛哭？

一会城四顾环山、地气汇聚。中凿河道泄水，庶无燥热。年来壅塞，故多火患痼疾之灾。大老爷立着开浚疏通，发资雇船搬运土泥。今内河船只，得以往来，居民受利济之福，而免灾者，是谁之赐欤？如何而不痛哭？

一马每匹每日料谷一斗六升，计小斗四斗，应米二斗，足支十人之食。大军云屯，马不下三万，每日计减三十万人之食，故庚申岁从前积蓄俱尽，谷一百斤卖至一两五六钱，道上饿殍盈目。自大老爷请回兵马，开界复田，今谷多价贱，小民容易度日，鳏寡孤独，时荷亲朋周恤者，是谁之赐欤也？如何而不痛哭？

一海疆多事以来，经几位老爷用几多军马，究不得靖。大老爷神机妙算，调度得宜，保举得人，平数十年难平之难，为朝廷辟数千里之封疆，增数万姓之户口，使军民从此永免锋镝之患，而就衽席之安者，此恩此德，又无远无迩，皆当思慕无穷，而痛苦者也。

大老爷隐隐造福闽民者甚多，平日不求人知，人亦无得而知。

姑就显而易见者，略述于右，以见吾民之所痛哭，皆出于中心至诚，非谀媚比也。受此恩德而不痛哭，与不时时痛哭者，是我小民与木石禽兽无异耳，何以人为？①

综合"述略"所云，姚启圣在福建任上大体施行了以下30款德政：1. 当海疆多事之际，一力担当灭寇；2. 累疏开界复业，使蓁莽转为桑麻；3. 大兵进闽，寄居民间，其屋竟作入册兵房，力清还民；4. 严行禁革急用夫役，概发夫价；5. 清还被耿逆圈占的以数万姓之广厦祖业；6. 具题禁革里长，现年只纳钱粮，无供应之苦；7. 惩治以打诈作生涯、欺行霸市的"喇恶"，市贾平稳；8. 禁绝兵厮台隶侮辱读书人；9. 禁止滥派军需船粮，筹度需用，概捐资于出产之处采取，军需立济；10. 疏请许小船采捕，物错充裕，价值廉平；11. 邀恩蠲免钱粮，州县里长得免按籍追征之苦；12. 一肩挑生意，严禁塘兵、土棍抽税，肩挑无拦路强索；13. 禁革钩头火耗杂派贴解守柜等种种加增；14. 开店本钱稀少，屡遭游花强乞，一概予以驱逐出境；15. 闽中连年播插之时，旱魃为虐，一闻百姓祈雨，即捐资修斋结坛，步行拜祷，甘霖立沛；16. 严禁营兵临时随意捉拿樵夫及挑粪农民去挑马料、挑马粪等担当杂役；17. 不受富民年节馈送之礼；18. 痛革钱会、财主等盘剥平民百姓；19. 禁止军官克扣兵粮；20. 上疏题明许妇女出城，城内外死丧疾病吉凶诸事，妇女得以探视至亲，以伸天性至情；21. 照顾瞽者乞食及算命营生者；22. 整顿盐务，私贩无甚获利，官盐疏通，而百姓无茹淡之苦；23. 整顿地方治安，分派各营于通衢僻壤守堆，官民并得安生；24. 安顿死亡将士亡灵，及地方复界，上神家先，岁时得受居民享祀；25. 地方多事，军官往来络绎，派之民间行户，规

---

① 《闽颂汇编》第85—106页，载《台湾文献汇刊》（第二辑第一册）。

定凡往来供应暨行减省,至不可已,捐俸备办,凡一切行户,免敲朴之祸;26. 惩治趁火患时起专乘机抢掠的凶徒;27. 妥善安置往来琉球的册使,立议役拨于官、兵拨于营、船拨顶号战舰。册使随到随行,免守候之苦、供应之扰;28. 开浚疏通省会内河,发资雇船搬运土泥,船只得以往来无阻;29. 适时请回兵马,开界复田,使得积粮充裕,谷多价贱,小民容易度日;30. 神机妙算,调度得宜,保举得人,平数十年难平之难,为朝廷辟数千里之封疆,增数万姓之户口,使军民从此永免锋镝之患。

(二) 从姚启圣奏疏、文告中所见到的姚启圣治闽措施

除闽中土民痛哭撰写的《总督大老爷姚恩德述略》中所罗列的30款德政之外,我们从《闽颂汇编》中所收的姚启圣奏疏、文告中,还可以了解到姚启圣的其他一些治闽平台措施以及清代前期福建的一些风土民情与社会弊端。

众所周知,明代中后期是中国社会、经济、文化的一个重要转折时期,商品经济与市场经济的发展、私人海外贸易的兴起,促使了这一时期社会风尚、民间生活方式的诸多转变。明清易代,福建地区经历了数十年的战乱,社会风尚习俗及民间道德价值观,无不受到一定的冲击和转化。姚启圣出任福建布政使和总督之后,深切地了解到要真正稳定社会、恢复民生,从根本上还需要端正风俗、教化民风。因此,在《闽颂汇编》中所保存的姚启圣奏疏、文告中,就有不少这样的内容。如在《劝振颓俗》中劝喻:"闽省自罹干戈以来,俗尚嚣竞,相沿成习,至今日而大坏。近闻蔀屋之下,每有子辱其亲,弟殴其兄,少凌其长,甚有妻弃其夫、奴叛其主者。……至于民间争事奢靡、冠服无章,尤难殚

述。……合行出示严禁。为此示，仰督属官员绅士军民人等知悉，自后须要以敦古道，子则尽孝，弟则尽敬，少则尽尊长上，奴则尽服卑勤。如再有子弟殴辱父兄、妻氏背弃本夫、奴仆妾婢欺慢家主者，一经告发，该地方官务须重法究惩。"[①]尤其是对于从明代后期形成的奢靡之风，专文以《禁革奢竞》告示福州省会民众曰：

> 为严禁浇俗奢竞以挽淳风以绝盗源事。照得……闽自往岁雁乱，百姓肉溃皮焦。本部院设法抚绥，尚愁补救无术。乃近来风俗华靡、不守本分。毋论婚嫁丧葬，竞为骇观。即时常服饰宴会，恣肆僭越，漫无底止。独不思祖父有尽之遗资，岂能堪尔不节之滥用。况有一等市井奴隶之流，或彻骨贫寒，粮无隔宿，揭债妆扮，粉饰于外。将来捉襟露肘，保无不顿起邪心为盗为歹投入法网者乎？合行出示严禁。……
>
> 一帽笠冠弁元首，民间貂鼠帽、貂鼠围领，已奉上禁，通省平民毋得故犯。
>
> 一衣服原有品秩，岂容蒙混。今后平白小民，须要布衣随分。一切花云纱缎，概行禁革。若乡宦仆童，止于青绢。庶民家义男，夏布、棉布以外，不许混穿。
>
> 一珠履贵重，原系举贡生员以上方许穿着。今市肆屠宰之子，擅行僭越，殊为可恶。嗣后非系举贡生员，一概不许穿着珠履。
>
> 一宴会酒席，礼以达情。古人只以五簋为度，岂宜滥用虚耗？嗣后民间礼筵，限至十簋为准。此外不许多设。
>
> 一婚嫁丧葬，称家有无，从中酌省，岂可矫强虚张，以致婚嫁愆期、棺枢久顿。嗣后平民百姓毋得过为奢饰，致增逋负之累。

[①]《闽颂汇编》第370—372页，载《台湾文献汇刊》（第二辑第五册）。

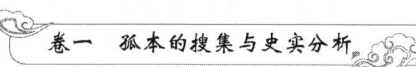

一演戏费用多金，且士女杂观，风化攸系，以后酬神之外，一切民间喜事不许演戏。

一房屋各有定制，何得以庶民僭造士大夫之屋？嗣后务依制起盖，不得逾越。①

康熙十八年（1679），姚启圣又针对社会等级秩序混乱、官民起居僭越、上下竞尚奢华，以致奔驰营逐、贿赂公行等世风日下的行为痛加谴责，以《请正风俗》文告通示臣民，该文告略云：

> 臣章句竖儒，叨蒙特恩，简任总督即福建一省之事，剿贼安民，尚未能办，又焉能妄言天下国家之大。但平时闲居，每见上下竞尚奢华、不安俭素，以致奔驰营逐，贿赂公行。不以贪污败行为可耻，反以布蔬俭朴为可羞。世风日下，人心日偷，民穷财尽，焉望太平？臣以外吏不敢奏闻，今奉上谕许直言无隐，臣何敢再为缄默。臣闻治国平天下，不外用人理财二事。而理财亦无别道，不过如《大学》所云：生之者众，食之者寡，为之者疾，用之者舒，则财恒足矣。所以全盛之时，风俗质素淳厚，士农工商各务一业，家给人足，蓄有余粮。即遇岁荒盗起，亦各有资生不致为乱。……

> 今则不然。做官之家，宅第连云，俨如宫室，极雕镂粉饰之精巧，而尚以为不足。收买游手无赖之徒数百十辈为家奴，不农不商，而皆仰给于主为官之一人。而且绫罗绸缎、鲜衣良马，任其穿乘。各盖房屋，各养家口，任其享用。即奴才之奴才，亦多缎不离身、肉不离口。大官与小官同立，不知其谁为大、谁为小也。主子与奴才并奴才之奴才同立，不知其谁为主、谁为奴、谁为奴之奴

---

① 《闽颂汇编》第312—315页，载《台湾文献汇刊》（第二辑第四册）。

也。以一人做官而盖如此，大房养如许婢仆，其不取给于小官百姓不可得也。大官如此，中等之官思而效之，小官又尤而效之。家家盖房屋、买奴婢、骑好马、穿好衣，华丽成风。人厌贫素，家无担米数金之积蓄，而身有数十百金之裘马。一派奢靡，成何世界？夫求好看奢华，而力不能，势必官则贪污害民，民则干名犯法，无所不为矣。……臣以为贪赃坏法、贿赂公行，皆由于好奢侈而羞俭素。伏见我皇上宫殿御服等项，事事从俭，毫无增华，而大小官民不思仰体，骄奢纵欲，江河日下将何底止。则移风易俗、去奢还俭以正人心、以端臣节，所关正匪细也。伏祈皇上敕部从长计议，将大小官员家主奴仆一切服饰房屋乘坐并婚姻祭葬等项，事事从极俭处颁成定例。……必欲去奢华而崇节俭，除贪侈而重清廉，然后甘心各安朴素。尽去浮华，吏勉为廉吏，民化为淳民，如是而雍熙庞厚之风，可再见于今日。①

姚启圣重视对于民风习尚以及官场风气的整顿，应该会起到一定的整肃效果，对于尽快稳定社会民生，具有良好的社会作用。但是，民风习尚的形成及其延续，又往往是以当时的社会价值取向与政治社会环境联系在一起的，因此，有些民间习尚与官场恶习，并不是仅仅依靠姚启圣的几张文告就可以挽回肃正的。例如，当时流行于福州省城的请托求官之风，就较难遏止。姚启圣有《禁革求委署职》云：

为严禁求委文职事。照得本部院……自任闽督以来，每日讨官求委者纷纷不绝。……既无前项功次，何得冒昧求官，甚至非本部院军前之官，求书请托乞委者，盈百积千，纷纷不绝。至有候久缺费含怨者，有央情乞嘱、一求再求者，抑何不思之甚耶？大小官爵

---

① 《闽颂汇编》第117—125页，载《台湾文献汇刊》（第二辑第三册）。

皆为朝廷名器,岂容滥觞?而临民之官,又民生之休戚系焉。本部院岂肯徇人情纵放狼虎飞人害民为耶?合行严禁。①

又有《严禁弁委》文告云:

> 为严禁弁委以杜民害事。照得外委弁员虽无管事责任,一称职衔,即朝廷名器,岂容轻易假人以玷官常?今访莆郡海有无赖土棍,素性噬人,恐罹法网,辄将所积怨赀钻刺营官,给授虚衔牌札,特为护身灵符。及至牌札过手,武断日甚,鱼肉益深,竟使乡民畏威如虎,忍辱受害,莫敢告诉。一二有司深悉此辈罪状,亦不敢过问。揆厥所由,实缘不肖营官惟利是图,不顾名器二字,妄以职衔予人,以致此辈横行恣毒,殊干法纪。除行兴化镇通饬协营速将从前给过牌札尽行查追外,合行出示晓谕。②

在这两则文告中,姚启圣指出了当时在官场上流行的"每日讨官求委者纷纷不绝"和"钻刺营官,给授虚衔牌札,特为护身灵符"。一方面,清初经过战乱之后,福建的人口丧亡严重,官吏缺额甚多,主要官员可以由中央任命,但是大量的吏员,主要还是依靠当地选补;另一方面,在战乱过后的暂时无序社会里,强凌弱、官欺民的现象普遍存在,只要跻身于官府吏员的行列,正如姚启圣所说的那样:"特为护身灵符"。更有甚者,一旦跻身官府吏员之列,就有了鱼肉下层民众的资本,"及至牌札过手,武断日甚,鱼肉益深,竟使乡民畏威如虎,忍辱受害,莫敢告诉"。再说,一般富民钻营求官,须得钱财开路,有权授官、任用吏员的官员,借此发财,上下交利,皆大欢喜。在这种社会环境与现实利益的驱动下,买官、求官以及胡乱外委弁员的现象就很难禁绝了。

---

① 《闽颂汇编》第21—23页,载《台湾文献汇刊》(第二辑第四册)。
② 《闽颂汇编》第53—54页,载《台湾文献汇刊》(第二辑第四册)。

官员与富民私下买卖官职、吏员的现象既然无法彻底禁绝，还不如由政府公开标价允许民间认捐给衔。姚启圣在《请开事例》中如此写道：

> 题为泉郡米价腾贵、民情困苦堪怜，臣谨倡率捐输，仰祈敕部广开事例以济军需以拯残黎事。切照闽省泉属各邑自康熙十七年六月海逆掠野攻城，幸我大师恢剿，但蹂躏之后，百姓大伤元气。惟冀年稔岁丰，稍资培养。不拟康熙十八年夏秋雨旸不若临冬连雨淋漓，冬成十分不及二分之收。去冬已经汹汹，然犹望土产之番薯、所种之麦苗倘得收成，犹可糊口。不料又遭阴雨，番薯既无所出，苗卖布种不前，加之界外迁民并入内地，田少人稠，啼号饥饿比屋连呼。……臣辗转筹思，辰下司农告匮不敢妄冀公帑赈恤，惟有吁恳皇恩大沛，俯准广开捐纳米谷并捐纳银两各事例再行一年。就闽省泉州府纳，俾踊跃于功名者，争往输将。以自然无穷之利，资济荒歉，庶可上培植国本，而下之军需民命，均克有攸赖矣。①

清初清政府在福建等地开捐纳事例，除了总督姚启圣的奏疏之外，巡抚吴兴祚也有同样的建议与施行，甚至连姚启圣的儿子姚仪，也是出身于捐纳，累官至总兵、副都统的，《清史稿》云："仪，膂力绝人，雄伟与父埒。初以捐纳知县从征，累战有功。康亲王檄署游击，议叙，内擢郎中。上以仪有才略，且自陈愿以武职自效，改都督佥事，以总兵用。历狼山、杭州、沅州、鹤庆诸镇总兵，镶红旗汉军副都统。"②捐纳事例的施行，虽然从一个方面开启了买官卖官的不良途径，但是它毕竟正式纳入到政府的制度管理之中，多少能够扼制官员私下卖官授职的恶劣风气，同时对于暂时性地缓解政府财政与前线军需的困窘局面，具有

---

① 《闽颂汇编》第141—146页，载《台湾文献汇刊》（第二辑第三册）。
② 《清史稿》卷二百六十《姚启圣子仪》。

一定的积极作用。

在《闽颂汇编》的姚启圣奏疏、文告中,还有关于严禁民间结盟、结社的记载,这些也是十分值得注意的。如在康熙十八年(1679)七月的《禁结社党》文告中云:

> 为严禁纠结社党以息民害事。照得棍徒纠党结盟,新例立寘重典。邻右不举,连坐治罪。功令煌煌,敢不凛遵?讵访漳郡恶俗,尚有奸徒倡立社党名色,纠结投诚员兵、劣衿、练长、衙役,及一切流棍、讼师人等,多至一二百人,少亦数十余人,歃血誓盟,武断乡曲,生端寻衅,扎诈善良,通线作奸,擒人勒赎。近而城市郊关,远而庄村墟埠,靡不肆行无忌播毒难堪。本部院闻之不胜痛恨,除差员密缉外,合行出示严禁。①

同年十一月二十二日的《申禁结盟》文告中云:

> 为严禁聚众结盟以靖地方事。照得民间本分事业,惟有力田读书。年在后生,更宜率循惟谨。近访漳属各乡黄口竖子,学为无赖少年,串交各营兵丁,联络村庄地恶,纠合立社。多至一二百人,少亦数十人,设酒歃血,名曰结盟。自恃有党有羽,可以放胆横行。于是咆哮闾里,欺虐善良,甚而或合伙执械,昏夜剽掠。或兴贩货物偷越出界,为乱之阶,实由于此夫纠党结社。业奉严纶,特行禁止。犯者立寘重典,邻右一体连坐。②

康熙十九年(1680)十月初四日又有《访禁结盟》的文告云:

> 为访禁结盟以肃功令、以靖地方事。照得社党首禁,新例森严,犯者无赦,况海疆重地,岂容此非为?近闻闽省各属多有穷凶

---

① 《闽颂汇编》第472—473页,载《台湾文献汇刊》(第二辑第三册)。
② 《闽颂汇编》第5—6页,载《台湾文献汇刊》(第二辑第四册)。

巨棍，自称大哥，歃血盟神，结拜兄弟。或一伙有百十余人，或一伙有三五百人。凡讼师衙蠹以及投诚弁兵，无不联为党羽，恃势咆哮，因而骗害乡村、横行里间用。乘睚眦之隙，此殴彼攻，侦富厚之家，东讦西污。根蒂又深，网罗四布。良善莫得安生，有司不敢过问。嗟嗟百姓，当凋瘵之余，不过仅存皮骨。本部院清夜问心，唯恐抚绥未尽，又岂肯留此巨憝以害地方？除行司道密访外，合行示禁。①

在这三张文告中，康熙十八年（1679）的两张文告所指的区域，均在闽南的漳州府。漳州府的云霄、诏安一带，是号召反清复明的民间秘密会社"天地会"的主要发源地与主要势力范围。目前学术界对天地会的起源有多种解释，起始的时间一般认为是在康熙甲寅十三年（1674）。姚启圣的这些关于严禁结盟、禁结社党的文告，说明在康熙十八年（1679）朝廷已经注意到民间秘密结盟、结社对于清朝统治的威胁，只不过当时还不知道这些盘踞在闽南漳州一带民间的秘密结盟、结社，禁而不止，最终形成势力庞大、与清王朝周旋抗争二百余年、至今仍然在东南亚一带的华人社会中保存有余绪的"天地会"组织。因此，姚启圣的这些文告，可能是清代官府对于漳州府等民间结社最早的禁止公文，对于深化"天地会"早期形成历程的研究，不失为十分珍贵的资料。再者，我们从这些禁止闽南漳州一带民间结盟结社的文告中，还可以领略到当时闽南地区民间社会对于清朝统治的强烈抵触情绪，这显然就是《闽颂汇编》中参与歌功颂德姚启圣者中闽南人占有少数的重要内在因素吧！

---

① 《闽颂汇编》第99—100页，载《台湾文献汇刊》（第二辑第四册）。

（三） 从姚启圣奏疏、文告中所见到的姚启圣战前决策

在《闽颂汇编》的姚启圣奏疏、文告中，我们还可以看到一些关于姚启圣准备与郑氏军队决战的战前思考。其中一个特出的思考，就是试图借助荷兰国"红毛船"的力量，来对付素以擅长海战的郑氏军队进行决战。他在《谕调红毛》的奏疏中说：

> 敕谕调取红毛夹板以尊国体、蚤奏荡平事。切查向年攻取厦门，实藉红毛之力居多。今荷兰国王远差奉贡，愿出夹板助剿厦门，是该国向风慕义之忱可嘉尚矣。小国既有尊奉天朝之心，天朝亦应有优礼外邦之典。况调其大船来攻海逆，岂可徒发一纸敕谕寄带于夷官之手，不特轻亵其事，并非优待外国之意。而且于尊隆国体之道，尚未尽也。且今调取鸟船并江浙之船，尚如此艰难，今调取夹板，臣不得不仰请皇上郑重其事，即于闽省原任道府择其能言达礼者一员为正，厅县一员为副，赍捧敕谕颁给赏赉，使外邦仰慕堂堂大国规模非同隘小，而该藩感激皇上遣使重事隆恩，自必踊跃发船、乐助灭贼之恐后矣。臣谨密疏具题，伏乞皇上睿鉴敕部议复施行。①

在其后的一系列奏疏中，姚启圣多次强调借用荷兰红毛船以进击郑氏军队的重要性，如在《题明出师》中说：

> 今欲多调水陆兵丁破灭海贼，进取金门、厦门，屡经具题，其事所关最为重大，当日击破海贼，克取金门、厦门，曾用荷兰国夹板船只。兹入海进剿既少前坚固大船，而荷兰国船兵又未曾到，以

---
① 《闽颂汇编》第19—21页，载《台湾文献汇刊》（第二辑第二册）。

我小船入海，诚恐万一不能如意，着议政王贝勒大臣会同详议具奏钦此钦遵。该臣等会议得海贼窃踞海澄等处，恣意扰民。应速行殄灭，以安闽省。但海贼盘踞水面已久，必须兵强船齐，方可攸往。前取金门、厦门既用荷兰国船兵破贼，今亦应用荷兰国船兵合力举行，则有济大事，实为显然。上谕允当相应遵行。①

姚启圣的这一战略部署设想，其实是很不切实际的。荷兰人是否参与进击郑氏军队或者帮助郑氏军队，完全取决于何种行为有利于荷兰商人在东亚地区所获得利益的最大化，他们并没有与清王朝或是郑氏集团结盟以及作战的必然性。这一点倒是水师提督认识得比较清楚。他在与都统把申都鲁的交谈中说明了他的意见：

公既平闽海，漳州都统把申都鲁问曰："公方排群议，独建殊勋，固以料敌之审，荷兰远处外国，公能逆计其不来，何也？"公曰："此实易知，但人不察耳。红毛番有二种，虽臣服于我，亦与郑氏相通。查其头目，时在台湾。又我所檄召种类，皆受辖于彼地红毛者。彼既与郑氏相通，安肯令所辖属与我助战哉？为将者，须察天人、细参情理，原非苟且论战侥幸成功也。"把甚悦服。②

实际上，姚启圣是一位治理民政、统筹地方的良才，但并不是一位运筹帷幄、临阵决战的将才，因此在许多战前决策中，正如我们前面所引述的左都御史徐元文的弹劾奏疏中所言，确实存在着决策不当、进退失据的毛病。如在此次万正色指挥的海坛海战之前，姚启圣就对自己的水师信心不足，因而极力主张借助荷兰红毛船。而当红毛船杳无音信之时，姚启圣对于决战的前景充满悲观的论调。在《闽颂汇编》中保存

---

① 《闽颂汇编》第137—138页，载《台湾文献汇刊》（第二辑第二册）。
② 王得一：《师中纪绩附师中小劄》，《决策航剿》。

有一份距海坛决战仅半年之前的奏疏，充分地反映了他的这种悲观情绪，他在这份《平海机宜》的奏疏中写道：

> 题为灭贼、舟师未集，微臣忧心如焚、呕心谬陈末议仰佐平海机宜事。切今练兵抚贼守边绝粮，贼势渐衰，正宜乘机剿灭。缘贼恃水倚船，我兵不能冲击，必须厚集舟师，方能灭贼平海。臣是以有备陈剿贼情形一疏，请调红毛夹板船二十只、江南浙江船各一百只也。后红毛船不能来，而江浙两省船俱不到。臣万不得已又有特请飞调江南新造赴楚乌船一疏，请令新提督万（正色）带领湖南乌船一百只，并挑选江南浙江船共一百只，俱带至闽，以图大举也。今夹板船既不来，江南浙江之船竟无定以，乌船又无人统领，惟恃在闽船只讨平海贼，事正不可知矣！议论经年累月，至今茫无头绪。臣中夜彷徨、五内俱裂，口不能食，夜不能眠，呕尽心血，志切请缨。思平海之最要者，有十四事，谨分为十四疏，上清睿裁。但其中多有不避忌讳滋切直陈者，伏祈皇上念臣受恩最深，是以报国志切，但知有利君国，不知嫌忌稳忍。虽言多不伦，而事无大小皆关平海，仰恳圣慈怜臣愚忠直憨，俯赐全览敕议俯允施行。①

总督姚启圣心怀如此悲观情绪，幸好有水师提督万正色和福建巡抚吴兴祚果断决策，充分调动福建的水师力量，②及时出师，才取得了海坛海战的全面胜利，把郑氏军队赶出金门、厦门二岛。海坛之战胜利后，巡抚吴兴祚和水师提督万正色获上赏，总督姚启圣心中不平衡，遂

---

① 《闽颂汇编》第478—480页，载《台湾文献汇刊》（第二辑第一册）。
② 据《八旗通志》卷二百《人物志八十·吴兴祚》记载，海坛海战时万正色所统率的清军水师，其船只基本上是由巡抚吴兴祚在福建当地整修筹集的，所谓："臣自去冬新造战船工竣，水师提督万正色分配将士由闽安镇驾出大洋操练。惟视旧存大小船艘修理毕，江南炮手齐集，即行配驾，相机进剿。"

与万正色等交恶。姚启圣不仅缺乏运筹帷幄、临阵决战的才能,而且他又自视甚高,缺乏自知之明,加上性格喜好弄权专私,这样就难免与前后历任的水师提督及巡抚产生难解的心结与矛盾了。

五、《难游录》等郑氏史料辑补

有关郑氏史实的研究,目前可谓日趋精细。然因资料所限,许多具体问题总还处于疑似之间。近年本人在读书过程中,偶得郑氏史料数种,顾前人罕为引述,谨抄录于此,并略加说明,或对郑氏史实的进一步研究,有所裨益。

(一) 张遴白 《难游录》

张遴白:《难游录》,不分卷,内有《平国公郑芝龙传》,全文如下:

> 郑芝龙,号蜚黄,泉州安海人,所居东石,负山面海,本洋寇出没处。芝龙修躯伟貌,倜傥善汉变,少即习游诸岛,慷慨得众心。闽俗羞贫而轻死,故其富者以通番为业,贫者即劫掠为事。芝龙徒众既盛,二者兼行。李习者,闽之巨商也,往来日本与夷狎,遂弃妻子娶于夷。芝龙少年姣好,以龙阳事之。习托万金归授其妻。会习死,芝龙尽以之募壮士,若郑兴、郑明、杨耿、陈晖、郑彩等皆是。多益壮,娶长崎主族女为妻。日本法:娶夷女者终身不

得归，惟芝龙挈其妻还东石。东石居第绵迤数里，高焕丽云日，朱栏锦幄饰以宝玉，户牖之间，尽涂黄金，侈踰宫禁。

烈皇初就抚。时闽抚为沈犹龙。犹龙母诞，芝龙以万金礼寿，中金盒一，制度精绝，区字中嵌量珠二只，龙蟠逸之，他物称是，悉海外奇珍。犹龙受之，私语家人曰："此固奇物，顾恨不能双耳。"芝龙阴知之，不三日复进一盒，与前无二。闽人无贵贱老幼，闻郑字即俛首伏匿不敢动。

当是时，南安有苟憨、惠安有刘香、安海有郑芝龙，皆富强之称劲敌。苟憨不久亡，而刘香负固恃众不就抚。朝命芝龙讨之，战于五虎门之定海所，三日夜不休。芝龙有弟曰芝虎，骁勇莫敌，遥望刘香坐巨舟，指挥督战，遂驾小舟直贯其阵，跃登大舟，奋呼声东，众披靡，突前擒香。香亦超捷，亲接战。兵士扰乱，各相格斗不暇顾。而芝虎与香遂弃刃徒搏，相持不下，坠海皆死。芝龙遂并其众，由是威名益著。家藏金银铸为狮象虎豹形，率重数百觔，以夸示远近。又造金犀盔甲，择亲将之貌类己者尽服之，人莫能辨。

崇祯末，鸿逵及彩皆率舟师勤王，不济还去。乙酉隆武方以唐藩入闽，芝龙与鸿逵同巡按御史吴春枝等拥立之，得封平国公。丙戌春，隆武以芝龙擅权不制，能愤激亲征，遂去延平不返。督师洪承畴者，芝龙乡人也，密以书招芝龙，许以闽越王之。于是宫师张肯堂方调兵北伐，芝龙连疏阻之，尽撤各路守兵。丙戌九月，清兵入福州，芝龙以封阻议未定，退还安海。十一月集诸将议降，安南侯杨耿、平夷侯周崔芝、定洋将军辛一根，皆不从。弟芝豹、子成功尤切谏。芝既决计降，又惭于众，乃单骑登陆去。由是诸将皆散入海，而芝豹、成功各率所部据守，终不附焉。

《难游录》，作者张遴白，生平不详。《难游录》卷末附有《张遴白奉使日本记略》。可知张遴白为明末清初人，并在鲁王政权中任过职。书中所载，都是鲁王、唐王两个南明小政权的若干人物传，是作者同时代且又深具同感的事迹。因此，这里所载的《郑芝龙传》，可以说是最早的郑芝龙传记，具有较高的史料价值。在这个传记中，有如下几点值得注意。

一、郑芝龙早年追随巨商李习，"少年姣好，以龙阳事之"。[①]好尚男色之风，在明清福建海商中相当盛行。《闽政领要·民风好尚》中云："闽省积习淫靡，漳泉为甚，采兰赠芍之风，恬不为怪，且不论绅庶群尚俊童，俗呼契弟，甚有良家子弟亦不免于为匪人为诱以致失身者。殷实之家，大都以贩洋为业，而又不肯以亲生之子令彼涉险，因择契弟之才能者螟蛉为子，结以厚赀，令其贩洋贸易，获有厚利，则与己子均分。在富者则以他人之子驱之危地，利则归我，害则归人；在贫者则借此希图致富，是以贫者之父母兄弟，不以契弟之称为可耻，而反以此夸荣里党。"厦门大学图书馆收藏有民间传奇《台湾外志绣像五虎闹南京》一书，系由福建民间传说辑录而成，其中也有许多关于海寇贪恋男风的描写。明清两代福建海商收养契弟、义男从事商业活动的风行，体现了海商组织相当落后的一面。然而这种十分特殊的结纳方式，却大大加强了他们之间的隶属关系，这又是明清海商形成各个相互排斥而其内部又极其牢固的小集团的重要因素之一。从郑氏集团来看，郑芝龙以

[①] 关于郑芝龙以龙阳事李习，温睿临的《南疆绎史》卷五十四"郑芝龙"条云："（芝龙）少随大贾李习贩日本，习与同寝。"又郑达《野史无文》卷十二《郑成功传》云："父芝龙，少随泉州人李习贩货日本国，习与芝龙共卧起。习夜瘠，常见有巨人金甲荷戈侍寝所，习自惊疑。后遭芝龙他所寝，寂幂见巨人，约芝龙来同寝，复见如故，习怪之，遂抚以为子。同来贩日，习为芝龙婚于长琦王家，会习死，芝龙乾没其货财。"以上二书虽无明言郑芝龙以龙阳事李习，然"同寝共卧起"，亦可知其中消息。

龙阳事他人，是在他未发迹之时。发迹以后，郑芝龙是否仿效李习，尚不可知，但他有众多的义男、义儿，却是事实。乃孙郑经，江日升《台湾外纪》卷五云："经自监守各岛，仁慈俭恤，谦恭爱人，……聘尚书唐显悦长子之女为妻，端庄静正而不相得，故多外蓄狡童、骚妇为乐。"可知郑经也是一个不甘寂寞的人。厦门大学馆藏《台湾外志》卷三十一中，竟有"郑国姓贪念男风，莫子英冶容诲淫"的回目。此书虽为小说家杜撰之言，事属荒唐，然这种风气作为明清福建海商集团的一个侧面，亦不无参考价值。

二、李习者，亦见于明季诸生郑达的《野史无文》和温睿临的《南疆绎史》等书。所谓"芝龙少随泉州人李习贩货日本国，……会习死，芝龙乾没其货财"[①]。从《难游录》《广阳杂记》的记载看，李习是导致郑芝龙发迹的重要人物。而从其他记载看，导致郑芝龙发迹的重要人物不外李旦（或李旭）与颜思齐二人。李习与李旭，音近；李习（習）与李旭、李旦，形似。可以推断李习即李旦或李旦的兄弟行如李旭者。那么李旦与颜思齐又是何许人呢？近读台湾黄典权和曹永和二先生的大作，他们的高论是：郑芝龙早年随李旦，李旦死后，郑芝龙夺得李旦遗产，感到很不光彩，于是，便由郑芝龙自己创造出一个颜思齐的人物，来抵销李旦的影响。[②]黄、曹二氏的看法，似乎有些证据不足，郑芝龙本是海寇出身，而明代海寇相互残杀和吞并素来是家常便饭，郑芝龙步其后尘本也没有多少不光彩。郑芝龙如果单为夺得李旦遗产一事，而处心积虑创造出一个颜思齐，未免有些小题大做。但如果联系到《难游录》的记载，情况就大不一样了。郑芝龙既以男色事李习（李

---

① 郑达：《野史无文》卷十二《郑成功海东事》。
② 参见《台湾风物》卷二十三；黄典权：《颜思齐考索的试论》。

旦），在其落魄时，自然无所谓耻辱，但一旦成为海上枭雄，不久又受抚为宦，这件事便非同小可的不光彩了。若是整天被人指着脊梁骨而讥为狡童契弟，又何以服众，驾驭群雄！在这种情况下，一个子虚乌有的颜思齐便被郑芝龙活生生地创造了出来，或许还有某些可能。笔者认为，《难游录》的记载，多少可以为黄典权、曹永和二先生的推论提供某些佐证。

三、郑芝龙自崇祯初年闽抚熊文灿任上就抚，而到了崇祯八至九年（1635—1636）沈犹龙任内，郑芝龙仍然处心积虑以万金贺沈母寿，可见郑芝龙为谋求政治地位的用心之苦。其实，郑芝龙自崇祯初年就抚以后，虽然为封建政府镇压其他海商集团立下许多功劳，却未得到封建政府的真正信任。据《重纂福建通志》卷百二十九《明宦绩》记载，继熊文灿为闽抚的邹维琏，便处处与郑芝龙为难，"（崇祯六年），红夷攻闽霜山，维琏檄郑芝龙急击之。……芝龙自福宁来，亦誓死战，斩获无算，贼遁入大洋。维琏上疏劾芝龙纵夷罪"。可谓不平之甚。但郑芝龙仍然各方贿结，以求得在封建政治官僚中的一席之地。这正体现了明代私人海商集团的软弱性和封建依附性。明代中叶以后，中国的私人海商集团虽然有着很大的发展，但他们受到了封建政府的严厉压制。同时在海商集团本身，由于他们绝大多数来自农村，有着强烈的农民意识和乡族意识，在各个海商集团内部，他们有着严密的隶属关系，然在各个海商小集团之间，却往往是水火不相容以致相互残杀。因此，明清时期沿海海商集团的生存，不可能像欧洲中世纪后期那样，商人们联合起来反抗封建的压制，而是依附于封建的政治。郑芝龙的成功道路说明了这一点，郑芝龙受抚之前，其他强有力的海寇集团有李魁奇、刘六、刘七、刘香等，他们与郑芝龙"皆富强之称劲敌"。但一旦郑芝龙投靠了封建政府，情况就不一样了，其他各股海寇势力一一被郑芝龙荡平，从此独霸闽海。正因为如此，郑芝龙就不得不委曲求全，千方百计地讨好封建政府的各级当权者。清军南下后，郑芝龙不顾众议，决计降清，无疑也是郑芝龙思想的软弱性和封建依附性的必然结果。

四、《难游录》还可以纠正其他文献记载的错误。如江日升《台湾外纪》卷一载："崇祯八年乙亥春三月，文灿合同闽抚邹维琏檄郑芝龙，统所辖船收刘香老。"而《难游录》记载郑芝龙破刘香是在闽抚沈犹龙任上，这正与《重纂福建通志》卷百二十九《沈犹龙传》所载相吻合，可知《台湾外纪》记载有误。其他如郑芝龙拥巨富、战刘香、祝沈母寿的记载，亦比他书更具特色，足资参考。

《难游录》中除《平国公郑芝龙传》外，与郑氏史料有关者，还有《郑鸿逵传》和《郑彩传》，限于篇幅，不具录。又《台湾文献丛刊》第309种《台湾关系文献集零》收有张麟白著的《浮海记》，若干文字有所不同，可资参考。

（二）沈颐仙《遗事琐谈》

清初沈颐仙著有《遗事琐谈》一书，主要记述明末战乱及崇祯事迹。其中《附纪》有"漳泉海寇"，乃有关于郑芝龙事迹：

> 海寇起于万历庚子，横行五六年。至丙午冬，先大父宜庵公讳璨，为漳潮总兵。次年丁未四月，侦知贼首袁进出掠，调集内府副将徐绅、沈有容各统精兵三千围进三匝，贼势窘，投降。先大父命两副将各领其半进之。后又有李忠，亦就抚，与进并于辽东效用。忠之后有杨禄、杨策，之后有郑芝龙。芝龙，泉人也，侵漳而不侵泉，故漳人议剿，泉人议抚，两郡相持久不决，势愈横，上为

之逮治巡抚朱一冯、旧抚朱钦相、总兵俞咨皋等。芝龙寻悔祸，投诚降于两广总督熊文灿。奉旨："芝龙归款，朕心嘉悦。"即命芝龙为总兵，统领本部水师剿抚沿海一带贼寇。芝龙拜命，整兵剿贼。

有蔡山、钟六等，自闽海漂至广澳莱芜马耳澳牛田洋，分往埭头洋屿青澳等处。芝龙招之不应，乃统兵御之，绝其饷道。贼窘赴斗，大有斩获。其中有李芝奇者，称最强，初由玄钟东上陆鳌中左，为芝龙所败。继又突犯大小金门，直犯潮海入揭阳铺，与把总郑廷芳大战城外。揭阳知县冯元飚率乡兵于曾厝埠力战。芝龙闻之，星夜统兵夹击，获杨策于马耳澳。惟芝奇于惠来潮海间，恣甚。钟六、石斌窜回之浙，常以佯败诱官军入洋，贼艟，四合，总哨皆没。温台宁绍苏松，在在告警。巡抚张延登增舡召兵，贼氛稍靖。

广贼刘香，芝奇余党也，后起而势强，犯小程，犯长乐，再犯海丰。欲籴米，诡乞降，熊文灿信之。七年四月遣道臣洪云蒸，康承祖，参将夏之本、张一述逆降于谢道山之阳。刘香置酒邀四人上船，被留逾年。上命芝龙击之。刘香强盛，芝龙势不敌。忽报刘香船七十号自外洋来。芝龙令人升桅上斗中望之，尚远七八百里。时东南风正急，势如山涌而来，芝龙惧，宰牲祭告天地曰："芝龙奉诏讨贼，若得信天子威命能成大功，乞反风以助我师。"须臾风渐缓，微微起西风。芝龙乃据上风发炮，合兵夹击。香背道将出船止兵，云蒸大呼曰："我矢志报国，诸兵急击勿失。"香怒杀之。香势蹙，自起挟炮蓻之，火漏自焚死，承祖与二将脱归，海寇以息。芝龙弟芝彪飞身欲上刘香船，偶见一流矢从耳根过，失足坠海死。

刘香之船名乌维,可容四五百人。

关于明末闽粤海寇的事迹,传闻甚多,各种文献记载亦互有差异。《遗事琐谈》的记载,又与其他各书有所不同。《遗事琐谈》的作者沈颐仙,其先大父(祖父)既为漳潮总兵,又直接参与了镇压明末闽粤的海寇活动,则该书所载,当有一定的史实价值,特别是郑芝龙受抚后替封建政府镇压其他海寇集团,记载比较详细,有助于进一步了解郑芝龙在这一时期的活动情况。

这段记载最引人注目之处,是所谓芝龙"侵漳而不侵泉,故漳人议剿,泉人议抚,两郡相持久不决"。这进一步证实了我们在前面所指出的明清时期海商集团的地域性和政治软弱性。他们无法形成工商业者之间的阶层联合,而是侧重于乡族和地域的结合,实行内部控制,顾及乡土的利益,从而形成许多各不相属甚至是互为仇敌的海商集团。他们对于本地域内的士绅阶层,更是极力结纳依附,以求得他们在政治上的庇护,而缺乏独立自主的性格。所谓"漳人议剿,泉人议抚",是很耐人寻味的。明中叶以后,许多著名的海商首领,都热衷于就抚为宦,便是这种软弱性格的必然表现。

沈颐仙的《遗事琐谈》成书较早,故后来许多记载郑氏事迹的文章,均引述此文。如赵吉士的《寄园寄所寄》中的"漳泉海寇"一节,几乎抄录以上全文。

(三) 宋征舆 《东村纪事》

宋征舆的《东村纪事》,不分卷,专载南明事迹。其中有《郑成功传》,全文如下:

> 成功原名森,郑芝龙之孽子也。初入南安县学时,粤人郭之奇

为学使，考成功，考列四等，以芝龙故，得免责，遂入赘为太学生。唐藩入闽，依郑氏立国，以成功为养子，赐国姓及今名。大兵至，唐藩遁，芝龙降，成功时在厦门。其母日本女也，有色，首主兵者掳而辱之，芝龙以重货赎归，归而缢死。成功闻之愤甚，有叛志。大兵挟芝龙北去，成功据厦门自守，然未明言举兵也。

顺治辛卯夏，闽抚张学圣，辽人，起家州佐，以浙闽总督陈锦荐为节钺，及受事，与陈公不相能。泉州巡道黄澍，在明时以开封府推官溃围出，得为御史监左良玉军，良玉死，及其子梦庚之降。与黄公道周、金公声之死，澍皆有力焉。然其功隐不能自明，由楚学使回翔藩臬中，颇不自得，学圣又常众辱之。澍益愤，乃说学圣曰："总督新有破舟山功，若能取厦门，可相敌。不然，为之下矣。"学圣少年喜事，其辱澍也，意欲折服之，至是则忘之，谓黄君策之良。时巡海至泉州，乃与泉州守将马得功谋，乘成功在南澳（粤东海岛，故巢也），以轻兵入厦门，欲藉其地置守戍报功。如舟留山，四五日乃闻成功以舟师从南澳来且至。澍谓学圣是未可敌，宜亟去，遂烧其积聚，收其宝货而还。学圣、澍先渡，得功稍后，几不得脱。成功由是显然称兵矣。

先是成功念其母不置，为塑金像其母，置珠帐中，晨夕上食以为孝，亦为学圣所得，或云熔而截分之。成功以为磔其母，愈愤。学圣等度兵不可解，以其事上闻，时世祖甫新政，洪承畴在政地，谓芝龙在，成功不敢遽，且海中无能为也，因以其事属总督。而陈公亦谓成功小竖易与耳，勒兵为扑灭计。

十月，成功出兵围漳州。壬辰春，陈公自渐将数千骑入闽至泉，为成功游兵所遏，出战失和，相持至六月，陈公为其下所杀，澍出护其兵。会成功悉力攻漳，不暇分兵至上游，而陈公先所调金华守将马进宝等俱得入漳佐城守，漳得不破。然城中斗米直五十金，非兵不得食，富人抱珠宝而死者不可胜数，积尸至二十余万，学圣浩叹而已。秋，固山金砺将大兵至闽省。九月出师，十月与成功战于江东桥，成功大败。漳州围解。金公老将主持重，不以时追逐，成功遂据海澄县为登陆计。官兵进攻不利。事闻，朝议追论始祸，逮学圣、澍、得功三人，而遣使赍诏书赐成功，许以公爵，以漳泉畀之。成功计登陆受地且见擒，又以芝龙在，持两端。乃佯诺受诏而以嫚书谢求尽得闽疆兴泉漳及浙之滨海善地。使者北，遂遣人入泉漳征赋税，与长吏纷错于道，民间大哗。如是几岁余，世祖知成功终不可抚，始显绝之。而成功亦遂进兵攻兴化，破之，进取福州。福州为省会，不可拔，失利而去，率兵归海澄，立宫府于厦门，名为思明州。成功所用者永历年号，永历远在滇黔，其意实欲自帝，且谓己隆武养子，可以继统。谀者遂言沙陀尚称李，徐知诰尚称南唐，何况今日。成功喜，乃亟称国姓云。

成功既不得志于闽，欲移掠江浙，出兵取舟山，获守将巴成功，爱其材勇，用为骑将，进攻台州。破之，刜其库藏而去。移文温州，值雷雨，巴成功震死，成功不怿，解围去，以淜东口。所得玉帛子女归厦门，而命别将将兵守舟山。

乙未冬，世祖命固山宜公尔德帅师取舟山，丙申春至宁波。时淜闽总督李延龄，宿将也，宜亦太祖旧臣，将兵致有功，且严纪律，两公合谋以舟师攻克舟山。舟山悬海中，不可守，乃弃其地。宜公奏凯归，而舟山复为成功有矣。成功之部曰南郎、北郎。南郎者皆闽广人及所招岛夷蛋蜑乌鬼之属，其将多芝龙旧部曲，如甘晖等号为心腹者也。北郎者，乃江浙人及所招北方剧盗旗下逃兵，其将多浙闽降将，若马信、王崇等，并唐、鲁两藩遗臣若张煌言等，号为爪牙者也。合之有众三十余万。

己亥春，会将士于厦门，谋大举。诸北郎曰："藩府举事十余年矣。所得郡邑皆海支郡，故弃而不守，日复一日，师老财匮，渐不可用。今闻北方精锐尽入滇黔，其国内空，若以此时悉舟师入长江，直取金陵，有破竹之势，金陵既破，天下震动，山东、河南豪杰蜂起，北兵之征滇者且溃散不支，其居守者亦不能南援。我抚有江南，徐图北伐，国势已定，莫不顺从。此时也，不可复失。"诸南郎曰："北方虽有黔师，胜负难定，无衅可乘之，进取未易。今我众虽多，收买游掠足以自给，此岁且宜按兵以观事变。北方若胜，滇黔欲有加于我，我太舡如城，小舡如屋，器械精好，乘风出奇，是无如我何。若为滇黔所败，则国势已绌，有衅可乘，我鼓帆而前，耀兵江浙，进取金陵，乃可万全。"成功从北郎议，即日誓众出师。四月至舟山，五月南北郎诸大将皆至。六月入长江，遂攻镇江，江省提督管效忠御之仪真，失利。江抚蒋国柱御之江口，复失利。操抚朱衣助御之于瓜步，大败，衣助被执。镇江守将高谦以城降。时江南有三提督。一为哈哈木，一即效忠，一为马逢知即马进宝。逢知与成功通，时守吴淞，故成功舍之而北。及效忠败，哈哈木不敢复出兵。七月成功兵至江宁，势张甚。漕督亢得时在扬州，闻镇江降，投水死。于是江北大震，太平宁国之间，士大夫争为明衣冠说长吏降顺。而成功所遣狗江北地者为张煌言，遂张兵至巢湖矣。守江宁者哈哈木与总督郎廷佐。成功谓此二人者旦暮出降，日置酒高会不为攻具。引兵泊燕子矶结营逼仪凤门，留二十余日。郎公密檄崇明守将梁化凤引兵来援。梁所将，舟师也，众及万，有骑兵三千。至是悉以骑兵来，至丹阳遣人侦句容要地，大喜曰："彼不知扼此，谓南无援兵耳，今结阵须待日出，非所谓出其不意也？"命疾进，浃宵而至，入省城亦无阻之者，梁益喜，请于郎，愿出战。满洲诸将皆谓出战必败，然无以夺之。梁突前手杀数人，部曲继之，皆有所斩获。成功闭营自守，梁亦引兵入城。满将耻不如汉兵；乃与梁公约明日五鼓共出破贼。至四鼓，满人以其众先出之。郎与甘晖遇，晖所将皆精锐，殊死战。而梁如约以五鼓出，趋山头，营至半山，望见江中列舟如城，守舟卒皆登岸斧薪，梁公喜曰："舟可焚也，舟焚则陆兵乱矣。"即遣别将焚一二舟，余舟大哗，争砍缆退去，斧薪卒走间道，以焚舟告成功。成功方在江督战，闻之便登舟。甘晖且战且走，至半山，与梁公兵合，梁部将王虎山生得甘晖，成功即日敛舟出江，而镇江复矣。是役也，成功所丧甲士军资器械不可胜数，梁实为首功，命兵部议殊赏。九月，逮江抚蒋国柱及管效忠、马逢知，皆以南省失事故也。先是，命内大臣达素、固山明安达理为将军将兵南援，至是遂命明将军镇浙，达将军镇闽。庚子，达将军以便宜出师取厦门，为成功所败。达素被执，割去耳鼻四肢遣还。

辛丑，成功出师取台湾。台湾者，海中大岛，大粤闽西南去厦门二千余里，荒岛也，出泉有田可耕，万历中为红夷所据。红夷者，海西至中国可二万余里，其人善贾，亦善为盗，海中称为红毛贼，自称荷兰国。芝龙在时，以兵少不敢往，至是成功大会舟师乘海旱水浅得深入，遂破之。成功喜谓据此可立国，留镇其地，而红夷复以兵来与成功支拒；遂不复得，归。是年世祖崩。四辅臣当国，诛马逢知，而芝龙家人尹大器告变，具言芝龙与成功通谋，芝龙坐诛。壬寅七月，福建总督李延龄奏成功以五月初八发狂疾死。

尝见顾伟南《丙申日记》，载有成功印衔，附录于此，其印文曰：招讨大将军印，其衔则甚长。曰：钦命总督南北直隶水陆官义汉土军务兼总督五军戎政并理粮饷节制勋镇挂招讨大将军印赐国姓蟒玉尚方剑便宜行事比照驸马礼体协理宗人府事总统使国姓。凡六十七字云。

宋征舆，松江华亭人，字直方，一字辕文，是明末江南几社倡始人之一。顺治初年，宋征舆应试登进士，康熙六年（1677）卒于左副都御史任上。《东村纪事》所载郑成功事迹，止于康熙壬寅元年（1661）五月初八日郑成功发狂疾死。则该传记的写作时间，当在康熙元年至六年（1661—1667）之间。因此，《东村纪事》中的《郑成功传》，可能是目前所能见到的有关郑成功传记中最早的一种，至少是最早的郑成功传记之一。它的史料价值是不言而喻的，尤其是郑成功的抗清演变过程，郑氏军队中的南郎与北郎之分，郑成功北伐时南郎与北郎的意见分歧及其决策等，均为其他史籍所不经见，应当引起重视。

关于郑成功少年时入南安县学优劣事，台湾学者庄练已有质疑之作。他在《台湾风物》第二十三卷第一期上著文《郑成功传记以外的新资料》中略云：

关于郑成功的生平，数十年来，由于中外史家的努力搜求，各种传记资料备出。大致已可说是再难发现新的事物。但是，笔者曩读乾隆《潮州府志》，却意外地发现一条在通行的郑成功传记内所没有的资料。乾隆《潮州府志》卷二十八《名宦传》有揭阳县籍的"郭子奇传"，云："郭子奇，字仲常，号菽子，揭阳人。天启丁卯举人,登崇祯戊辰进士,选庶常,请假归省。……丙子典试河南,事竣,转郎中,以内艰归。服除,起补原职,升福建提学参议,杜绝请托。时郑成功尚为泉州诸生,原名森,其父芝龙已封南安伯,势焰赫耀,求置成功高等,得食饩子庠,以相夸耀,即抚按亦欲以此羁縻之。之奇曰:'若辈鹰鹯之性,岂一廪生所能络乎?'卒不允。"这一条纪事,说到郑成功在为泉州诸生时有欲补廪食饩而为学道郭之奇所拒之事,听来颇感意外。因为现有的各种郑成功传记资料都说,郑成功早年读书颖敏,人多目为命世英才。何至于有藉干求以博一廪之事呢?最近读到清人李世熊所撰的《寒支集》,在其中看到一篇《郭宫詹传略》,意外地竟得到了印证的机会。《郭宫詹传略》:"迁福建提学副使,正色寒碜,严塞径窦,科岁两巡,无一倖进者。时海上郑芝龙已晋都督,久擅海洋之利,富拟王者,远交朝贵,近慑抚按,炙手为热。子郑森,尚为诸生。壬午,以遗才就乡试,自泉入福,邮传馆舍,皆有司备设。及入棘闱,监临遣小吏诣号舍致寒温,预选同舍生代为起草,珍果佳肴,络绎传送,森竟日饮啜而已。漏下便已出闱,传呼归馆舍,其赫奕如此。如独落落不相知,报谒之外,绝无通问。癸未二月,岁试下游,森籍南安学,意欲饩于庠,两院三司,咸为缓颊。予时在公幕中,一夕坐谈,忽出一卷相示,曰:'子阅之,是当置何等?'阅竟,复公曰:'文尽通畅,此地多材,应得三等耳。'公笑置之,曰:'此郑蜚虹之子也,两台欲得食饩,予意云何?'予言:'以郑之气力,欲他途进身,何所不得?今沾沾以廪生为荣,意良佳。且朝廷不借一品官縻其父,其子颇能文,食饩何伤?'公正色曰:'不然,命官是朝廷事,衡文是学道事。铨曹混浊,失在朝廷,衡文颠倒，罪在学道，吾不能任罪也。'……竟以二等置郑森。……"由这一件事，虽可看出郭之奇的秉公无私，而郑成功却颇有纨绔阔少的模样。

庄氏所发掘的资料，正与宋征舆《郑成功传》中所谓"粤人郭之奇为学使，考成功，考列四等"有所吻合，可以相互印证，另备一说。不过，在明末多事之秋，郑成功不专心于应试时文而考列末等，似还不能说明郑成功在少年时期不学无术；相反，他有违庭训，注意于武略诗赋，正说明他从小讲求实际，有志于匡时救世。因此，以上材料，有助于我们进一步探究郑成功性格的形成过程。

（四）宁德福安《甘棠堡琐记》

福建省图书馆收藏有宁德福安的《甘棠堡琐记》抄本，分卷上、卷下二册，卷下载有顺治年间郑成功军队与清军先后进驻该堡的经过，兹抄录如下：

清顺治丙申十三年，有贼寇郑芝龙乃子郑成功，号呼国姓，贼人自称为本藩。十月三十日大舟贼寇进港，内至黄澜白沙，外至白马门白洲，扬帆蔽日，遍缆迷江，漂泊船只不啻蚁附。贼率陆师由东路登岸，屯扎苏江上下，联村远视，帐篷犹如雪山。至十一月十五日，移扎西路，自港岐后岐，历大小留青阳莲花山，帐篷无有寸空，沿边村落劫罄空，深山穷谷莫不摧残。独三塘（甘棠）孤堡，时备彩旗、猪羊酒米，一、二、三图造报苗米一百零二石、官丁二百零五名，预进贼藩请饷。贼藩批曰："预先投诚，良善可嘉，准左戎给示安抚。"郑监营坐委征收，每石米征银十两，三年并收，每石米纳银三十两，一共计银三千两。每官丁征银五钱，三年并收，每官丁纳银一两五钱，共计一百余两。过天平六七钱不等。贼差饷官夫价告示等礼不止二千两。左戎旗给示有有谢礼，抱恨在怀，面禀贼藩，三塘（甘棠）堡内准伊自游，豁免五个月兵饷，藩不准，又加外饷一千两，抑头目大户尽拘入艘，供认一千两矣。

十四年清明，提督马、总兵张领兵屯扎曾坂山下等处，言及三塘（甘棠）过贼纳饷，声言屠戮。星夜各户催赶自送，黎明计银一千两，缴献马提督买命讫。清顺治十四年丁酉沿例追收银谷，无有休息。

清顺治戊戌十五年，贼魁郑布一诈称大艘贼首进港，预借饷米二百担。时青黄未接之际，家家乏炊，丁壮者尽奔外郡负米。兼总兵吴万福到州赴任，三塘（甘棠）取夫一百名，星夜赴应，仅存老弱在家。初七夜郑布一以催米为名，听其出入无忌，堡内被抢，可惜数百年器皿衣服畜产等物，罄搬入船。时白石司衙门改作堡内，巡检叶先声，福安县城守拨千总一员，领兵五十名，徐登、于良才轮摆镇守堡城。

清顺治己亥十六年七月初六日，贼首林国梁借戍爷官商丁数十人登岸攻堡。于良才飞报本县城守千总把刘、李、徐、喻、裘等官，领兵南门对敌，官马被杀，兵腿被伤。乡社西门出城赶至里塘桥头对敌，贼被社铳伤死旗首二人，贼众丧胆，卷旗失戈入船。林国梁左腿铳伤而退。

清顺治庚子十七年八月二十三日，株国梁怀抱恨，以通房叛饷请详，贼藩批如果叛饷，发兵进剿。大艘贼船尽数进港，外塘、官塘遍地发岸。一更时分，堡外各村焚烧。是夜二更，巡检叶先声、千总徐登相率兵队先去，以为无望。通堡男妇或争先践踏而死，号泣连天；或落后刀枪而亡，肝胆涂地。三更，进城起火焚烧，通堡民房须臾变为赤土，被掳男妇三百余人，认饷赎回。于斯时也，去无路，回无家，苦莫谁告。目下严寒肃杀，总非死于饥饿，终必毙乎寒冰矣。

清顺治辛丑十八年十一月，贼舟进港，由外塘登岸。杀人不啻杀物，揪掘城堡，掳掠男妇，各弃田宅家产，抛祖宗坟墓，携眷口搬入内地。富者仅存数日之粮，贫者俱乏隔宿之炊，卖妻鬻女，哀哀可怜。迄及康熙庚戌九年展复，远迁者乏费莫归，附近者尽回梓里，搭茅开垦，重新筑堤，稍得碗饱，悉为万幸矣。

综观上述，清初顺治年间郑成功军队与清军在沿海一带反复拉锯争夺，征赋掠饷，福建沿海各地人民的困苦万状是不难想见的。福建山多田少，本非赋税重区，钱粮有限。顺治年间，郑成功统兵十余万，固守福建边海一隅，时而出击江、浙、广东，军队的饷粮成为郑成功最棘手的问题之一。为了抗击清军、保存自己，郑成功不得不在很大程度上依赖略地征粮的办法来维持军队的生存。在战争形势越来越恶劣的情况下，郑氏军队的这种征饷征粮方法，亦越来越带有强迫性和掠夺性。这样就逐渐失去福建当地一部分地主士绅和群众的支持，甚至引起他们的反抗而转向清军一边。郑氏军队在福建各地的略地征粮，固有其不得已的一面，然而它破坏了自己赖以生存的群众基础和地方基础。而明末郑氏集团的形成和发展，正是以海商势力、地方势力为核心依托的。从这点上讲，郑氏军队在福建的活动范围日益狭窄，与这种近似竭泽而渔的征饷掠粮不无关系。

这条材料的另一引人注目之处，是记载顺治十七年（1660）八月二十三日和顺治十八年（1661）十一月，郑氏军队仍然在闽东宁德一带活动。而据《海上见闻录》和《台湾外纪》诸书，郑氏军队自顺治十六年（1659）年底从江南撤兵以后，清兵向闽南一带压缩，郑氏军队大体仅在漳泉一带活动。顺治十八年（1661），郑成功率领主力收复台湾，在福建等地的军事行动一度几乎停止。《甘棠堡琐记》的记载，为我们了解顺治末年郑氏军队的活动情况，提供了新的线索。

六、《靖台实录》与《平台纪略》的比较分析

（一）在日本发现黄耀炯《靖台实录》孤本

蓝鼎元的《平台纪略》是研究清代台湾朱一贵叛乱的最重要文献之一。蓝鼎元之所以撰写《平台纪略》，据说是因为他看到当时有一部描述朱一贵叛乱的书籍《靖台实录》，错讹之处甚多，不足于流传后世。于是他慨然而起，奋笔疾书，写成近一万六千余言的《平台纪略》一书。蓝鼎元在《平台纪略》的序言中这样写道：

> 蓝子自东宁归，见有市《靖台实录》者，喜之甚，读不终篇，而愀然起，喟然叹也，曰：嗟乎！此有志著述，惜未经身历目睹，徒得之道路之传闻者。其地、其人、其时、其事，多谬误舛错，将天下后世以为实然，而史氏据以征信，为害可胜言哉！稗官野史虽小道，必有可观，求其实焉耳。今以闽人言闽事，以今日之人言今日事，而舛错谬误且至于此，然则史氏之是非，其迷乱于稗官野史之记载者不乏矣。……言焉而不求其实，习焉而不知其讹，鄙人所

为惧也。谬劣不才，学荒识陋，东征逾载，躬历行间，……所见所闻，视他人较为切实，则《平台纪略》之作，恶可已也。据事直书，功无遗漏，罪无掩饰，自谓可见天日、质鬼神。……平台大役，事在必传，直道平心，无为市井讹谈所昏惑，亦庶乎其可矣。若夫鉴前车，绸未雨，施经纶，措康乂，有治安之责者，谅早留心，不待阅兹编而后得之也。

从这篇序言中，可以看出蓝鼎元不但有慨于《靖台实录》的舛错谬误，而且对于撰写《平台纪略》的自负之心，亦跃然于纸上。

蓝鼎元一生十分关心台湾的政治管理与民生教化之事，自己又亲身参与了台湾的平叛与治理事务，有多种论著问世，故在当时于台事方面负有盛名。大概正由于这个缘故，自从他所撰写的《平台纪略》刊行之后，《靖台实录》就逐渐为人们所忽视。延至近代，《靖台实录》的传世之本甚为罕见。我们除了在清人的著作中偶尔可以知道曾经有过此书之外，大陆和台湾的文献收藏机构，似乎都没有《靖台实录》的记录。

2000年，笔者在日本访学，顺便搜集收藏在日本各公私相关机构中有关台湾问题的历史文献，意外发现在京都大学人文社会科学研究所图书馆中有《靖台实录》复印本。检索之后，才知道京都有一私家文库，即"阳明文库"，珍藏有清代雍正年间的《靖台实录》刻本及其后的抄本二种。在刻本及抄本之后，附有《靖台实录质疑》《台湾府建置沿革》《福建地理之图》《郑氏投欵》《游击标》等。书中还夹杂许多用日文写成的标点、批注，大概是藏书者的笔墨吧。

《靖台实录》的撰者是黄耀炯，具体事迹不详。但是根据蓝鼎元《平台纪略》序言中所谓"以闽人言闽事"，以及黄耀炯在《靖台实录》的《引言》中所述，黄耀炯应是福建同安县人。《引言》云：

闻之书治书乱、纪灾纪祥，史氏事也。他而为之嫌于越。然考古来史氏传信之文，多採于闻见之所录，则勿谓稗野之文可以不作也。台湾朱一贵之变，当圣天子重休累洽之世，有此一蠢，是犹粹洁之身，间露疥癣耳。其乱其平，似于世道澄无所关。然吾观舜有三苗之征，禹有防风之戮；鬼方伐于高宗，武□讨于元圣。自古圣世不讳逆萌，书传记之，皆足以彰天讨而扬国威。则台湾之乱逆，亦唐虞三代所时有也。况其间致乱也有由，定乱也有略。运筹者之胜算，摧陷者之致力，莫不以斯焉。则纬而录之，上之因可以明国家之深仁。次之亦可以表文武之伟绩。而且使巨奸好乱之徒，读而戒之，见虽有不轨如朱一贵者，跳梁未几，而卒就剪灭，庶几革面革心。其游圣世而乐荡平云。

康熙壬寅岁仲春银同黄耀炯题。

据此，则福建同安人黄耀炯于朱一贵叛乱的第二年，即康熙六十一年（1722）就撰写《靖台实录》并付诸出版。蓝鼎元在看到此书的次年，即雍正元年（1723），因不满此书的"舛错谬误"而写成《平台纪略》。然而黄耀炯撰写《靖台实录》，自谓是"稗野之文"，也就是古人常说的"稗官野史"之流；蓝鼎元对于《平台纪略》的自许则不同，所谓"据事直书，功无遗漏，罪无掩饰，自谓可见天日、质鬼神"，直把《平台纪略》当信史。蓝鼎元的长子蓝云锦在雍正十年（1732）《平台纪略》重新刊刻时所写的后记中，也是把此书奉为信史的："大书特书，正叙侧叙，补叙插叙，分叙合叙，错综变化，矫如游龙，至其陡然而起，戛然而止。遥接遥应，飞渡陪渡，笔笔有神。一篇万五六千言，续之惟恐其尽，不复有冗长吁漫之叹，知其浸淫于《史》《汉》者深矣。总论鉴前车、筹未雨，措置设施，绝大经济。……垂为信史也。"

（二）《靖台实录》与《平台纪略》所载之史实对比

既然黄耀炯自谓《靖台实录》是稗官野史，而蓝鼎元自许《平台纪略》是信史，那么我们就有必要对这两部书进行史实记载上的比较。

首先在字数上，《平台纪略》有一万六千余字，而《靖台实录》仅有六千字，《平台纪略》在史实叙述的情节上要比《靖台实录》详细得多。由于当时蓝鼎元是作为南澳总兵蓝廷珍的幕宾亲历了这次平叛战役的，因此对于清朝军队从澎湖开船进攻鹿耳门港至肃清朱一贵全伙的全部过程上，记述得特别详细，多达八千字，约占全书的半数左右。而《靖台实录》对这一过程的记载则甚为简略，总共不过一千来字。如决定胜负的鹿耳门港、安平镇、一鲲身、七鲲身等处的战斗，均着墨不多，或者轻轻带过：

> 十六日进师，午时到鹿耳门。澳镇（蓝廷珍）与王万化拆督院锦囊云：可合并攻鹿耳门。师遂并进。鹿耳门港路狭仄，古称天设之险，船难率行。提督施（世骠）先募善水者探港，插标为记。时又海水忽涨，以故官军之船并进不碍。初，贼闻督院调兵三路进攻，欲分贼守御，续计六月皆飓风之期，官军虽集，未敢遽进。又北路贼杜君英等与南路贼首争长，内自攻杀，恃鹿耳门之险，设备甚疏。突见官军三路并合，船如蚁集，望风胆震。是日提督施挥守备林亮、千总董芳等列炮直前击之，众船竞进。贼惊弃走。我师遂克鹿耳门。乘胜攻安平镇，克之。十七日贼遂战于一鲲身，击败之。十八日贼复来战，又败之。两日之战时盛暑，我军昼夜立沙岸中，不得息。安平之民喜王师至，男妇争给军食，具水火不绝。少

壮者自具器械，为我军前导。我军以铳为叠阵法，贼莫能当，故连败。十九日师进七崑身。

至于清廷平定朱一贵叛乱后对于台湾的善后调度事宜，《靖台实录》几乎没有涉及，而蓝鼎元仍然用了四千字的篇幅进行叙述。特别是蓝鼎元对于台湾乱后的处置，提出了自己的看法。他除了建议在台湾北部地区增设行政与军事机构等措施之外，更主张招徕民众，垦荒辟地，以为根本之计。"均赋役、平狱讼、设义学、兴教化，奖孝弟力田之彦，行保甲民兵之法。听开垦以尽地力，建城池以资守御。此亦寻常设施耳，而以实心行实政自觉月异而岁不同。一年而民气可静，二年而疆圉可固，三年而礼让可兴。而生番化为熟番，熟番化为人民，而全台不久安长治，吾不信也。……台湾山高土肥，最利垦辟。利之所在，人所必趋。不归之民，则归之番，过之贼。即使内贼不生，野番不作，又恐寇自外来，将有日本、荷兰之患，不可不早为绸缪者也。"蓝鼎元的这些议论，可谓真知灼见，对后来治台的官员产生了一定的影响。

然而蓝鼎元的《平台纪略》中也有比《靖台实录》记述较为简略的地方。如关于朱一贵叛乱初时的情景，《平台纪略》仅简单地记载："夏四月十有九日己酉，李勇、吴外、郑定瑞、王玉全、陈印等五十二人，即黄殿庄中奉一贵，焚表结盟，各招党羽得数百人。立贼帜，书大元帅朱。夜出冈山，袭劫塘汛。"而《靖台实录》则要详细许多：

> 四月十九日李勇、汪飞虎等在岗山，宰牲置酒，竖旗招凶。忽风吹旗折，贼徒惊愕，欲解散。李勇、汪飞虎、吴外等议曰：我已谋逆有迹，今遽散，官司闻之，按名逮捕，则坐受死矣。其山上有神祠，因诳众往祷，称得神助。因出神乌龙旗以鼓众，贼徒遂合。

有为贼谋曰：今起事同我者，惟数十人耳。徒党未集，百姓弗与也。若遽动，官军闻警追捕，以数十人而当全营之军，岂不殆哉！吾观塘兵每处多不上十人，下则五六人，惟先掩袭之。因于各塘多立旗帜，以乱百姓之耳目。彼疑一路皆为吾得，中多游手，必有从而应者。更于所至之乡勿扰，分竖以帜。南路营兵见远近皆吾旗，必胆落遁窜，乘日夜长驰至府，处彼巢不虞，可克也。贼从之。廿二日晚，贼扮行客于各塘，推黑夜假宿塘汛，以旧多有此不疑。是夜将半，露刃劫汛兵寝中，或杀或从。百余里数塘之地，尽为贼胁无警报。廿三日，贼从下淡水过东港。廿四日扎于下碑头。贼沿途煽告乡民，以台地异变、真下（天子？）当出现。今胥吏作奸，官府蒙蔽，民无所告，从吾者安之。民见各塘尽贼旗，得无扰，皆喘伏以听。游手者因附焉，其党遂众。又使贼党分各乡，以旗令竖自保。贼遂进攻南路营。

这段记载是其他有关朱一贵叛乱的文献中所不易见到的史料，其中关于朱一贵在叛乱之初的策略及收拢民众行为的记述，对于全面了解此次叛乱的演变过程，很有帮助。事实上，不仅《靖台实录》和《平台纪略》在文字详略即字数上有较大的差异，而且二者在记述朱一贵事件时所关注的侧重点也是有所不同的。由于蓝鼎元直接参与了清军武装平叛的全过程，因此在他的记述里，这一平叛过程是他描写的重点；黄耀炯没有直接参与武装平叛，所以他的记述，更多的侧重点是有关朱一贵事件的传闻记录，以及福建地方官员的应对措施等。蓝鼎元虽然对清军武装平叛的过程记载得相当详细，但是他于清军武装平叛之前的许多史实，同样没有亲身经历，故而他的记述，也是根据传闻整理而成的。如关于朱一贵乱前谣言四起的传闻，蓝鼎元的记载就明显受到黄耀炯记载的影响：

先两月，有高永秀者，于镇道衙门告变。文武之员狃于太平，以讹言责之，不为戒。又贼谋一僧奇服桩，先数日在府沿街募化，且称神人，使告台中百姓：四月杪，有大难。难至惟门设香案、插黄纸旗一枝，上书"帝令"二字，可免。及闻贼至，众皆以为验，家如僧言。故军见沿门设案标旗，以为降贼，都无战志，以及于败。①

正因为各自的侧重点有所不同，所以尽管《靖台实录》的字数远远少于《平台纪略》，但是有关清军武装平叛之前的许多史实传闻以及福建督抚按道官员的备战措施等，《靖台实录》的记载还是十分值得引起重视的。

其次，由于蓝鼎元撰写《平台纪略》时以"信史"自许，就不能不在这本著述中蒙上浓厚的"以史为鉴""以史载道"的传统色彩，在史实的记述中难免有所顾忌。而黄耀炯的《靖台实录》既以稗官野史自嘲，反而在某些事实的描写上比较没有拘束。例如《靖台实录》中有些描写官府及清军不善之处，在蓝鼎元的《平台纪略》中就被轻描淡写带过。《靖台实录》载有浙江军队入闽助战沿途扰民之事：

浙江将军带披甲二千赴闽协征，兵到浦城，民颇苦之。督院闻之，以征台之兵已足，寇可立平，多浙兵反以扰民，连夜移咨抚都院遣官抚之。抚都院委按察司董前往浦城提调军机。军火烧民屋甚多，按察董沿途捐俸恤其灾伤，多方慰抚，商民赖以不扰。披甲到省，欲分宿民居，抚院吕不可，召两司议之。按司董以靖乱以安民为本，若借宿民居，民不堪，则内变起矣。以署福府冯鉴有强干才，委以安插。鉴虽汉人，力争之，满兵不能夺，始分拨诸佛寺

---

① 见黄耀炯：《靖台实录》；蓝鼎元《平台纪略》基本沿袭了黄书的这则传闻。

居之。

可是这段史实到了蓝鼎元的笔下,就完全看不到浙兵扰民的现象了:

> 又敕浙江将军塔拜以甲二千赴闽协防,巡抚吕犹龙遣按察使董永芝迎劳于浦城,办理夫船。永芝素有才名,方严不阿,一路问民疾苦,捐俸钱恤灾伤,多方抚慰,故兵行而民不扰。浙兵至闽,欲借宿民居,吕犹龙不可,召两司计议。永芝曰:"靖乱以安民为本,若借宿民居,民不堪也。"命署福州府冯鉴分拨诸佛寺居之,于是浙兵驻闽者数月,得相安,一无所苦。

再如清军进攻台湾府城之时,有当地乡民欲为向导,初不为清军提督施世骠所信任:

> 二十日有士人来投,约我军从水口登岸,愿以乡民为导。提督施疑有诈水决,其人曰:"奸民为乱耳,百姓皆赤子也。今闻王师至,如枯苗待雨。君侯胡惩羹而吹齑乎?"因引其妻子为质,从之。

而在蓝鼎元的《平台纪略》中就没有了提督的怀疑心:

> 有西港仔士民,具羊酒到安平镇,叩迎王师,载家属为质,愿引大兵从西港仔登岸杀贼。提督施世骠然之。

蓝鼎元虽然只对这段内容改动数字,但是行文意味却有了很大的改变。百姓盼王师而王师爱护百姓的情景跃然纸上。"此有关世道之文"[①],《平台纪略》比《靖台实录》赋予了更多的道德责任。

其三,蓝鼎元在《平台纪略》序言中曾指责《靖台实录》所记多

---

① 《平台实录》后记,载将炳钊、王铀点校《鹿洲全集》,厦门大学出版社1995年版,第841页。

舛错谬误。我把两书进行了一些比对，确实发现了《靖台实录》中的某些错误之处。如：

"奸民李勇、汪飞虎、吴外等遂与杜君英等谋通为乱。"（参考《平台纪略》《台海使槎录》及《明清史料》《史料旬刊》[①]诸书，汪飞虎应为翁飞虎之误。）

"提督施在澎，台中有原千总吴龙已降，贼伪授国公。贼使来觇我虚实。"（参考其他各书，吴龙应为吴良之误。）

"时一贵在台府，驰告之，拜以为魁，起事于南路之岗山。岗山为南路边界，距府治三百余里。南路营至其处，非经宿不能到。"（按：《平台纪略》记"冈山距府治三十里"。从当时朱一贵暴乱活动的范围看，三百里应为三十里之误。）

"南路参将苗景龙猝闻变，急整伍而贼已至。先遣守备马定国接战败回，苗景龙继进，贼蜂拥我军前后。……全军皆覆，苗与守备自刎死。"（参考其他各书，守备马定国自刎死，而苗景龙先被擒，后为贼将翁义所杀。）

与《靖台实录》相比，蓝鼎元的《平台纪略》的史实记载确实要精确详尽许多，然而《平台纪略》也有一些含混不清的记述，如：

"辛丑春，凤山县令缺，台郡太守王珍摄县篆，委政次子，颇逾闲，征收粮税苛刻。"（在《台案彙录己集》所汇集的有关朱一贵事件的档案中，王珍均为王正。）

"夏四月十有九日己酉，李勇、吴外、郑定瑞、王玉全、陈印等五十二人即黄殿庄中奉一贵，焚表结盟，各招党羽得数百人。立贼帜，书

[①] 《明清史料》及《史料旬刊》中有关台湾问题的档案，已汇编成《台案彙录己集》，收入在《台湾文献丛刊》第191种中。

大元帅朱。夜出冈山，袭劫塘汛。……南路贼首杜君英，于是日遣杨来、颜子京，率其众百人之一贵所，称君英在下淡水、槟榔林，招集粤东种地庸工客民，与陈福寿、刘国基，议共掠台湾府库。又有郭国正、翁义起草潭；戴穆、江国论起下埤头；林曹、林骞、林琏起新围；王忠起小琉球，皆愿从君英攻府，约朱一贵共事。（按：其他文献记载均称贼首杜君英部属于"南路淡水"，根据此次暴乱的活动情形看，黄耀炯的《靖台实录》称杜君英为"北路贼"，更为确切。《平台纪略》不应把"南路淡水贼"简称为"南路贼"。）

"癸卯（即六月十三日），（清军）发澎湖，以林亮、董方为先锋。……丙午黎明，舟师咸抵鹿耳门外。"（按：黄耀炯的《靖台实录》记载清军从澎湖出师的日子是六月十六日："督院满得报即文移提督于十六日进师。……十六日进师，午时到鹿耳门。"从澎湖进师鹿耳门，半日可至，不应宕延三日。朱一贵暴乱平息后，福建地方官府在给清廷报捷的奏折中曾称："仰赖圣主威灵，大兵进剿，七日而府治克复，半月而首恶胁从悉擒，全台底定。"[①]总兵蓝廷珍在为蓝鼎元的《东征记》所写序言中也称"七日之内复我台疆"。清军恢复台湾府城是六月二十三日，则清军大队从澎湖出师的日子似以六月十六日为确。而蓝鼎元所记的六月十三癸卯日，可能是少量的先头侦察部队："委洪就、洪选等善水者十二人，驾小舟同先锋先行于鹿耳门，清港插标，记明舟行路径。"）

因此，虽然蓝鼎元的《平台纪略》对清廷平定朱一贵叛乱事件的史实记载相当翔实，但是如果与黄耀炯《靖台实录》的记载相互参照，相信对于更为深入地了解这一事件的全过程，有所裨益。

---

① 《台案汇录己集》第一册，"七、台湾事件残档"。

（三）蓝鼎元《平台纪略》中对于蓝廷珍的记述

蓝鼎元的长子蓝云锦在《平台纪略》的后记中曾这样写道：

《平台纪略》乃家君还旆时所著者。家君参赞谋画公檄文词具载《东征》一集。兹编特记小丑起灭荡涤安定事迹而已。家君身在行间，指挥跋涉，襄毅公欲上其功，家君不可。盖当时尚应制举，不欲以书生厕名勋籍。今《纪略》亦置身事外，弗以姓名劳绩夹叙其间。虽高自位置，不争此区区一日之长，亦以示至公无私方可垂为信史也。

蓝鼎元虽然在《平台纪略》中未曾提及自己参赞军务的经历，但是在此书许多情节中凸显其堂兄、总兵蓝廷珍的功绩，却是显而易见的。

此次清军征台的前线最高指挥官是提督施世骠，然而《平台纪略》在不少描写中反映出总兵蓝廷珍高出一筹的指挥谋略。如清兵集结澎湖即将出兵之时，蓝廷珍就向施世骠提出了剿抚相济的策略：

蓝廷珍言于世骠曰："群盗皆穿窬乌合，畏死胁从，乖离涣散，一攻即靡。但其众至三十万，不可胜诛，且多杀生灵无益。以某愚见，止歼巨魁数人，余反侧概令自新，勿有所问，则人人有生之乐，无死之心，可不血刃平也。"世骠曰："善。"戒将弁登岸之日，无得妄杀。

清兵从安平进军府城时，施世骠轻兵冒进，又得蓝廷珍戒言：

庚戌夜，（施世骠）密遣林亮、魏大猷、洪平、董方以兵一千二百名，往西港仔。次日，蓝廷珍知其事，急言于世骠曰："谋算必出万全，不可怙胜轻举。闻贼多在萧垄、麻豆间，西港仔乃其肘下,且距府不远,呼召立应。又多竹林可埋伏,彼若以数千人分布要害,四面掩击,亮等一军危矣。"世骠瞿然曰:"如何?"廷珍曰:"当用全力以大军继之。"

朱一贵被擒获后,清军边剿边抚。蓝廷珍部进展顺利,而施世骠部则有所失误:

元凶既擒,余党解散,……总督满保檄蓝廷珍擒抚之。……至是外委陈章遣谍至郎娇踪迹之。(贼)国基等三人皆在,章因与林尚、苏庚驾船赴郎娇招抚,谕以国恩宽大,邀与俱来,三人皆首肯。有提督差员某继至,责贼迎拜不如礼。(贼)王忠闻之曰:"今如此,到郡可知。"遂逃去。章以刘国基、薛菊见蓝廷珍,廷珍好言慰藉,以恩礼加之。

以上记载难于与其他文献相印证,唯关于西港仔施世骠轻兵冒进一事,黄耀炯的《靖台实录》所载则完全不同:"二十日提督施遣守备林亮、魏大猷、洪平,千总董方等带兵一千深港;令南澳镇蓝令北路兵由西港而进。是夜蓝驾杉板船二百号,以魏天赐、金作砺、叶应龙,武举倪洪范带兵一千为先锋,以林政、李祖带兵一千为左翼,以王万化、边士伟带兵一千为右翼,以刘永贵带兵五百为左旗,以范国斗、范宗勋带兵四百为右旗,以吕瑞麟、苏民良带兵四百为后应,师进于西港仔官寮。士人果引乡兵来接。至苏厝甲遇贼。时贼扎苏厝甲,犹有众数千往来无伍。澳镇蓝遥望以为台民观望,分兵从西港别道而进。惟先锋魏大猷、金作砺、叶应龙一军与之遇,贼忽涌至。魏大猷等列阵发炮击之,相持良久。蓝闻炮声连绵,知其遇贼,急引兵从贼侧冲至,士人亦引乡兵乘之。贼始落魄败散。官军乘胜追杀无算。"在黄耀炯《靖台实录》的记载中,提督施世骠的战前布置并无不妥,倒是总兵蓝廷珍在阵前判断敌情有些错误。

更有甚者,《平台纪略》中某些关于蓝廷珍雄才大略的记载,有超出常理的吹捧之处。如蓝廷珍初次从南澳赶赴厦门晋见总督满保:

> 总督满保大喜,于定平台方略,委令总督统征台。水陆大军带令将弁八十余员、目兵丁壮八千余名,营哨商船杉板蜈仔等船四白余号,舵工水手四千余名,会提督施世骠于澎湖,剋期进剿,祭江誓师,满保躬造海滨送之。廷珍意气慨慷,从容谓满保曰:"草寇不足烦,区处某一登彼岸,大人可即奏报荡平也。"

如此大言,恐非一般总兵在出师前所宜言,可以看出,蓝鼎元在撰写《平台纪略》时刻意为其堂兄蓝廷珍树碑立传的用意是十分清楚的。我们反观黄耀炯《靖台实录》一书,虽有若干错误之处,但其基本史实,足以与《平台纪略》诸书相互参考。唯《靖台实录》中更多的是突出总督满保的作用,未曾刻意表现蓝廷珍的功绩,这也许是蓝鼎元撰写《平台纪略》的一个重要原因吧。

七、周澍与《台阳百咏》述略

近二十年来,我因从事台湾文献资料搜集整理工作的机缘,获见了一些鲜为人知或较少为人引用的书籍,清代周澍的《台阳百咏》即为其中的一种。借此成功大学中文系举办"异时空下的同文诗写——台湾古典诗与东亚的交错"学术研讨会的机会,我把《台阳百咏》稍做整理并略加说明，边鼓衬拳，或可为研究台湾古典诗的同仁们，提供某些资料上的线索。

（一）周澍其人

周澍，清代浙江钱塘县（今杭州）人。在中国科举制度史上，周澍可称得上是鼎鼎大名。《清史稿·本纪》载曰：

> （雍正八年庚戌）夏四月，癸卯，赐周澍等三百九十九人进士及第出身有差。[1]

这就是说，周澍是清朝雍正八年（1730）的殿试状元，至为荣耀。然而他之后的仕途似乎并不飞黄腾达，大概由于沉溺于读书的缘故，他的官职，总是与读书有着密切的关系。乾隆《杭州府志》有周澍的传记，云：

> 周澍，字雨甘，号西坪，钱塘人。于书无所不窥，今古文兼诸家所长，诗宗盛唐，别出机杼。海宁陈元龙以侍读承修《康熙字典》，延澍总理校刊事。雍正庚戌一甲一名及第，授修撰。典试湖南、江南，督学陕西，公允有声。[2]

除了这篇短短的传记之外，有关周澍的记载就十分稀少了。综合现代人的一些整理材料，还可以知道周澍别字雨村，号甘村、西坪，生于康熙二十三年（1684）[3]。由此推算，周澍中状元之时，已经四十七岁。由于仕途不显赫，又无重要的著述传世，一般的典要志书大概感到记无

---

[1] 赵尔巽：《清史稿》卷九《世宗本纪》，中华书局1974年版。
[2] 郑沄修、邵斋然等纂：乾隆《杭州府志》卷九十四《文苑》，现收入《续修四库全书》第703册，上海古籍出版社1995年版。
[3] 参见朱彭寿编著：《清代人物大事纪年》，北京图书馆出版社2005年版，第316页。

可记，周澍就逐渐为人们所淡忘，最后连死所、卒年均不得而知了。

《台阳百咏》是周澍唯一留传于世的一部诗作，共分《台阳内编百咏》和《台阳外编百咏》上下二种，各有诗作100篇，合计200篇，每篇诗作之后，均附有注解说明①。《台阳百咏》未能刊行于世，现存的仅有南京市江苏省图书馆的抄本四册。因此，此书一直未能为研究台湾史及中国古典诗的学者所瞩目。

由于有关周澍的生平资料十分缺欠，我们目前无法知道周澍来到台湾游历的确切时间。但是有两点可以推测：一是周澍肯定到过台湾。因为在他的诗篇里，留下了他从大陆渡海到台湾的记录："非仙非鬼乱萤光，鼍鼓无声夜有霜。澳岛分明三十六，鼓风黑月渡横洋。（诗注）舟行海中，月黑则击水开波，焰如流火。又有阴火忽隐忽现，则海赋所云夜燃者是也。渡海不见鸟雀则已放洋，见之则将近岛屿。澎湖三十六岛为过台所必经。过澎湖，水尽黑，曰黑水洋；又水尽白，曰白水洋。俱极深无底，总曰横洋。"又："木龙夜吼鸟无声，飓作麒麟火作萤。忽地亚班天末语，一灯残照数峰青。（诗注）海舟桅柁等物类以十二交名。下用直木曰木龙，为神所栖，忽有异声为木龙叫，主凶。船首边板曰鼠桥。后尾两栏曰牛栏柁。绳曰虎尾。系椗绳木曰兔耳。两边另钉湾杉木曰水蛇。蓬系绳板曰马脸。船首覆横板扦两角曰羊角。镶龙骨木曰猴楦。桅绳曰鸡冠。抱椗绳木曰狗牙。挂桅脚木曰桅猪。麒麟风中有火竹木皆焦最险。海中出火如星曰阴火。船主曰出海，专司罗经，视针所指。其余曰亚班，主升桅、望远。司绳曰大缭，曰头碇。司碇曰总铺，司水及厨。又其余为水手。渡横洋将近台，遥见一灯，北坛寺僧所设，

---

① 本文在引述《台阳百咏》诗作及其注解说明时，用"（诗注）"的方式予以区别，"（诗注）"系笔者所加，特此说明。

乃吾乡鲁司马捐俸为之,晦冥之夕作舟指南。"再说,假如周澍未能亲历台湾,也不可能写下那么多关于台湾风土人情细节的诗篇。

其二是我们从《台阳百咏》的叙述中,大致可以推测出周澍游历台湾的时间范围。周澍出生于康熙二十三年(1684),七十岁之后,即乾隆二十年(1755)冒险渡海到台湾的可能性不大。而他中状元的时间是雍正八年(1730),根据清代的官制,各省举人中进士状元之后,尚须入馆观政授修撰等职,因此于雍正年间(1735年止)出京的可能性也很小。这样一来,周澍游历台湾的大致时间,应该是在乾隆元年至乾隆二十年(1736—1755)之间。而在《台阳百咏》中,作者曾提到乾隆二年(1737)和乾隆九年(1744)在台湾发生的事情:"乾隆九年,白沙墩雷击巨鱼二十二尾,制府图形上闻。飞藉鱼疑是沙燕所化,两羽尚存。渔人张灯以待,鱼尽飞入舟,力不胜,息火以避。"综合以上记述,周澍游历台湾并且撰写《台阳百咏》的时间,极有可能是在乾隆十年(1745)前后。当然,周澍诗集中的不少诗篇,可能抄自《台湾府志》等文献,其中所记,可能也不是自己的亲历。但是他把自己的所见及抄录他人的诗篇汇集在一起,对于我们了解清代中期的台湾社会及风土人情,还是很有益处的。

(二)《台阳内编百咏》

《台阳内编百咏》主要是描述台湾山川风物及汉人史迹的诗篇,间亦涉及一些关于土著民的记述。内篇的前十五首,基本上是对汉人自隋朝开皇年间至明末清初郑氏时代经营台湾的一些遗留史迹的吟诵。作者在首篇中写道:"谁言绝岛限中华,穷发雕题共一家。户乐春台天作堑,不教霜雪更飞花。"第三首:"千山锁钥亘南东,略地开皇旧已通。鲛窟鲸宫三百载，信天假手辟蚕丛。"从中可以看出，作者对于清朝政府管理台湾的认同与赞许。

作者于清代中期写诗篇的时候，台湾的社会经济开发已经取得了显著的进展，因而他在许多诗篇中，对于田园的开辟与民社的生机，予以了发自内心的欢颂。如在诸罗县一带："南郭萦纡十五溪，左担从此蹑丹梯。于今沃土开千里，姜芋离离没野堤。"郡城一带："土豆成畦竹作垣，黄鸡树杪叫花村。春窗破梦无人觉，黄犊牵车过市门。（诗注）郡人称落花生曰土豆，是处种之。土人鸡不棲树，野放成群，食虫成毒，故过台者相戒食鸡。莿竹高三丈，横生多刺，以之作园，人不敢犯。又生笋不出护外，故尤排密，城垣四周遍植之。运米及花生，率牵车牛，入市不绝。"台地盛产粮食、蔗糖等农产品，诗中云："凄凄瘴雨杂蛮烟，历历芋区间蔗田。不问多收刚十斛，仕教估客载连船。（诗注）台地广衍膏腴，每十亩为一甲，不可丈量，又有糖霜之利。贫者食芋，人人鼓腹。晚稻丰稔，千箱万仓，资赡内地，故亦无盖藏。"又："蔗田一望间岩耕，廊屋牛车夜有声。方法自从传大历，放洋八尺信东行。（诗注）台人植蔗为糖，岁产二三十万。十月造屋曰廊，以贮蔗种于五六月。首年则嫌嫩，三年又嫌其老。唐大历间，邹和尚始教民黄氏造蔗霜法。其器有蔗削、蔗镰、蔗凳、蔗碾之属。糖行颇远，琉球、日本咸取给于台。按：往二国俱从八尺门正东放洋。"城乡的市集，诗中也有描述："日落红灯夜市间，锡箫寂寂角声哀。小楼深巷知何处，又见担花趁晓来。（诗注）台郡鱼豕至晚并集，曰夜市。市肉者吹角于市，音颇哀楚。花不论四时，每晨担卖花者不绝于道。""投分南北岚光近，螺列东西海雾消。列社鱼盐朝互市，几人艋舺夜乘潮。（诗注）南投、北投在彰邑北。东螺、西螺中隔鹿尾溪，溪流入海在诸彰之交。艋胛番人刳木为舟，以通唐人入社交易者。"对于粤东、闽西迁来台湾的客家人的情景，诗中也有反映："香饭羹鱼共瘴乡，陂田竹木绕千章。红泥亭上谈遗事，瓦缝鱼鳞尽客庄。（诗注）凤邑多陂田，早种早收。且平原沃野有竹木果植之饶。忠义亭在凤邑。康熙六十年，朱一贵倡乱南路，义民李值三、侯观德等起义擒之。乾隆五年，北路凶番不法，吴福生乘机窃发，义民侯心富拒之，例给以衔。义民者，粤人也。万家聚处曰客庄。""蛎窑锡灶散朝烟，粤客南来贌社田。闭户春温新酿后，香螺花蛤蟹如钱。（诗注）台郡以蛎房为灰，糖廊处处有之。粤人来台，率向番人耕田，曰贌。香螺大如斗。"

作者出生于浙江钱塘，来到台湾之后，对于许多台湾特有的物产风情相当好奇，因此在诗篇中有不少对台湾树木花草等的吟唱，如："燕飞十月受风斜，细草轻疑薄笨车。月黑山桥寻野店，白鸠啼上木兰花。（诗注）台燕来自咬𠺕吧，随洋艘而来，归则复去，差小十月，即见之。鸠有斑、白二种，白者当五更即鸣，又谓之知更焉。木兰花如粟，淡黄，芳似珠兰，木本，大者高数尺，曰树兰。""空山金穴见应难，古木阴森夜气寒。阵阵风前落蝴蝶，几人网取得花栏。（诗注）明都督俞大猷追林道乾，急遁入台，拍舟打鼓山港。其妹埋金山上，有奇花，果异，樵者或见之。方钱、圆钱、荚子，总名花栏钱。"台湾著名的番石榴："想像筠笼寄海航，石榴压雪一庭香。吴侬会上贪怀橘，一任秋红莆子香。（诗注）番石榴俗名莉仔菱，花白而香，实似榴。味臭而涩，台人酷嗜之。《稗海纪游》：杨梅如豆，桃李味涩。番榴不种自生，臭不可耐，而味尤为恶。莆子见《齐民要术》即锦荔支，郡人煮食之。"番茉莉等："茉莉炎天带晓霜，流苏红豆散微香。酒醒卓午梦初破，眼照一枝红佛桑。（诗注）番茉莉来自柬埔塞，早晚市花者率成串卖之，以助妆。红豆，篱落间皆是，女郎串成花篮，悬于床榻间。佛桑花有黄红白三色，大如椀，插地即活，四时作花。"番蒜："蛮花芲岛户重阴，梨作葳蕤樣作林。说与画师描不得，好凭一点铸黄金。（诗注）番蒜种传自佛国，树大合抱，花微白，小朵有香，实如猪腰，味酸。先青后黄。凤梨实大如拳，味甘，微酸，叶自顶出，参差如凤尾，盛以瓷盎，香满一堂。"波罗蜜："佛髻青青香内含，吴侬形似识经龛。蛮州绕树纷无数，抵用刀生说广南。（诗注）罗蜜，一名优钵，昙大如斗，皮厚有刺，状如佛头。一子为一房，味似橘柚。种法，削去其杪，以银针钉腰，或以刀砍树皮，白浆涌出，每一砍一实，十砍十实，故又名刀生果。广东南海庙旧有东西二株，萧凉时西域达奚司空所植，后遂遍生。树皆先果后实。又有释迦，果形似而小且微酸，种出荷兰。"涂鮀鱼："鲜鳞巨口网清溪，鮀涂争看下箸齐。我自夜灯寻郭索，一般方法捣橙齐。（诗注）涂鮀鱼大者可丈许，然腥甚，不堪下箸。诸邑出大头鱼，取为臡，甚佳，予畏腥不食。诸邑产湖蟹，亦堪左手持也，他邑则无。"至于茶叶，清代中期的台湾似乎尚未盛产，有诗云："焙茶一样摘纤茸，水碧沙明石上逢。我亦蛮乡疑病渴，竹炉惟试大王峰。（诗注）水沙边属彰邑，山川奇秀，野番居之，别有洞天，产茶即以名之，可以祛暑、疗病。台郡不产茶，鬻于市者，率自武夷来。"然而由于作者在台湾的时日毕竟有限，因此在一些描写台湾山川风物的诗篇中，带有明显的猎奇成分。如："凄凄秋雨画帘垂，五月南风不计时。空说秘书人少见，春来小草报先知。（诗注）台僻在东南隅，气候不齐，春频旱，秋频潦。又四时之风，南飓为多。又或晓东暮西，与中土迥异。海舟放洋，相风占雨，别有秘本。相传王三保所留遗，颇验。风草土番识之，春生无节，则经年无台，一节主一台，甚为奇验。"

《台阳内编百咏》中有描写台湾汉人民间信仰习俗的诗篇，也可使我们了解清代中期民间信仰习俗的一般情景。如民间做醮，有诗云："代木为梁去转迟，丰隆尽日展灵旗。香灯争集真君庙，米卜何烦客子师。（诗注）俗尚王醮，三年一举，取送瘟之义，造木舟，设瘟王座，食用、器用咸具，顺流放之。或泊岸，则其乡多厉，更禳之，费动百金，无敢惜者。俗尚巫，病必祷，更有非僧非道曰客子师，携撮米占之，曰米卦。台郡志略，开山宫各邑有之，或称大道公庙，或称保生大帝，或称慈济宫，或称真君庙。按：真君母梦吞白龟，生太平天国四年，长而学道，治疾有奇验。"中元盂兰会："佛火中元一刹那，石家银烛照天魔。朝来压醮喧箫鼓，蛮语倾城双黛螺。（诗注）中元俗尚盂兰会，施食放水灯，僧人如醉如狂，装束可笑。事毕乃演剧为乐，曰压醮。肉食醉饱。无赖少年藉以为利。潮腔，伶工仅七人，布衣敕巾登场，言语尽不可晓，然俗皆傅粉修眉，宛如女子。"天后崇拜："往事湄洲且莫论，瓣香呼吁半云孙。神鸦聚散寻常事，幄座衣冠遍荜门。（诗注）天后莆田人林姓，屡著录异，历代褒封不绝。估人往来，率呼妈祖，闽人之称言至尊亲也。庙貌巍峨，闽广处处有之。台有大小二宫，并在治内，家家更作小龛，祀之惟谨。"杀狗祭神："屠狗香灯趁夕阳，授衣犹是快披襟。鲤鱼风急飞鸢起，落帽山前何处琴。（诗注）俗以七夕、中秋、重九祀魁星、村塾蒙师，至有杀犬取其首以祭者。地无霜雪，冬亦如秋，衣冠儒流有皮冠而葛衣者。重九前后争放纸鸢，春则无之，或如宝幢，如河图八卦，竞于高原放之。更有系薄竹于上，迎风有声，其韵如琴。"其他杂神之祀："西来古寺接横塘，蝴蝶纷飞上下狂。台榭渐歌人不到，只应重问水仙王。（诗注）法华寺又名梦蝶园，小西天，即李氏梦蝶园。后以蒋太守建画楼台榭于其侧，故游人不绝，迄今渐圮。水仙宫在西定坊，商旅共建，壮丽异常。中祀五像，或云大禹、伍员、屈平，又二像为项羽、鲁般，更有易般为慕，尤属不经，或云王勃、李白，近是。凡洋中欻遇飓风，急不可保，惟划水仙披发蹲舡，以空手作拨棹势，口为钲鼓如五月竞渡状，则可抵岸，其灵如响。"

《台阳内编百咏》中的这些诗篇，显然十分有助于我们进一步了解清代前中期台湾社会的概况，如其中关于汉民夫妻所谓"牵手"的俗称、早期台湾物产如茶叶等的变迁、民间信仰的特殊性如可用牛肉祭祀等的记载，都为其他台湾文献中所不经见，深具参考价值。不仅如此，书中的一些记载，对于大陆社会的某些侧面，亦有难得的参考印证作用。如作者在吟诵台湾饮茶习俗时，涉及了宜兴紫砂壶："寒榕垂荫日初晴，自泻供春蟹眼生。疑是闭门风雨候，竹梢露重瓦沟鸣。（诗注）郡人茗皆自煮，小盏初倾，必先以手嗅其香。最重供春小壶。供春者，吴颐山婢名，制宜兴壶者，或作龚春者，误。一具用之数十年，则值金一笏。"这则记载竟然成为当今中国研究明清时期宜兴紫砂壶难得的数则文献记载之一，被广为引用。①再者，海峡对岸的厦门市，近年来盛行中秋节的"搏饼"活动。政府当局以为此俗可风，准备申请国家乃至世界的"非物质文化遗产名录"，而民俗研究者则苦于此俗的论证，至今找不到民国之前的文字记载。但是在《台阳内编百咏》中，竟然有两次提到这种风俗，其一："碧天云净夜如何，万岁楼头傍月歌。让取吴均单说饼，何辞一笑到姮娥。（诗注）中秋月夜，山桥野店，歌吹相闻，谓之社戏。万寿宫在郡治内，蒋太守建，雄丽独绝。是日，士子递为谦会，制大饼，砾书元字，掷四红者得之。然台郡绝无人文，即省试例取中二名，亦系漳泉人占籍者。"其二："挂壁红灯共一庐，黄鸡

---

① 可参见中国各网站关于紫砂壶历史的记载。

唱彻晓光初。番儿贪取头衔重，绝倒村夫子说书。（诗注）士人入塾必群居，课诵以夜，若昼则高卧。最重中秋，掷雉夺元亦仅啖大饼。郡人既补弟子员，则争称秀才。番社最重之，延为塾师，厚其修脯，然必须通解番语耳。"据此，单从现有的文献记载看①，如今厦门市引以为豪的"中秋搏饼"习俗，很可能是从台湾传至厦门的。

（三）《台阳外编百咏》

《台阳外编百咏》是以少数民族，即所谓"番社"的民情风俗为主要内容而作的诗篇，亦为百首。内编首咏称："中华绝岛自东南，蛮语都庐两不谙。册底鱼鳞书一一，盘瓠楚笮尽丁男。"诗中足以反映出作者对台湾"番社"的基本态度。然而诗中对于各地不同"番社"民情风俗的描述，几乎涉及台湾各主要部落，作者各处都亲临其境的可能性不大，可能更多的是来自于前辈文献的转述以及耳食传闻。尽管如此，作者作为较早入台的大陆汉人士子之一，诗篇中所反映的清代中期台湾少数民族的风土人情，还是具有一定史料价值的。尤其是关于汉人与少数民族的关系及少数民族的男女婚姻习俗的描述，饶有意味。

《台阳外编百咏》中关于"番社"与大陆汉民关系的描述，较早溯自明代前期，据说郑和下西洋时途经台湾，与"番社"有一些接触。所谓："鬐角駏行各肖形，华人笑侮续图经。炎荒亦有盘瓠种，习俗何妨尽戴铃。（诗注）文身皆命之祖父，刑牲会众，饮至醉，刺以针而墨之。虽痛，云不敢背祖也。《名山藏》：鸡笼、淡水名东番。永乐时郑和入海，谕诸首番，独不听约束。和贻家一铜铃，系项上，盖狗之也。"

---

① 《台湾府志·风俗志》中也有类似的记述。

又:"冈山结草暮樵归,觅得姜芽带露稀。亘古凤皇(凰)飞不见,芋苗叶叶绿争肥。(诗注)太监王三保植姜冈山,至今尚有之者。樵者偶见之,结草以纪,次日寻之,勿获。有得者,可疗百病。凤邑有大吕觅山,昔大吕觅社居之。有芋一丛,高大丈余,月初出,有凤从芋下奋翔戾天,番惊怪,乃移居社内云。"

接下来就是明末清初的郑氏时代,诸罗山社:"林黑初疑旧阵云,竹围无恙足耕耘。沧桑壁垒空雄长,鹿去场虚雁呼群。(诗注)诸罗山社为伪郑营址故基。斗六门旧址在大山之麓,数被野番侵杀,乃移居柴里。今旧址竹围甚茂。每岁土官派拨轮守,因以为利。"阿兰社等:"遗镞埋沙覆绿莎,阿兰散发学天魔。于今结屋犬羊散,门外蔗田长野禾。(诗注)阿兰社及斗尾、龙岸社,皆伟岸多力,文身文面,状同魔鬼,出必野掠杀人。土番闻其出,皆号哭走避。郑经曾率兵剿之,深入,刘国轩踵至,互有伤杀,余仍窜匿深山,仅毁其巢。今咸归化,亦鲜有出山者。"又:"内山沃野足耕桑,通道何烦说李沧。想见地灵不爱宝,五丁讵肯下蛮乡。(诗注)《海上事略》:鸡笼山形胜奇秀,其地沃野,足以设立州县。惟少居,遂荒芜不辟。伪郑时,上淡水通事李沧应,取金自效,希受一官,伪监纪陈福偕行。未至卑南觅社,土番伏莽以拒,率兵攻之,并系其魁,令引路,刀临之,终不从。按:产金在傀儡山,内番人善泅者,取之如小豆粒,然生还者无几。"黄地崙一带的"番社":"海外山山禹会村,蛮陬列屋似云屯。沙虫人影渺何处,古社谁知黄地崙。(诗注)禹会社在钟离县(?)。黄地崙属诸邑,地高而坦,台呼曰崙。郑氏窃踞,征南社番,屯兵于此。番呼黄帝,遂以名崙,犹麻虱目之呼为黄地鱼尔。"

清代是"番社"与汉人发生关系最频繁的时期,诗中所反映的情形要比明代复杂得多。由于清朝政府逐渐在一些"番社"地区实施了某些行政设施,"番社"与政府间关系较为融洽的情景亦比较多见,如诗云:"岸上牵舟只一呼,何辞束服效前驱。大官进食浑闲事,休复寻常下尺符。(诗注)各社咸听土目,指挥维谨。能持弩负刀,防御生番,直入密箐无畏。官长巡边,檐帷暂驻,必进食。妇亦盛服夹道以迎。《东宁政事录》:新港、加湾二社,为台邑孔道。凡奉差至者,将照身一出。保练人等不知何事,昼则交给酒食,夜则安顿馆舍。临行供应夫车,不厌不已。"又诸、凤二邑间的"番社":"何劳跋涉度山东,绝域虽盱化日同。一自皇城慑海若,无肠聂耳各从风。""番社"弟子开始学习汉人文字礼乐的情况也开始出现。所谓:"社熟潘郎但有名,一般鴂舌解通经。书成刹唎翻相笑,非复蜗涎古篆形。(诗注)雍正十二年,南、北各立番社。社师以汉人为之。能成一艺,通一经者,充乐舞生。番人有名而无姓,间有姓潘者,以水就番也。邑长择通番语名为社师,令习汉字。番童就试,优者为学舞生,即终身逸乐,诸社不敢狎。刹唎番人呼父也。"有些"番社"对于汉人入山交易,也能盛情相待:"秋老丰年更踏歌,香秫酿酒足微酡。泥人鳖饮休辞满,贪泻朱绳鹦鹉螺。(诗注)目加溜湾等社,酿酒用未嫁番女嚼米,藏之数日,发气,取出搅水而饮。番人以手搏饭而食。农事既毕,合社互饮,男女裸坐。其最相亲爱者,亚肩并唇,取酒从上泻下,双入于口。汉人阑入即邀饮,尽醉方止。番人饮用螺壳,大如斗,曰鹦鹉螺。""短衣黑白但虚襟,𰀁䍀寻溪更入林。看到中流凭厉揭,一壶真可抵千金。(诗注)他里雾诸社近与汉人贸易,亦有釜铛桌椅之属。又以葫芦为行具,大容数斗,□蕃毯衣咸纳焉。遇雨不濡,遇水不沉,故社以葫芦多者为富。"

然而清代官府及部分汉民压迫勒索"番社"的情景,在诗篇中也有所反映。如红头屿一带："鸡心屿接红头屿,鼋足抓擎鼍浪痕。不信黄金同土价,寥寥石室似荒村。（诗注）由沙马矶东行二更至鸡心屿,又二更至红头屿,并属吕,产金。番以金为镖镞及枪舌,台人杀番夺金,后复邀瑯峤番同往。红头番尽杀之,今则无人敢至矣。山无草木,以石为室,卑隘不堪起立。"又："雁户争田就土膏,鹿场是处屋周遭。隔畦不乏丹麻毕,缚草攒枪戏斗豪。（诗注）番俗醇朴,自居民杂还,日事侵削。鹿场、麻地以番民世守之业,悉为业户,请垦,通计正供约二万余金,通事、头家又复染指,故番日蹙。傀儡山社,收获则大会,束草为人首,掷于空中,迎而刺之中者曰麻丹毕,华言好汉也,各番庆以酒三日。"

《台阳外编百咏》中也有多篇对"番社"婚俗的描写,如"牵手"："夜射游鱼暮种田,但夸麻达不称仙。谁家猫女才牵手,只待秋成作大年。（诗注）麻达,番人未娶之称。闽人称恶少曰野仙。番人惟射鹿耕种,自食其力,鲜有游食者。男子二月吹嘴箫曰奕肉,自然成韵。女意合,出而招之居曰牵手。秋成配合曰大年。"茄藤、傀儡山等社："见说鹿皮堪藉地,更闻斗笠欲遮天。白社乌布寻常事,少有鬈笄待及年。（诗注）茄藤等社木桶坐地,或坐鹿皮。饮食会宴皆蹲踞而食。傀儡山等社,父母之丧,长男长女身披乌布,头荷斗笠,谓不敢见天地。瑯峤父母死,衣白袿,围白布,与别社乌衣者不同。然夫服,或十月或六月则别。牵手,从无及年者。"又："盘花双髻学堆鸦,佳果何妨掷满车。说与夜游郎目送,他时好趁刺桐花。（诗注）花红草绿时,番女必靓妆出游,麻达执鞭为之驰。亲识相遇,掷果为戏。行人目送而称其艳者乃悦。番人不辨四时,以桐花开为一度,乃出游。"婚礼的情景："牵手纷来酒已阑,催装一曲宝花攒。夜声蛮语虫声里,似倩人扶搭搭干。

（诗注）番俗牵手就婚，亦以礼致贺。然女多于男，或以朱呢番带缝作头箍。富者饰花钿，至重不可任。妇女方至，则于堂上环立而歌，声颇清怨，已而男女杂坐，欢饮为乐。"哆啰啯社："凿齿如花新订盟，铜环缨络宝妆成。鹿脂未必输兰麝，压首分梳蝉翼轻。（诗注）哆啰啯社成婚后，男女各上去二齿，藏之终身。番抹鹿油以为香，发厚如漆，梳成形似覆盆。"

各地"番社"的婚俗大有不同，如南、北投一带："别室猫邻覆短檐，自裁白苎胜吴缣。近来入市罗裙窄，副遨何须问老纤。（诗注）南、北投番大小共居一室，惟未嫁者另居一室，曰猫邻。哆啰社多樣树皮为裙，洁白如苎。晓行以避湛露，晞则退之。俗尚，麻达两耳如环，贯以木板、螺壳。已娶者曰老纤，则去塞耳以别老幼。半線社多与汉人结为昆弟，曰副遨。汉人利其所有，先与番妇议定，以布数匹送妇父母，自此出入无忌，妇亦效汉人装束。"傀儡山诸社："春深联袂舞婆娑，别有花纹艳绮罗。寄语棘针休刺遍，好凭麻达画双蛾。（诗注）番女织锦亦觉五彩夺目。傀儡山诸社，女肩臂手掌皆刺墨花以别尊卑。北港女将嫁，两头用针刺如网巾纹，曰刺嘴箍，不刺则男不娶。"新港三社："高树红藤一度忙，山花翠羽更分行。遍游傅得缠头锦，试向春风学舞娘。（诗注）番女俱以秋千为戏。各社户前因大树缚藤纵送为乐。新港三社配合已久，无反目，造高架坐妇于上，舁迎各社中，番众赠以色布，归宴众社，则永无离异。"水仙连社、大武郡诸社："麻民深夜弄琴箫，笼仔深深锁阿娇。不分谁家输海蛤，笑看装束插鸡冠。（诗注）淡水番未娶曰麻民，既娶曰安轆。水仙连社男女未婚嫁，另住小屋。女住曰笼仔，男住曰公廨。蓬山诸社娶妇，以海蛤数升为聘。蛤大如指拇，生海边石壁间，尽力采取，日不过数升，甚珍之。嫁时必需盈一筐,曰搭配。大武郡诸社婚后男女梳装结发,遍游诸社。女戴搭搭干用竹为之,插以鸡尾为饰。"

《台阳外编百咏》的作者对于清代中期官府禁止汉人与台湾少数民族通婚的政府颇有微词,他在诗中写道:"一般中外乐春台,绝岛冈峦辟草莱。互市别巘牵手禁,更无人赎社田来。(诗注)乾隆二年,白巡台奏准汉人不得娶番妇,违者离异,仍杖一百。乾隆三年,郝制台奏准永不许民人侵入番界,赎买番业。赎买也,台郡通称。"而作者对于少数民族与汉人通婚的描述,还是相当正面的,如:"珠铛纳弊辉门闾,阿大喁喁笑语余。豕一不妨凭客醉,出门联臂唱吗疎。(诗注)瑯𤩹列社喜与汉人为婚,以青布四匹,小铁铛一口,米珠斤斤许为聘。社中夫妇相称以名力力、放纤等。社岁时宴会,鱼肉鸡黍必重设,惟婚嫁大会仅豕一,不治别具。瑯𤩹待客歌:立孙呵网直(尔来瑯𤩹),六甲呵设谈眉(此处不似内地)。郁鬼呵网直务昌哩呵郎耶(尔来无佳物供应),吗疎吗疎(得罪得罪)。"

在上引的这篇诗文中,作者记录了当时"番社"的歌谣原音。这种清代中期的"番社"歌谣原音得以保存下来,还是值得珍惜的。在此,我们再引录两首带有"番社"歌谣原音的诗作如下:

一

连串双门宛绮寮,春深酿酒藉娇娆。

近来头重山花满,漫唱吱哗慰口箫。

(诗注)麻豆、柴里各社结屋甚佳,连串十余间。两旁皆开双门,粉饰可观。酿酒用米,未嫁女口嚼糯米而成。订婚用头箍即搭搭干,或以车螯一盂为定。麻豆社思春歌:唉加安吕燕(夜间难寐），音耶马无力圭吱要（从前遇着美女子），礁码圭礁劳音毛番（我昨夜梦见女），没生交耶音毛大（今寻至伊门首），孩如未生吱连（心中欢喜难说）。

二

武浴雄风旧有名，靴刀帕首事春耕。

祖功一曲蛮歌在，直作空山风鹤声。

（诗注）《番俗六考》：武浴八社最小而悍，傀儡生番欺之。土官集众大杀之，由是慑服。八社作歌以颂扬先人。冬春种作捕鹿咸歌之，其声激烈。生番闻之，知为武浴社，无敢撄其锋者。男女各佩刀，出入不暂去，长尺许，或齐头，或如大小叶。武浴祖颂，祖歌：嘻呵浩孩耶嘎（此起调句）。七连纠（先时节），镇唎乌留岐跌耶（我祖先能杀傀儡），那唎平奇腰眉（闻风而畏）。镇仔奇腰眉（如今傀儡尚惧），唭耳奄耳罩散嘎（不敢侵越我界）。

综观《台阳外编百咏》中对于"番社"的描述，虽然其中某些带有海外猎奇的意味，但是从作者整体的立场看，他对于清代官府及汉民欺压勒索"番社"的行径是有所不满的，他更多的是企盼在清朝政府的管理之下，汉民与各"番社"之间能够和谐相处，平等往来，互结婚姻，融为一体。处身于清朝中期的诗人，能够具备这样的社会立场，无疑是值得我们后人肯定的。

八、从东洋文库所藏闽省督抚将军奏稿看王得禄事迹

王得禄是清代嘉庆年间平定蔡牵海寇的重要战将,然而由于文献数据的记载所限,人们对于王得禄事迹的了解相对简略。2000 年至 2001 年间,笔者在日本从事学术交流活动,于东洋文库中获见《台湾道任内剿办洋匪蔡牵赛将军奏稿》和《台湾道任内剿办洋匪蔡牵督抚等奏稿》二书[1],为国内各图书馆所未见,其中有不少关于王得禄率领水师与蔡牵海寇作战的记载。因这些记载尚未为研究者所引用,兹依次整理如下,以期对进一步探索清代嘉庆年间的平定蔡牵之乱以及王得禄在其中所发挥的作用诸问题,有所裨益。

(一) 福州将军赛冲阿起用王得禄

《台湾道任内剿办洋匪蔡牵赛将军奏稿》中的赛将军,即福州将军赛冲阿,嘉庆十年(1805)年底奉命作为钦差大臣亲临台湾指挥清军作战。本书中所抄存的奏稿,大致始于嘉庆十一年(1806)二月,止于嘉庆十一年(1806)八月。《台湾道任内剿办洋匪蔡牵督抚等奏稿》中的督抚,即嘉庆十年至十一年(1805—1806)间担任闽浙总督的玉

---

[1] 《台湾道任内剿办洋匪蔡牵赛将军奏稿》,抄本,分四册;《台湾道任内剿办洋匪蔡牵督抚等奏稿》,抄本,分五册,以上二书均藏于日本东洋文库。东洋文库原题"佚名"辑,时任分巡台湾兵备道是庆保,此书或为庆保及其属员所辑抄。

德和阿林保、巡抚温承惠,此外,福建陆路提督和水师提督间也参加会稿,一道上奏。本书中所抄存的奏稿,大致始于嘉庆十年(1805)十一月,止于嘉庆十一年(1806)十一月。

福州将军赛冲阿奉命赴台正式启程,是嘉庆十一年(1806)二月,十四日在厦门登舟至金门,候风数日,二十四日放洋,二十五日驶至澎湖,遇飓风暂驻澎湖。延至三十日再次放洋,初一日到达台湾府城。了解军情后知道蔡牵已暂逃海上,行踪不定。因此赛冲阿在抵台后给清廷的奏折中首次提到王得禄的时候,是选中王得禄率所部水师驻扎台湾以便随时调用。他在《奏报抵台日期现在情形》一折中对当时台湾的军情及调用王得禄是这样写的:

> 现在情形通盘查核上年十一月蔡逆窜台滋扰,以劫掠资财邀结陆路匪徒,一时乌合及迫胁之众原不下二三万人。迨该镇道等将附近府城之洲仔尾贼巢剿除,蔡逆穷蹙逃窜,陆路匪徒无所依藉,……匪伙陆续逃散。此时南北两路均无屯聚成股抗拒官兵之贼。自应以镇定民心、搜拏首恶为第一要务。查总兵爱现带同延平协副将张良槐、南路营参将英林等官兵二千一百余名扎营凤山县城;提臣许及汀州镇总兵李应贵、署兴化协副将什格等现带兵三千三百余名在鹿港扎营,分别搜捕。……至蔡逆狡猾异常,匪船往来聚散无定,提臣李(长庚)……大帮舟师尾追紧急。……惟台湾上自淡水、下至凤山,沿海绵长一千余里,额设水师兵船不敷巡防守御。督臣玉曾经奏请添设梭船水兵奉旨交爱议奏等因,先经内地将应造梭船三十只造竣,以十六只交澎湖协副将王得禄管驾,随提臣李剿匪。其十四只现系署安平协副将邱良功酌兵在鹿耳门巡防。至爱议请添募水兵八百余名,现亦尚未募补,此时正当台地堵剿吃

紧之际，应令王得禄即将所带台湾梭船十六只并配驾水兵，一并带领回台，以备缓急调用。至提臣李统领大帮舟师，又有奴才交令调遣之参将蔡安国所带水师兵四百名，于在洋剿捕似亦不致支绌。①
（194—203 页）

赛冲阿将军入台伊始，在经过一番军情了解之后，首先就选定王得禄赴台调用，是很有鉴才用人眼光的。自嘉庆初年东南海寇之扰起，王得禄就追随浙闽水师提督李长庚奋战海上，屡有战功。《重纂福建通志》记载：嘉庆元年（1796）春，"铜山营参将李长庚率督标千总得禄等追败安南艇匪于海上。得禄等追艇匪至獭窟、永宁、万安、佛堂澳等处洋面，先后击沉盗船四艘"。②其后，蔡牵海盗势大猖獗，王得禄依然在提督李长庚的指挥之下，长期在海上与蔡牵的船队作战。《重纂福建通志》复云："十一年春正月，水师提督李长庚同澎湖协水师副将王得禄等大破蔡牵于安平港。牵之围台湾也，凿巨舟塞鹿耳门以阻外援。长庚命得禄及署金门镇许松年驾小船由安平大港入。是月初五日未刻，风势利，官军扬帆冲击。得禄左手指被铳伤，战不退。贼船中火罐发悉焦烂就擒，牵率余贼退保洲尾。"二月，王得禄率水师绕出其后，"烧毁贼船五十余艘，贼首陈番等望风逃命"。③可以说，在当时东南海上的清军水师中，王得禄是最为英勇善战的将领。赛冲阿将军刚到台湾，又不熟悉海上情景，选中王得禄在台湾随时调用也是理所当然的事。这正如赛冲阿在另一份奏稿中所言："窃照台湾孤悬海外，水师巡防最关紧要。先经

---

① 《台湾道任内剿办洋匪蔡牵赛将军奏稿》和《台湾道任内剿办洋匪蔡牵督抚等奏稿》二书，载《台湾文献汇刊》（第六辑）。以上所引《奏报抵台日期现在情形》一折见《台湾文献汇刊》（第六辑第一册），第361—362页。
② 陈寿祺：《重纂福建通志》卷二百六十八《国朝外纪》，第59页。
③ 同上书，第60—61页。关于清朝水师在历次战役中的战果问题，各种记载往往有所不同，可能是由于官员奏报不一所致。本文尽可能地保持数据原貌，以供读者参考。

奴才赛查明水师兵船不敷防守,业经檄令澎湖协副将王得禄将随同提臣李长庚缉匪之台湾善字号兵船十六只管驾回台,以备缓急调用。"①

然而,此时的水师提督李长庚与闽浙总督玉德、阿林保等福建地方官员关系不和谐,"时闽文武吏以不协剿、不断岸奸惧获罪,交潜长庚于新督阿林保,阿林保即三疏密劾之"②。因此,此次安平港及洲仔尾之战虽然是蔡牵寇乱近十年以来最重要的一次胜利,但清廷还是以李长庚未能擒获蔡牵有"失机之罪"予以处罚,并累及王得禄等属下战将。所谓:"蔡逆自去年窜入鹿耳门凿沉船只堵塞招口,李等于十二月二十四日统领大帮舟师到鹿耳门围困,该逆在招内已经四十余日,屡次钦奉谕旨切勿令该逆窜逸重洋为最要机宜。……今岸上洲仔尾之贼已散,正可设法擒渠,乃复令其逃逸,其失机之罪,实无可辞。前接李来信内称该提督同护温州镇总兵李在鹿耳门招口外分帮把守,是该提督二人之罪较重,应请旨将提督李、护总兵李革职拏问,交刑部治罪,署副将邱良功把守大港口,金门镇许、澎湖协副将王在招内南汕尾拦截蔡逆与洲仔尾岸匪交通之路,初六日既见蔡逆起蓬,知欲窜出口外,何以不加严防,致令窜出,亦难辞咎。应请旨将护总兵许、副将王、署副将邱良功革职治罪。"③

(二) 嘉庆十一年 (1806) 王得禄在海战中大败海寇蔡牵

李长庚及王得禄等水师将领虽然被"革职治罪",但是清廷并没有

---

① 《台湾道任内剿办洋匪蔡牵赛将军奏稿》,《奏为筹办台湾水师兵船巡防事宜》,载《台湾文献汇刊》(第六辑第一册),第361—362页。
② 魏源:《圣武记》卷八《嘉庆东南靖海记》,中华书局1984年版,第357页。
③ 《台湾道任内剿办洋匪蔡牵督抚等奏稿》,《奏为接据李及台湾镇道具报二月初七日蔡逆从鹿耳门中港逃出属实》,载《台湾文献汇刊》(第六辑第三册),第21—23页。

找到更合适的海战人才。同时，浙江巡抚清安泰极力为李长庚辩解，福州将军赛冲阿也能根据实情秉公上奏。他在嘉庆十一年（1806）四月四日的一份奏稿中是这样回复嘉庆皇帝的严旨询问的：

> 奴才于三月二十八、二十九等日在台湾府城奉到上谕：蔡逆盗船屯聚鹿耳门内，勾结岸匪分路滋扰，极为狡谲，若见官兵声势壮盛，势必出洋窜逸。朕早经筹虑及此，是以迭次降旨谕令李逼令上岸，歼擒务获。今竟任其逃窜，果不出朕所料。赛现已渡台，着即就近查询此次蔡逆逃出鹿耳门是否实由官兵攻剿紧急所致？王得禄如何进攻洲仔尾，是否系李派令前往，抑系该副将自行上岸击散贼匪？李在北汕，如何堵御？伊前次所奏拟用火攻烧毁贼船，是否如计而行？该逆如何与官兵接仗，若果实系穷蹙，该逆所坐大船为官兵所得，或乘坐小船潜窜，则李疏纵之罪尚轻；若该逆竟系乘坐大船率领伙船多只冲出，而李统领官兵不能拦截致令远扬，则李咎无可逭。赛即当据实严参，勿得稍存回护。……

> 经查问据称蔡逆困泊鹿耳门招内，系提督李扼住北汕，护温州镇总兵李景曾扼住南汕，另派护安平协副将邱良功防守大港口，其护金门镇许松年、澎湖协王得禄则系提督李派令管带哨船在内港洲仔尾一带往来剿捕蔡逆。因洲仔尾贼巢于二月初二日经官兵剿破，水陆贼匪隔绝。初六日匪船驶近招口，经提督李督令兵船三面攻剿不能出口。讵初七日早风顺潮长，逆匪乘机从新港逸南窜逃。……

> 蔡逆匪船进口时原有一百余只，李与爱、庆等用火攻，多备膨渔船只转载火器油柴枯藤，乘风纵火，先后烧毁大小贼船七十余只。初七日蔡逆窜逃，官兵向前围捕，又烧毁盗船九只，拿获

盗船五只，击沉盗船六只。蔡逆仅存大小贼船三十余只窜出外洋。①

在这种情况下，李长庚才得以"戴罪立功"，继续指挥水师与蔡牵作战，"副将王得禄、署副将邱良功革职治罪之处，此时亦姑从宽免，均革去顶戴，随同李等戴罪立功，以观后效"。②

王得禄此次被"革职治罪、戴罪立功"，完全是遭殃于福建督抚官员与水师官员的不和谐关系，而并非是有什么战役上的失误。然而在当时督抚等福建地方官员的奏折中，对于王得禄的战功，还是时有肯定的。如总督玉德在嘉庆十一年（1806）正月十八日向清廷报告水师获胜时的奏稿中说：

> 查蔡逆帮船大小百余号，大船泊在鹿耳门口，小船分泊洲仔尾一带，与岸匪勾结连合。必须将洲仔尾贼船先行剿灭，绝其党羽，使该逆首尾不能相应，方可相机进攻。是以会商台湾道庆备办艍船五十只，并火具等物，令金门镇总兵许、澎湖协副将王得禄带领水兵八百余名，由大港口绕进安平，驾坐艍船并备竹筏装载火具攻烧洲仔尾贼船。惟洲仔尾岸上贼匪约有万余，连日攻打府城，甚为猖獗；又嘉义县属之盐水港等处，贼匪亦有万余，道路梗塞，须添陆路官兵会剿，庶期一鼓殄灭。……
>
> 正月初五日，护镇许松年、副将王得禄会同该游击等带领弁兵驾坐艍船并火攻竹筏，直冲洲仔尾，攻击贼船。贼匪放炮拒敌，各兵船枪炮齐发，驶拢贼船，杀死贼匪无数，并将火攻竹筏点放冲

---

① 《台湾道任内剿办洋匪蔡牵赛将军奏稿》，载《台湾文献汇刊》（第六辑第一册），第279—302页。
② 《台湾道任内剿办洋匪蔡牵督抚等奏稿》，载《台湾文献汇刊》（第六辑第三册），第242—243页。

入，烧毁贼船二十余只，用报击沉一只，拏获大小贼船九只，生擒贼匪陈奕攀等一百六十八名，夺获枪炮刀械等件。①

又在二月初九日的《奏为钦奉谕旨筹办钦差过台官兵船只俱已备齐》中说：

> 十二、十三两日，约会护金门镇许松年、澎湖副将王得禄水陆攻剿洲仔尾岸匪，许松年等烧毁沿岸贼船五只，生擒贼匪十二名。……现在许松年、王得禄带领兵船停泊在南汕尾往鹿耳门适中海面，断绝蔡逆不能与岸匪交通。②

二月十九日《奏为接据澎湖通判来禀有台回船户报称蔡逆连日与官兵打仗逃出鹿耳门》中据当地船户的描述，则此次战役的首功更是王得禄莫属：

> 二月初十日有台回商船户洪合发船只收泊澎湖外塱，查询据该商船户供称副将王得禄于二月初二日攻上洲仔尾，击散岸上贼匪。又称蔡逆匪船于初四初五等日与兵船对打枪炮，至初七日蔡逆帮船冲出鹿耳门，逃往南路，约有三十余船。③

从这些记载中不难看出，王得禄在嘉庆十一年（1806）正月、二月的战役中，发挥了主要作用。他在这次战役中的任务是绕道向敌军发动攻击，不负在鹿耳门口外堵御敌军逃窜的责任。至于蔡牵余部后来从鹿耳门港口潜逸出大海，与王得禄的职责并不相干。王得禄因此受处分，实在是连累冤枉。

---

① 《台湾道任内剿办洋匪蔡牵督抚等奏稿》，《奏为据报过台剿匪之水陆官兵俱获胜仗》，载《台湾文献汇刊》（第六辑第二册），第451—454页。
② 《台湾道任内剿办洋匪蔡牵督抚等奏稿》，载《台湾文献汇刊》（第六辑第二册），第479—480页。
③ 《台湾道任内剿办洋匪蔡牵督抚等奏稿》，载《台湾文献汇刊》（第六辑第三册），第5—6页。

尽管如此，王得禄的海战经验和军事天才却是事实存在的。福州将军赛冲阿正是看准了这一点，坚持把王得禄从李长庚的水师中调离出来，归属到自己的麾下。事实证明，赛冲阿将军此举是相当正确的。王得禄于四月下旬从福建沿海抵达台湾，就积极整修战船、布防备战。终于在五月底抓住战机，在鹿耳门一带大败蔡牵的船队。由于此次战役是福州将军赛冲阿直接指挥的，所以在他的奏折中对此次战役的描写特别详细。六月初三日《奏为台湾舟师在鹿耳门洋面攻剿蔡逆匪船大获胜仗夺获并击沉匪船二十一只》中记云：

> 蔡逆匪船于五月十七日窜至鹿耳门洋面游奕，……奴才因舟师未到，先赴海口查看贼情地势。贼匪以大船八只驶近海口，其余仍在口外游奕。是剿捕贼匪虽在舟师，而陆路亦应严防以杜其勾结陆匪并败后窜逃之路。奴才随饬总兵爱、二等侍卫武隆阿、副将张良槐等带领兵勇赴回草南汕一带扎营，……一面谕令副将王得禄、守备王赞将所带舟师配足炮械药铅，一俟总兵张见升舟师到后立即会合夹攻进剿。……二十九日早，奴才查看风涌稍平，飞饬副将王得禄、游击卢庆长、守备王赞等带领兵船十三只，自口内攻出。总兵张见升、副将邱良功、游击廖国、署都司吴安邦带领兵船二十九只在外洋围拢。南汕有总兵爱、侍卫武隆阿等在彼扎营，足资截剿。仍令义民首洪秀文等将所捐膨船四十五只配载熟悉水性义勇，由北汕抄截，四面合围剿捕。口外贼船八只，见王得禄等率领兵船向前轰击，当时起蓬退出，与口外贼船合帮。邱良功乘机首先冲入贼阵，奋力攻击，张见升、王得禄等亦随带兵船合剿。该匪见我兵围剿甚紧，贼船已乱，外委郑嘉惠乘势夺获贼船一只，生擒匪犯陈五等二十余名，余皆投海淹毙。贼匪见官兵围捕愈紧，各船均有穿红

马褂贼目一名持旗指挥，混放枪炮，与官兵抗拒，并放火船二只，冀图焚烧官船官兵。枪炮如雨。爱、武隆阿等在南汕亦施放枪炮围挈，义民洪秀文等又带艋船从北汕合围进剿，贼匪无隙可乘，自将船只收泊一处，抵死抗拒。时天黑风雨兼涌浪大涨，恐兵船有失，暂行寄椗。初一日黎明匪船起椗欲逃，张见升、王得禄、邱良功、王赞等亲督弁兵，奋不顾身，扑过贼船，擒杀无数，夺贼船六只。贼匪情急，自将枪炮火药据掷海内，纷纷投海身死，亦有经官兵捞获擒缚者。贼匪驶船向南，爱、武隆阿等复用炮轰，打沉匪船三只，贼匪穷蹙。维时潮水正长，贼匪拼命向铁板沙上涌浪中冲出，官兵奋力追赶，用炮轰击。有贼船八只在涌浪中掀翻，登时沉没。其余各贼船四散奔逃。奴才亲赴鹿耳门瞭望贼踪，以便分饬追剿。复有三船被风折回，奴才即挥令兵船四面围擒。贼匪自揣万无生路，有用火药自焚者，有投海淹毙者。仍生擒匪犯陈养等二十余名。奴才当即点查实在，夺获贼船十只，击沉贼船十一只，夺获大小炮位三十九门，生擒贼目林略、傅琛二名，匪伙二百余名，割取首级一百余颗，其余淹毙贼匪约计一千六七百名。搜获伪印一颗，上刻"王印正大光明"六字，旗帜鸟枪藤牌等械不计其数。①

闽浙总督阿林保也在随后的奏折《奏为近日据报舟师节次攻击蔡逆大获胜仗》中，对此次战役进行了描述，其中特别提到王得禄的奋勇善战：

蔡逆自五月十七日窜入鹿耳门劫扰商船，至二十六日护安平

---

① 《台湾道任内剿办洋匪蔡牵赛将军奏稿》，载《台湾文献汇刊》（第六辑第二册），第93—104页。

协邱良功带黄皮兵船二十余只,由鹿港驾到鹿耳门招外,被蔡逆匪船阻截,不得驾入。至二十八日,澎湖协副将王得禄在安平港内封雇膨仔船四十余只,配载官兵炮械带领攻剿。王得禄坐船首先冲入贼船阵内,兵船一齐拥入,枪炮齐发。邱良功亦乘势由招外打进,两下夹攻,牵获贼船三只,生擒匪犯甚多,击毙不计其数。至初一日兵船由与贼匪接仗,贼匪大败,仓皇窜出鹿耳门。适值风狂浪大,贼船被风击破十余只,淹毙贼匪无数,尸身漂流满海,泅水登岸者又被官兵陆续擒获,共计二百余名。蔡逆是否在内,或被风浪淹毙,不知详细。至蔡逆帮船仅剩二十余只,不知逃往何处?……此次澎湖副将王得禄首先带兵冲入贼阵,甚为奋勇。①

这次战役是蔡牵起事以来清军围剿战所取得的第二次重大胜利,王得禄依然是这次胜利的主要功臣之一。捷报上奏京师之后,朝廷也很快对王得禄等有功将士进行了嘉奖。《奏为钦奉谕旨恭折覆奏》记载:"张见升、王得禄、邱良功、王赞等或冲入贼阵,或合力围剿,当匪船起椗欲逃时,该镇将等亲督弁兵奋不顾身扑过贼船,擒杀无算,均属奋勉可嘉。……张见升着赏加提督衔,王得禄着加赏总兵衔,邱良功着加赏副将衔,王赞着以都司即用。以上各员如未经赏戴翎枝,均着赏花翎,仍俱交部议叙。……并赏给张见升、王得禄四喜玉扳指各一个,大荷包各一对,小荷包各二个。外发去磁扳指五个、磁牙签筒五个、磁鼻烟壶十个、火镰十把,交赛分赏此次出力官员。"②

---

① 《台湾道任内剿办洋匪蔡牵督抚等奏稿》,载《台湾文献汇刊》(第六辑第三册),第422—429页。

② 《台湾道任内剿办洋匪蔡牵赛将军奏稿》,载《台湾文献汇刊》(第六辑第二册),第305—307页。

（三）嘉庆十四年（1809）王得禄剿灭海寇蔡牵

通过这次战役，赛冲阿将军进一步了解到王得禄的军事才能，因此他再次申明应当把王得禄留在台湾协助防守剿匪。他在六月二十四日的《奏为拨捕缺额戍兵并陆续撤遣征兵内渡归伍》中说："今海洋渐次肃清，其台洋舟师，奴才现饬澎湖协副将王得禄、护安平副将邱良功管带巡防所有，张见升前带兵船五只，除先有一船因风飘回内地外，现在兵船四只、水师弁兵一百九十余名，应即一并管带。……现在王得禄等管带内地出差水兵二百余名，应暂留台洋巡缉。"①然而，闽浙总督也意识到王得禄在进剿海匪时的重要作用，于是年八月把王得禄调回福建差遣，出任南澳镇总兵一职。次年即嘉庆十二年（1807）秋七月，王得禄主动从铜山（今东山县）放洋，奔袭在台湾沿岸骚扰的海匪朱濆部，再次取得重大胜利：

> 闽海巨盗自蔡牵外，朱濆最炽，而与牵不相能。濆尝挟夷艇窥金厦，漳泉为之戒严。是时濆在广东大莱芜外洋，为澄海协副将孙全谋所追，窜入鹿港淡水一带伺劫。得禄自铜山放舟渡台，夜至大鸡笼澳，见濆船潜匿港内，率兵直前攻击，濆由台湾山后逃至噶玛兰，大载农具泊苏澳，谋夺溪南地为巢穴。五围头人陈奠邦告急（杨）廷理，乃与得禄会同水陆赴援。……时濆踞苏澳港内，得禄以舟师追至港口。港中宽外狭，贼以巨缆缠铁锹横沉港口。廷理命永福等领番勇穿山辟路以达苏澳，与舟师会；令贤文率众断贼樵

---

① 《台湾道任内剿办洋匪蔡牵赛将军奏稿》，载《台湾文献汇刊》（第六辑第二册），第178—180页。

汲。戊午得禄以身师进攻，永福等自澳后夹攻之。自午至申，凡焚贼舟三，沉其大舟一，获二舟，贼以十六艘顺流东遁。①

这一年年底，水师提督李长庚追剿蔡牵至"黑水深洋，官军奋剿大获胜仗，已将蔡逆本船击坏。李提军用火攻，船一只挂在贼船后艄，上船擒贼，忽中炮伤阵亡"②。王得禄接任福建水师提督，专责剿灭蔡牵余逆之任。

李长庚之以身殉职、功亏一篑，在很大程度上是由于闽浙两地官员相互掣肘所致。我们在《台湾道任内剿办洋匪蔡牵督抚等奏稿》中，可以看到许多关于总督衙门嫉功中伤李长庚的文字。魏源在《圣武记》中曾记述嘉庆皇帝切责总督阿林保："甫莅任旬月，即专以去长庚为事。倘朕轻信其言，岂不自失良将？嗣后剿贼事责成长庚一人。阿林保倘忌功掣肘，则（前总督）玉德即其前车之鉴。"③魏源又引《啸亭杂录》的记载云："上罢玉德，以阿林保代之，阿林保见贼势难结局，置酒歆长庚曰：'大海捕鱼，何时入网？然海外事无佐证，公但斩一假蔡牵首至，余即飞章报捷，而以余贼归善后办理，则不惟公受上赏，余亦当邀次功。孰与穷年冒鲸波侥万一哉？'长庚慨然曰：'石三保、聂人杰之事，长庚不能为。且久视海舶如庐舍，不畏其险也。誓与贼同死，不与贼同生。'闽督不怿。"④同书记载李长庚战死的经过，亦与闽浙粤诸省水师不能协力作战有关：

> （十二年）十二月，（李长庚）率福建水师提督张见升等追牵入澳，穷其所向，至黑水外洋。牵仅村三舟，长庚击破牵船舷篷，又以

---

① 陈寿祺：《重纂福建通志》卷二百六十八，载《国朝外纪》，第62页。
② 张师诚：《一西自撰年谱》嘉庆十三年（1808）戊辰四十七岁，载《台湾文献汇刊》（第六辑第四册），第87页。
③ 魏源：《圣武记》卷八《嘉庆东南靖海记》，中华书局1984年版，第358页。
④ 同上书，第361页。

火攻船维其后艄。贼急，发艄尾一炮，适中长庚喉，而殒。是时闽、粤水师合剿数十倍于贼，少持之，立可歼灭。而张见升庸懦，切狙于闽师左次无咎也，遥见总统船乱，遽麾舟师退，牵乃遁入安南海。①

这种地方官员与各属军队相互掣肘的局面，一直到了张师诚接任巡抚、方维甸接任总督之后，才有了明显的改变。王得禄、邱良功等武将在地方官员的同心协力之下，终于在嘉庆十四年（1809）秋八月剿灭了以蔡牵为首的东南海寇。魏源《圣武记》的记载清楚地指出了这一点：

> （十四年）闽督亦易以方维甸，而大学士戴衢亨在军机与相得，所请无不允。于是朱渍弟渥亦率众三千余、缴船四十二、炮八百余降于闽。而浙江提督邱良功、福建提督王得禄合剿蔡牵于定海之渔山，俱乘上风，贼惧，东南遁。转战至绿水深洋，逼贼船火攻之，夜半风浪并怒，不得登贼船，随浪戗出。明日，仍据上风截之，各舟师环攻，贼且战且逃，傍午逾绿水洋，见黑水。良功惧贼暮遁外洋，大呼，以己舟骈于贼舟东，闽舟骈于浙舟东。贼篷与浙篷结，浙篷毁，贼以椗扎浙船，决死战，矛贯良功腓，浙船毁椗脱出，闽船复骈于贼船。贼伙党舟皆为诸镇所隔，不能援救，牵船仅余三十，贼铅丸罄，以番银作炮子。王得禄亦受伤，挥兵火其尾楼，复以坐船冲断其柁。牵知无救，乃首尾举炮自裂，其船沉于海。诏封王得禄二等子，邱良功二等男。于是闽、浙二洋巨盗皆灭。论者谓贼之生死在闽、浙之合不合，前此贼屡困于浙，而闽不协力，至是闽、浙合而贼遂歼矣。②

这次战斗的场面是十分惨烈的。王得禄、邱良功等战将在督抚等地

---

① 魏源：《圣武记》卷八《嘉庆东南靖海记》，中华书局1984年版，第358页。
② 同上书，第359页。关于此次海战，嘉庆十四年（1809）八月二十六日署闽浙总督张师诚会同王得禄、邱良功一起奏报。该奏折现藏台北"故宫博物院"，很有参考价值。

方官员的全力支持下，奋勇效命，取得成功。清廷在论功行赏时，以王得禄居功最高。"王得禄、邱良功协力奋追，歼除首恶，均属可嘉。而王得禄受重伤奋不顾身，赶拢追剿，厥功尤伟。着加恩晋封子爵，邱良功着加恩晋封男爵。"① 嘉庆十六年（1811），王得禄再次率领水师剿灭了另一股海贼黄治，最终肃清了东南沿海的海寇势力。《重纂福建通志》记云："黄治即海上所号深沪治也，素在海坛一带洋面行劫。得禄督饬各舟师剿捕，陆续焚击淹毙无算。治与其党四散奔逃。（春二月）十三日复遇贼船于乌坵外屿，得禄令镇将上下兜围。治穷蹙夜遁入山，捕戮之。是时海上尚有吴属、黄茂等帮，先后俱为得禄剿灭，闽洋肃清。"②

从以上的论列中，我们似乎可以得出两个结论：其一，嘉庆年间东南海上以蔡牵为首的海寇集团猖獗十余年，清政府花费了大量人力、物力进行清剿，遽难奏效，其主要原因是水师军备相当落后，在与蔡牵海寇的作战中难于显出优势③。清军最终剿灭蔡牵海寇，更多的是得力于王得禄、邱良功等将领对于部下的整饬以及他们所统率的水师将士的奋勇效命。而王得禄在这一系列的生死搏斗中，既积累了丰富的海战经验，指挥有方，同时又能身先士卒、奋不顾身，从而带领水师取得了最后的胜利。嘉庆年间东南海寇的肃清，王得禄居功最伟。

其二，嘉庆年间清政府清剿蔡牵海寇十余年而未能迅速奏效，除了

---

① 张师诚：《一西自撰年谱》嘉庆十四年（1809）己巳四十八岁，载《台湾文献汇刊》（第六辑第四册），第106页。

② 陈寿祺：《重纂福建通志》卷二百六十八《国朝外纪》，第62—63页。

③ 魏源：《圣武记》卷八《嘉庆东南靖海记》引浙江巡抚清安泰的奏言："惟兵船有定制，而闽省商船无定制，一报被劫，则商船即为贼船，愈高大多炮多粮，则愈足资寇。近日长庚败贼，使诸镇之兵隔断贼党之船，但以隔断为功，不以禽获为功。……无如贼船愈大炮愈多，是以兵士明知盗船货财充积，而不能为禽贼禽王之计。"（中华书局1984年版，第358页）又张师诚：《一西自撰年谱》嘉庆十一年（1806）丙寅十二月记云："闽省额设战船低小，攻剿外洋不甚得力。"（载《台湾文献汇刊》（第六辑第四册），第68页）

水师军备落后之外，地方官员之间的相互掣肘也是一个重要的因素。李长庚、王得禄等率师在嘉庆十一年（1806）春第一次重创了蔡牵海寇，却因督抚衙门的嫉功中伤而被"革职治罪、戴罪立功"。李长庚最终战死在黑水外洋，也在一定程度上与官员之间的不协力有关。而王得禄、邱良功最后取得全功，除了他们自己奋勇善战之外，地方督抚的支持和官兵的协力也是不可忽视的。在当时的专制制度下，朝廷当权者经常对在外率领重兵的将领心怀猜忌，而见风使舵的文官们则往往乘机造谣中伤，致使许多军事行动难于奏效，甚至导致整个国家的安危断送在这些当权者以及官员们的相互猜忌之中。这样的历史教训，大概只有等到专制制度被完全消灭之后，才能为人们所认真汲取吧！

九、乙未台北抗战与《新编绣像台湾巾帼英雄传》

（一）新搜集到的《新编绣像台湾巾帼英雄传》

近些年来，我潜心从事台湾历史文献资料的搜集与整理工作，于2005年出版了100册的《台湾文献汇刊》。但是由于国内的图书资料收藏机构各自为政，陋规森严，许多文献资料被视为秘珍，难于获见，故仍有部分有关台湾历史文化的古籍未能收进《台湾文献汇刊》之中，至为遗憾。

《台湾文献汇刊》出版后，受到学界同仁的肯定，许多师友勉励我继续把此项工作进行下去，尽可能地把未曾收入《台湾文献丛刊》和

《台湾文献汇刊》的文献,另汇一集,从而为学界从事台湾历史文化的研究工作提供更多的方便。于是,自2005年以来,我在教书授课之余,竭尽所能,继续探访掘取相关资料,并且渐有所获,争取在近年内再次出版印行《台湾文献续刊》。

在这些新搜集的文献资料中,有《靖台实录》《台湾别录》《台阳百咏》《新编绣像台湾巾帼英雄传》等书,均为海内外孤本,堪称珍贵。兹借中正大学极力推动台湾地方史研究的良机,我把这些尚未为人引用的文献资料,略加解说分析,率先介绍给学界同仁,以期对于促进台湾及大陆地方史的学术研究,起些衬拳边鼓的助兴作用。

(二) 《新编绣像台湾巾帼英雄传》的基本回目

《新编绣像台湾巾帼英雄传》原题"古盐官伴佳逸史"撰写,真实姓名不详。此书是演义清末光绪二十一乙未年(1895)台北地区抗击日本军队进犯的历史,成书的时间极短。日本军队最终占领全台是在乙未年的年底,而《新编绣像台湾巾帼英雄传初集》则是在台湾民众抗击日军的运动尚炽之时,即"光绪乙未夏月"撰就并由上海书局石印出版发行的。作者原本计划全书分初集、二集上下二册,但可能是由于后来台湾的拒日抗战失败,全书的撰写出版未能继续进行下去。目前所能见到的仅有浙江省图书馆收藏的《新编绣像台湾巾帼英雄传初集》十二回本。作者伴佳逸史的《自序》云:

> 余旧仆杨福为明六之犹子,今明六由台中奉孙夫人命,偕乳媪周张氏挈二公子趁轮到吴投亲托孤,代求抚育,怀忠仗义,不负主恩,随从照料,不离左右。惟唤其侄杨福前往详询家事,竹林相聚半月,爰深悉夫人才智之高、武艺之精、立志之坚,以及倾家赀以

助饷，示大义而誓师毕，能败倭寇刃倭首，报夫仇而建殊功，夫人真丈夫哉！杨福备闻其语，旋沪告余。余为之肃然起敬，喟然而叹：是诚巾帼之英雄也。不揣简陋，即其事实编列成帙，分为二十四回，先将十二回为初集付诸石印，以副先睹为快之心。二集俟天气稍凉再编续印。兹当火伞高张、流金铄石，挥汗疾书，据事直叙，至于修饰润色之功，尚待诸博雅之君子。

正因为此书的撰写时间过于短促，所以书中所叙，甚为草率不文。作为小说的体例而言，缺乏故事情节及文字描述的可读性，故传世之本甚为稀少；然而作为清代末期台湾拒日抗战历史的参照文献，仍然不失为一种值得注意并且可以引起若干思考的宝贵资料。

《新编绣像台湾巾帼英雄传初集》十二回本的目录是这样的：

第一回　　割边界幅员凭丞相　　溯历朝女子作将军

第二回　　三貂岭倭奴如集蝟　　百战身大将忽骑鲸

第三回　　托孤子修书怀手足　　羡老奴仗义任腹心

第四回　　招旧部齐心图灭寇　　慕女勇协力当亲兵

第五回　　给口粮亲点花名册　　精拳棒权作柳营师

第六回　　命女勇高呼诱敌虏　　出奇兵埋伏扮农夫

第七回　　大稻埕冲杀败倭寇　　新竹县援救遇刘军

第八回　　女英雄功订金蓝谱　　真豪杰大鏖桃子园

第九回　　受钜创倭禁登日报　　复深仇火烈趁风威

第十回　　诸勇妇论功让旧部　　两姊妹挈伴省严亲

第十一回　　寄鸽信代红旗报捷　　扰鸡笼用黑夜疑兵

第十二回　　避籐牌欲上天无路　　打弹丸放落地开花

这里所谓的"巾帼英雄"，是孙总兵夫人孙张秀容氏和帮办台湾军务刘永福大将军的女儿刘氏二人。全书故事梗概是说清末甲午战争之后，清廷把台湾割让给日本，日本派遣大军进攻澎湖，进逼台北。总兵孙秉忠奉令率部防堵，驻守台北府之南乡要隘口，终因寡不敌众，中枪身亡。其夫人孙秀容亦出身武门世家，立誓为夫报仇。遂召集先夫旧部及募集台湾女勇，组成劲旅，赴敌作战。大稻埕一役击溃日军，乘胜追击之际，得遇刘大小姐带领一千黑旗军由台中巡到台北交界之处。两队会合，打败倭寇。二位巾帼英雄相见恨晚，惺惺相惜，倾心结为姊妹，决意同心破敌，投奔刘永福大将军麾下，共谋破敌良策。

由于我们现在无从获见《新编绣像台湾巾帼英雄传》的后十二回，所以无法得知二集的故事情节梗概，但是从伴佳逸史的《自序》中所谓"败倭寇刃倭酋，报夫仇而建殊功，夫人真丈夫哉"的记述，以及竹隐居士的《序》中所谓"振臂一呼，闻者兴起，可谓忠诚贯日月，义忿振乾坤，似有神助，得以屡战屡胜，使危疆固若金汤"等语来推测，全书似以巾帼英雄所向披靡、收复失地为主线收尾。

（三）《新编绣像台湾巾帼英雄传》对于乙未台湾抗日的叙述

伴佳逸史和竹隐居士在序言中都强调书中所载是传闻于孙夫人的老仆杨明六之口，言之确凿，事实有据。然而参照乙未年台北及台湾全岛的拒日抗战诸种文献记载，却很少能得到史实的印证。总兵孙秉忠似无其人，刘大小姐事迹亦未见于刘永福抗战的各种记载之中。因此，所谓"台湾巾帼英雄传"，应当是小说家言，而非乙未台北抗战的历史记载。

一、《新编绣像台湾巾帼英雄传》虽然是杜撰的小说，然而是时台北抗战方炽，各地义民蜂拥而起，作者的用心是十分清楚的，即盼望台湾清军及台湾义民的拒日抗战能够取得成功，台湾的疆域能够得以保存。

作者之所以匆匆忙忙地在极短的时间里把小说的前半部分写成并交付出版，显然是希望通过夸张的小说描写，鼓舞国人士气，抨击"据仕路之要津、弃江山如敝屣"①的误国官僚。正因为如此，作者在此书的情节描写方面，不免夸大事实，以自己的想象来构思当时台北抗战的现实。

《新编绣像台湾巾帼英雄传》中对于孙夫人部与日军的战斗情景的描写，可谓大长国人的志气，大灭倭奴的威风。如在第六回《命女勇高呼诱敌虏　出奇兵埋伏扳农夫》和第七回《大稻埕冲杀败倭寇　新竹县援救遇刘军》中写道：

> 那女总管带了五百名女勇，勇纠纠气昂昂迅走如飞，不多时已望见红膏药的旗，约离倭营不过三四里路远，都高声呐喊起来。那倭营……约有三四千人，一拥而出，倒笑那中国人不自量力，这几个女人送来与我辈做老婆，只怕不够。……却说倭奴藐视女勇无能，一路狂追约有二十里路。那知半途被那伏兵从大稻埕冲过来，截作两段，放他逃回了一半，其余一半却受两路夹攻，杀得七颠八倒。前面女勇偏又利害，弓枪齐发。沙子石块密如雨点，着眼便瞎，打身便跌，幸而不死，已受重伤，躺在地下，束手受缚。……非但无心恋战，实在无力能战。两头都是敌兵围住，真真上天无路，入地无门，只得丢枪弃械，向孙营求饶乞命。……大战现已杀去大半，今逃出之兵，又被贵营拿住，可谓无一漏网，岂非天夺其魄，命该当绝乎！

大稻埕这一仗，孙夫人率领募集的女兵及孙总兵旧部，轻轻松松就消灭了日军二千人之众。接着，在第九回中，孙夫人与刘大小姐合谋定计伏兵桃子园，歼敌更多：

---

① 见竹隐居士：《新编绣像台湾巾帼英雄传初集序》。

（倭兵）起了大队出来，拥近桃园。……齐到园中，忽闻炮声一响，突见南来犹前番穿白马甲白包头之女勇，何足畏哉？谁知这一支兵是孙夫人督队与倭交战佯败奔逃，又见背后黑旗兵从北面包抄过来，截其归路。……东西两边伏兵齐起，四面杀来，杀得七零八落，又去其一，今剩三分之一，都被驱入桃园，困在垓心时，孙夫人明发炮两声，众人大呼曰：倭奴倭奴，吾刃休污。倭兵听了，以为可饶他命矣。哪知园中早着人排了地雷火炮，布置严密。待听信炮二声为号，有人拨动机关，周围燃着。却值是日西南风大作，往东北吹去，都逼得成了干桃树枯死了，可怜那倭兵焦头烂额而亡，真同火烧赤壁一般。是役也，倭兵片甲不回。……倭人受此大创，自知却由强夺民间食物乘怒兴师追剿，致使数千倭兵全军覆没于妇人女子之手。

桃子园一战，倭兵被歼灭数千人。事实上，《新编绣像台湾巾帼英雄传》中的这些杀敌情节，在乙未台北抗战中是不可能出现的。根据近人的研究，当时在澎湖的抗战，日军颇有伤亡，而在台北一带的抗战，日军的伤亡并不多。"（日军偷登盐寮）义军死一，日军死伤未详细。……（小初坑之役），日军死士兵一名，伤未详；……（瑞芳之役）日军伤将校五人，士兵死伤约卅人。……（基隆及狮球岭之役）义军死伤约一百余人，被虏者约四十人，投降者七十三人，日军死伤约三十人以上，基隆失守后第三日，义军利用地雷炸死日军田中中尉以下二十一名，伤二十余名，军夫伤者亦百余名，是役日军损失奇重。……（日军入佔台北）清军死伤三人，被虏六十人，日军无死伤。"[1]从以上的统计数字来看，日军占领台北地区，死亡人数约以百计，其中死伤最

---

[1] 陈汉光：《台湾抗日史》，台北海峡学术出版社2000年版。

多的是攻占基隆及狮球岭之役，也不过百余人。又据思痛子《台海思恸录》中的记载，当时守卫台北一带的清军不堪一击："（日军）由基隆之左百余里澳底地方登陆，先占高山。我军仰攻不克，又值连朝大雨，军士衣湿路滑，更不能前。诸粤军全无纪律，见敌辄靡，倒戈与湘、淮军互斗。张兆连甫出队，受微伤退回。营官孙道义率众迎敌，战胜，余军皆不能接应，转胜为败。……十四日以后，省城更为扰乱。诸军士劫库藏、烧衙署，火光烛天，呼声震耳。"① 而《新编绣像台湾巾帼英雄传》中所描述的孙夫人率部进行的战斗，动辄消灭日军数以千计，虽与事实差距太大，但小说中的所谓桃子园用地雷火炮伏击日军的情节，乃为抒发台湾军民抗击日寇之情而借用了当日义军在基隆用地雷炸死炸伤日军百余人的史实进行的创作演绎与描写。

二、《新编绣像台湾巾帼英雄传》的作者对于外国列强及其船坚炮利的认知，基本上还是停留在"仁义至上"的传统观念之上。第十二回《避藤牌欲上天无路　打弹丸放落地开花》中有这样的描写：

> （倭兵）沿途排列新式机器快炮连发数百响，并不断续，以为有此利器，一炮可御敌数万人，从可藐视一切，攻无不胜，战无不克，雄视于天下矣。不知如此猛悍凶利，一响毙及千人，究干天地之和，大背上天好生之德。兹袭起后，俱为刘军所得。使大将军即以此炮从后追击还放，必使倭兵死无孑类，真是自取之祸，如请君入瓮，即以其人之道还治其人之身，正天理循环报应不爽，何足怪者。乃大将军曰如此糜烂其民多而且惨，吾不忍为。即用药水炸毁其炮。……
>
> 凡为将者虽操杀伐之权，要存仁慈之念，倘一味嗜杀，如古来

---

① 转引自《乙未抗日史料汇编》，台北海峡学术出版社1999年版，第218—219页。

白起辈，后来结局如何！考古时不用火器枪炮，且谓兵凶战危，周时以机激石射可及远，即谓之礟，不用火，专用石，故礟字从石，此为礟之始。至后世铸用铜铁，实以火药铅弹，愈制愈大，愈精愈远，以杀人愈多而且速为军中第一利器，由是步伐止齐可不讲诸般武艺无所施，竟视枪炮之好挟为争战之胜败。至元明而始尚。明季有大西洋船至，有巨炮曰红衣。戚继光御倭造有大礟，置海口，名曰大将军，厥后精益求精，速更求速，从未有如新式机器快炮瞬息可放数响及数十响者，伤害人命多而速、酷而惨，莫此为甚。昔之为将者未尚枪炮，唐诗所咏"一将功成万骨枯"，已非虚语。若今时彼此专以炮攻，则一仗何止万计，将一将功成或殆有十万百万，讵有限欤。余（刘永福）尝在越南用兵，不甚讲究枪炮，非不能想精美无敌之法，特于心有所不忍耳。故余以为能以计擒活人者为上策，以剑戟斧钺弓矢等兵器杀敌次之，专借枪炮精良取胜者为下策。余每用计擒敌被俘者，尚逐一审讯，情罪俱轻而可原者赦之，有罪重情轻者或罚钱取赎，或残其耳目手足一放其生还以延其命。及至无可原、无可赦者，始杀之。究愈于炮火之惨虐血肉糜烂也。前与法人大小百余战俱被胜仗，或用地雷火攻，或用枪炮遥击，皆出于万不得已而为之，生平所用，亦无几次，然不可如佛家之戒杀放生养奸贻害善良，不杀一以惩百，纵免一家哭，必致一路哭矣，可不慎哉。……

刘大将军曰：天生一物必有一物以制之，五行自有生克之性，万物各有相制之方。刀至铦也，御之者有甲矣；矢至锐也，御之者有盾，岂枪炮独无制御之策？殆人未之深思耳。古之善射者莫如羿，而自偏死于射；萧何定律例，偏自死于法。如法将孤拔能猱升船桅悬炮于上，精测量，遥击发五不中，终自死于炮，骸骨化为灰烬。此天道之昭昭报应捷于影响。吾恐恃炮灭人而称强，将必被炮害己而致弱。孙夫人告刘小姐道：诚哉是言，有至理也。不观撒豆成兵、剪纸为马，有此邪术能横行于天下乎？何不多时，终必灭亡于无邪术人之手。女儿是以不思所以精之，第求所以御之。前此女儿在台北桃子园之战内，内有女勇五百名，或放无铅子之枪，或用弹细石子之弓，以示弱也，以示火药铅弹之尽也。彼以为妇女柔弱、军械未备，见其逃而奔必来远追，生获其人。迨其深入，偏回马反戈，短兵相接，谁能御之？我兵携有自制新式籐牌，蟹行前进，冲他的蝴蝶阵，出入枪林弹雨中，如入无人之境。那倭兵遇我兵之庙刀飞标，倭刀虽利，竟不能敌。杀得他上天天无路，入地地无门，故称娘子军之籐牌，一可当十，天下无敌也。

从这段描写中，我们可以十分清楚地看出《新编绣像台湾巾帼英雄传》的作者对于近代外国列强的先进科技及其船坚炮利的无知与排斥，以及幻想固守中国传统保守文化的心理。作者甚至天真地认为籐牌、弹弓等相当原始的武器，辅之仁义道德，就可以轻而易举地打败拥有先进武器和训练有素的日本侵略军。实际上，当中国近代面临着外国列强侵略的时候，拥有这种心理观念的大有人在。这种对西方先进科技与武器无知排斥，同时又津津乐道于所谓"仁义道德""天道之昭昭报应捷于影响"的腐朽观念，虽然可以在短时期内于某种程度上鼓舞国人的志气与士气，但是其最终的结果，无补于中国对于外国列强的抗衡抵御。

三、《新编绣像台湾巾帼英雄传》的作者之所以在乙未台北抗战尚炽之时彰显女性的英雄业绩，与当时相当一部分士大夫、知识分子痛恨于以李鸿章为首的淮系集团的所谓"卖国"行为有一定的因果关系。是书第一回就是"割边界幅员凭丞相　溯历朝女子作将军",其中写道:"相臣议和,竟有偿金割地之请。溥海人民莫不发指眥裂。"对于当时驻守台北地区的淮军,也是多有指责:"台北淮军最多,有三万多人。统带之佼佼者若杨西园,张月楼诸军门,此外或手权奸嘱托、媚敌求荣,或贪倭寇贿赂,内应反戈,以至内讧外扰,里应外合,霎时焚官署肆抢掠,奸淫杀戮,惨无天日,官兵倭寇,皂白难分。"因此竹隐居士在《序》中说:

> 台湾割与倭奴,普天共抱不平,幸有刘大将军及台地百姓义愤同深,誓不背圣朝拊循之德。于是振臂一呼,闻者兴起,可谓忠诚贯日月,义忿振乾坤,似有神助,得以屡战屡胜,使危疆固若金汤。而不知其中尚有孙夫人、刘小姐者,或誓报夫仇,拔剑而起;或素承家训,荷戟以从。如此深明大义,可为巾帼增辉、闺帷生色,凡草野之愚夫愚妇,闻其风、慕其义,莫不敬之重之,称道勿衰。彼世之居高位享厚禄者,第知养尊处优,营私肥己,据仕路之要津、弃江山如敝屣,犹以为度量宽宏、功资燮理,俨然是一人之下万人之上自命为大丈夫者也。孰不知其遗大□艰,畏难苟且,周旋委曲,竟如妾妇顺从,又遑计千古遗羞、万人唾骂哉。

显然,《新编绣像台湾巾帼英雄传》的作者及其同道们是想借小说中的巾帼英雄,来讽刺李鸿章等在朝的当权官员,甚至把这些当权官员比为"妾妇"。正因为如此,是书中对于巾帼的描述,夸张之处甚多,不用说孙夫人和刘大小姐二人是文武全才、知书达礼、矢志报国,即使是属下的女勇,也是出奇的神勇。"台地人性勇悍,妇女亦然,乡村山僻之处,平日无非务农耕田樵柴打猎为事,强而有力却与男人无异,不比他方女人袅袅婷婷柔弱无用。此乃地土使然。"孙夫人招募一班台湾女勇，交付拳棒教师管束操练。经过一番调教之后，孙夫人要亲自检阅。教师得知，通知各女勇悉心准备，各献其能，"胆子要大，不要惊慌，弄得手忙脚乱"，不料这些女勇早已成竹在胸，觉得好笑：

  退了出去，私相议论道：教师怕我们胆小，我在山上樵柴，遇着了生番要吃人的，我并不害怕，赶上前去，把（被）我一扁担打死了。又有一人道：我在山中打猎，遇着两只老虎向我扑来。我往地下一蹲，抓起地上沙泥来向那两只老虎眼睛里撒去。哪知道那两只老虎的眼睛都瞎了，一只虎伏在石上，用前脚向头上瞎爬，那沙泥再也爬不出。一只虎撞着了一株松树上，狠擦擦也擦不出沙泥。我旁边看了好笑。又想这两只虎正在咆哮难发，不要听见了人声，瞎摸过来。不如放了一枪打死了它罢。又想一想道：一虎在这边，一虎在那边，打了一只虎，必定吓逃了那只虎了。幸有弓箭带在身上，箭镞都用毒药制过的，中了必死。好在发出去不甚响，一箭射去，中在咽喉，乱滚在地，赶紧射那只老虎，又一箭去中在前脚上，倒是弯了一只脚，那三只脚乱跳起来，把旁边两株树都掀倒了。停了一歇，两只虎都站立那边不动了。我要前去拿它，想一想道不要那两个老虎诈死诱我，我来试一试看。……用枪放了一响，虎若真死了自然不动的。倘若诈死或有些活，焉得不惊，必要动摇的。

  话未说了，却被传令明日阅操之人听得清楚，忖一忖道：不料那乡妇不但有勇有胆，并且有谋，倒也难得。密禀夫人可以重用他的。到了明日夫人点名看操，开口便问道："从前打死老虎的是谁，难道不要抵命的？老实说来。"夫人故意吓他一吓，看他胆识如何？哪知道有十余个妇人都走上来道：小妇人前年打杀过一只；又一人道前年打杀一只,上年打杀两只,今年已打杀过一只。夫人道我要查那同时打死两只老虎的。那个打猎的妇人对夫人道:我曾经一连射死了两只,只因它要我命,我不得不要它命了。夫人点点头道:却是不错,且试你本事如何?你有何技艺尽可操练我看。于是放枪射箭,都来中靶的,并能蹭跳。还说我家里虎皮甚多,有时穿了虎皮去博獐猫鹿兔呢。夫人命他侍立在旁,俟看毕操后候用。夫人看各女勇俱有勇力,每有一技之能,大可编入行伍出阵交战矣。回顾那猎妇站立在旁,又向他盘问了一番,知他有些智谋,命他充为女营总管,约束女勇。明日带领女勇五百名,往台北进发。①

这样的描写就有些近乎天方夜谭了。且不说台湾的女子与其他地区的女子究竟有何差别,就是台湾究竟有没有老虎,也是一个值得考证求索的问题。从《新编绣像台湾巾帼英雄传》作者的初衷而言,出于反对割台的义愤以及对于朝廷对外委曲求全的痛恨,在书中极力渲染巾帼英雄的神勇,显然反映了当时相当一部分国人,特别是知识分子在国难当头时的一种忧国忧民的幻想。然而无论是从当时中日双方的形势,或是后来抗战的实际结果来分析,这种幻想无疑是要破灭的。事实上,日军的入侵所带来的战乱中,妇女是受害最深的群体。吴德功在《让台记》中有一则《新婚别诗》,就深切地反映了这一战乱中台湾妇女的不幸遭遇:

士女未迨吉,初婚犹待字。戎马倥偬闻,妇家迫男娶。

六礼概未行,装奁潦草备。将军天上来,寅夜彩轿至。

洞房少花烛,合卺抑何易。鸳鸯翼分飞,琴瑟不在御。

儿女情本多,英雄亦短气。洒泪泣别离,仓惶泛舟去。

---

① 《新编绣像台湾巾帼英雄传初集》第五回、第六回。

鹊桥银河远，女牛隔异地。他日大刀头，相逢认得未？①

《新婚别诗》与《新编绣像台湾巾帼英雄传》的不同描写可谓形成鲜明的对照。事实上，在中国历史上的战乱年代里，妇女的处境是最悲惨的，但是中国传统的知识分子往往有一个理性与非理性相互交织的幻想，即一旦国步艰难、战乱频仍的时候，或是把国运衰微的责任推给某些女性；或是塑造出所向无敌的巾帼英雄，从而使自己那与生俱来的"治国平天下"的心灵得到某种程度的慰藉。《新编绣像台湾巾帼英雄传》的作者在塑造孙夫人、刘大小姐百战百胜形象的时候，固然有悲愤台湾割让、痛恨当权者的直接因素在里面，但是其文化潜意识中的对于女性社会作用的曲解，不能不说是这部小说最让我们遗憾的地方。

十、从清末盐政浯洲场公牍汇钞看金门盐政

中国盐政史研究，素号艰难，故学界有"盐糊涂"之称。究其原因，主要有二：一是自汉唐以来，历代政府对于食盐的生产和销售基本上实行了专营专卖制度。垄断经营，利权归一，腐败随之，以致历代盐政的最大弊端是营私舞弊、官商勾结，公帑私囊混淆不清，制度设计漏洞百出，补饰不及。二是各级官员为了便于舞弊通融，征输会计数额互有藏匿隐瞒，真假难辨，致使传世的盐政文献，以修饰过的官方具文居

---

① 引自《台湾文献汇刊》（第六辑第七册），第231页。

多，而有关基层盐务实际运作状况的资料记载传世甚少，后人难得了解其详。由于这两方面的原因，使得我们今天研究中国古代的盐业、盐政历史，就不能不倍感艰难。

近年来，笔者主编《台湾文献汇刊》的过程中，曾经在北京的中国科学院图书馆里，发现了一部从来未曾被人引用过的有关金门盐政即浯洲场大使的盐政公牍汇钞，即《福建浯洲场大使钱利用任内公牍汇钞》[①]。《台湾文献汇刊》出版时，我把这部珍贵的盐政文献收入其中，使得我们今天可以根据这些资料，对金门盐政做一更为深入的了解。

根据《金门县志》的记载，钱利用系浙江上虞县人，咸丰八年（1858）三月任事，同治二年（1863）卸任，任期四年有余。[②]然根据《福建浯洲场大使钱利用任内公牍汇钞》中的记载，咸丰十一年（1861）钱利用在浯洲场大使任上，曾一度调任补漳州龙溪石码验掣关大使。钱利用在任期间，颇有政绩，吏部在批复地方督抚关于钱利用调补石码验掣关大使的公文中说："石码验掣关盐大使沈玉冈因病出缺，所遗系属紧缺。列应在外遴选调补。查有浯洲场盐大使钱熟谙盐务，办事勤能，以之调补石码验掣关紧缺大使，洵堪胜任。"[③]

由于浯洲场大使之缺一时尚未调补，所以钱利用调任石码验掣关紧缺大使一职似为兼职。同治二年（1863）九月，钱利用因丁忧离任返乡。该公牍汇钞内有一纸"报丁忧呈稿"云："钱利用系浙江绍兴府上虞县人，由监生在京报捐盐大使，于咸丰七年七月间选授福建浯洲场大

---

① 《台湾文献汇刊》（第五辑第十三册）。
② 金门县政府发行，李仕德总编修：《金门县志》卷十二《文化志·职官志》，第一篇，台湾教育资料馆出版。
③ 《台湾文献汇刊》（第五辑第十三册），第157页。

使,于八年三月十二日到任。咸丰十一年间奉调补漳州龙溪石码验掣关大使,同治二年四月间接奉准调石码关饬知。尚未到任,老家主五品封典钱某某现年七十岁,家主屡经迎养不愿来闽,兹于本年八月二十七日接到家信,知老家主于本年四月十七日在籍病故。家主系属亲子,例应丁忧,理合禀叩大老爷俯赐详明各宪咨部并请委员接署浯洲场记,以便家主交代清楚请咨回籍守制。"①

《福建浯洲场大使钱利用任内公牍汇钞》是钱利用在此任职期间的各种公牍文件汇钞。是书不分卷,共收入清代后期咸丰至同治年间的浯洲盐政各类公牍文件一百余件。其中除了浯洲场大使与同安县衙门、盐法道衙门等各级上级衙门的往来公牍之外,还有浯洲场产盐、销盐、存盐的种种会计清册,浯洲场的盐区分布、变更与盐商的具体名册,大使任内的俸禄薪水支配及捐输、赈济等事务缘由等等。同时,还保存了基层盐务实施过程中所使用的诸如商户、船户通行护照、报销册式、定产折报式、课钱折报式、验文式、旬报产折式、产销折报式、产销存底册式等公文册式,以及这些公文的实际记录。这些资料虽然数量有限,但是在现存的清代盐政官书文献中,还是比较难得一见的。因而这些公牍文件虽然只是金门一隅盐政的短期记录,但是它在一定程度上体现了基层盐务实施过程中的真实情况,它可以从不同的侧面反映出清代后期盐政在官方整理过的典籍中所未能反映出来的某些情况,从而对于我们更为全面地了解清代盐政的方方面面,无疑具有一定的参考价值。正因为如此,本人乐于把这一珍稀的文献,介绍给同好的朋友们,并以此为深化金门地方史的研究,做些边鼓衬拳的工作。

---

① 《台湾文献汇刊》(第五辑第十三册),第134页。

（一） 金门盐政概述

金门岛内农业生产的自然条件不好，唐宋之时，政府在这里养殖马匹，号为"牧马监地"。到了元代，因其四周环海，在这里设立盐场，从事官盐生产。《金门志》称："金之建场征盐也，自元大德元年始。场辖十埕，埕分上下：上埕曰永安、官镇、田墩、沙尾、浦头，下埕曰斗门、南埭、保林、东沙、烈屿。设司令、司丞、头目、管勾史、司目，编民丁充灶户，以十丁为纲，共一灶。岁给工钞煎盐，每丁日办盐三升。官起囷仓厫，分召商运。"①

明代初期沿袭元代之例，"盐课照元征催"。其后征课运卖诸法屡有变更，加上官吏与大户相互勾结，欺凌小民，盐场弊端时有显现，"官吏当该盐头所得，私比于正课；中引盐客纳官之利，半于输价。彼盐丁小户，其何堪此疲困哉！"②

自明代以来，盐政给金门本地民众所带来的弊病，主要体现在两个方面。一是官府不分金门岛内各乡村是否产盐，一概征收盐课，致使许多没有产盐的乡村，平白承担课税之苦。《沧海遗纪》记云：

> 迩年以来，上都之米与受盐之米，有编差与不编差之异，而纷纷之议起焉。夫浯洲三都，其中为太武山，十八都在太武山之东，十九都在太武山之南，滨海皆为溶沙，绝无生盐之地；至十七都在太武山之西，出盐之地亦只居其半。以无盐之地而令岁纳盐课之银，当耶？否耶？盖立法之初，有司不亲至其地核实以闻，故使三

---

① 林焜熿：《金门志》卷三《赋税考·盐法》。
② 同上。

都之民，永坐此累。而十八都其苦尤甚。盖此都飞沙积压，无寸尺之地者十有七八，生计所赖，惟在于鱼。值隆冬大寒、冻脂列肤之会，一闻潮生，亦必没胫荷舟入水以往。万一飓风时发，怒涛激烈，则群舟之飞扬仅同飘叶，性命覆灭于倏忽而莫知所之矣。在位者所宜留念也。①

金门岛内无产盐之地而承担盐课之弊，虽经一些地方官员及当地民众、士绅吁请减免，但总是迟迟不能得到彻底的解决。更有甚者，盐灶之户在户籍上需要另外立籍管理，这又造成金门盐政的另一沉重弊病，即盐户受到多层的控制和压榨。明代蔡复一在《与两台言盐课议》中说：

> 浯洲民应纳粮差条编银，户有当年、甲有甲首、里有里长矣。而此盐银一项，见年、里长外，另设总催一名，隶于盐场官，借端凿窦，民为疮痏，殆若再赋也。②

蔡献臣在《下四场裁盐场官议》中说：

> 浔渼、丙洲、浯洲、惠安四场盐户，其丁米折课有定额，而与民异。其田产之差税无定额，而与民同，特差稍轻耳。乃里、甲十年一编，盐既与民同，而总催十年一编，又民户之所无。是民籍役一，而盐籍役二也。即以浯洲一场而论，岁课不过七百十八两耳。万历初，复益以坵、船税二百有奇，而且赘之以场官、重之以总催，其为分例杂费已烦冗不可堪；后又督以海防，真不啻九羊而十牧之矣。③

以上这两大弊端，从明代延续至清代。特别是加增的所谓"坵税"

---

① 林焜熿：《金门志》卷三《赋税考·盐法》。
② 同上。
③ 同上。

"船税",在清代又有所增加,《金门志》引康熙《同安县志》的记载云:"国朝额设浯洲场盐课。浯洲盐坵税银,旧制府额县征坵船税银二百一十四两三分九厘六毫一丝五忽。二十二年总督姚启圣因平台题请每坵加增税银一钱,共六百零七两五钱七分三厘。五十二年知县朱奇珍编审,谕盐米一项,除旧丁外,奉藩司加增五丁。查盐米原属盐籍,产业在金门一带飞沙走石之地,业甚不堪。又有配丁、盐灶以及盐折、盐米等项,一业四赋。"①从以上这些记载中,我们大体可以了解到明清以来金门地区的盐户负担之重,产盐之利基本上为官府专卖盈利,官吏豪民通同作弊营私牟利,以及专卖商人的利润所瓜分。

清代前期,金门浯洲场设总理场官一员,管辖沙尾、永安、浦头、南垾、宝林、官镇、田墩、烈屿八垾。团长二十二名,团甲八十二名,晒丁八百二十一名。坵盘五千四百一十一坎,漏井八千八百九十八口。产盐每年定额一十四万担,内沙(沙尾)、永(永安)等垾产盐一十一万担,烈屿垾另外委员管理,定额产盐三万担,二共一十四万担。同安官运定额盐三万三千二百担,平和商运定额盐三千担,溪靖商运定额四万四千担,岩平商运定额三万二千担,长泰商运定额八千八百担,海澄商运定额二千六百担。大小嶝垾设垾办一名、巡丁一名。乾隆年间,是金门浯洲盐场产盐的高峰时期。

雍正元年(1723),政府在金门设置了"浯洲盐大使一员,开帮管辖沙尾、永安、浦头、南垾、宝林、官镇、田墩、烈屿八垾"。②年产盐数额继续维持在一十四万担左右。在此之后,浯洲场的年产盐数量开始下降,盐业逐渐衰退。到了道光年间,浯洲场盐的年产额仅剩下二万余

---

① 林焜熿:《金门志》卷三《赋税考·盐法》。
② 民国《金门县志》卷七《赋税》。

担。道光十二年（1832）载浯洲额定盐课章程云：

> 浯洲场仍旧管辖八埕，团长八名，坵盘一千二百一十坎，漏井七百一十六口，晒丁二百零六名。
>
> 年定产额盐二万七千二百六十七担五十斤。
>
> 坐配龙溪九千担，海澄二千二百担，长泰三千担，平和一千五百担，南靖三千担，同安三千七百担，漳平二千二百担，宁洋二千六百担。①

清代后期金门浯洲场产盐的数额不及乾隆年间的五分之一，其锐减的原因比较复杂，除了盐政腐败、官吏营私等原因之外，盐丁、灶户不堪重负而逃亡的情况是其中的重要原因之一。特别是到了清代中后期，随着福建沿海各地人民前往海外东南亚各国谋生，金门以其滨海的地理之便，许多盐丁、灶户亦纷纷出海迁移至东南亚各地，从而使得盐场的劳动力数量不断下降。《金门县志》云："自南洋航路大通，金门人民多出洋谋生，晒丁日少，坵坎渐坏，而产额锐减。"②

宣统年间，浯洲场盐大使石树勋力图整顿，怂劝本地职商陈佐才出资修筑西浦头盐坵，招工晒曝，并提倡各埕一律重整，产盐有所渐多。但是好景不长，随即清朝灭亡，民国成立。民国初年为了增加财政收入，加强了食盐的专卖制度，作为产盐之地的金门县民众，不得在金门购买当地产盐，而是必须到政府指定的店铺购买食盐，"民国二年，厦门盐务总局派员到金，设立售盐埠于后浦街。全岛居民食盐须到埠采买，然盐系外来，多杂沙土，价又陡昂，民以为苦。而在地产盐又由总局定价收买，盘载而去。复恐民间偷漏，于是派兵驻守盐坵，名曰围

---

① 林焜熿：《金门志》卷三《赋税考·盐法》。
② 民国《金门县志》卷七《赋税》。

场，禁止綦严，粒盐不得外漏。"民国五年（1916），以按垾驻兵需费浩大，遂令铲除刘澳、浦边两盐坵计一千五百三十五坎，以及古宁头坵七百四十七坎，仅留西园坵、烈屿坵、大嶝祥丰坵等盐坎，产盐之数已减去三分之一。民国八年（1919）"奉令开放，听民自由晒曝贩卖，惟就场征税，每出盐一担征大洋一元五角，其税额视出盐多寡以为率"。①

民国二十二年（1933）春，福建盐务管理局以金门盐斤产量稀少，运输不便，遂令铲除仅存之西园坵、烈屿坵与祥丰坵。至此金门遂不晒盐，民间所需，概由莲河盐场供应。民国二十七年（1938）日本侵略军占领金门，恢复部分产盐，"计年可得品质良好之食盐二百万公斤，运销福州、厦门、汕头及供应侵略军用。"②民国三十四年（1945）日本投降，福建盐务管理局派员接收日本人经营的盐场，旋复下令铲除。民国三十八年（1949）之后，国民党政府在金门再次恢复盐业生产，其间虽然屡有兴废变动，但是金门之产盐，依然延续至今。

（二）从浯洲场公牍汇钞看金门场盐的产销数额

《福建浯洲场大使钱利用任内公牍汇钞》中记载有咸丰至同治年间浯洲场每年应产的食盐数额及行销的数额，兹摘抄几则如下。

> 浯洲场年产额盐二万七千二百六十七担五十斤。旧管截至咸丰二年九月底止存盐三万六千四百八十担（担以下斤、两、钱、分、厘、毛省略，以下同此）。

---

① 以上均见民国《金门县志》卷七《赋税》。按：大嶝、小嶝二岛，1949年大陆解放以后，归福建省泉州地区行政专员公署同安县管辖，故现今的金门县，不含大嶝、小嶝二岛。

② 1991年增修《金门县志》卷七《经济志·制盐工业》，金门县政府1992年初版，中册，第1022—1023页。

新收署事大使陆费干自咸丰二年十月初一日起至十二月二十九日卸事前一日止，按日定则应产额盐六千六百六十五担，……以上（三月）共报收盐三千二百七十担，计绌收盐三千三百九十五担。

兼署大使薛启文自咸丰二年十二月二十九日视事起至三年九月底止，按日定则应产额盐二万零六百零二担，……以上共报收盐一万一千零十二担，计绌收盐九千五百九十担。开除官商等帮共行盐六千零八担，另给各埕晒丁伙食盐三百一十六担，实在存盐四万四千五百四十四担。……

兼理大使薛启文自咸丰三年十月初一日起至四年二月初八日卸事前一日止，按日定则应产额盐八千八百七十九担，……以上共报收盐五千零二十八担，计绌收盐三千八百五十一担。

大使陆费干自咸丰四年二月初八日视事起至九月底止，匀闰按日定则应产额盐一万八千三百八十八担，……以上共报收盐一万零八百三十二担，计绌收盐七千五百五十六担。……开除官商等帮共行盐八百零五担，另给各埕晒丁伙食盐二百三十四担，实在存盐五万九千三百六十四担。……

大使陆费干自咸丰四年十月初一日起至五年七月十八日卸事前一日止，按日定则应产额盐二万一千七百三十八担，……以上共报收盐一万三千六百四十三担，计绌收盐八千零九十五担。

署事大使陈汝枚咸丰五年七月十八日视事起至九月底止，按日定则应产额盐五千五百二十九担，……以上共报收盐四千二百九十六担，计绌收盐一千二百三十三担。管收共盐七万七千三百零三担，开除官商等帮共行盐六千零二十九担，共给各埕丁伙食盐二百一十六担，实在存盐七万一千零五十七担。……

署事大使陈汝枚咸丰五年十月初一日起至六年三月二十六日卸事前一日止，按日定则应产额盐……以上共报收盐一万零九十五担，计绌收盐。

掌印大使纪树霨咸丰六年三月二十六日视事起至九月底止，按日定则应产额盐……以上共报收盐一万一千零六十六担，计绌收盐。管收共盐九万二千二百一十八担，开除官商等帮共行盐五千三百担，共给各埕晒丁伙食盐三百一十六担，实在存盐八万五千七百九十八担。……

掌印大使纪树霨自咸丰六年十月初一日起至咸丰七年三月初七日卸事前一日止，按日定则应产额盐一万一千四百三十一担，……以上共报收盐六千八百五十五担，计绌收盐四千五百七十六担。……

署事大使郑秉机自咸丰七年三月初七日视事起至九月底止，按日定则应产额盐一万六千三百六十担，……以上共报收盐一万零二百零六担，计绌收盐六千一百五十四担。……实在存盐九万八千六百四十担。……

郑秉机自咸丰七年十月初一日起至八年三月十二日卸事前一日，按日定则应产额盐一万二千一百九十四担，……以上共报收盐七千零六十七担，计缺收五千一百二十六担。

本任（钱利用）八年三月十二日视事起至九月底止，按日定则应产额盐一万五千零七十二担，……以上共报收盐一万一千九百八十九担，计缺收盐三千零八十三担。管收共盐十一万七千六百九十六担，开除官商等帮共行盐五千六百二十四担，共给各埕晒丁伙食盐二百一十六担，实在存盐十一万一千八百五十五。……

卑职（钱利用）遵将咸丰八年十月初一日起至九年九月底止，……按日定则应额盐二万七千二百六十七担，……以上共报收盐一万六千九百六十三担，计缺收盐一万零三百零四担。管收共盐十二万八千八百担，开除官商等帮共行盐五千九百四十九担，共给各埕晒丁伙食盐二百一十六担，实在存盐一十二万二千六百三十四担。……

掌印（大使钱利用）自咸丰九年十月初一日起至咸丰十年九月底止，（云云同，即按日定则应额盐二万七千二百六十七担），……以上报收盐一万六千一百三十六担，计绌收盐一万一千一百三十一担。管收一十三万八千七百七十担，开除官商等帮共行盐四千零二十四担，共给各埕晒丁伙食盐二百三十四担，实在存盐一十三万四千五百一十一担。……

掌印（云云，即大使钱利用）换年月，余同十年起十一年九月止，……以上报收盐一万四千四百五十担，计绌收盐一万二千八百一十担。管收一十四万八千九百六十八担，开除官商等帮共行盐二千四百六十九担，共给晒丁伙食盐二百一十六担，实在存盐一十四万六千二百八十一担。……

掌印（云云，即大使钱利用）换十一年十月起元年九月底止，……以上共报收盐一万四千七百一十五担，计绌收盐一万二千五百五十二担。管收共盐一十六万零九百九十六担，开除官商等帮共行盐五千七百零六担，共给晒丁伙食盐二百三十四担，实在存盐一十五万五千零五十五担。……①

敝任（钱利用）共报收盐八万六千三百一十三担，查敝自咸

---

① 以上见《台湾文献汇刊》（第五辑第十三册），第32—60页。

丰八年三月十二日视事起，至同治二年九月十四日卸事前一日止，按日定则应产额盐十五万零一百二十二担，计绌产盐六万三千八百零九担。管收共盐一十九万一千六百七十五担，开除……统共行盐三万零九百七十一担，实在存盐一十六万零七百零三担……。①

根据以上记载，浯洲场每年产盐定额为二万七千二百六十七担五十斤，这一数字与民国《同安县志》的记载略有不同②，但是与道光《福建通志》及清末林焜熿《金门志》里的记载基本相同。③

各书所见清代后期浯洲盐场的产盐定额数字之所以有所不同，其原因是清代浯洲场的产盐数量呈不断下降的趋势。道光《福建通志》对此记载甚明："浯洲场原垦上中下则盐坵二千七百二十一坵，原定产额六万一千三百一十八担。嘉庆十七年查丈原垦中则盐坵共坍陷一千五百一十一坵，减产额三万四千五十担五十勖，现存盐坵一千二百一十坵，定产额二万七千二百六十七担五十勖。"④可知从清代中期到嘉庆年间，浯洲场的产盐额定数字减少了一半以上。由于浯洲场盐坵坍陷过半，浯洲场大使的职权也随之下降，《福建通志》复云："浯洲场原设大使一员，系属繁缺，现在埕坎迭次废坏，仅存产额盐二万七千二百六十七担五十勖，应请改为简缺，照例按额分配。"⑤从这逐渐衰落的趋势看，《同安县志》撰修于民国年间，其所记载的浯洲场产额盐为二万三千余担，也就相当正常了。

在清末浯洲场大使钱利用记录的产销盐数字中，有一个现象值得注

---

① 以上见《台湾文献汇刊》（第五辑第十三册），第111—113页。
② 林学增：《同安县志》卷十《赋税》第22页载"今坐配浯洲场盐二万二千一百八十六担八十六勖"。
③ 林焜熿：《金门志》卷三《赋税考·盐法·额定盐课章程》载："年定产额盐二万七千二百六十七担五十斤。"引自台湾大通书局印行：《台湾文献丛刊》第80种，第45页。
④ 道光《重纂福建通志》卷五十四《盐法·国朝盐法》，第55页。
⑤ 同上书，第31页。

意，即虽然此时浯洲场的每年产盐额数下降至二万七千余担，但是钱利用在任期间的每年实际产盐额，远远没有达到这一数量。如上数字所示，钱利用从咸丰八年（1858）三月十二日视事起，至同治二年（1863）九月十四日卸事，大致经历了五年多时间，根据额定数，本应产盐十五万零一百二十二担，实际仅产盐八万六千一百余担，缺额六万三千八百零九担。实际产盐额仅占定额数的百分之五十七强。至于行盐额就更少了，总共才三万零九百七十一担，还不到产盐定额数的百分之二十一，也不到实际产盐额的百分之三十六。非但钱利用在任时如此，以上所载从咸丰二年（1852）起的各任大使期间的产盐、销盐情况也基本如此。由此可知，清代后期浯洲场产盐的锐减，更重要的原因是福建各地的产盐数量大大超出行销的能力，食盐大量堆积，不得不逐渐减少产盐额数。钱利用于咸丰八年（1858）接任时，库存食盐十一万一千八百五十五担，而到同治二年（1863）卸任时，库存食盐增至一十六万零七百零三担。在这种情况之下，浯洲场的每年实际产盐数量，就不能不有所控制。否则，食盐产能的过剩，会使浯洲等沿海盐场库存大量未能及时行销出去的食盐，这也势必为食盐的走私创造了重要条件。本文下面所提到的英国商船在金门口岸走私食盐的记录，便是这种弊端的一个实例反映。当然，清代后期浯洲盐场产量的大幅度下降，正如上面所论述的，还与这一时期金门人口迁移海外导致盐户灶丁数量的减少有着密切的关系。这种因素就不是盐场官员所能完全控制的。

正因为如此，我们在《福建浯洲场大使钱利用任内公牍汇钞》中所看到的上级衙门对于钱利用的考核评价还是比较满意的，所谓"熟悉盐务、办事勤能"①。本来清代后期国家多难，军需开支巨大，盐课在国家财政中所占的比重迅速增加，而浯洲场以每年实际产盐仅为定额数的半数余的实绩，无论如何也属严重的失职行为。但是在当时福建地区食盐产销的实际状况之下，食盐生产及行销的减少是不可避免的，于是钱利用的职员考核不能不随之降低标准，成了勤能之员了。

（三）浯洲场大使的应解税款与应领薪水数额

《福建浯洲场大使钱利用任内公牍汇钞》中保存有浯洲场大使钱利用在任期间的应解税款及应领俸禄薪水等资料，兹摘抄如下。

全衔钱　　为移明领解各款银事。今将敝任自咸丰八年三月十二日视事起至同治二年九月十四日卸事前一日止，按照年日匀摊分晰应解垢课垢税捐贴垢折等银，及应领薪工役食馆租并贫难各款银两抵领清款数目备造清册，移送贵任查核须至册者。

今开敝任自咸丰八年三月十二日视事起至十二月底止，按日匀摊应解道库垢课银一百零六两四钱三分二厘，普育银一两九钱零三厘，解费银一两九钱八分七厘，垢折贴费银一十六两二钱一分九厘，捐贴候场员银八两零三分，又匀摊应解府库垢船引税一百七十两零五钱一分七厘五毫，耗羡养廉银二十两零四钱六分二厘。

又自咸丰九年正月初一日起至十二月底止，按日匀摊应解道库垢课银一百三十二两五钱七分九厘，普育银一两三钱二分六厘，解费银三两九钱七分五厘，垢折贴费银二十四两五钱零二厘，捐贴候

---

① 《台湾文献汇刊》（第五辑第十三册），第158页。

补场员银一十两,凤池书院贴费银三钱四分三厘,扣完上年短解上下忙银一十七两七钱九分四厘五毫,又匀摊应解府库坵船引税二百一十二两四钱零九厘,耗羡养廉银二十五两零四钱八分九厘。

又自咸丰十年正月初一日起至十二月底止,匀闰按日匀摊应解道库坵课银一百三十五两五钱七分九厘,普育银一两三钱二分六厘,解费银三两九钱七分七厘,坵折贴费银二十四两五钱零一厘,捐贴候补场员银一十两零二分一厘七毫,凤池书院贴费银六钱六分五厘,又匀摊应解府库坵船引税二百一十二两四钱零八厘九毫,耗羡养廉银二十五两四钱八分九厘。……(以下咸丰十一年至同治二年应解各费基本相同,略。)

以上共应解银二千二百九十五两六钱九分一厘六毫。

敝任自咸丰八年三月十二日视事起十二月底止,按日匀摊应领薪水实银五十四两八钱四分七厘,役食馆租实银四百四十一两六钱三分三厘,内扣减平银二十九两八钱零二厘,贫难口粮实银计九个月三十八两五钱七分一厘。

又自咸丰九年正月初一日起十二月底止,按日匀摊应领薪水实银六十八两五钱七分一厘,役食馆租实银五百二十九两九钱五分九厘,内共扣平减银三十五两九钱一分二厘,贫难口粮实银五十二两四钱二分九厘。

又自咸丰十年正月初一日起十二月底止,匀闰按日匀摊应领薪水实银六十八两五钱七分一厘,役食馆租实银五百七十四两一钱二分二厘,内共扣平减银三十八两五钱六分二厘,贫难口粮实银五十五两七钱一分四厘。……(以下咸丰十一年至同治二年应领应扣各银基本相同,略。)

以上共应领银三千三百六十二两八钱零八厘二毫。①

清代盐课收入，主要是依靠盐商向官府认领贩卖食盐的盐引所交纳的专卖税，食盐生产地即浯洲场每年所需交纳的垞船引税等数量本来就不多。从上面的记载中可以看出，浯州场每年所需交纳的垞船引税及解费等不过四百两银子，而大使衙门每年的经费，除了大使的薪水六十八两余之外，还有衙门工役及盐场贫难口粮补贴等开支约六百两，合计每年应领经费六百五十两左右。如此相抵，浯洲场每年应领经费反而超出应解经费约二百余两银子。这部分超出的经费需要由盐课的引税收入来弥补。

然而饶有意味的是，地方政府为了确保应解税银的收入无亏，采取了直接从大使应领的薪水等银中扣留的办法。该汇钞存有福建盐运司的公文云：

> 盐运司使衔护理福建盐法道候补道为行知事。照得本道衙门年应移解浔（美）、惠（安）、浯（洲）三场年代泉州府衙门征完垞税船税正耗银两一款，向系由于各该场大使请于应领薪工划扣汇解藩库归款奏销。兹查咸丰十年分各该场应完前项垞税正耗共银四百七十六两一钱八分三厘五毛六丝，内浔美场应完银一百五十一两零二分一厘五毛六丝，惠安场应完银八十七两二钱六分四厘，……浯洲场应完银二百三十七两八钱九分八厘，共计银四百七十五两二钱一分三厘八毛六丝，均据各该大使先后请于应领薪工项下按数划扣。……②

如此抵扣之后，大使每月所能实际领到的薪水工役诸银就很少了。如同治二年（1863）正月初一日起至三月底，三月之内大使钱利用的

---

① 《台湾文献汇刊》（第五辑第十三册），第123—131页。
② 同上书，第225页。

实际领取银两是:

> 全支薪水银一十七两一钱四分二厘七毫,役食馆租银一百三十二两四钱八分九厘七毫,共银一百四十九两六钱三分二厘四毫,内扣减平银八两九钱八分,尚应领银一百四十四两六钱五分二厘四毫。内扣完同治二年正月初一日起至三月底垱课银……共扣完银一百二两七钱九分八厘五毫,尚剩银三十七两八钱五分三厘九毫。遵照新章核减二成银七两五钱七分八毫,实剩银三十两二钱八分三厘一毫。……合行札发到该大使立将发来银两查收具报。①

政府为了确保税收,先行扣留盐场大使的薪水工役银,从表面上看似乎不失一种变通的办法,但是实际上,这种变通的办法默认了大使们在自己管辖的范围内自主变通征收税额杂费的权力,这也正是导致清代盐课难于理清的一个重要原因。因此,这种所谓的变通办法,从督抚衙门至盐法道衙门,也感到不甚堂皇,以致在上引的公文中要特别强调"向系由于各该场大使请于应领薪工划扣汇解藩库归款奏销",把变通的责任推卸给下层的大使们。然而既为"向系",便已成为常规制度。督抚衙门及盐法道衙门的如此推卸解释,反而有"欲盖弥彰"之嫌了。

(四) 浯洲场的贫难救济

浯洲场大使的日常应解、应领经费虽然有些纠缠难清,但是其中有贫难救济的一款开支,值得一提。

咸丰八年(1858)钱利用大使就任的当年年底,有向盐法道衙门

---

① 《台湾文献汇刊》(第五辑第十三册),第244—245页。

申报这年的贫难口粮银之事,该文云:

> 全衔钱　　为请领贫难口粮银事。窃卑场额设贫难十四名,每名月给口粮钱三百文,兹应领咸丰八年十月初一日起至十二月底止,共应口粮钱十二千六百文,九八申银,十二两八钱五分七厘。卑职业经按月垫发清楚,理合备领具文,申请宪台察核俯赐饬房筹款给发归还垫款。①

浯洲场核定的每年十四名贫难救济名额,基本上是固定的,其中若有死亡变故,可以重新增补。咸丰九年(1859)钱利用的申文略云:

> 卑场额设贫难一十四名,每名月给三百文,历办无异,兹于本年九月二十日,据贫难佑某某等具报,杜傲于是日因病身故,现年八十二止岁,并缴腰牌前来。卑职饬查属实,随即示募补充。旋据后浦保董林乡郑从年六十二岁,以鳏寡无依,乞恩准补等因,词称切从自幼时运不济,并无期亲可托,茕茕孑立,日无一餐,且遭足手风毒之症,衣食无资,告诉无门,几至于死。兹幸仁慈普济,适有贫难名缺,不得不匍号哀求准补,俾得按月得领口粮,雨露之泽,没齿难忘等情。并据邻佑蔡成具结前来。卑职随即当堂验得郑从委系鳏独之人,难于度日,合将已故杜傲腰牌呈请宪台察销恩准换给郑从名字,俾可按月给发口粮,实为德便。

有些贫难人员则因度日艰难而申请救济名额,如果名额已满,只能等待已占名额者病故而空出名额。咸丰十年(1860)仓湖保陈坑乡的陈王氏就是这种情况:

> 本年正月二十八日据仓湖保陈坑乡陈王氏禀称,切氏生不逢辰,行年四十有三,并无男女生育。上年九月间,夫因病身故,氏

---

① 《台湾文献汇刊》(第五辑第十三册),第263页。

又患风疾，医药无措，度日如年，万惨莫告，闻有额设贫难周给口粮，恳乞申请准补俾活残生，并邻佑黄安等结同各因前来。卑职吊验情形深堪悯恻，因无缺出，正踌躇间，有浦头乡邻佑具报该乡贫难杨熊年八十一岁，于本月二十六日身故，并缴腰牌请验查收。此正与该氏请补相宜，特将已故杨熊腰牌具文呈缴，申恳宪台察销，恩准陈王氏俾得按月给领口粮。职咸丰十年（1860）中，浯洲场的一十四名贫难名额如下：

黄头，（道光）三十年七月十一日补，五十四岁，阳田堡人。

黄王氏，（咸丰）四年四月十五日补，六十岁，汶沙堡人。

庄不，（道光）三十年七月补，六十六岁，后浦人。

庄焕，（道光）三十年七月十一日补，七十七岁，后浦堡人。

杨初，（道光）三十年七月十一日补，七十岁，古湖堡人。

杨蔡氏，（道光）三十年七月十一日补，六十三岁，阳田堡人。

陈返，（咸丰）四年四月补，六十四岁。

陈王氏，（咸丰）十年二月补，六十三岁，抵杨熊氏。

曾吟，（咸丰）七年八月补，七十七岁，抵陈荣。

曾桑氏，（咸丰）九年十月二十九日补，六十三岁，抵杜傲，后浦人。

谢庄氏，（道光）三十年七月十一日补，六十八岁，后浦堡人。

黄周氏，（咸丰）四年六月初一日补，五十九岁，汶沙堡人。

郑从，（咸丰）九年十月二十六日补，六十二岁，抵王林氏，后浦人。

张愿，□□□□年□□月补，七十三岁，宝林人。①

---

① 以上见《台湾文献汇刊》（第五辑第十三册），第272—278页。

现存于世的清代盐政史的文献资料固然不少,但是像《福建浯洲场大使钱利用任内公牍汇钞》所保存的有关盐场灶户救济如此基层草根性的记述,实属不多见。同时,这些资料也为我们了解金门居民及乡族的演变过程,提供了某些新的线索。

(五) 浯洲场大使钱利用同乡劝捐

大多学者对清代的捐纳及捐输制度,持比较负面的评价。《福建浯洲场大使钱利用任内公牍汇钞》中保存有一些关于浯洲场大使钱利用捐纳、捐输的资料,有助于我们对清代的这一制度进行更为多角度的细致考察。

同治初,太平军席卷江浙各地,清军战况危急,浯洲大使钱利用收到同乡士绅张启煊的信函如下:

> 启者:兹因浙营饷糈万分支绌,奉左抚宪札委候补县何令同文携带各项部照,前赴福建所属郡县劝办吾浙仕宦游幕商贾之在闽者米捐以资接济。何大令系闽省人,与吾乡人士素无交接。徐抚宪特派弟会同劝办,并饬令信致各郡县凡属浙籍者皆宜竭力输将,庶藉众擎以拯危局。伏思大兄大人桑梓谊深,觌此家乡糜烂情形,谅无不同仇忾,切务祈慨分廉润不拘定数,尽力报捐。更祈于贵署中查有浙籍各项人等,设法广为劝喻,务期多多益善,有裨军需是所切祷。

这就是说,由于浙江前线战事危急,浙江巡抚衙门出面委托在福建任职及经商的浙江同乡,尽力报捐以接济浙江军需。以此论之,为了家乡安宁而发动在外的同乡报捐,具有一定的合理性。

钱利用收到募捐信函之后,随之复信云:

徐抚宪特派会办饬即不拘定数尽力报捐，更着查有浙籍各项人等设法广为劝喻等因。卑场地僻荒屿，逾常清苦，所有请领需费，仅足以资办公，昭在宪鉴之中。租馆居住，跟仆数人，并无幕友。各埕晒户，俱系闽中土著，并无浙籍寄居民户。期欲广劝无从。维是前项捐输，原为吾浙饷糈起见，卑职籍隶浙省，方兹乡里蹂躏、民不聊生，敢不敬遵宪谕，勉效蚁忱，报捐于万一，以期仰副宪台指饬之至意。容后力积，微有成数，另行具报。①

张启煊收到钱利用的复函后，显然不能满意，再次给钱利用写信并且加重语气云：

奉到复函，备悉一是。贵况清苦，弟亦深知。但此次捐输，凡属浙籍皆当报效，即铃辕听役尚应竭蹶趋公，而现任人员何能以缺苦力竟行推诿！现大营糈饷支绌已极，省中陆续俱已派解。弟思阁下既同仇志，切不忍袖手旁观，更宜早行筹措，开明数目，即兑省局以便禀明大宪请奖，并搭解接济军饷也，勿延为幸。②

从张启煊与钱利用的来往信函看，钱利用对于此次的所谓同乡劝捐并不是很热心。事实上，钱利用之所以可以就任浯洲场大使，原本就是通过捐纳的途径获得的，所谓"由监生在京报捐盐大使"。在当时的社会政治环境之下，为了筹集军费，推广捐例，劝捐的方式与途径相当多样化，其中固然有急公好义之举如上引的浙江同乡在福建的劝捐行为，但是也有不少人是为了进入仕途甚至为了当官发财而应捐的。这样一来，就不能不使清代后期的捐纳、捐输情形，显得十分复杂和引人注目。在《福建浯洲场大使钱利用任内公牍汇钞》中还保存了一些与捐

---

① 《台湾文献汇刊》（第五辑第十三册），第139—142页。
② 同上书，第143页。

输有关的公文，兹摘抄一则如下：

> 福建盐法道为知照事。本年闰三月十六日奉总督部堂庆箚付咸丰十年闰三月初八日准兵部火票递到吏部咨文选司案呈，所有本部议令停止捐免回避一折，于咸丰十年三月初二日上谕一道，相应抄录原奏通行各直省一体遵照办理可也。……前因军务未竣，推广捐例。节经户部等衙门议准亲属同官一省捐免回避。兹据吏部奏称，行之日久，流弊滋多。着照所议，即行停止。……查现在推广捐例，现在候补文职各员，多有捐升过班并军务各案内。……迅将现在闽省捐输候补以及军务保举各项委用人员，自道府起未入流止，迅速造具简明员名履历清册一样三本，赶日呈送以备稽核。一面将省日期清册赶紧按季接续呈送核咨，并将丁忧事故留闽遣用另造一册送备查。至文职官员无论实任委署、到任卸事，例应于次日造具出身履历行专文呈报，以备稽考。……①

从以上福建盐法道的公文看，当时在福建实任以及候补的以捐输出身的官员、吏员，数量不少，有时连上级衙门都难知确数。但是一遇到诸如上面所提到的为家乡军需急公劝捐时，他们往往借故多有退缩。这为数众多的捐输官员、吏员，良莠不齐，势必给清代后期福建乃至其他地区的吏治产生极坏的影响。

（六）英国商船在浯洲场走私食盐

《福建浯洲场大使钱利用任内公牍汇钞》中还有几份关于英国商船在浯洲走私食盐的公牍，甚为罕见，兹摘引如下：

---

① 《台湾文献汇刊》（第五辑第十三册），第166—173页。

同治元年（1862）十二月泉州府马巷厅等地方官府接到督抚衙门及闽海关衙门的札文云：

> 英国白里船由金门装盐一千二百担，到福州口岸，由英领事于六月二十日发红单押送回国。查取金门文武失察各职务名呈送明参一案。查金门地方坐落泉州府属之同安县辖，该处地方文有金门县丞，武有金门镇总兵。所有英国白里船由金门装盐一千二百担，该船系属何月日驶赴该处装盐，未奉指明，所有应议文武职名未便含糊开参致滋借口。惟细阅札内英领事于六月二十日发红单押送回国，其到金日期，自系本年六月二十日以前之事。亟应查取历过月日职名，听候开参。即经移行查覆，并咨呈在案。兹准护理金门赖镇覆称，饬据本标署左右营所辖口岸，如产盐之区，俱系浯洲场盐大使专管该处，设有哨役巡防，如有洋船驶到运载，自能禁止，并饬据各汛目查覆本年六月二十日以前所辖各汛口，并无白里船驶到，理合一并据实禀覆。

根据上文可知，同治元年（1862）六月二十日，闽海关发现英国商船发红单准备运载一千二百担食盐出口运往英国，此系违禁商品，闽海关知会闽督抚衙门并下转同安县及马巷厅衙门彻查此事。英国商船走私浯洲场食盐的败露，似乎是由法国人率先举报，而不是海关衙门稽查出来的。泉州府同安县正堂在详文中称："总理各国事务衙门咨开六月十八日由法馆交到福州税务司美里登一件内称英国白里船由金门装盐一千二百担到福州口岸，经该税司查出。"法国人一举报，上下各衙门不便视而不见，因而摆出姿态，相继行文彻查。然而这种所谓的"彻查"往往成为一纸具文。英船供称食盐运自浯洲场，与之有关的泉州府属各衙门一概推诿责任，严饬浯洲场查报。于是浯洲场大使钱利用确查之

后,具申如下:

> 全衔钱　　为遵札确查申覆事。本年正月十八日宪台札开同治元年十二月二十五日准本府正堂章移开云云,叙至一并具覆等因,蒙卑职遵即确查去年六月二十以前并无英船到场。卑场管辖产盐之区,离金门口颇远,时饬哨役就埕巡缉。额配官运船户到埕,倘不先经验明引照,概不许装配,况非应装商运之英国白里船,岂容任其漏私?惟金门口地往来船只停泊,另有专管文武稽验。前蒙台札饬查覆,卑场应管各埕并无失察前项船只,缘由理合查明备文申覆仰祈宪台察查恩准核准,实为公便。为此备由具申,伏乞照验施行须至申者。

如此浯洲场大使钱利用又把事情撇得干干净净,最后同安县官府只好再次申覆上级各衙门,对此事不了了之。同安县衙门的具申略云:

> 查食盐载在税则,不准洋商贩运;金门又非通商口岸,何以任听英商白里船装盐至一千二百担之多?地方官所司何事,实属形同聋聩。……所有英国白里船由金门装盐一千二百担,该船系属何月日驶赴该处装盐,未奉指明,所有应议文武职名未便含糊开参致滋借口。……嗣后凡非通商口岸,如有洋商船只驶至该处贩买,税则不准洋商贩运货物,务须查照条约禁阻,毋任玩违。速速此札饬县查照条约禁阻等因,蒙此合就移知备移贵场请烦遵照。[①]

英国商人一次走私一千二百担食盐,这不是肩挑背负的小数目,无论是船只的停泊,还是脚工的搬运,都需要不小的动作,而上自泉州府县官员、驻扎水陆总兵所属,下至口岸稽查、盐场大使衙门,竟无一人知晓,这确实十分反常。然而众所周知,清代的私盐贩运,始终是一个

---

① 《台湾文献汇刊》(第五辑第十三册),第146—156页。

无法克服的顽症。我们从清末英国商人走私食盐这一事例中,也可以了解到清代食盐走私及盐政败坏的一个侧面。

《福建浯洲场大使钱利用任内公牍汇钞》虽然只保存了短短五年时间的浯洲场盐务公牍档案,但是这些公牍档案在一定程度上,反映了清代后期基层盐务的某些真实情况,因而它具有史料价值,值得我们重视。历史资料是研究历史的基础,笔者愿借此介绍《福建浯洲场大使钱利用任内公牍汇钞》的机会,期盼同好们能够继续发掘出更多的珍贵资料,从而扎扎实实地把金门历史文化的研究,一直向前推进。

十一、从台北芦洲李氏中医方剂集子看民间的疾病与治疗

(一) 台北李氏家族及其所收藏的中医方剂集子

田野美李氏家族从迁台第二代李清水公始,就通晓医学,族谱称其"天资超越寻常,少时家赀微薄,就傅只四月,而于星学堪舆命卜医学书算皆通晓,至于方便之事所能行,悉为之"[1]。而且行医义诊,赠药救人,得到乡民的敬重。其后这种仁爱济世的精神更是成为李氏家族的一种传统,而被族人们继承了下来。特别是李清水的儿子李树华以及孙辈李云章、李云雷、李应梦、李明德等,都出色地继承了李清水的遗

---

[1] 民国《芦洲田野美本支世系族谱》,不分卷,手抄本,第十八世祖《濯夫公讳清水》。

志,精通医道,术德兼备,深得众望。如族谱中的记载:

李震孝,讳云雷,字雨田,一字霆如,号法庵(又号省庵),三房士实公之第三子。生于清光绪元年乙亥三月十六日寅时,终于民国二十五年丙子四月初三日,寿六十二岁。震孝公出生在书香家庭,在其父(李树华)兄的影响下,年幼时即学习中国文化,熟读儒家经典及诸子百家著作,对国学造诣甚深。……治学严谨,涉猎甚广,兼通命、卜、医诸术,尽心服务于地方社会,受到乡里的尊敬。特别是医学一道,尤能继承乃祖清水公的遗德,行医义诊,免费赠药,其救人济世之仁爱精神,甚具人望。且为人正直仁厚,乡里公益及邻里纷争,常赖以主持公道,睦邻敦亲,深获众人敬重。

克孝公,讳明德,七房士恭公之第二子。生于光绪九年癸未十二月十七日丑时,终于民国三十一年壬午三月初八日子时,享年六十岁。芦洲李氏族人素有医术济世的优良传统,自二世祖清水公行医义疗以来,后世继其衣钵者代有传人。如三世士实公、四世震孝公,均为特出人才,其他如三房云章公、六房应梦公等,皆能兼具医德,施惠乡里。

克孝公秉性聪慧,学辄有成。举凡国文、医术、音乐,多有心得。公尤善吹横笛,韵律绝佳,声名远播于台北各地。而其医术,尤为乡里社会所赞许。公精医治皮肤各疑难杂症,远近闻名,求医者甚众。每有贫穷人家求医问诊,公均能全力施为,且不收诊费,时人德之。①

传至五世四房李友邦,益加发扬这种济世精神,于抗日战争中相继

---

① 严秀峰主编:《增修兑山芦洲田野美支谱》第四编《人物传记》之六、八。

成立四所"台湾医院",救治同胞,对中国抗日战争在医疗、生产药品供需方面有巨大贡献。时至今日,田野美李氏家族仍有不少族人从事医学工作,治病救人。"迄今仍执医业者,则有二房李素惠,为国泰肾脏科主任医师;四房李炜群,美国西北大学牙医系毕业,攻研矫正与整形外科,学有专精,现于美国执教行医。"①

由于田野美李氏家族有着济世救人的家族传统,因此这个家族也就比较注重医学文献的保存。近现代的医学书籍并不稀奇,难能可贵的是,他们把台湾开发时期为乡民行医治病的中医方剂集子保存下来了,这种早期的中医方剂集子,即使在整个台湾地区也是比较少见的。

现在李氏家族遗留下来的中医方剂集子有两本,其中一本在封面上写着"省庵集内外各科百症治术验方,居家莫阙,壬申清和之月立,闷斋";另一本则没有题字。由此可知,这两本方剂集子是由第四世三房李震孝(名云雷,字霆如,号省庵,又号法庵)手写辑录下来的。李震孝是著名士绅李树华的第三个儿子,李清水的孙子,出生于清末光绪元年(1875),终于民国二十五年(1936)。所谓壬申清和之月,应当是民国二十一年(1932),也就是李震孝去世的前三年。

李震孝所辑录的这两本中医方剂集子,首先是积累了李氏家族三代人从医治病经验的宝贵结晶。因此我们可以在这两本方剂集子中看到诸如这样的记载:"内痔又方,家传;节疗,家传;蛇长疗,家传;总喉药,家传。……""祖传方,干漏地丁,以乌生艾叶天花赤芍防丰荆芥苍术何首乌各一两,水不拘,煎热洗。""病后水肿,祖传,此方先大父病后罗此症治愈,而十二元传来者济人甚多。""先君精于小儿科,今有口授百发百中诸方敬录于后。"云云。除此之外,李震孝还不断搜集当

---

① 见《芦洲乡志》,台北县芦洲乡公所1993年编印,第303页。

地民间流传的许多药方,如书中记载治蛇咬伤的方子,是"阿牛口传";治生癣的方子,是"陈金癣方";治小儿口中起菰,是"陈显北方";治流鼻血诸方,是"郑怡成方"。治疗性病的有些药方,"一切梅毒特别良方,水柳由官渡传来的名家药"。关于跌打损伤的一些方子,是由"永春郑先生传授"。甚至江湖流传的偏方,也有被收罗进来的,如止血方,"乌笺纸,画乌字止血符,烧灰按之立愈。江湖做法"等等。当然,李氏家族这两本医书中的药方及其论说,有些可能是摘引了前人的医学著作。但从整体内容看,这两本医书所记载的药方,应该是最贴近于当时台北淡水河流域地区农村最常见苦痛疾病及其治疗方法的实际情景。

从这两本方剂集子的存录年代看,应当也是经历了一个比较长的时间,大致可以反映自清代中后期以迄民国初年的情景。集子中的记载,既有把父祖辈的药方传抄下来的,也有总结自己的经验后再补记下来的,其中有些方剂及其用词上可以看到其受到了近现代西方医学的影响,如所谓"治甲状腺肥大症,验方,丝线吊铜钟(青草),煎赤肉服。""永福由庆安传来小儿肺热西药方,小儿散二瓦,ヂゲスチン二瓦,作三日分,一日三回。"再如在小儿痘症方里,记云"今已换种牛痘,故不录药方。倘临时要用,总以解毒升提为主",等等。可以说,李震孝辑录手写手抄流传下来的这两本方剂集子,比较典型地反映了清代以来福建沿海居民迁移到台北淡水河流域从事开垦繁殖的过程中,在当时医疗条件十分落后的情形下,所进行的治病救人活动的民间经验结晶。因此,对于这两本比较罕见的民间药书做一初步的分析,对于了解清代以来台北地区的移民垦殖历史以及他们的艰辛历程,特别是了解那个时代民间的医药卫生情况,不无裨益。

（二） 李氏家族所收藏的中医方剂集子中的主要内容

我们把这两本集子中的方剂做一初步的分类，大体可以分为内科、外科、小儿科、妇科以及日常保健和生活验方等几种科目。

内科

这两本医书中的内科方剂，涉及急惊风、慢惊风、漫脾、盗汗、自汗、肺热、单头热、五更晨泻、夜间不眠、下便带细虫、下便带虫、痘症、疹麻症、疟疾、病后水肿、吐血呕红、肺病、肺炎、黄疸、疯痛、小腹激尿肿痛、痢疾、癫狂、咳龟、劳力过多唾涎带血将成虚、胃痛、腹痛、途中着痧，以及男子遗精、漏精等许多病症，但是其中最偏重的是风寒咳嗽、痢疾下淋这两个方面。如咳嗽方面，就有许多不同症状的治疗方法：久嗽肺中伏邪火脾虚有湿、咳数年喘气盛肺中有火痰、久嗽肺中一点虚火不得归元、久嗽元气虚者、喘嗽至血带痰出者、食冷物者致成湿盛痰白嗽有痰小便亦白等。再如治疗痢疾，有胃风散治赤白泻痢虚弱腹痛，有黄连解毒汤治红痢，有百中散治久新痢，有红白痢青草叶，有治禁口痢，有治初起禁口痢湿热因热入胃经，有痢疾散治初痢、中痢、后重痢、腹痛，有治病后痢，有治食积下血所食热物滞脾而致血下行等。

医书中除了列举许多治疗风寒咳嗽、痢疾下淋的验方之外，还对风寒咳嗽、痢疾下淋的病症进行了简单的论述。如其中"嗽证论法"略云：

> 自酉至卯喘嗽不得者，皆由是阴虚火动燃水干灼其肺金，故夜间喘嗽而热也。睡乃肝胆虚则不眠，而由水干不能生木故也，宜肝肾。凡口渴是冷而热，口渴乃火燃肺金，金木不能相生，由是肾虚

故也。凡脉沉细而微数，皆是阴虚火动，用八味逍遥试为良剂。大抵无根之火见，寒凉益甚，譬如天阴雷火益炽，一见太阳，阴翳自消。故凡治阴虚火动，宜用肉桂，干嗽无痰原土熟地、白芍、归全、川芎、桔梗、灸草。

再如"痢疾论"中略云：

　　痢疾之症，大抵四时皆以胃气为本，未有不因外感寒热燥风之气而伤于脾胃。脾胃既虚，而又内伤饮食，不能赳化，致今积滞。古人云：无积不成痢者，此也。……大抵治痢之法，虚者补实者，泻之滑者，涩之闭者，通之积者，堆之风则散之，暑则涤之，湿则燥之，热则凉之，冷则湿之，冷热相交则调之，以平为期，不可以过此，为大法也。……久痢补元气自愈。

还有如"五淋论治法"，对于淋病有这样的论说：

　　淋者小便淋沥涩痛，肾虚而膀胱生热也。夫为水火不交，心肾虚郁，遂便阴阳乖。……心清则小便自利，心平则血不妄行，最不可过用补剂益气，及补而愈涨血，及补而涩热，及补而愈盛水，窦不行加之谷道闭过，未见生有能生者，而肾气虚弱，囊中受寒，亦有夹冷而小便淋涩者，生壮先寒战，而后溲便。盖冷气与正气交争，冷盛气则寒战而成淋，正气盛则寒战解而得便涩也，治之遂散寒邪扶养正气，则自平矣。夫余癃闭涩痛，皆一类也，临痛之际当详审之。

从这些论述中，我们可以了解到李氏家族中这些治病救人的医生，不但根据祖传的技能以及自己积累的经验来为乡民治病，而且还能够在这些经验的基础上总结出某些带有中医理论性的知识。值得注意的是，在这两本医书中，李氏家族的中医们已经注意到乳癌的问题，书中论云：

> 乳岩（癌），男女皆有此症，乳内生一小粒如荳大，渐大如块，如枣、棋子，不痒不痛，至一年后或二三年渐渐肿痛臭烂，孔深亦著。初起色白坚硬一块作痛。此系阴疽，最为险恶，因哀哭忧愁患难惊恐所致，急宜早治，迟则难愈。初用犀黄丸，每服三丸，钱酒送下，十服全愈。或以阳和汤加土贝五钱煎服，数日可消。倘误贴膏药，必渐肿大，内作痛，视白色已变微红，难以全消，即用肉桂炮姜麻黄加二陈汤煎服，服下痛止疮亦缩小。连服剂疮顶不痛，而破贴陈和解，凝膏收功。

这里所辑存的治疗乳癌的中药方剂，自然收不到如此神奇的功效，但李氏家族的中医们能够较早地注意到乳癌的问题，也是十分难能可贵的。

外科

外科主要是治疗各种体外肿毒疔疮，其中有所谓疯癫诸症，疹癜，红纱疔，红根疔，耳疔，面疔，人中疔，红蜘蛛咬，缠身蛇，横痃便毒，臭头，过皮，梅毒，干梅，杨梅痒烂，杨梅痈疮，便毒，杨梅天炮诸疮，小儿因毒气发水泡，小儿出痘溃烂，疥疾，沙疥，板疮疥，烂疥，一切疥疾，小儿生胎毒，阴症，腿头郎，无名肿毒，内痔，外痔，节疽，节疔，螺疔，瘰疬，蛇长疔，喉痛，诸喉症，热喉，口中喉中诸症，喉癫临死，喉闭，喉虎，喉塞，喉蛾，喉疡，白喉，白衣毒喉，喉疔，臭脚臁疮，生癣，久年顽癣，目睛生珠，头壳肿大如斗，面上番花，阳物番花，阴户番花，吐肉箭，生蜞有壳，水肿，蛇咬伤，疯痛伤痛，血崩，铰剪疔，掌心疔，唇疔，痒烂疔，钮仔疔，麻粒疔，加车疔，血疔，竖正疔，鹅目疔，仆土疔，白泡疔，乌泡疔，毛虎，白驳风，沙疹，目瞤吐出，倒桐刺，五掌蛇，刀伤止血，一般止血，烫火伤，生鸡，小儿口中起菇，流鼻血诸方，指蛇，湿烂癣，大麻疯，脚掌底蛇，目瞤生红根，疯瘤，胸前窟仔边生痛，头部生瓜，大本缠身蛇，头痃等。

除了以上这些体外肿毒之外，值得注意的是，这两本集子中对于跌打损伤的治疗方法记载得尤为详细，除了记载有数十种的方剂、偏方之外，还有所谓的"拾贰时血行在十二经络打伤切治方"，该治方略云：

> 子时血行至胆，丑时血行至肝，寅时血行至肺，卯时血行至大肠，辰时血行至脾，巳时血行至胃，午时血行至心，未时血行至小肠，申时血行至膀胱，酉时血行至肾，戌时血行至包络，亥时血行至三焦。春打肝三年亡，夏打心三年死，秋打肺立刻亡，冬打肾三年亡，人身七部位不可打。百会一穴、两太阳边二穴、咽喉一穴、对口一穴、太阴一穴、膀胱一穴，另有两眼前不可打。春至百属肝木，夏至百属心火，秋至百属肺金，冬至百属肾水。伤在肝经，东方甲乙木，其色青；伤在心经，南方丙丁火，其色赤；伤在肺经，西方庚辛金，其色白；伤在肾经，北方壬癸水，其色黑；伤在中央脾经，戊午土，其色黄。观形察色便知为干之五伤。

在这种伤科理论的基础上，对于不同时段、不同部位的跌打损伤就有了不同的治疗方剂，如每日的各个时辰，配置的药引也就互有差异，有所谓子时伤胆方、丑时伤肝方、寅时伤肺方、卯时伤大肠方、辰时伤脾方、巳时伤胃方、午时伤心方、未时伤小肠方、申时伤膀胱方、酉时伤肾方、戌时伤包络方、亥时伤三焦方等。这两本医书中所记载的跌打损伤的药方，大致是汇集了中国南方民间对于外伤治疗的一般经验总结，不但对于当时台北乡村的劳伤疾病有着良好的实用治疗价值，而且在中医学说上也很有参考价值。

小儿科

据《省庵集内外各科百症治术验方》记载，李震孝的父亲李树华特别精通于小儿科，故在这两本中医方剂集子中，有关小儿科的药方及其论说也比较多。其中主要的治疗病症有小儿疳泻，小儿疳热，小儿疳肿，小儿疳眼，小儿疳积，小儿疳积瞎眼，小儿疟疾，小儿痘症，小儿麻疹，小儿鹤膝疯，小儿疳渴，小儿惊泻，小儿痰热，小儿气血两虚，小儿脱肛，小儿坠肠，小儿泄泻，小儿禁口痢，小儿上吐下泻，小儿惊风，小儿肺热，小儿黄肿腹胀黄疸，小儿食积心痛，小儿夜啼不止等。在这些药方里，有不少是李震孝的父、祖辈经过实践总结出来的，有些还被整理成药方歌，如：

难治症候：鱼目直视，鸦声鱼口，鼻孔扇黑，青遮口角，弄舌黑舌，头脑单热，液竭舌刺，热伏中洲。

沉重症候：三阳晦暗，聪门下陷，角弓反张，痢渴不止，痢热不休，痢不下食，大渴不止，大热不休。

漫脾，即慢经风，小儿皮肤热口中冷泄泻起为漫脾。……漫脾理中地黄需，若非此方莫安如，熟地枸杞茱萸合，参芪故纸白术符，以附当归肉桂草，热加白芍一钱须，荚子色壳咳嗽用，泻加丁香可无虞。……漫脾温中补脾汤，参芪白术共干姜，陈半附苓缩砂桂，白芍甘草合丁香。危急，痰气涌上，宜逐寒温惊汤治之：漫脾痰涌温惊汤，椒姜肉桂研包藏，宜将四两灶心土，煎水澄清煎药方，若是山间药难买，久年鸡塒掘土攻，四寸以下取静土，煎汤饮下法无双。……

疹麻症，宜清凉解毒去风诸方为主治：小儿出麻有良方，清凉解毒并去风，连牛生地天花黛，银花条苓黄连攻，若是初时提为要，可用升麻葛根汤，更有解毒妙药味，大黄凤尾淡竹通。……

疟疾，不论单热单寒及寒热往来，俱用此数方治之：疟疾不单热寒之，陈半青皮威灵仙，条苓柴胡槟榔草，芷苓草果及常山。此方系二陈汤加。……

李震孝在书中对于他们家族治疗小儿疾病的医术感到相当自豪，所谓"精于小儿科……百发百中"。这种说法虽然不免夸张，但是在当时的医疗条件下，李氏家族所从事的治病救人活动以及他们所积累下来的这些药方，对于治疗乡村小儿的疾病，无疑起到了十分积极的作用。

妇科

妇科的方剂和论说包括妇女疾病与安胎保胎两个方面。妇女疾病方面的药方，有妇人五带（青色、赤色、白色、黄色、黑色），妇人头眩，妇人血母久痛，妇人月经不顺，妇人乱经，妇人腹中成块，妇人肚尾痛，妇人经正行腹痛并头痛发热，经水正行脐上痛，妇人发热夜不睡首气喘嗽，妇人病团，产后骨长痛，妇人产后露出生肠，胎衣不下，妇人经疡等内容。

在安胎保胎方面，除了记载一些安胎药和治疗妇女妊娠期间生病的药方之外，还专门有一篇"胎前论治安胎"，不仅比较详细地描述了十月怀胎的变化过程，而且还根据自己的理解画出了每个月胎儿在腹中的形状图。兹摘录如下：

初月胎形如珠露，未入宫罗在棍户，却如来烛在风中，风紧之时留不住。……

贰月胎形北极中，如花初定蕊珠红，分枝未入裙罗内，气受阴阳脉血通。……

三月胎形血溯形，有宫无室味无真，娘思酸味干□爱，苦辣酸盐并纳成。……

四月入胎宫室形，在娘脐胯内相连，食了儿獐并大蒜，免致胎气受邪魔。……

五月胎形分四肢，入宫胎阮如求块，男酸女淡思饮味，此定阴阳最有知。……

六月儿魂在腹游，左手男魂似线抽，女魂右手轻摇动，却在脐中渐渐浮。……

七月胎形不是邪，男垂左肋重些了，女子右手并无重，行步艰难母叹嗟。……

八月胎气渐见形，毛生发长定精神，娘眼思食难吞下，困苦忧愁躭同行。……

九月胎形重似山，七情开窍不非凡，一日一升三合血，母胎欢产事齐全。……

十月满足欲下胎，四肢铧锋骨尽开，产下呈紧加防慎，莫令儿下受风吹。此月满足，四肢铧键，骨节尽开，方许降生。刘五妹云：莫令儿在地，恐受贼风冲吹牙儿。崔氏云：初生儿接抱砖抱裹切仔细谨慎，即满月平安，可服活水无忧散，一名催生散，治十月已满，多因恣情内伤，或因患热之症，又兼胎前多食热毒之物汁，血伤传七情，怒气所伤，故生产横逆，生之危仓皇不谨，辄取阮姿取逆，触死胎儿，在腹不能所产。治令备妙方，此光偶济急下不可轻传，但服二帖加乌金丸二颗立效：急性子当归各四钱，只壳一两，生地白芍苏叶各二钱，肉桂川芎陈皮各一钱，益母草二两，甘草，鲤鱼一尾。此方不可轻传，各散作二服用，顺流水三碗，合鲤鱼煎至二碗，加好酒醋一叉匙于药内。

这些论说及其治疗的方法，从现代医学的角度来衡量，当然是不尽符合科学，但是在当时乡村医疗条件十分落后的情况下，这种中医的医治办法，至少能够在精神的层面给予患者莫大的抚慰，从而起到一定的医疗效果。

日常保健及生活验方

在《省庵集内外各科百症治术验方》的末尾，有一个"杂录"部分，记载了李震孝等人自己创研或从其他人那里抄录而来的各种日常保健及日常生活验方。如研制"大补药""补药酒""妇人补药丸""保安万灵丹""虚弱药酒""百草粉"等，其中颇有一些新奇的方法，兹引录数则如下：

治颠狂人：用打铁店内焠钢之水饮下即愈。……

七宝美髯丹，服之令人多子，次乃原方十分之一：首乌三两二钱，茯苓八钱，当归八钱，枸杞八钱，兔丝八钱，牛漆八钱，故纸四钱，黑脂麻炒多少，以蜜为丸。

万金油制造原料，可食可抹：丁香油，桂皮油，樟脑油，薄荷油，白蚋，以上五味合调溶解化成为膏。

神佛像嘴须制造法：将头发辫捻成辫子，入滚水炸过自然而成。但须加姨油同炸，方不至过湿伸直。……

蚊烟造成及原料：除虫菊花粉百分之二，骨粉百分之六，夜明百分之十，雄黄百分之九，硫黄百分之三，白末百分之四十，即锯屑，南香百分之三十，以上计百分之整数，加信石千分之一二更妙。如欲火线灵敏，可用硝石泡开水，合上列药末而制之；若或点火不能燃，急喷水使湿过一二天，取起亦能燃。

驱鼠药：琥珀油一两，小麦粉十两，二味拌匀使鼠食之。又方：硫酸铁、白糖，二味拌匀掺入食物，是鼠食之。

此外，还有诸如李子汁制造法、墨汁制造法、光发油制造法、食料醋制法、七珍梅制法，以及柚皮蜜饯、橘饼蜜饯、仙渣饼等的制造方法。这些制造方法都与中药的炮制技术有着一定的联系。

（三）李氏家族所收藏的中医方剂集子中所反映的社会问题

在近现代西方医学尚未传入中国之前，中国传统医学即中医对于人间疾病治疗的局限性是相当明显的，中医对于许多疾病特别是传染性疾病，往往显得无能为力。台北芦洲李氏家族辑存遗留下来的这两本医书，一方面反映了当时民间中医所能关注到的治疗领域的局限性，而另一方面，却也恰恰在一定程度上帮助我们了解到，当时台北淡水河流域乡村的疾病流行情况以及民间医生治疗这些疾病的一般情形。

从这两本医书的记载中可以看出，在当时民间中医力所能及的范围内，他们所关注的乡村疾病，所谓内科是以风寒咳嗽、胃症痢疾为主，外科是以体外的各种疔疮、肿毒为主。就传统中医的效能而言，这些疾病正好是中医能够发挥较好治疗效果的日常疾病。而从当时台北地区淡水河流域的开发情形看，这些疾病也正好是当时最困扰这些从福建沿海各地迁移而来垦辟荒莽的人们。台北淡水河一带是台湾开发较晚的区域，主要原因是山林较多、瘴气弥漫，不太适宜于当时医疗卫生条件下的外地移民。康熙中期高拱乾修撰《台湾府志》的时候，就指出了这一点："水土多瘴，人民易染疾病。……半线以北，山愈深，土愈燥，烟瘴愈厉,人民鲜至。"①到了乾隆年间,进入台北地区淡水河流域的移民逐渐增多,不少地方渐次开发,但是自然环境所引发的民间疾病依然十分突出,余文仪续修《台湾府志》时写道:"南、北淡水均属瘴乡。……北淡水之瘴,瘠黝而黄,脾泻为痞、为鼓胀。盖阴气过盛,山岚海雾郁蒸,中之也深。又或睡起醉眠,感风而发,故治多不起。要节饮食、薄滋味,慎起居,使不至为所侵而已。淡水在磺山之下,日出磺气上腾,东风一发,感触易病;雨则磺水入河,食之往往得病以死。七八月芒花飞扬,入水染疾益众。风候与他处迥异。"②从这些记载中,我们可以约略知道,从清代中期以来,淡水河流域一带素以瘴气弥漫、山深土燥著称,而这样的自然环境,正是风寒咳嗽、胃症痢疾多发以及体外无名肿毒繁生的重要原因之一。至于妇女疾病和小儿疾病,在西方医学尚未传入中国之前,是导致人口死亡的重要因素之一。20世纪90年代,台湾"中央研究院"民族学研究所和厦门大学台湾研究所等单位曾经对福建一些乡村20世纪50年代以前的妇女生育情况以及小儿的养育情况做了重点调查,结果表明小儿的成活率大致在30%以内;而妇女的怀胎生产,素有"过鬼门关"之称。所以,传统中医一直对这两种疾病十分重视,安胎、保胎、小儿养育等方面的药方数量众多。尽管如此,其治疗的效果总是不能完全令人放心。台北芦洲李氏家族医书中对于此类方剂记载的重视,从一个侧面反映了当时妇女疾病和小儿疾病对这里民间生活与卫生的严重困扰。

这两本医书中对于外科所关注的另一个重要问题是跌打损伤的治疗,这也显然与当时台湾开发时期的社会环境有着密切的联系。早期台

---

① 高拱乾:《台湾府志》卷七《风土志·气候》,《台湾文献丛刊》第65种,台湾银行经济研究室编印。
② 余文仪:《续修台湾府志》卷十三《风俗·气候》,《台湾文献丛刊》第121种。

湾的开发，大多处于一种比较混乱的社会环境之中，从大陆各地迁居来的移民，与台湾原有的土著经常发生冲突，《台湾府志》说淡水厅一带的"番民"，"依山阻海，划蟒界以入，地险固，数以睚眦杀汉人，官军至则窜。淡水以北诸番，此最难治"。①而各个不同乡族、家族的汉族移民们之间，也经常发生各种各样的冲突械斗，嚣悍之风所在多是。《诸罗县志》云："强悍险急近于秦，遇事蜂起喜斗、轻生图赖、歃血相要约反复，依溪山之险蠢动为他邑剧。"②即以芦洲地区的情形而言，同样也是如此，嘉庆年间，这里还发生过大规模的漳州籍和泉州籍移民之间的械斗。据记载："嘉庆十四年（1809），淡水地区漳泉械斗，淡水泉人至芦洲请援兵，壮丁悉往相救。新庄一带漳人、客人侦知芦洲空虚，倾兵来犯，父老们乃以妇女披甲胄、举旌旗扮壮丁，鸣金击鼓，排成疑阵，并草救援之书，插于鸟羽，随使游铎之士，士如箭飞，援书到淡水，乃驰回。在出师攻打新庄之前，父老乃率壮兵先祈祷于开山郡王，……誓毕，命壮士郑捷、林金等二十余人，率百余人攻打，卒能以寡败敌。"③从这些记载中，我们可以了解到当时社会环境的混乱无序与乡族械斗的激烈。正因为如此，李氏家族辑存的医书中，治疗跌打损伤方剂之多，也就理所当然了。

在这两本医书中，有一些治疗性病的药方。这种情况同样在一定程度上反映了清代中期以来台湾地区所存在的这一社会问题。道光年间任过台湾地方官员的陈盛韶在《问俗录》中就曾记载台湾的这一陋习："台湾民多鳏旷，淫风流行。匪特城市为然，穷乡曲巷无地不有，名曰

---

① 余文仪：《续修台湾府志》卷十五《风俗·番社风俗》。
② 周钟瑄：《诸罗县志》卷八《风俗志·汉俗》，《台湾文献丛刊》第141种。
③ 李云雷：《郑成功祭祀记》，转引自温振华：《芦洲涌莲寺——一座乡庙的形成》，文载台北县立文化中心编《北县文化》1996年第50期。

婊妹。……淫风日恣，则习俗日坏，流民日多。驱逐伎娼，为守令遏淫一法，台湾驱之不可胜驱。"[1]《淡水厅志》亦云："有为红姨，托名女佛，探人隐事。……或幻术而恣淫，或劫财而殒命，以符灰杂以烟茗槟榔食之，罔迷弗觉，颠倒至死。"[2]由于这种风气的流行，医书中除了记载医治各种性病的药方之外，还有一些助情煽欲的方子，诸如男女作乐乘着泄精方、男女交合窄着方、夜战九女如意丹、不请自来客方等等，其中"长相思方千金不买"云："淀粉、川椒、狗骨、烧石、蛇床子各八钱，共为末拌调，少许涂玉茎行事。初交一次，令妇人朝思暮想不已。"这种方子，显然也是当时社会问题在卫生医药上的反映。

中国传统的中医学说，总是与阴阳五行学说以及巫术等掺和在一起的。在李氏家族珍藏的这两部中医方剂集子中，同样也体现了传统中医的这一内涵，如我们在上面所引述的"嗽症论法""痢疾论"以及跌打损伤的论说中，都已有所反映。这里再引关于十月怀胎的论说为例：

> 五月胎气男女分定，周寄云：令胎母前使人后唤之，左回头是男，右回头是女。男思酸、女思淡。……六月胎形男动左，女动右。……

再如治疗小儿止哭的方法：

> 小儿哭不止，不知何因，……本家火棍一支，或烧乌一段，削平焦处。如无即取柴棍拨火数日，用之亦得。朱砂向上写云：拨火杖，拨火杖，天上雷公差来作神将，捉住夜啼鬼，打杀不要放。急急如律令敕。写毕勿令人知，安立床前脚下，男左女右。

这种方法，在当时现代医学尚未昌明的台湾农村，应当还是有其合

---

[1] 陈盛韶：《问俗录》卷六《婊妹》。
[2] 陈培桂：《淡水厅志》卷十一《风俗考》，《台湾文献丛刊》第172种。

理的因素，它能够在某种程度上给予病患者精神上的安慰。

福建、台湾地区，民间信仰特别流行，这也对民间医学产生了一定的影响。当时的记载说，淡水河一带"地膏沃易生财，亦易用财。凡遇四时神诞，赛愿生辰，搬演杂剧，费用无既。又信鬼尚巫，蛮貊之习犹存。有曰菜堂，吃斋拜佛，男女杂居。有为客师，遇病禳祷，曰进钱补运。金鼓喧腾，昼夜不已。有为乩童，扶辇跳跃，妄示方药，手执刀剑，披头剖额，以示神灵"。①这种现象在医书中也有所反映，其中所记载的某些药方，据说就是从乩童神汉那边引录过来的。如：

又经验良方，林水柳处前年仙乩经已救人不少：患吐泻后饮茶不能止渴，用莲子二钱、苏淮三钱、扁豆二钱、苡仁二钱……

病后水肿，又方，佛祖乩示：寄生、丁竖于，炖赤肉服。

妇人产后露出生肠，圣帝乩示妙方：蝉退烧灰调茶油抹之立愈。此方有经验。

经验妙方百斯笃，鼠疫，林水柳处仙乩：山甲五钱、白芍五钱、当归五钱、黄芪五钱、甘草五钱（小儿半额）。起在头部加川芎，在腹部加杜仲，在脚部加牛七。水两碗煎七分，和酒二分，连服二剂，发汗就好。

这种药方，从表面上看未免有些荒诞不经，但它又确确实实是福建、台湾等地民间医学的一个组成部分。时至今日，福建、台湾各地仍然流行着诸如保生大帝药签一类的病痛治疗方法。对于这种现象，我们似不宜简单地用"迷信"二字而一概视为不见，应当加以认真的分析。

芦洲李氏家族辑存遗留下来的这两本医书，一方面为我们提供了清代以来台北淡水河流域乡村治病的众多方剂，使我们得以了解当时李氏

---

① 陈培桂：《淡永厅志》卷十一《风俗考》。

家族以及民间中医进行治病救人时所用的方法及其他们所关注的主要论说；另一方面，它也反映了当时台北淡水河流域开发时期的乡村社会诸问题，有益于我们加深对于这个时期台北淡水河流域乡村社会环境的认识。然而可惜的是，至今为止这一类民间医书依然十分罕见。我们企盼着有志于研究台湾地方史的同好们，能够辛勤发掘，让更多的民间资料问世，从而以更广的视野，对台湾开发的历史做更加深入的探讨。

卷二
从官私文书看清代台湾的"民番"关系

一、清代政府对于"平埔族"政策的基本沿革

(一) 官私档案契约文书与清代台湾"民番"关系研究

所谓"民番",是清代台湾官府及社会对于汉民和当地少数民族的通用俗称。"民"指"汉民","番"指少数民族。少数民族又分为"熟番"和"生番"。"熟番"一般是指已经归化并纳入政府管理的这一部分少数民族,因为其居住地比较靠近于山麓、平原,通常被称为"平埔族"。而"生番"则一般指尚未归化纳入政府管理并且居住在深山老林中的少数民族,故后来又称之为"高山族"。清代官私文书中经常提到的"民番",一般更多的是指经常与官府和汉民发生比较紧密联系的"熟番"。

"平埔族"人既然在清代已经逐渐地被官府纳入国家户籍管理的体系,它必然与官府发生各式各样的权利与义务诸方面的联系。同时,清代是中国大陆特别是福建、广东两地汉民移居台湾的高峰期,汉民移居台湾的垦殖活动,先从台湾西部的沿海地带开始,逐渐向大陆山区推进,这样就必然与"平埔族"的社会经济活动产生碰撞与交融。于是,清代台湾的所谓"民番"关系以及与官府的关系,既包含着政府与民众的关系,又掺杂着不同族群的民族关系,显得格外复杂。然而迄今为止,学界对于这种复杂关系的研究,尚缺乏深入而又带有细部考察的成果。

近年来,我因从事台湾文献的搜集和整理工作,承蒙台中市陈炎正先生的大力协助,获见一批清代乾隆年间的台湾中部地区官府档案文

书，以及一批从乾隆到清末光绪年间的民间契约文书。这些官私文书到目前为止，还很少为人们所利用分析。其所涉及的地点，主要是清代中期彰化县所属的岸里社"番社"一带。[①] 为此，我对这些官私文书进行了初步的梳理研读，感觉这些资料对我们深入了解清代台湾的"民番"关系，以及清政府在台湾所实施的民族政策，有着一定的学术意义。下面，我就根据自己所关注的几个问题，逐次进行论述。

（二）清代台湾官府对于"番社"管理的基本情景

17世纪以前，即明代嘉靖、万历年间之前，台湾少数民族部落众多，各不相属，互有争斗。嘉靖、万历以来，福建等沿海居民开始成批量地迁居台湾，并逐渐在台湾西部沿海一些地区实行垦殖活动。与此同时，欧洲殖民主义者荷兰人、西班牙人也进入台湾西部地区，并且率先在台湾所占据的地区建立了社会管理体制，台湾部分少数民族，也就是后来所谓的"平埔族"人的一部分部落，被纳入到他们的管理体制中。因此，对于台湾"平埔族"人进行管理和征税，始于明代后期的荷兰占据时期。清代初年，郑成功驱逐荷兰殖民者，收复台湾，其对"平埔族"的管理和征税，基本上承继了荷兰人的机制。清朝统一台湾之后，逐渐

[①] 根据乾隆（范咸）：《重修台湾府志》卷二《规制·番社》记载，彰化县岸里社及其相属、相邻的"番社"有"岸里社、乌牛栏社、束社社、阿里史社、朴仔篱社、沙里兴社、巴荖远社、狮头社、狮尾社，以上九社，半居内山，俱熟番"。又据道光（周玺）：《彰化县志》卷二《规制·保庄社》记载，该县有"熟番"二十三社，"柴坑仔社、半线社、阿束社、马芝遴社、猫雾捒社、大肚社、南投社、朴仔篱社、乌牛栏社、北投社、猫罗社、猫尔干社、大武郡社、大突社、二林社、迁善社、感恩社、水里社、岸里社、南社、东螺社、西螺社、眉岸社。以上二十三社，皆归化熟番所居。然或汉人杂处，或迁徙而虚其地，始589仍原名记载耳"。如此看来，清代台湾的"番社"名称也时有变化。这可能跟"番民"有不断迁居的习惯有关，道光《彰化县志》卷九《番俗》云："番社岁久，或以为不利，则更择地而立新社以居。将立社，先除草栽竹，开附近草地为田园。……先时旧社，多弃置为秽墟。近则鬻之汉人。"

在全境推行府县管理体制，然而对于已经归化纳税的"平埔族"人，依然采取设立土官予以自治的办法，并由府县统摄。《诸罗县志》记云：

> （番社）土官之设，始自荷兰，郑氏因之。国朝建设郡县，有司酌社之大小，就人数多寡，给牌各为约束。有大土官、副土官名目，使不相统摄以分其权，且易为制。①

荷兰殖民者以及其后的郑氏政权，对"平埔族"人的征税，基本上是采取户丁包税贡献制，不征土地税。《诸罗县志》复云：

> 陆饷，番社饷也。……台湾始见于明之中叶，前无可考。明季属荷兰，岁贡倭鹿皮三万张。诸罗此时大约以鹿皮为赋，或折征也。郑氏伪额，诸罗番户二千二百二十四、丁口四千五百一十六，分大小三十四社。②

清代政府对于"番社"的征税，已经转化为以征收折银为主。根据清代前期的统计，诸罗县三十四社的征银旧额，多达七千七百零九两余。③由于在"番社"施行土官自治，无法像汉民村落那样推行有效的户籍管理，因此对于陆饷的征收，早先基本上沿袭自荷兰殖民者管理以来的包税制，俗称之为"赎社"。"赎社亦起自荷兰，就官承饷曰社商，亦曰头家。八九月起，集伙督番捕鹿曰'出草'；计腿易之以布，前后尺数有差。劈为脯，筋、皮统归焉；惟头及血脏归之捕者。至来年四月尽而止，俾鹿得孳息，曰散社。"④"轻重之饷经于赎社者之手，……康熙二十三年归入版图，权社之大小，岁征饷若干。"⑤

---

① 康熙（周钟瑄）：《诸罗县志》卷八《风俗志·番俗》。
② 康熙（周钟瑄）：《诸罗县志》卷六《饷税·陆饷水饷杂税考》。
③ 乾隆（刘良璧）：《福建台湾府志》卷八《户役·陆饷》。
④ 康熙（周钟瑄）：《诸罗县志》卷八《风俗志·番俗》记云："交纳鹿皮，自红毛以来，即为成例。收皮之数，每年不过五万张，或曰万余张。牯皮、母皮、末皮、獐皮、麂皮分为五等，大小兼收。"
⑤ 康熙（周钟瑄）：《诸罗县志》卷六《饷税·陆饷水饷杂税考》。

由于荷兰及郑氏政权所沿袭的征税"瞨社"有苛剥"番民"的诸多弊病,从康熙中后期开始,地方官员亦屡屡试图改革由"瞨社"包税的征纳制度。康熙《诸罗县志》在编撰基本完成之时,曾经奉到革除社商的公文,但是《赋役》一卷已经刊刻,县志编撰者只好在《番俗》中予以补上。该《番俗》中载云:"年来革去社商,各社只留通事一人。丁酉间,观察梁公行县至淡水,并详革通事名色。其司社饷、差徭之数者,曰书记。严立条约,而诸番剥肤之痛益以苏矣。此事行文到日,赋役一卷已先刻就,附记于此。"①虽然如此,从乾隆之后的番税征收情形看,康熙五十六年(1717)丁酉观察梁公的革除社商、通事的公文,并没有得到有效的实施。番税的征收,基本上还是由通事、土目等当地土官来包征包纳。

荷兰人占据台湾期间,基于殖民主义的理念,对于"平埔族"番税的征收,税负甚重,每年从"番社"索取鹿皮万余张至五万张不等。②郑氏集团统治时期,由于一直处于战乱之中,军费开支巨大,各种税负无法减免,虽然所征收的税种基本上从鹿皮等土产转化为以征收银两和粮食为主,但是在此期间番税的负担依然是相当沉重的,甚至有增无减。清朝统一台湾之后,政府认识到对于"平埔族"征税的不公平,逐渐采取措施,减免税赋,使"平埔族"的户丁税额与汉民的户丁税额持平。乾隆《台湾府志》记载从康熙年间至乾隆初年的番税征收减免情形云:

(台湾府)番丁三千五百九十二口,……共征米四千六百四十五石三斗,折粟九千二百九十石六斗。雍正四年定豁免番妇一千八

---

① 康熙(周钟瑄):《诸罗县志》卷八《风俗志·番俗》。
② 乾隆(范咸):《重修台湾府志》卷十六《番俗通考》。

百四十四口,其番丁一千七百四十八口,旧征粟五千六百零二石六斗,将每石改征折价银三钱六分,共征银二千一十六两九钱三分六厘。乾隆二年奉旨番丁照民丁例,每丁征银二钱。……额征社饷改照民丁例,番社大小八十九社,计番丁五千零九十,共征银一千零一十八两。①

乾隆二年(1737)"平埔族"的户丁税骤减,源于是年乾隆皇帝对此专门下达了一则上谕。上谕云:

闻台地番黎大小九十六社,有每年输纳之项,名曰"番饷",按丁征收,有多至二两、一两有余及五六钱不等者。朕思民番皆吾赤子,原无歧视,所输番饷即百姓之丁银也。着照民丁之例,每丁征银二钱,其余悉行裁减。②

由此可见清政府对于减免番税的重视。《彰化县志》对于这一带番税的历次减免情形亦记载云:"诸罗县拨归管辖,土番大社二十二社,内附小社五十一社,额征银三千六百五十两一钱七分二厘。……乾隆二年,改则额征社饷,改照民丁例,每丁征银二钱,实在土番社一十八社并附小社二十六社,共番丁二千三百一十八,共征银四百六十三两六钱。"③从以上《台湾府志》和《彰化县志》等文献的记载中可以看出,自康熙前期至乾隆初年,番税是以锐减数倍的比例减免的。清代政府对于台湾少数民族"平埔族"等推行的是一种安抚优恤政策,这正像乾隆皇帝在乾隆二年(1737)的上谕中所表达的观念一样,"民番皆吾赤子,原无歧视",汉番应该一视同仁。

清代政府对于"平埔族"的征税虽然基本上以户丁税为主,但是

---

① 乾隆(范咸):《重修台湾府志》卷五《赋役·户口》。
② 同上。
③ 道光(周玺):《彰化县志》卷六《户口·番丁番饷附》。

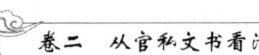

台湾盛产鹿，作为地方特产，从荷兰人及郑氏政权所遗留下来的征收土产鹿皮的习气，在清代台湾番税的征取中依然有少量的保留。自雍正年间以来，政府在制度上亦尽可能地减免鹿皮的征收。特别是到了清中期，台湾的鹿由于自明代后期以来大量捕杀，数量锐减，征收鹿皮等实物日益困难，政府也酌情采取折银征收的办法，以减轻"番社"的负担。《诸罗县志》称：

> 诸罗县截归生番归化岸里社等番社大小共五社，输纳鹿皮价银一十二两。雍正四年，新收生番归化巴荖远等四社输纳鹿皮价银七两二钱。雍正十二年，新收生番归化沙里兴等一社输纳鹿皮价银二两四钱。雍正九年，奉文拨归淡防厅管辖生番归化麻箸、久社折纳鹿皮价银三两六钱八分。实征生番、归化番大小共九社，折纳鹿皮价银一十七两九钱二分。乾隆二年，定以年输鹿皮一十八张交官变价，每张价银二钱四分，共银四两三钱二分。内岸里社并附扫束社、乌牛难社、阿里史社、朴仔篱等社共输鹿皮一十张，交官变价银二两四钱，巴荖远社并附狮头社、狮子等社共输鹿皮六张，交官变价银一两四钱四分，沙里兴社输鹿皮二张，交官变价银四钱八分。①

《彰化县志》亦记载：

> 乾隆元年，减征鹿皮价银，一十三两六钱。实在生番归化大小番社共九社，定以年输鹿皮一十八张，每张价银二钱四分，共银四两三钱二分。岸里社、乌牛拦、阿里史、朴仔篱等社，共输鹿皮一十张，价银二两四钱。芭荖远等并附狮头、狮尾等社，共输鹿皮六张，价银一两四钱四分。沙里兴社输鹿皮二张，价银四钱八

---

① 乾隆（刘良璧）：《重修福建台湾府志》卷八《户役·彰化县》。

分。……又诸罗县拨归生番归化岸里社等番社大小共五社，输纳鹿皮价银一十三两。雍正四年又新收生番归化芭荖远等四社，输纳鹿皮价银七两二钱。①

以上我们从政府制度的层面分析了清代政府对于"番社"的管理征税情形，大体言之，清朝政府对于台湾归化纳税的"平埔族"人，采取了尽可能消弭汉民与"番民"界限、一视同仁的政策，具体反映在番税的征取上，比起明代后期荷兰殖民者和郑氏政权统治时期，显然有着大幅度的减轻。这一政策，对于维护台湾地区的社会安定，促进民族和谐，明显起到了积极的推动作用。

（三）清代台湾官府对于"番社"的索求

然而我们还应当看到，清朝政府所制定的政策与官员的具体执行过程是存在一定差距的。特别是鹿皮、鹿脯作为台湾地区一种富有地方特色的土产品，往往是台湾就任官员喜好并且用于人际、官际应酬的上佳物品，这样就使得一部分台湾地方官员在制度之外加重了对于"番社"的索求。在笔者所见到的乾隆年间彰化县官府文书中，其对岸里社等"番社"的鹿皮、小米等的征取数量，就大大超出上面府志、县志中所记载的制度内定额。如在乾隆三十二年（1767）彰化县保存下来的"番社"禀文中，仅屋鳌社等一十三社，每年就必须上纳鹿皮五十四张、小米五十四石。超出县志中核定的鹿皮数的一倍之多：

> 具禀台下屋鳌社总土目由巴仕等，为禀明事。缘仕等蒙列宪招抚输诚，均是爷台赤子，蒙督宪准仕等一十三社每社每年贡纳鹿皮

---

① 道光（周玺）：《彰化县志》卷六《户口·番丁番饷附》。

饷四张、小米税四石,每年共该鹿皮饷五十二张,共纳小米税五十二石。蒙县主票着通事传唤仕等出山认纳,并着通事出具不敢违限甘结。但仕等生长内山,三飡以薯芋为粮,穿则鹿衣为衣,并无耕种鹿皮小米两饷,无从所纳。……①

清代中后期,由于民间与官府对台湾野生鹿的捕杀没有节制,捕获鹿只越来越困难,鹿皮、小米等的贡献品已经成为"番社"的一项沉重负担,经常无法如期交纳,致使官府一催再催、公文叠下。如乾隆三十四年(1769)彰化县正堂的催票称:

> 正堂成为特催未完加粮事。照得额征加粮银两例应四月完半、十月全完。兹查乾隆三十四年分额征正杂饷税、官庄匀丁等项银两,未经完半,玩延殊甚。兹届征合行严催,为此票仰饷差洪用立往岸里社严催通土敦仔速将未完粮本年份并三十一年分贡献鹿皮小米饷项银两逐一照数备办足色纹库,按期自封亲赍赴柜投纳,随给印串执照。再仍前玩延,每逢三日期即带各欠户赴县比追。该差承催不力,并此不贷,速速。②

台湾地方官府除了私自加重对鹿皮、小米等土产品的征取数额外,有时还以委托采买的方式,索取鹿皮等台湾土特产。由于此时鹿只、马匹等捕获不易,这样的委托采买同样又成为"番社"的另一项额外负担。在《理番同知猫雾拣司票簿》中,有乾隆三十一年(1766)五月三十日的一份催票,该司对于"番社"迟迟无法交纳所谓的买办鹿皮、马匹等十分不满:

> 拣司汪为饷催事。照得本司前经发价银二封,着该通事敦仔等

---

① 《彰化县主王案簿》,乾隆三十二年(1767)闰七月二十日番社禀文。电子扫描本藏厦门大学国学研究院电子数据库。以下同此,不再另注。
② 《彰化县主王案簿》,乾隆三十四年(1769)七月初一日催票。

选买官马、活鹿、花皮等项，延今数月，而该差胆敢推卸与该通土疲延塞责。现在查敦仔近日拣选送各衙门骏马数匹，岂有本司发价数月竟不办理，至牵到小黄马一匹，看系鬃尾寡短，不堪之骑。鹿皮九张，明系该差曾扬怠玩，或舞弊短价，殊难宽恕。除责重惩示儆外，合行添差督催。为此单仰本役飞往岸里，立着该通土敦仔速将前日即次发价所买良马二匹、活鹿二只、大张花鹿皮四十张，限次日内缴送赴司，以凭应用。为价不敷，宜陈另行添发。去役毋得仍前玩忽怠玩致干重究不贷。①

从这张催票中可以知道，该司委托采办的土产品数量不少，有"良马二匹、活鹿二只、大张花鹿皮四十张"，这几乎跟上引县志中所记载的制度定额内的鹿皮数量差不多。正因为如此，"番社"屡屡无法完成官府所委托的采办任务，不断向官府陈情宽宥。如乾隆三十二年（1767）七月十一日"番社"通事、土目给彰化县府衙门的禀文称：

敬禀者春二月内协台大人□巡至岸，敦与各番均叩恩赏，愧无以报，实出敦之本心。幸宪面谕着敦采办鹿茸二对、活鹿二只，应宜速遵办缴，奈此二件总属土产，非时行、无遇时不获，是以迟延数月，实有干咎，幸宪宽宥，只得觅买鹿茸二对，此月初旬既经缴宪恩收。兹蒙爷台泽及，围获活鹿一只，特遣小番扛缴副爷台下，恳希转缴协宪大人验收，沾感靡涯切禀。②

同年七月二十二日，岸里社通事潘敦仔给理番同知猫雾捒司的禀文称：

具禀台下岸里社通事敦仔，为禀缴事。缘此三月内蒙发银一

---

① 《理番同知猫雾捒司票簿》，乾隆三十一年（1766）五月三十日催票。
② 《彰化县主王案簿》，乾隆三十二年（1767）七月十一日禀文。

奉、金单一件，着敦采办鹿皮、活鹿，敢不凛遵迅办。只因各宪采取犹急，是以延误，有干兹叨爷台福庇。幸获活鹿一只、大花皮四张，及蒙发给价银，一并赴缴，伏乞大老爷恩准验收沾恩切禀。①

从这些"番社"通事的禀文中，我们可以约略了解到这种委托采办的艰难。这种采办实际也成了"番社"的一项额外负担。这里需要指出的是，地方官府在制度之外的加派苛索，是中国历代王朝的通病，并不仅仅是针对台湾的"番社"而已，对于汉民，额外苛索同样花样甚多。从这层意义上说，官府对于汉民和"番社"，基本也是一视同仁的。

从彰化县的官府文书中，我们虽然知道岸里社一带的"番社"不必承担田赋一类的所谓"正额"税项，但是他们还必须承担诸如协助官府防卫地方治安、修筑维护"番界"，以及带有某些"番民"技能特点的劳役。特别是政府为了防卫深山未曾归化的"生番"，"平埔族"的"番社"往往要组成隘丁把守。隘口及隘丁的费用，或由政府拨付一部分，或由"番社"通事、土目用本社的公共租银支付。彰化县官衙文书中收有乾隆四十七年（1782）岸里社通事上呈关于隘口、隘丁的禀文云：

> 具禀辖下岸里社通事潘明慈为叩谢宪恩事。缘慈具禀遵谕加拨隘番防护蒙批，据禀每隘加番守护，通事随时督率不致疏懈，甚可嘉尚另候奖赏。至守隘各番通融调拨如禀，免其造册，仍于社中更换时记名以备查考。所有各处添设番丁，应需口粮，本府现已移行淡厅、彰邑筹议加厚给发，以资裹□。仍着传谕加严防范，不必□意。该通事时为稽察之毋忽等因。蒙此并蒙恩赏羽□纱□褂一副、□靴一双。慈已叩首领赏，随传示各充幼番黎，同慈无不咸休宪德

---

① 《理番同知猫雾捒司票簿》，乾隆三十二年（1767）七月二十二日禀文。

隆恩恤赏至意。至额设隘番，以及添拨壮番，俱感宪恩，更加小心防护，不敢疏懈。仍遵宪谕所有壮番更换之时，逐一记名，每隘加拨土目一名，前往督率。其添拨壮番者，每名每日慈发给口粮白米二升，足资□□，□□宪怀。一面时加稽查外，合将恩赏缘由谨禀，伏乞大老爷电察施行。①

彰化县衙派差票簿中有乾隆三十二年（1767）的宪票云：

本府宪邹宪票内开淡彰所属勘定民番界址，划出界外田园埔地，挑筑沟牛，如有坍淤之处，立即逐加查勘，移明就近派拨番民修竣具报，合就移查等因，准此案照沿山一带边界沟牛隘察，历奉宪檄饬令修筑，以弭山番出没。业经本司饬差着同乡保通土等，在于所辖沙历巴来朴仔篱等处沟牛隘察，查明如有坍淤处所，雇拨番民修筑。去后嗣据通事敦仔报竣前来。兹又准前情合行谕知为此谕。仰该通土等……毋得延玩，以致临时周章干咎不贷，此谕。②

在彰化县衙的票簿中，有调派"番社"人等来县城搭盖考棚的文书，搭盖考棚等此类建筑需要竹木藤原材料，原是"番民"所擅长：

正堂成为岁考事。蒙本府宪邹信票奉本学道宪蒋宪法牌内开，定于本月二十日县试，八月二十日府试，册送院试等因，蒙此业经出示晓谕在案。所有各场内应用篷厂，合行照例饬办。为此票仰该差洪用立着岸里阿里史猫雾拣社通土速即遵照往例，会同各保预办篷禀柱竹小夫匠工等项，赴郡搭盖篷厂。事关大典，毋得临期玩误，致干究比不贷。火速火速须票。③

在同类的官文书中，我们可以看到官府屡屡督促"番社"加强防

---

① 《北路理番案册》，乾隆四十七年（1782）五月十一日禀文。
② 《彰化县主成票簿》，乾隆三十二年（1767）三月初二日给票。
③ 《彰化县主成票簿》，乾隆三十四年（1769）七月初六日给票。

守巡查的公文,如在《猫雾拺司票簿》中,乾隆三十二年(1767)八月二十四日给差曾扬富称:"淡彰所属勘定民番界址,划出界外各处禁地,挑挖深沟、堆筑土牛,例应每年六月就近委员查勘,如有坍淤,就近派拨佃民挑筑完整。……督同岸里社阿里史社通土乡保等立查各该处沟土,如有坍淤处所,刻即照例派拨附近佃民星速挑筑修整完固。……。"乾隆三十三年(1768)正月二十三日给差陈□、何富称:"朴仔篱、校栗林、沙历巴来积、内新庄等处边界沟牛隘寮等项,饬令各该管通土派拨锄修填补,务要如式坚固。……该隘寮有无番丁足数常川把守?逐一查明,据实禀复,赴司以凭察夺。……。"在彰化县衙的文书中,当地责任"番社"也屡屡回应官府的询查,如乾隆四十七年(1782)五月十八日岸里社通事禀文称:"具禀台下岸里社通事潘明慈为禀报事。缘此十七日下午据朴仔篱社报称,即早有生番数百出没界外山脚,焚烧草寮,赶杀民人等语,请添拨壮番入山搜捕抵御外,但未知戕杀多寡?容俟查明确情另禀外,理合预禀伏乞大老爷电察施行叩。"乾隆四十七年(1782)五月二十八日"番社"通事复禀:"缘此十七日早有□□内越界寮民,被生番戕杀多命,有割去头颅者,有未割头颅者,有箭铳刀镖伤者,俱各不等。料此十九日早有林已位、黄阿柏等先以破毁公馆,继以纠众数百,各执刀枪器械,抬尸拥社,两衙公役劝阻不听,现今杀伤社番未知多寡,社番俱惊奔逃四散。今又凶徒愈甚,合社户口难存。势得飞禀大老爷做主,乞迅到勘,急救合社沾恩切叩。"

预防深山未归化的"生番"的袭击,是"平埔族"人一项极为重要的差役,"番社"守隘也是当时维护台湾社会稳定的一项重要措施。因此政府督管甚严,一旦酿成比较严重的事件时,"番社"往往受到官府的指责,谓之"纵番误公"。乾隆四十三年(1778)彰化县衙门就曾

经因"番社"防卫疏漏而受到指责追究,该文如下:

> 彰化县为察门杀匠提究纵番事。乾隆四十三年十二月十四日蒙府宪法信牌,本年十一月二十六日据该县民吴玉统、赖应良告称,痛玉统等胞弟吴玉重、赖卯慨充彰邑木匠首张奠兴分下小匠,县印给单。据向例军匠办料,系朴仔篱社社主潘士万,通事潘辉光、潘习正等拨番卫护进山锯制军料。讵士万及辉光等不遵宪例,将社包贌汉棍张观乐、刘阿恂边接内山私货,渔利肥己,不禁生番出没,不拨卫护匠,致此十月二十九日辰刻玉统等胞弟吴玉重、赖卯慨在东势角匠寮门首制办军料,惨遭凶番数十各执枪镖□□杀毙卯慨、玉重两命,割去头颅,并无拨番奔往护救。玉统等附□惨杀事报匠首张奠兴纵番误公事禀县主。①

诸如此类的"番社"差役,虽然也在某种程度上给"平埔族"的"番社"带来一定的负担,有时甚至是比较沉重的负担,尤其是当执役出现疏漏时,还将受到政府的追究。②但是我们还应当看到,在清代,台湾社会关系相对复杂,汉民与"生番"及"平埔族"人之间,汉人与汉人之间,都有种种相互碰撞而又相互纠缠不清的关系,暴力事件时有发生。因此,"平埔族"人的守隘差役,无疑对于当时的社会安定,起到了一定的积极作用。而这一点,往往为我们现代研究台湾历史的学者所忽视,这是很不应该的。一方面,清朝政府能够从平等的理念来实施"理番"的政策,使得大部分"平埔族"人愿意成为国家的"编户齐民";而另一方面,成为"编户齐民"的"平埔族"人,勇于承担维护地方治安,特别是守卫隘口的责任,这又反过来协

---

① 《彰化县主王案簿》,乾隆四十三年(1778)十二月二十三日。
② 清代台湾地方政府征调"番社"户丁税及差役,在经济上对"番社"有一定的补偿,具体情况将在下节论述。

助了清政府在台湾的统治。就整体情形而言，清朝政府在台湾的民族政策是成功的，并值得借鉴。

二、"番社"通事的作用及其弊病

（一）通事、土目对"番社"事务的包揽及其舞弊

清代政府对于归化的"平埔族"基本上采取设立土官予以自治的管理方法，这就使得通事、土目等"番社"土官，成为沟通、连接政府与"番社"关系的最主要，甚至是唯一的途径，同时也是沟通、连接"番社"与相邻汉民关系的最主要的途径。正因为如此，通事、土目（在许多官文书的记载中，往往简称为"通土"）作为清代台湾"民番"社会的一个特殊角色，其地位就显得格外突出。

"番社"通事、土目的人选，早先有由汉人担任者，到了清代中后期，"番社"通事及土目，就基本上由"番民"自行担任。通事、土目的遴选，先由本社"番民"公举，然后上报给所属县府衙门，获得批准颁发牌戳后即可就任管事。《台湾府志》记云："台湾僻处海外，向为土番聚居。自归版图后，遂有生、熟之别。生番远在内山，近亦渐服教化。熟番则纳粮应差，等于齐民。凡社中皆择公所为舍，环堵编竹蔽其前，曰公廨，即社寮。通事居之，以办差遣。土官之设，系众番公举。大社四五人，小社二三人，给以牌照，各为约束。又有大土官、副土官

之目。次于土官者,曰甲头。凡差拨之事,皆其经理。"①乾隆年间彰化县衙门文书中亦记载"番社"通事、土目定期更换官府牌戳云:"署县主王为特行吊牌戳事。照得各社通事,原令稽察社棍、收租完课、安辑番黎,凡社中紧要公务,以及应禀应复事务,诚恐社棍捏名代□,是以设立牌戳,令其盖用,词内以杜假冒。兹本署县莅任,业饬吊换立案。未据缴换,合行严催。为此票仰岸里社饷差洪用刻往该地,立着该社通事敦仔、副通事潘兆开速将原给牌戳限二日一齐缴销,另行编号换给,以便办理事务,仍查明该社有无私刻图记、混称通事,及奉催未缴、准充未给等项,一并分别追缴换领。该差毋得索延致干究处不贷,火速须票。"②

"番社"通事、土目等土官的职责,大体可以分为以下四种。其一,安排督管本社"番丁"守御隘口、维护治安(当社会发生重大动乱时,"番社"壮丁也可能被征调去参加平叛战斗);其二,收取筹集"番社"户丁税银、指派应役"番丁"以回应官府的税役征求;其三,收取、管理和分配本社的租银收入,关照本社"番户"的日常民生;其四,处理"番社"内部的纠纷和外部与汉民的各种关系等杂务。

关于清代"番社"通事、土目的第一和第二项职责,我们在上面的叙述中已经有所论及,这里着重讨论通事、土目的第三和第四项职责。

"番社"通事、土目关于收取、管理和分配本社的租银收入,关照本社"番户"的日常民生的职责,缘于清代政府对于"番社"征收户丁银和征调差役,在经济上予以一定数量的土地管理权和耕作权来进行补偿。这些土地管理权和耕作权的范围,基本上是以"番社"的所在地为核心,根据不同"番户"的生活需求情况及差役轻重情况,以及

---

① 乾隆(刘良璧):《重修福建台湾府志》卷六《风俗·土番风俗》。
② 《彰化县主成票簿》,乾隆三十五年(1770)闰五月二十五日给票。

"番社"对于官府的贡献大小,如参与平叛等情景,予以划定界址并确定其土地管理范围和耕作范围的。"番社"的土地管理权和耕作权一旦经当地官府确定下来,原则上就应该由该社的通事和土目来执行管理和分配。北路理番衙门存有乾隆五十四年(1789)的一份通事禀文,让我们约略可以了解到彰化县狮子社一带的"番社"土地管理及耕种的大致沿革情形:

> 具呈彰化县狮子等社总土目也横瓜丹、土目歪木理、白番叭亦士瓜丹,为恳恩准照案册报陞给归原垦养生有资事。乾隆三十一年岸里社前通事敦仔招册等一十三社"番众"归化,拨界外土牛角埔地,付岸通事敦仔招佃垦耕,年除输鹿皮小米贡饷外,余租按给册等番食口粮,历经数载无异。现收饷系册等屋敖社名。罔料敦仔已死,被朴仔篱社番占吞肥己。册总有向化之心,奈无养生之资。不得已仍居山内。四十九年岸社通事潘明慈等奉宪首报东势角水底寮等处埔地堪垦田园,招汉人何福兴同前通事张达京之子张显宗承垦,立社寮招社丁安抚。册等一十三社番众议定,除陞供课外,年纳册等口粮谷石。后张显宗无力,具呈退垦。幸何福兴始终如一,复与曾安荣、巫良基合伙,措资鸠工凿成水圳,招募汉人垦成田园。前县主刘,同宪台唐合勘,又蒙大宪复勘□详道镇府宪各在案。曾安荣等现给册等口粮,出入无虞。
>
> 五十一年冬逆贼倡乱,安荣等拨社丁黄元、刘立、张士带领册等协同义民□□堵御。后逆贼逃串内山,册等奋勇截杀,贼死三千余。□公爷到地目击,蒙赏册等银牌,蒙公中堂赏银牌、布匹、盐、烟、猪、酒等物,又蒙送册社土目骨鹜等进京。册等幸喜得为圣朝蝼蚁,无不踊跃守内深隘,毋许宵小兔越,以谧地方。兹蒙驾

临勘册东势角等处田园欲充屯丁,则册等一十三社寸土无存,养生无地。泪思册等自归化以来,凡遇贼匪扰攘,俱各奋力堵御、把截山隘,即三十三年黄逆、五十二年林逆,二次均有效力剿捕,是无充屯比屯一体,悉遵功令驱使。……乞怜恩将东势角田园埔地仍归册等垦户曾安荣等报陞上供国帑、下裕番食,以免绝粮之惨。合亟吁恳,伏乞大老爷俯念归化均属赤子,恩准照案册报陞科,俾册等养生有资,永戴甘棠切叩。①

根据上述,自从岸里社等一十三社"番众"归化之后,官府拨付界外土牛角埔地,付岸通事敦仔招佃垦耕。这些番地的每年租银收入,主要用于"除输鹿皮小米贡饷外,余租按给册等番食口粮"。乾隆晚年,官府一度欲把番地改为屯地,但是在当地通事、土目的恳禀之下,该地依然由"番社"管理和耕种。

随着"番众"人口的增长,原来官府拨付的土地,其每年所收租银,可能无法支付上纳给官府的税饷和养赡本社番口,于是,"番社"通事、土目会向官府提出增加垦地的请求。官府为了安抚"番社",往往也会酌情批准。如乾隆四十二年(1777)北路理番分府的一份文书就记录了"番社"申请及官府批复的过程事实:

具禀辖下岸里等社总通事潘辉光、副通事该旦郡乃,土目……等吁恳给示全恩穷番以免滋扰事。光等岸社辖管阿里史、朴仔篱、乌牛栏、葫芦墩、翁仔、崎脚各社,番众男女共有二千余口。东北倚逼山溪居住,所有西南界地,尽膜与汉人业户张振万、张承祖、廖盛、陈周文、秦张江等开垦报陞在案,仅存附社沿山薮土众番开筑田园,以为耕种守隘口粮。久沐皇恩宪德轸恤穷番至意,一切番

---

① 《北路理番案册》,乾隆五十四年(1789)正月二十五日禀文。

业豁免升科征课，奉文叠示各案。据上年奉上宪清厘，经蒙县主亲临查勘，凡有业户管垦之地，暨行清丈，至于本社番耕之业，仍恩宽免。此番众男女俱啣结靡既。兹因翁仔崎脚等社在于界内原有水圳灌荫熟田之外，尚有余剩田水泛流。今众番议就翁仔等社前后左右界内原垦瘠薄熟园，度其地势高低可以接流之处，募佃雇工垦辟成田，以资口粮。地属番业，与民无涉，第恐将来乡保衙役地棍借端混禀，不无滋扰之惨，有负鸿恩恤番立意，合情禀恳。……

乾隆四十二年九月□□日禀。

批：既系本社界内番地，与民无涉，该通土等呈请招佃垦耕以资口粮，事属可行，仍具结绘图缴候察夺。①

以上禀文还指出，"番社"的土地，由于"番民"不擅长于农业粮食生产，所属土地招致汉人张达京之子张显宗等承垦，承垦之人每年按照一定数额交纳租粮或租银给"番社"通事。这种状况在清代台湾的"番社"土地管理形式中，甚为普遍，很少有所例外。如以下所引的官文书：

具禀台下岸里社总通事潘明慈，为织局网番、乞准存案以杜后患事。缘岸里社番于康熙五十五年经蒙诸罗县周怜恤穷番无地活命，准将岸里西南势草地一片，东至大山，西至沙鹿大山顶交界，南至大姑婆，北至大甲溪，东南至阿里史，西南至拺加头猫雾拺交界。后雍正十年因大甲日南社番作歹，土目敦仔等统官兵番丁征剿太平。又经提督宪王将此地给赏岸番敦仔，行知本县主陈亲勘造册，详宪咨部，于雍正十一年五月十三日给示在案。时番不谙耕种，招汉人张达京为通事。乾隆二年将西南番地筑埠凿圳，始辟水田。议定业七番三。追乾隆十年间张达京复将横山西势番地开辟，

---

① 《北路理番分府案簿》，乾隆四十二年（1777）九月。

立户名张振万,即将原大埤下另立水卡分流灌溉,历管数十年不敢混占番业。①

再如乾隆年间彰化县阿里史社通事潘阿斗等,"斗等祖遗甲雾林百里乐好等处□地,于雍正十二年赎给业户秦廷鉴、张承祖、江长春合名'秦张江'开垦,议明垦成水田照例贴纳番租。原赎垦字炳据。迨后垦成段片水田,设置公馆佃屋四座庄"。②岸里社通事的禀文称:"具禀岸里社……。缘岸里社原通事汉人张达京责任始教愚番凿垦水田,社近侧归番耕种以为口粮之资。于员宝庄并北庄子等处,各庄系招汉人开垦,佃耕悉归民田,照例田甲供纳大租,每甲收谷八石,计共有租谷三千余石,俱系通事收贮,以为社课公项费用,历年无异。"③

"番社"从官府那边取得土地管理权和耕种权之后,由于自身对于农业粮食的生产缺乏经验,其大部分土地转租给汉民,"番社"的通事、土目居中经理,一方面向承耕的汉民收取租粮或租银,一方面向官府交纳税项和应对差役,以及分配本"番社"各"番众"的日常口粮。这样,"番社"的通事、土目就基本掌握了"番社"的经济与社会管理大权,一般的"番众"大多对于本"番社"的经济状况了解甚少。于是,权力过于集中的"番社"管理者通事、土目,当个人品德比较高尚时,处事公道、廉正清明;而有相当一部分通事、土目在金钱等物质的诱惑之下,滋生了不少的舞弊现象。因此,在清代台湾的地方志中,通事、土目等土官往往成为社会诟病的对象。《台湾府志》对此记载云:"番俗醇朴,太谷之遗。一自居民杂处,强者欺番,视番为俎上之肉;弱者媚番,导番为升木之猱。地方隐忧,莫此为甚。……自比年以来,流亡日集,以

---

① 《北路理番案册》,乾隆四十五年(1780)十二月初一日。
② 《北路理番分府案簿》,乾隆四十一年(1776)十二月十六日禀。
③ 《北路理番分府案簿》,乾隆四十三年(1778)四月十八日禀。

有定之疆土，处日益之流民，累月经年，日事侵削。向为番民鹿场麻地，今为业户请垦或为流寓占耕，番民世守之业竟不能存十一于千百。且开台以来，每年维正之供七千八百余金、花红八千余金、官令采买麻石又四千余金、放行社盐又二千余金，总计一岁所出共二万余金。中间通事、头家假公济私，何啻数倍。土番膏血有几？虽欲不穷，得乎？"①

《诸罗县志》亦记云："诸罗田少园多，计县之田，其等有五。……曰番社，则番自为耕，无租赋而别有丁身之饷者也。……番社之饷，责成于通事，犹民户之粮责成于里甲也。然民户可自封投柜，而土番性既顽蠢，不知书数，行以自封投柜之法，势必不能。故民户之里甲可除，而番社之通事不可去也。若所谓社商头家者，非真有商人于此贸易，不过游棍豪猾邀朋合伙，重利称贷以夤缘得之，而就中金一人为通事。是通事者，社商头家之别名也。……然其本，则在县令之自正其身而已。旧例：岁一给牌，通事以社之大小为多寡自百金而倍蓰之，曰花红。不者，则易其人。每年各社产芝麻之处，官采买而短其价，或发盐计口分番，而勒以食贵。又，各社岁派鹿筋鹿茸、鹿皮豹皮若干，于是官以通事为纳贿之门，通事得借官为科索之路，而土番之丝粒出入无不操纵其手。虽欲禁之，亦恶得而禁之。"②该县志还引述凤山县令宋永清之论赋役云："诸罗三十四社土番捕鹿为生，郑氏令捕鹿各社以有力者经营，名曰贌社。社商将日用所需之物，赴社易鹿作脯，代输社饷。国朝讨平台湾，部堂更定饷额，比之伪时岁已稍减，而现在番黎按丁输纳，尚有一二两至一二十两者。或此社困穷，彼地匀纳，移甲易乙，莫可稽查。有司只按总额征收，番愚昧无知识，终岁所捕之鹿与夫鸡犬牛

---

① 乾隆（范咸）：《重修台湾府志》卷十六《番俗通考》。
② 康熙（周钟瑄）：《诸罗县志》卷六《赋役志》。

豕、布缕麻菽,悉为社商所有。间有饷重利薄,社商不欲包输,则又委之通事,名为自征。通事额外之朘削,无异社商。虽屡禁惩,未尽改也。今社饷纵难全豁,似当酌减十分之三。……"①

(二) 一般"番民"与通事、土目的关系及其矛盾

通事、土目对"番社"事务的包揽及其舞弊,自然会引起"番社"另外一部分人或当地其他一些利益相关者的不满乃至反对,因此,在彰化县及理番衙门的官文书中,经常可以看到地方"番民"对于通事、土目的舞弊进行举报。乾隆年间,彰化县岸里社等"番社"的通事,最初是由汉人张达京承担,张达京年迈回福建原籍后,由"番民"潘敦仔承担,其后均为"番民"担任,继任者有阿打歪希(阿打歪加老)、潘辉光、潘士万、潘明慈等。从官文书的各项禀文、差票等综合内容看,汉人通事张达京做事认真公道,甚得"番民"赞许,并无非词。其接任者潘敦仔亦能秉公办事。到了阿打歪希、潘辉光就任期间,或因办事不力,或因有失公正,在"番社"内部引起了强烈的对立,双方在衙门互相控告多时。乾隆四十二年(1777),由朴仔篱社副通事潘习正,率先向理番衙门举报社差张都等人到"番社"强夺苎麻等物,而通事潘辉光等"瞽证",即熟视无睹,不能出头替"番社"主持公道。潘习正的禀文称:

具禀朴仔篱社副通事潘习正,为夺苎激变不迅叩究难免贻害事。切朴社设副通事原以安抚内番便护军料并策应炭署用,习自蒙恩充,无不惟宪盛心遵宪谆谕勤慎办理。讵于本月初二日社差张都,帮伙张彩、黄阿月等到社,窥内番寄有苎一百余斤,胆恃差

---

① 康熙(周钟瑄):《诸罗县志》卷六《赋役志》。

势，藉称习久欠火炭，将苎夺去。习不肯伊夺，触怒虎威，反敢扭习酷锁凶殴。岸社通事潘辉光，匠首张奠兴、黄振猷等瞽证，忖思策应炭额每月三十担，拨番运至，并无违误，未审社差有无照额交缴？且年间社差又勒派贴费粟六十石，亦无粒欠，何得藉欠火炭套苎抵炭？而夺苎固属情小，贻害关系殊大。况内番性怪，安抚尚难，由此激变，贻害不浅。现在内番来社讨苎，噪闹放习，不迅叩究，倘有不测，罪咎难当。势得匍辕沥情禀明，伏乞大老爷恩准迅拘严究追苎押还内番，一面贻害民番，得安沾感靡涯切叩。①

乾隆四十三年（1778），岸里社的其他"番众"又呈禀理番衙门，控告通事潘辉光钻营当上通事，与汉奸、奸丁勾结，对"番社"内的"贫番"进行私派，中饱私囊，其言辞十分激烈：

> 具禀岸里社……为横啙勒剥、恳恩剪究以救生灵事。缘岸里社原通事汉人张达京责任始教愚番凿垦水田，社近侧归番耕种以为口粮之资。于员宝庄并北庄子等处，各庄系招汉人开垦，佃耕悉归民田，照例田甲供纳大租，每甲收谷八石，计共有租谷三千余石，俱系通事收贮，以为社课公项费用，历年无异。讵原通事张达京回籍，而各社众番佥举敦仔为通事，奈敦仔殁后，众番议举阿打歪希为通事，俱系照公办理，不敢□□滥派。而阿打歪希因懈怠误公，前宪李革退。讵料棍番（潘）辉光钻充通，副通该旦拴同汉奸詹阿元、陈阿仲、蔡景阳等，遂设为管事，又社丁詹阿□、廖阿双，每岁滥派横啙。每百石口粮租谷为勒抽廿石，每烟户丁口勒派谷八斗。又借孔圣文庙之费，岁抽谷七斗。通事往府轿银每户丁口勒派银十员。每岁滥派银二千余两，勒抽谷二千余石。心犹未足，岁被

---

① 《北路理番分府案簿》，乾隆四十二年（1777）十一月初八日。

横啮亏众白番岁收之谷未满半年口食。现今番多田少，尚且勒抽尤甚，亏番三飧匀无二飧之饱。户户啼饥，每社哭饿，闻者伤心。似此横啮勒剥惨极难当，马等属为土目甲头，不忍坐视待毙，势得急呼。伏乞大老爷法究。……①

通事潘辉光不服，随即亦呈禀理番衙门，反控原告一班人勾结讼棍，无端兴讼，诬告清白，极力予以自辩，该禀文云：

具催禀辖下岸里社通事潘辉光等，为唆诳唆逃乞先究棍以免叠唆事。缘被社棍黄月明、讼棍林会曾等狡谋唆弄，刁番阿打歪加老等以串恶横剥等事诳宪，光亦以沥陈惨情等事赴诉，均业票差拘讯毋延。诓棍党殊多，后遭社棍邱□满、林阿华唆二土目马下六加莒都等于前月十八日续以横啮勒剥等事耸渎，亦蒙批准讯究各在案。不思光果有每烟户丁口勒派谷八斗，借祭孔圣文庙之费岁抽谷七斗，光往府轿银每户丁口勒派银十员等情，前老等词内应逐一声明，何待都等词渎。且称每烟户丁口勒派谷是何名色？至祭文武圣庙春秋二祭，系照向例该社出牛二只，轮流社出，称岁抽谷七斗，情殊迥别。四十一年光往府缴鹿胎皮张，只系各土目帮贴费用银五六员银，并无干及每户丁口，亦无勒派十员之银。种种画蛇添足，皆由棍党所作。……若不叩恩先严究棍，将来复唆事端不测，势得沥血陈情，冒罪函催。……②

此案经理番衙门派员勘查，禀拘二造到衙门对质面讯，虽查无实据可以证实潘辉光有舞弊行为，但因原告一方人多势众，亦不便置之不理，于是最后把潘辉光"斥革另举"，以达到息事宁人的目的。判决下

---

① 《北路理番分府案簿》，乾隆四十三年（1778）四月十八日禀。
② 《北路理番分府案簿》，乾隆四十三年（1778）四月二十六日禀。

来之后，潘辉光的有些属下同伙不服，再次呈文要求潘辉光留任。该理番衙门的批文称："查该社事务殷繁，通事潘辉光自前分府胡点充以后，数年俱各安帖。其于一九抽收租项，尔众番念其办事拮据、力不能支，公同酌派，前缘具呈。该通事后有加增抽收之说，当经堂讯，未有确据。本分府尤恐尔等实受其害，已谕斥革另举。嗣经无人顶充后，据副通土目该番等吁请仍留。姑念事非剥削侵渔，暂准照留。且以尔等番性无常，不过听一二讼棍主唆，未便徇一面之词致拂众议抽收一九，本属以公滴公。此外业经严禁毋许混抽并出示在案。"①

理番衙门及彰化县衙门虽然一直希望息事宁人，但是无奈原告一方不依不饶，势力较大，潘辉光本人也确实存在租银、租谷出入收支混乱不清的情况，最终，官府不得不于乾隆四十四年（1779）将潘辉光通事一职革去，由潘明慈继任。不料在前后通事交接之时，由于继任通事潘明慈不肯接管前任潘辉光的租银亏空数额，致使潘辉光困窘不堪，潘辉光对此又呈送禀文到县衙门哀告云：

> 具禀台下岸里社通事潘辉光，为因公累欠、恳恩转饬照例坐□事。切岸里社通事仅有员宝庄公租二千四百石，不敷公用，是以前通事阿打歪希误公事革退，将三十八年分公租先行拆收既尽。光顶通事时，仍代希欠债公费一千一百四十七元，故众番合议照向例就散番田租每石匀出一斗，贴补公费，递年历收无异。不意四十二年阿打歪加老等听唆抗抽捏控。前分宪沈吊讯核算，除递年收租费用外，累欠债项七千八百奇，堂断一九抽收，永供公用。业经蒙出示晓谕在案。至四十三年署分宪成翻控，蒙吊费用欠项□数，饬着粮总核算，复又加欠数千，冀望本年抽租添摊债项。迄今岁光仅收员

---

① 《北路理番分府案簿》，乾隆四十三年（1778）六月初六日。

宝庄公租二千四百石，至散番一九抽租，并无粒收。是以七月十三日为前事具禀理番宪史蒙批，尔承充通事之始，既有代承欠项，兹尔革退，应照上年之例，俟新通有人目向清理坐还，不必具控簿发还等因。无已新通潘明慈换至二十日领戳，二十一日史宪晋郡，新通□□，光即将社中应用物件及应办项务、散番一九未抽之租，逐一交与新通接办，光甘株守。讵明欠债不承，只催收一九之租，诸事置若罔闻，致欠项仍迫光还，不遵宪批，复赴爷台瞒禀光侵收公租，现蒙查追。兹爷台躬膺民社番黎均赤，理合禀明大老爷台前，恩施鸿仁，严饬新通照例承认，则光全家再生沾恩切叩。①

潘辉光被"番社"内的其他势力举报控告革职，就其本身而言，确有某些劣迹存在。因此他这里所说的"旧债"，最后似乎还是落实到他自己头上清赔，我们曾看到一纸乾隆四十四年（1779）十二月二十八日的岸里社通事潘明慈的借贷契约文书，其中就谈到原通事潘辉光变卖房屋清完欠项的事情，该契约文书记云："立借领银字潘明慈，今因年杪乏银送各官礼仪，无处措办，今在兆仁叔手内借领出经公劝处原通事潘辉光兄变屋完欠，归还魏辉松官分下之银七十大员元正。当日言定此银限至明年开正后照数备还，不敢拖延有误。今欲有凭，立借领字一纸付为执照。"②

潘辉光在担任通事期间，存在一些舞弊行为，故被其他"番民"控告，倒也咎由自取。但是在潘辉光之前担任岸里社通事的潘敦仔及其儿子潘士万，综合以上各种官文书的记述看，其在任期间还是比较受到"番社"大部分人的拥戴。但是尽管如此，还是不时有人向官衙举报潘

---

① 《彰化县主王案簿》，乾隆四十四年（1779）八月二十三日入。
② 契约扫描件藏厦门大学国学研究院电子资料库。

敦仔、潘士万父子有舞弊行为。如乾隆三十四年（1769）就有人上县衙举报潘敦仔及其儿子潘士万私垦番田，侵蚀"贫番"物业。后经县衙派差侦询勘查，证明实无其事，该文书记云：

> 蒙布政使司宪法牌饬查民间续垦埔地，务须呈报请发司单垦照，填明给领收执报陞，如有隐匿不遵请领者，照私垦例治罪等因在案。票仰拣东保，粮差黄荣查该保内业户如有续垦并无请给垦照者，速即指名具禀严押给领报垦等因。承差黄荣又另开一私单，指称乌牛栏、茄至角、上潭子、下潭子、上瓦窑、下瓦窑……等十八庄，系敦仔同男潘士万私垦之田园，只有银相送，免指禀等情。切□同男均非业户，所有家事惟敦掌理，循份自守，父子皆无私垦续垦等情。即此十八庄之内，如社口庄，系业户张振万管收，员宝庄并浮圳庄旱园，乃众番公租免陞之田，又茄至角上潭子下潭子上瓦窑下瓦窑等处，系阿里史众番各分一小块自耕自食免陞之田，至乌牛栏大圳墘校栗林沟仔墘葫芦墩朴仔篱崎子下社皮庄圳寮庄翁子社等处，系岸里社并各社众番各分一小块自耕自食免陞之田，永沐皇仁宪德深恩爷台之至意者，乃一并混指为敦男私垦，不知承差作何情状，殊属骇异，又指有银相送行免指禀，但敦同男明无此情，安得有银买免？然抗拂承差索取不遂，又恐混指禀陷，定遭一番扰累，势得望光预禀，伏乞大老爷电核察夺，免被指陷沾恩。①

乾隆四十四年（1779）又有人捏告潘士万等通事，私下招佃数百人，每年私收租粟千余石。后经县衙派差勘查，亦无此事，该文书云：

> 告状人牛马头水甲林东先、陈阿合、张彦，为肥己害课叩察拘究事。缘先等充当牛马头等庄水甲，各庄原就大甲溪源朴仔篱筑埤

---

① 《彰化县主王案簿》，乾隆三十四年（1769）十月初八日。

通水灌溉各庄佃田。前淡分宪李移行前彰化县主勘定立碑，三七均分。猫雾保得七，余剩三分流放牛马头等庄灌溉，不得截塞案据。不料岸里业户潘士万胆敢招佃数百人，就先等朴仔篱埤头面上截筑一埤，分灌王子庄一带地方，现在开成水田六十余张，食水六十余分。每张水年收佃人水租三十石，计共收租粟千余。亏先等各庄田。原额三分之水尚不敷荫，今复被奸户横截水源收租肥己，累先国课攸关，益乏水荫，情实万惨，叩乞大老爷恩准拘究，并押照旧毁埤，先国课有赖，俯仰有资，沾恩上叩。

此案蒙大老爷面谕王松头役来岸密查回复，批查王子社一带荒埔，业据岸里社通事赴前任禀请出示垦耕为口粮，迄今多年，原与尔等无干，辄行出头兴讼，捏混不准。①

即使在潘士万去世后，仍然有人举报潘士万有不端舞弊行为，理番衙门再次勘查落实，并无此事。经查此案的差役皂头蔡吉在回禀官衙的文书中说："具禀辖下二班皂头役蔡吉叩首叩禀为禀明察夺事。缘票差一件特饬押领事，立押潘士万即领业户戳记等因。该吉遵票到地立唤，奈潘士万于上月廿二日身故，随向潘士万之弟潘兆敏称伊兄在日，岸里社公租自开社以来从无设立业户，所有公租俱系归付通土自收策应上宪公馆，并无混侵。至敏之业，乃系祖父自置，与公租无涉等语。查潘兆敏愚番、不谙事务。再查岸里公租实系通土公收策应上宪往来，公馆费用并无有业户之缺，例由已久。兹潘士万已故，难于唤到，理合沥情粘票禀明。……"②

岸里社通事潘敦仔、潘士万屡被"番社"内外的"民番"举报，

---

① 《彰化县主王案簿》，乾隆四十四年（1779）十月二十八日。
② 《猫雾拣司票簿》，乾隆五十年（1785）五月初七日。

虽经官衙勘查并无此事，官衙也斥责诬告者"辄行出头兴讼，捏混不准"。但是由此亦可知，"番社"通事、土目一职，确实是利弊之所在。担任通事、土目者如能洁身自好、秉公办事，自然是清政府统治、管理台湾"番社"及其地方的得力帮手。但是因其权益太大，难免出现一些营私舞弊、中饱私囊的通事、土目，而"番社"内部争夺通事、土目位置的事情也就在所难免了。

三、"番社"及其通事、土目与汉民的关系

（一）"番社"与汉民关系的一般情景

由于清代政府在台湾采取了汉民和"番民"一视同仁的管理政策，从整体情况而言，台湾汉民与"平埔族"人的关系相对和谐。在汉民较为先进的生产方式和文化的影响下，加上政府对"番社"的某些政策引导和优惠，到了清代中后期之后，"平埔族"人有了某些向汉民形态转化的趋势。乾隆年间修撰的《台湾府志》云："数十年来沐圣化之涵濡，渐知揖让之谊，颇有尊亲之心。……讲官话及漳泉乡语，与汉民相等。且各社遵设社学，延师教训番童，讲明礼义、课读诗书。各县训导督率其事，按季考验，以励奖劝。几同凡民之俊秀。"[①]这一记述反映了当时"平埔族"人生活的一般情景。

---

① 乾隆（刘良璧）：《重修福建台湾府志》卷六《风俗·土番风俗》。

"番社"的土地既然大部分转租给从福建、广东等地迁移来的汉民耕种，那么"番社"与汉民之间就必然发生种种关系。首先，汉民租种"番社"的土地，双方签立租佃合同或解除合同，以及各自主张权利，通事、土目代表"番社"索讨欠租欠款等的事情，是双方关系中最为常见的往来。这些往来关系在彰化县及理番衙门的官文书中多有发现。

汉民从福建、广东等地来到台湾，本没有自己的田产物业，他们必须向官府、"番社"申请租种田地，当然也有部分人在较为偏僻的地方私垦无主的荒地。随着汉民迁移来台人数的不断增加，田地的开垦也日益向中东部山区拓展。因此从整体趋势上看，汉人对于台湾土地的占有，具有进攻性的态势，而"番社"对于土地的拥有，则基本上处于守势。再者，汉人的大量涌入，良莠不齐，棍徒、罗汉脚者实繁有徒，这样也就使得汉民与"番社"的土地租佃关系中，汉人霸耕欠租的现象时有发生。许多"番社"通事不时向官衙禀告，恳请官府出面追讨欠债欠租。如乾隆四十一年（1776）阿里史社的通事向理番衙门禀告申请追讨汉人秦廷鉴、张承祖、江长春等人的欠租：

> 具禀阿里史社通事潘阿斗等，为瞒报吞租乞勘丈追偿事。斗等祖遗甲雾林百里乐好等处□地，于雍正十二年赎给业户秦廷鉴、张承祖、江长春合名"秦张江"开垦，议明垦成水田照例贴纳番租。原赎垦字炳据。迨后垦成段片水田，设置公馆佃屋四座庄，讵秦廷鉴等年只纳租一百廿一石二斗，乾隆廿一年奉前府宪钟驾临亲丈，秦廷鉴户内溢田一百余甲，虑罪归番续报升科，向番再议，原年加纳番租一百石。迨今十八载，并无粒纳，计吞番租一千八百石。兹秦将业转售吴文清，得价万金，罔料吴文清亦只认纳一百廿一石二斗，而续议加贴一百之数效尤抗纳。且此案乾隆三十七年前彰邑主

张清丈蓝兴庄案内，此处亦蒙连丈溢田一百零甲，总蒙连丈溢田彰彰，奈无造册给番掌业，又无押令贴加番租，现复将东势契界外余埔，纵佃占垦任佃瞒报安享。今斗等有地无粮，生齿日繁，告贷无门，势得开粘佃名告乞大老爷做主恩准勘丈，按甲贴纳，并先追前欠，俾番众口粮有赖。……①

根据这纸禀文，秦廷鉴等人所欠的番租数额不在少数，欠租以千余石计。至于一般小数目的欠租就更多了，乾隆五十四年（1789）岸里社"番社"生员潘士兴在五月和七月间，两次上禀申请理番衙门追讨欠租，该五月份的禀文称：

具禀辖下岸里社贡生加赏六品职衔潘士兴，为积抗租银恳恩拘追押还事。切兴承管岸里社前望楼柑园，递年议定现园租银六十元、柑三担，历收无异。讵有奸佃王旭承瞨柑园，递年租银屡抗不清。查四十七、八、九、五十等四年尚欠租银四十五元，五十一、二、三等三年尚欠租银六十二元，又柑八担，本年现租又该银六十元、柑三担。屡向讨收，恃顽不完。伏思瞨园供租现年清完，原有定额，讵容积欠？似此奸横恃刁屡抗非法莫追，势得禀明，伏乞大老爷电察恩准饬拘追清押还园业另瞨管收，俾租银有归不致奸抗，沾德靡既切禀。②

七月份的禀文称：

具禀辖下岸里社贡生恩授六品职衔潘，为抗租逞凶禀解按法究追事。切兴承管收取翁仔社乌牛栏等处水租，各佃照例递年量纳无异。惟有乌牛栏奸佃黄宜华之子黄光俊恃伊刁健，五十一年欠水租

---

① 《北路理番分府案簿》，乾隆四十一年（1776）十二月十六日禀。
② 《北路理番案册》，乾隆五十四年（1789）五月二十一日。

三十一石，五十三年应纳水租四十石，本年早季应纳水租二十石，屡向讨取，概不量纳。本月初九日，兴侄捷文至葫芦墩街向黄光俊亲面讨租，不惟刁抗无纳，反触奸恨胆敢统党逞凶，将兴侄捷文赶殴。幸吴阿庆救止□证。切际此升平，讵容奸佃抗租逞凶？不叩究追，效尤无底，王法何存？势得将奸佃黄光俊一名交社差洪河押解外，理合禀叩大老爷电察恩准按法严究追清欠租，以儆刁风，均沾鸿慈靡既切禀。①

《北路理番案册》保存有乾隆五十四年（1789）的一份禀文，则是汉民霸耕不还的记录：

> 具禀辖下岸里等社总通事潘明慈，为私踞番业乞宪饬押究还事。缘慈等所辖社白番葫芦□□□□斗内士承管崎仔下庄前埔园一所，上年经张文光赎□□□，文光已故，有汉奸王尊欺番愚盲，背瞒通事较串张文光之子张信周，胆将番埔私行典赎，计图霸耕种。据番投明慈等始觉，随向理论取回，霸种不还。切番业例无私典，即向赎亦应通事盖戳。三年限满，即行取回，断无久踞霸种之理。似此私踞番业，奸横殊甚，非法莫剪，势得沥情禀明，伏乞大老爷恩准严饬社差押还番业，以杜奸霸，俾番黎有主，合社戴德切禀。②

清代台湾的府县各衙门，对于汉民与"番社"之间的租谷、租银纠纷及汉民霸耕现象，一般都能考虑到弱势的"番社"一方，及时予以处置追讨，每当"番社"禀文上呈，往往都会在禀文上批示"随堂带讯候究追"的字样，上引汉民王尊霸耕番田，理番分府衙门"黄批

---

① 《北路理番案册》，乾隆五十四年（1789）七月初九日。
② 《北路理番案册》，乾隆五十四年（1789）五月初七日。

候差查复夺。此案埔园王尊情愿立有交还字一纸,劝处明白矣"。如果有些承租的汉人实在无力偿还,官府也会判断退租,如北路理番衙门在乾隆五十四年(1789)的一份"番社"禀文中就批准退租的请求,该禀文云:"具禀辕下岸里社贡生恩授六品职衔潘士兴,为遵批造册呈核乞准给照执凭事。缘兴父于乾隆十四年用银向林正春归回员宝庄番田十甲,立契付执,经投税印契司单。因五十一年十月内林炳架控兴将印契呈缴前理番宪长任内,未经顺回。适遭逆乱,契券焚毁。兴叠赴禀请给照在案。本月初一日兴复以遵批声明等事禀蒙批该处番田十甲、佃户若干,系何姓名,每户承耕若干,完大小租谷若干,四至田邻系何业佃,着再逐一声明,造具佃人田邻姓名清册呈送察核等因。兴遵即声明前佃户张阿相乘耕五甲,林阿妹承耕五甲,共纳番租谷一百九十石。因遭逆乱,前佃无力承耕,该田取回自耕。……理合造具清册一本,呈缴伏乞大老爷电察恩准给照执凭遵守管耕,沾感靡既切禀。"①当然,在有些场合,"番社"讨取租银时,偶尔会发生汉人暴力抗租的现象,这时,官府会立即派出官差前往捉捕惩治。如乾隆五十四年(1789)七月岸里社汉佃黄光俊欠租行凶,官府派差把黄光俊抓捕归案,"二皂快班洪河叩首叩禀为据交禀明事。缘河奉单往岸里社吊该通事潘明慈谕话,而该通事现在染病,俯容稍愈到辕,正在赶回禀复。间据该社贡生潘士兴将伊玩佃黄光俊交称伊侄捷文向黄光俊取讨租粟,被其逞凶辱殴,交河带禀等语。该河细查黄光俊吞欠租粟恨讨逞凶属实。兹潘捷文同番解到黄光俊。河属社差,理合将情禀明,伏乞大老爷察夺施行叩"。②

事实上,在汉人的活动范围日益向"番社"进逼的情形下,不仅

---

① 《北路理番案册》,乾隆五十四年(1789)闰五月十二日。
② 《北路理番案册》,乾隆五十四年(1789)七月十一日。

仅只发生欠租、抗租的现象，其他诸如聚赌、偷盗等危害社会治安的行为，也不断地在"番社"周围发生。例如在乾隆三十二年（1767）岸里社葫芦墩一带竟有汉民组织偷盗团伙的"包盗殃民"者，理番衙门根据"番社"的报告发票拘拿：

> 拣司汪为究贼安民事。照得窃贼乃闾阎之害，是以本司节次严饬保甲巡更支守，设法清庄，莫非欲使民庶宁谧。讵有葫芦墩庄不法甲长黄忠政，胆敢包盗殃民。此本月十四日晚竟纵贼匪卢仲连、张林、蔡阿三、赵承恩，窝家张宝连行偷社番打必里秧苗十余担，被获。而黄忠政复敢挺身骗番放脱，不法已极。合行拿究，为此单仰本役协同该地乡保通土立拘不法甲长黄忠政，并着跟出窝家张宝连、贼犯卢仲连、张林、蔡阿三、赵承恩，并失主番打必里，暨徇隐之通土各正身速即赴司以凭讯究。……①

至于聚赌、夜唱等事，在乾隆二十九年至三十六年间（1764—1771），官府衙门就多次收到"番社"关于汉人聚赌、夜唱的禀文。乾隆三十二年（1767）"番社"葫芦墩、朴仔篱、员宝庄等地"番民"报告："为禀乞严饬驱逐以靖地方事。缘有葫芦墩庄近查夜唱聚赌，勾集外方流棍多人，奸良莫辨。又朴仔篱九房屋庄并员宝庄二处，夜聚赌。敦觉协同社差往赶，恃强莫甚。复查其开赌是何姓名？均称不知，庄甲不吐。只员宝庄系张艳开赌，查明不讳。切夜唱聚赌爷台严禁，何啻三令五申，有此赌棍，蔑为故纸，若不迫禀驱逐，不惟窃盗由此而生，诚恐输赢争辱酿成大祸。况此三处开赌毗连番社，未免引诱愚番，势得迫禀伏乞大老爷迅饬驱逐，俾地方宁靖，民番沾恩切禀。"②乾隆三十四年（1769）

---

① 《猫雾拣司票簿》，乾隆三十二年（1767）七月十六日给票。
② 《彰化县主成票簿》，乾隆三十二年（1767）七月初三日禀。

岸里社通事、副通事及土目人等联名上禀，恳请官府整治开场聚赌、群盗聚集等事："具禀岸里社通事敦仔、副通事他湾四老、土目该旦马斯来等为违禁聚赌、乞饬究逐事。敦所辖朴仔篱社民番杂处，间有赌棍在庄开设赌场数处，引诱匪党不时入社盗偷，番无安枕。但暗藏屋内聚赌，未知真实，不敢一概混禀。惟有朴仔篱金星面山脚黄干、郑裕、邓老二在罗兴魁家中，胆敢显然开场聚赌，日夜不休。向拿强恶异常，不敢动手。似此违禁聚赌、引诱贼党，社番受害，终无底止。敦已将情赴禀理番分宪，而地方关系，仍理合赴阶禀明，伏乞大老爷电核饬拘究逐。……"[1]乾隆三十六年（1771）彰化县衙门派遣衙差协同当地乡保庄甲长等施行抓捕，"署正堂王为因赌致盗等事。据番阿沐斗内士具禀，廖红等演唱花鼓、开场聚赌、群盗聚集、牵去牛只等情到县，据此当即饬缉查复。去后续据禀复，前情业经票饬拘究，并严催各在案，延今未据拘到。兹值开期，合再催拘。为此票仰顶承头役杨凤即往该地协同乡保庄甲长立拘，开后有名一干人犯各正身星刻赴县以凭讯究。……计开被犯陈苍、张宰、廖红、陈乾，厝主张荫"[2]。从上面所引文书可以了解，虽官府对地方乡保庄鱼通事、土目的屡屡举报进行了惩治，但汉民所带来的一系列负面社会行为，实际上是很难禁绝的，这势必对"番社"的固有社会风俗，产生一定的负面影响。

（二）强势的汉民不断蚕食"番社"的土地

强势的汉民，在与"番社"的经济交往中，可谓不断进逼，运用各种手段蚕食"番社"的土地。

---

[1] 《彰化县主王案簿》，乾隆三十四年（1769）九月十三日。
[2] 《彰化县主成票簿》，乾隆三十六年（1771）二月初四日给。

在北路理番衙门的文书中，我们看到乾隆五十年（1785）的一个案例，汉人利用自己在官场上的人脉关系，在"番社"内恃势横行、勾结官差，诬告"番社"通事，企图达到占有番业的目的。岸里社通事潘明慈在这年二月的禀文中，指摘原担任过衙门胥役的黄华国霸欺"番民"的事实云："具禀辕下岸里通事潘明慈为蠹职啃占、乞押还番事。缘蠹恶黄接秀即黄华国，前充辕下宪书，剥番致富，退役捐职，深知岸番鱼肉，搬潜盘踞、恃势横行，人番切齿。本年二月十四日据番茅格阿沐、阿捞万沐、阿四老眉后、那大乌垄、阿打歪马辖等投称，伊等阄分翁仔社番田，被黄接秀谋瞨罔占盖居，递年额租屡吞无纳。……"三月，岸里社监生潘士万亦控告黄华国惯熟衙门，胆将银谷一概鲸吞。"具禀辕下岸里社监生潘士万为据借横吞、乞究返偿事。缘蠹职黄接秀即黄华国，于四十四年十月借去谷三十担，交付伊父量去，又四十四年十二月二十五日借去银三十元，交伊胞弟经收书信据。至期向讨，屡搪屡延，迄今日久抗不送还，反称任告莫何。切思相借自古有之，借去无还从今未闻，而致血本无归。黄接秀明系恃势，职员惯熟衙门，胆将银谷一概鲸吞，情属万惨，弱番何堪？势得将借银书信一纸粘缴，伏乞宪天大老爷恩准究追偿还，庶横恶知儆、弱番戴德。……"①北路理番衙门很快受理了岸里社通事等的控告，查明事实，并判罚黄华国等人认错具结"遵依"，该文书写道："具遵依监生李安善、职员黄华国、生员黄明兆，今当大老爷台前遵依得黄华国等具控潘兆仁兄弟等勒派水租一案，兹蒙堂讯，遵断日后不敢再行滋讼，合具遵依是实。乾隆五十年三月□□日具遵依李安善、黄华国、黄明兆。"②

---

① 《北路理番案册》，乾隆五十年（1785）二月、三月。
② 《北路理番案册》，乾隆五十年（1785）三月。

官府对"番社"权益的维护,并不能阻止汉民对"番社"土地物产的侵蚀和蚕食,汉民侵垦"番社"土地的现象已经成为一种趋势。我们在乾隆年间彰化县和理番衙门的官文书中,不时地看到"番社"呈禀向官府诉告田产物业被汉人侵占的事实。如乾隆四十五年(1780)岸里社总通事潘明慈诉告汉人杨振文等控制番田水源、妄图进一步霸占番田的图谋。该禀文云:

> 具禀台下岸里社总通事潘明慈,为织局网番、乞准存案以杜后患事。缘岸里社番于康熙五十五年经蒙诸罗县周怜恤穷番无地活命,准将岸里西南势草地一片,东至大山,西至沙鹿大山顶交界,南至大姑婆,北至大甲溪,东南至阿里史,西南至拣加头猫雾拣交界。后雍正十年因大甲日南社番作歹,土目敦仔等统官兵番丁征剿太平。又经提督宪王将此地给赏岸番敦仔,行知本县主陈亲勘造册,详宪咨部,于雍正十一年五月十三日给示在案。时番不谙耕种,招汉人张达京为通事。乾隆二年将西南番地筑埠凿圳,始辟水田。议定业七番三。迨乾隆十年间张达京复将横山西势番地开辟,立户名张振万,即将原大埠下另立水卡分流灌溉,历管数十年不敢混占番业。讵杨振文承典张万之业未满五载,就欲网吞。藉廖时咸争充埠长之案,虚彰署主张诣勘,将慈社后溪□一带番业,瞒请留为种竿竹以防洪水等语,并详理番宪、府宪一体出示。切思埠圳乃众番人之灌溉,非独杨自灌之埠圳。多历年久,无伤洪水之忧,富豪不过借此大关名色,早织计谋,以图后日侵占之根。若不禀明存案,日久弊生,愚番必坠其局中,势得禀明叩乞。……①

乾隆四十七年(1782)岸里社监生潘士万再次控告杨振文指使下

---

① 《北路理番案册》,乾隆四十五年(1780)十二月初一日。

属王拱生等把持水源、越界私垦：

具禀台下岸里社监生潘士万，为巨富欺番图占恩乞勘断事。切万故父敦仔……蒙题奏叙将岸里等社埔地划定界限，奖赏告示可据。因番愚昧，将西势埔地先后膜给汉户张达京……等开垦，贴纳番租。社番公出资本，就大甲溪开筑埤圳，引水灌田，历久相安无异。尚有余存东片翁仔社崎仔脚下等处撮土之地，番黎耕种日久，地土瘠薄，生齿日繁，口粮无资。前通事潘辉光于乾隆四十二年赴理番宪朱、县主马呈请，就朴仔篱内原垦鹿皮、小米饷田旧圳并各坑涧，引水招佃筑田，以资口粮。蒙前县主马视临履勘，同分宪朱出示准垦在案。与民番三七均分埤圳，并无干涉。讵富豪杨振文诱买张振万、张凤华二十二年例援续垦番业一概盗买。振文既得陇复望蜀，屡着家人王拱生向买溪洲之田，归一凑锦。因系众番口粮，难从其欲。振文即遣王拱生断水枧。后用金灵诳禀前署主张示禁不许开垦。经通土潘慈等赴台哀呼，蒙准差押照旧分灌。讵振文钉恨末由，冒佥业户廖盛红又佥大宇等并伊□事众佃，捏伊私垦界外截决俾水等情，蒙准拘讯在案。切思界内界外，原有详定，宪案可查。若以土牛为界，土牛在朴篱隔二十里之遥；若照前爷胡详定以山根为限，所开三田尚在从前原定阿拔沟之西，何谓界外？况田在番社前后左右相连，葫芦墩大街衢若指为界外，则翁仔社崎仔脚各处社番，皆为生番矣。似此富豪藐视皇仁宪德，不容番黎耕种、欲绝数千番命，可以席卷归一凑锦，胪列佃名告□，欺番莫此为甚，合亟粘抄示稿三纸、地图一纸禀诉，伏乞大老爷俯悯番黎至意，恩准勘断，拯救愚番得以活命，同社生命啣结切叩。①

---

① 《北路理番案册》，乾隆四十七年（1782）五月十八日入。

乾隆五十七年（1792），岸里社通事潘明慈等控告汉人何福兴等召集多人，侵垦东势角界外禁地：

具禀辕下岸里通事潘明慈，为藐禁统奸越垦乞宪严拘究逐事。缘何福兴等招奸侵垦东势角界外禁地，经慈于年四月内以违禁越界侵垦等事，赴辕禀究，蒙批准押逐在案。讵何福兴等不遵宪禁，胆敢统奸民徐登连、何全士、邱日嵩、徐显清、刘泰生、郑昆山、杨绍泰、谢仕族等，搭盖房屋盘踞该处，侵垦界外禁地。似此违禁越垦，若不急叩严拘究逐，将来复被生番戕害，慈等社辖贻累匪轻，势得查奸佃姓名，据实禀叩大老爷电察恩准拘奸民到案究逐押拆房屋、禁止私垦，以靖地方，以免贻累合社，顶祝切屏。①

以上这些官文书资料都充分说明了自雍正年间以来，汉民对"番社"社会经济活动空间的不断蚕食。通事作为各个"番社"的代理人，他们屡屡出头作为原告控诉汉民对番田的蚕食侵占行为。但是这只是当时事情的一个方面，另一方面，在汉民与"番民"的关系中，汉民主要是与通事、土目等经常往来。而汉民在对外交往的文化习惯中，除了侵占霸耕一类的违法行为外，还通过巴结、收买、贿赂官府、通事、土目等上层人物，不断取得番田等的经济权益。正因为如此，在与汉民的长期交往过程中，不少通事、土目往往与汉民相互勾结，共同谋求利益，甚至在一定程度上形成了汉民富豪与"番社"通事、土目等相互协作的利益共同体。我们在彰化县与理番衙门的官文书以及清代中期岸里社"番民"与汉民的土地等经济交易契约文书中，都发现有"番社"通事与汉民联合组成妈祖会等，从而进行土地出租及放贷取利的事实。如下面的契约文书：

---

① 《北路理番案册》，乾隆五十七年（1792）八月□□日。

1. 乾隆五十年张可盛立贌田字

立贌田字人张可盛，今因乏田耕作，前来问到岸里社学堂妈祖会内首事吴魁宗、潘兆敏等贌出水田两处，大小共壹拾肆分，坐土翁仔社，下圩一段，转角潭面上一段。各有界址，坵数不计，并带竹围屋宇，外边竹围瓦屋四间，茅屋七间，牛栏一座，禾埕菜园等项，带水分三张。此项田业系与张振嘉合共之业。即日言定除纳张振嘉之分下租外，递年供纳妈祖会内大小水、番租共二百六十四石五斗。其租谷系作二季均纳，不得湿有抵塞，系用岸社满斗量支。纵遇年荒歉，亦不得少欠升合。递年水租、番租系会内抵理，不干耕人之事。其坡头圳各庄派等项，系耕人之事。此系二比甘允、两无迫勒。今欲有凭，立贌字一纸为炤。

批明即日言定此项田租系上手张善政、张振嘉兄弟典与文昌会内收取租谷，系乙巳年起至辛亥年至，照限七年租谷供纳。文昌会内收取足讫。其壬子年分二季租谷各照贌字供纳妈祖会内人等收取，二比不得异言，立此照。

乾隆五十年乙巳三月廿七日　　　　　　立贌田字人　张可盛

　　　　　　　　　　　　　　　　　　在场舅　　云生

　　　　　　　　　　　　　　　　　　代笔人　　谢元亮

2. 乾隆五十年张善政立生银字

立生银字张善政，今来在于岸里社学堂妈祖会内首事吴魁宗、潘兆敏、林娘爱官等生过银母一百零四员正。即日言定每年共贴利银二十员零八毫。其银限六月、十月两季足完明，不得少欠。口恐无凭，立生银字一纸付炤。

乾隆乙巳五十年三月二十七日　　　　　立生银字　张善政

　　　　　　　　　　　　　　　　　　在见人　　谢元亮①

---

① 契约扫描件藏厦门大学国学研究院电子资料库。

在这两张契约文书中，妈祖会会首中的潘兆敏，就是在本文所引的官文书中多次出现的岸里社通事，而其他的会首，则是汉人。不仅如此，通事、土目在当地放贷取利，对象既有"番社"中人，也有一般的贫苦汉民。乾隆五十年（1785）五月的一纸契约文书记云："立借银字廖元清，今因乏用，前来向得岸里社官手内借过花边银二百五十大员正。其银限至本年六月内送还一百二十员，十月内送还一百三十员，约作二季还清，不得拖欠分毫。倘若将谷抵还，照时价抵算，亦不得估贵等情。此系仁义之交，不敢负心。今欲有凭，立借字一纸为炤。"其中举债人廖元清是汉民。同年三月的一纸契约文书："立生银字崎仔下社副通事茅格马下六，今因乏欠公项，无所措借，前来向得兆仁官手内生过银八十大员正。即日收讫，以为公费之用。即日言定每员应贴利谷三斗。其银限至本年六月内母利一足送还。如期无银还，愿将茅格自己田租对佃将租谷量交抵还，不敢少欠。今欲有凭，立生银字一纸付执存炤。"①这是岸里社所属崎仔下社副通事茅格马下六向总通事潘兆仁举借。在乾隆五十二年（1787）十一月的一份契约文书中，写明"番社"通事潘兆敏向汉民放贷谷种以取银利。该契约云："立借谷种字人张天喜，今向得田主潘兆敏官分下借过谷种九石，当日言定时值价银共三十一员五毫。其银限至来年六月收割之日一足完清，不致少欠分文。如有少欠，愿将牛只交田主抵清，不敢异言。今欲有凭，立借谷种字一纸付照。……"②通事潘兆敏放贷给汉民张天喜谷种取银利，颇类似于福建等地所流行的放"青苗债"。

在彰化县的衙门案册中，收藏有一份乾隆四十七年（1782）汉民陈施氏控告文昌会会首吞占利银的禀文称：

---

① 以上二纸契约扫描件藏厦门大学国学研究院电子资料库。
② 契约扫描件藏厦门大学国学研究院电子资料库。

具禀陈施氏，为横吞罪露造字买差诳禀骇法事。氏夫陈保于廿九年正月十三日与占阿年、吴魁宗等廿四人结会文昌公，各出银元付会首占阿年掌放利息。夫三十七年十一月十九日不幸身故，而文昌公会银五年生长至四十四年八月十三日会首清算，各分下有长利息银一百余元，各分支取长额。迨氏侦知，向年讨取夫会银长额之银元，诓年称被伊同潘超仁即潘仁侵用，讨限约送至期违送，氏催取潘超仁即潘仁立单再限炳据。不料骗月度年。氏极较取讨，反被触怒辱骂。氏女流莫何。况潘超仁即潘仁在社通事，势吞威辱，无奈上年十月初三日氏将潘超仁所立限单粘呈台叩。至十一月及本年二月间，蒙差押还等因，诓横吞等败露，造字抵饬、买差诳禀在案。兹差票差饱贿，禀内据一片谎词难辩，现有会众可吊庭质便明。惟思清会廿四人、廿三分，有收银而无字，氏无收银而有字，据灼见横吞罪露，造字买差诳禀明矣。谨将会内姓名列开粘呈，叩乞大老爷执法如山，电吊会众迅即严拘横吞及诳禀等到案讯究还夫会银元，以儆将来。啣戴不朽叩。

计开：

会首占阿年　吴魁宗　潘超仁　阿四老　张著　张听　张阿正
吴魁琏　郭九如　郭九筹　王助　蒋七　曾沈　吴敬　李奕顺
许诰　黄待老　杨赐　张善政　郭咸盐（已故）　许得（已故）
王良（已故）　张士化（已故）　陈保（已故）

以上廿四人、廿三分，各收会银一百零二元，独氏夫陈保一人分下应得一百零二元无收，被占阿年同潘超仁侵吞，合再声禀。

禀文讲的是陈施氏的丈夫陈保合和占阿年、潘超仁等二十四人组成文昌会，联合资金，放贷取利。不料陈保合去世，会内其他人暗吞陈保合应得之利，故而陈施氏上控要求返还自己丈夫应得之利。县衙门派出社差前往调查核实，"社差姚明禀称，询据占阿年称吴魁宗久经回籍，陈施氏之夫陈保合放生息会银，至乾隆四十四年八月当众清算，每分得银一百零二元，已经各分分散。陈保虽故，伊子陈三元于四十五年七月将伊父陈保应分银一百零二元既经领回明白。现陈保之子陈三元立有甘愿拆回银字一纸。伊母陈施氏伊伯陈洪在场保领中见花押，现字可据。兹陈施氏听人唆使，恃妇混行捏告。……县主焦批：既经该氏同子陈三元写立愿字，银圆何得混渎？殊属多事，案着注销，字附卷宗存销。"原来该会利息已被陈保合之子代领，故县府批示陈施氏"殊属多事，案着注销"。

在这宗"殊属多事"的案件中，其二十四人组成的文昌会，里面至少有"潘超仁"和"阿四老"二人是"番社"的通事、土目等人物。可见到了清代中期，一部分"番社"的上层人物，已经同汉民中的富豪们，多有利益上的勾连。因此在很大程度上，汉民对于"番社"的侵蚀蚕食，必须依靠通事、土目等的配合，至少是得到某种程度的默许。《台湾府志》云："通事熟识番情，复解番语，父死子继，流毒无已。……台湾归化土番，散处村落，或数十家为一社。社各有通事，听其指使。……社番不通汉语，纳饷办差，皆通事为之承理。而奸棍以番为可欺，视其所有不异己物。藉事开销，馋削无厌。呼男妇孩稚供役，直如奴隶。……尤可异者，县官到任，有更换通事名色，缴费或百两、或数十两不等。设一年数易其官，通事亦数易其人，此种费用名为通事所出，其实仍在社中偿补。当官既经缴费，到社任意攫夺，岂能钤管约束？"[①]当"番社"通事、土目等上层人物在经济利益上与汉民有所勾连，甚至为汉民所收

---

① 乾隆（范咸）：《重修台湾府志》卷十六《番俗通考》。

买的状态下，所谓坚守"番社"的土地界限，"永不许民人侵入番界购买番业"①，只能逐渐沦为一纸空文，通事、土目等"番社"的上层人物，在清代台湾"番社"与汉民土地流转的此消彼长过程中，多少起到了推波助澜的某些作用。

（三）清代台湾官府对于"番社"保护措施的日益破败

在康熙、雍正年间，汉民初涉"番社"范围，政府为了确保"番社"的生活权利，曾经在各"番社"的居住地四周划定界限，称之为界内、界外，汉民开垦、租佃"番社"土地，只能在界限允许的范围内进行。乾隆三年（1738），总督郝玉麟奏准朝廷，重申了这一规定，所谓："熟番与汉民所耕地界，饬令查明，有契可凭、输粮已久者，各照契内所开四至亩数，立界管业。其汉民愿购界内，有未垦、未陞田园，应令开垦报陞。仍将原购买之契，示谕各业户，呈县验明盖印。该县设立印簿，照契内买卖本人及中保姓名、亩数、价银、输粮额数、土名、四至，逐一填明簿内。有未垦、未陞若干，一并登明，毋许弊漏。仍照式汇造清册，送司存案。将来倘有转售，划一呈验登填。庶田地有册可考，不致侵占番业。倘有契外越垦并土棍强占者，令地方官查出，全数归番，分晰呈报。嗣后永不许民人侵入番界购买番业，令地方官督同土官划界立石，刊明界限土名，仍将各处立过界址土名，造册绘图申送，以垂永远。"②乾隆三十一年（1766），为了更加有效地管理和安置"番社"、防止汉民侵蚀"番社"的利益，清廷特地在台湾设立了理番

---

① 乾隆三年（1738）总督郝玉麟奏准"熟番"与汉民所耕地界，见乾隆（范咸）：《重修台湾府志》卷十六《番俗通考》。

② 乾隆（范咸）：《重修台湾府志》卷十六《番俗通考》。

衙门。当时福建地方政府在向朝廷申请设立鹿港理番同知的奏疏中说："窃台湾孤悬海外，为七省之藩篱，民番杂处。其生番潜居大山，只须防范严密，自不虑频出滋事。至熟番则与民人错居村庄，数十年来，颇知畏法恭顺。乃日久弊生，不法汉奸，钻谋入社，侵渔肥己，致令番社之地土，俱为汉人占去。众番不知流离何所，难免逃入山内，仍作生番之事，实为台地隐患，不得不早为思患预防之计。……应将淡水、彰化、诸罗一厅二县所属番社，设立理番同知一员。凡有民番交涉事件，悉归该同知管理。定例以后，奸棍豪强，购典番地者，概令清理归番。如有牵手番妇，占居番社棍徒，立即拿究逐出。不肖官吏，如有派累番社采买，及需索供应等事，该同知查实，立即通详请参。倘敢徇隐，察出一并参处。仍责令官吏清查番界，防御生番。于海外边疆，大有裨益。"① 从以上这些奏疏中可以看到，清代台湾地方政府试图用加强番界管理的办法，隔开汉民和"番社"的土地纠纷，维护"番社"的经济权益。

但是从乾隆年间以来，福建、广东等地汉民向台湾迁移，已成为不可逆转的潮流，人数不断增加。这样，到了乾隆中后期，"民番"的界限已经被大大突破，大量汉民散处在"番社"的周围，形成反客为主的态势。乾隆四十五年（1780）理番衙门的一份文书，道出了这一时期彰化县岸里社一带"民番"杂处的基本情景：

> 理番宪史崧寿同署彰化县张东馨会详界外之由。……乾隆四十五年六月廿九日准台湾镇董照会案据庄民赖元吉伊叔赖位被黄尧害毙，脱逃未获，现在改名林传，在朴仔篱内埔聚匪等情。据此当批北路协查拿解究。去后据复登差千总沈国辉改扮衣装前往查饬，回称遵往该处，适有理番所差役苏志、洪用奉差欲拿私垦界外人犯，随即协同拘

---

① 道光（周玺）：《彰化县志》卷十二《艺文志·奏疏》。

获黄尧一名，送赴彰化县收执。再查朴仔篱内埔乃界外之处，自□□岐崎山至水底寮，系军工办理厂务，合并禀明等情转禀前来，随再批饬确查私垦实在情形，据实复核再去后，本年六月廿七日，据该协复据中军张都司复据、千总沈国辉复称，遵再往查该处安有土牛，分别内外界址。详细踏勘界外地势，高下不一，横直共约二十余里。自龙蛟崎山至社龙寮庄八里，该庄至香蕉脚四五里，该处至水底寮四里许，该寮至松柏岗一里许，又社龙寮庄斜西至大湳中埔二里余，该庄离马连三里许，马连距水井仔庄四里，马连偏斜至十一份厝三里许，十一份厝离八份厝二里，八份相距七份三里。社龙寮庄甲头朱接，庄民李志、陈阿碗……；香蕉脚庄甲头王宽，庄民张水难、张训等（以下各庄甲头、庄民略）……共计男女约有千余人，漳泉居多，粤人十居一二，熟番数百人，系岸里阿里史等社之番。该处军工匠约四五百人。以上番民寮屋约百余间，私垦田园共有二百余甲。各佃先后俱系向岸里社熟番通事阿打歪希赎垦，年纳租谷。其军工匠迫近生番处所，是否奉有明文、何年创始无案可稽。……

查台湾乃海外要区，内山一带，生番素性凶悍。从前因虑民人熟番相与杂处滋事，是以开设土牛深沟，隔别界限，奉宪历禁私越界外。今该处既系界外禁地，番民擅敢聚集多人，搭盖寮屋，私垦赎耕，殊于地方大有关系。据报前情合就照查。……今反复研诘，该处实系社番熟园，因番黎不谙耕种，赎给民人佃耕，收租以资口粮。并据通事供称，该处虽在土外，缘距内山甚远，历系社中佃耕收租以资口粮。再三鞫众供如一，似无遁情。查从前划界，其近界熟园原许附近熟番耕种以资生计，只因番众不谙耕种，佃给黄尧等承耕纳租是实，黄尧并无界外私垦情事，应请毋庸置议。惟是朴仔篱一带系番社熟园，查与内山尚远。该通事佃给民人耕种，历有年数，若竟行禁止，社番生计未免窘绌，可否仍听该番佃民耕种以资口粮之处？出自宪仁，仍令通事就近严行稽查，免致别滋事端以靖地方。……①

根据上引，乾隆四十五年（1780）前后，岸里社一带的"熟番"依然是"数百人"，而外来的汉民多达一千余人，如果加上军料工匠四五百人，汉民人数几达两千人，将近"番民"的数倍之多。在这种汉民人数激增的情况下，土地的越界开垦就势所必然。因此，上述的理番衙门和彰化县衙门官员也不得不承认："该通事佃给民人耕种，历有年数，若竟行禁止，社番生计未免窘绌，可否仍听该番佃民耕种以资口粮之处？"这也就是说，官府默认了这种越界垦殖的现象。

面对汉民垦殖的咄咄逼人，有些在台湾一线参与操持地方政务的官吏们，反而更为清晰地认识到汉民侵蚀蚕食"番社"土地的现实和基本趋势，于是干脆提出放开界限，在政府加强管理的前提下，让有实力的汉民多多垦殖。如早在康熙末年、雍正初年随军入台的福建漳州府人蓝鼎元，就提出了如欲安定"民番"社会，防止"生番"作乱，必须有规划地放开汉民、汉兵垦殖禁令的主张，他在《谢郝制府兼论台湾番变书》中说：

彰化上下四五百里，仅委之守备一营四五百之兵，此当改设游击，增兵五百无疑也。去岁阅邸抄，有淡水同知移驻竹堑之议。不知张宏昌失事，何以仍在沙辘？必竹堑未垦，无村落民居之故耳。竹堑居彰化、淡水之中，距彰化县治一百四十里，一路空虚，上下兵力俱皆不及，宜移同知驻此，以扼彰、淡之要。联络数百里声援，然后彰化以下，血脉相通。似应请旨特设参将一营、兵一千，同驻其地，碁置村落，招民开垦。计竹堑埔至凤山崎，宽平百余

---

① 《北路理番案册》，乾隆四十五年（1780）十月。

里,可辟千顷良田。向以无民弃置,致野番出没,为行人患。若安设官兵,则民不待招而自聚,土不待劝而自辟。岁多产谷十余万,为内地民食之资。而野番不能为害矣。二处添设之兵,皆当另募,然后内地防汛不致空虚。……或将竹堑一营屯田,俾立室家作土著,与各营班兵为主客相维之势,尤防范之最密也。①

至嘉庆年间的方传穟,更是提出《开埔里社议》的八项主张,即和番情、选通事、别番汉、定疆域、罢业户、召官佃、设文武、通财货,请求朝廷进一步开放"民番"限制,以官招佃,促进开垦,以俾"民番"皆得安居乐业。该议略云:

窃查水、埔二社,地广土腴,久为汉人觊觎,越垦者屡矣。土牛之禁既虚,奸民之谋未已,若不官位经理,社番愚弱,非渐为吞灭,即要结内山野番以死抗斗,杀伤必多,有失天朝好生之仁,其不便者一。番少民多,其势不敌,终为吞占。此等亡命日聚,若任其自为而不问,设有巨奸负其险阻,恐贻他日之忧,其不便者二。未开之先,官为经理,民皆听官之命则官势重而民势轻,犹可量为区处。若民既垦成之后,人多田广,所费工本不赀,岂肯轻舍其业?彼时再为经理,则民势重而官势轻,不得不苟且率就。立法之始,流弊即已无极,其不便者三。此安抚之道,所以不可不讲也。……今兹开垦,必有所以为名使番与汉和,更与番和。番情既和,然后悦服归诚,乃不失天朝一视民番之体。……

六曰召官佃。地至数十里,垦田数千甲,用佃多者殆将万人。……其分地也,视其人之多寡,给以垦照。而众佃分之得若干甲,视其赀力,而结首倍焉,或数倍焉,亦视其赀力。故垦照所

---

① 道光(周玺):《彰化县志》卷十二《艺文志·书》。

载,最大及数十甲而止,小或十甲数甲而已。人皆官佃,无所隐匿影射,且以无业户之故,径纳官租,不能逃赋。有欠则可履亩而稽。……庶其利可以百世。……

八曰通财货。开设之后,田园日广,生众日多,不特民间日用百货商贩通行,即所产米谷,民食有余,亦须出山粜卖。……此溪通畅,而后米出、货入,商贩通行,人乃可以安居,其要八也。①

从乾隆、嘉庆年间以来,方传穟的建言,不仅仅在台中埔里社基本上得到施行,台湾其他地方的"平埔族"人居住地及其周边地带,也都有运用他这一民番安置的思路进行开垦安居的。因此,到了清代后期,不但大量靠山"民番"杂处的荒地得以垦殖,粮食丰沛,而且在"民番"长期杂处以及经济往来日益密切的社会环境的促动下,相当一部分的"平埔族"人,逐渐向汉民转化,尤其是姓氏名字,完全仿同于汉民的习俗,"民番"通婚的现象也日益普遍。而到了20世纪中叶之后,有一部分"平埔族"人已经完全成为汉人的一个组成部分。这种情形,也可以说在台湾岛内再次呈现了中国汉族融合其他少数民族的悠久历史的一个生动缩影。

四、从民间契约文书中所反映的"民番"物产交易的若干特点

在清代台湾汉民与"番民"的关系中,最重要的莫过于土地的交

---

① 道光(周玺):《彰化县志》卷十二《艺文志·议》。

易关系了。"平埔族"人属于少数民族,在他们原有的活动范围内,其土地、山林等自然不动产归属于他们,应该是天经地义的。但是当明清以来福建等沿海居民大量移居台湾之后,政治、社会环境的变化,汉民从沿海到山区垦殖活动的日益加强,都逐渐深化了汉民与"番民",政府与汉民、"番民"的多重关系。于是,这种复杂的社会关系体现在土地的交易关系上,就不能不呈现出一些与大陆福建等地同时期所不相同的社会经济特点。下面,我们就对某些带有普遍性特点的土地交易现象进行初步的分析。

(一) 清代台湾"民番"土地交易中的"碛地银"与"承赎"

清代"番社"的土地归属大体上可以分为两种。一种如我们在前面所论述的那样,是由各"番社"的通事、土目等土官所掌控。这种土地的地租收入,既要向政府交纳一定数额的丁口税,还要维持"番社"日常的行政、守隘经费和上下应酬打点,同时还要拨出一部分,作为"番社"内"众番"的生活补助。当然,通事、土目及其亲属的生活费用开支取之于这部分的地租收入也是在所难免。另一种的土地归属,是由各"番户"所私家拥有。各"番户"或自己耕种,或租佃给外来的汉民,收取地租作为生活的来源。但无论是上述的哪一种土地归属形式,由于早先的"番民"不擅长农业耕作,甚至根本不会耕作,所以,"番社"的大部分土地,必须租佃给外来的汉民。

与大陆福建等地情形不同的是,大陆各地的农村土地租佃关系,租佃双方大多是相互熟悉,甚至是同乡、同村的同族中人,因此在土地的交易及其租佃中,关系相对稳定,赖租、卷租弃耕逃跑等突发事件较少发生。因此到了明清时期,特别是清代,大陆福建等地租佃关系中的

"押租"现象,已经比较稀少。所谓"押租",就是当田主把自家土地租佃给某佃农时,佃农必须先交纳一定数量的押金,以确保日后佃户按照租佃合约如期如数交纳田租。一旦佃户出现赖租、抗租的情况,田主即可没收该押金。如果佃户按约交纳田租,一旦退佃,田主必须把押金退还给佃户。"押租"制一般出现在租佃制度的早期阶段,是在租佃双方关系不太稳定的情形下产生的。

清代台湾"民番"之间的土地交易关系,正是在社会秩序不太稳定的情形下产生的。因此,当在福建等大陆省份租佃关系中"押租"现象日益减少的趋势下,台湾"民番"土地交易租佃关系中的"押租"现象却相对比较普遍。这就是在清代台湾"民番"土地交易契约文书中所屡屡出现的"碛底银""碛地银"或"埔底银"等。在此我们先举三份契约,如下为例。

1. 乾隆二十八年（1763）林振岳贌耕字

立贌字人林振岳,今因乏田耕作,前来问到敦通事有水田一处,坐落土名朴仔篱口,四址分明,并带茅屋一座,搭水牛牳带仔大小共五只,前付耕人牧伙,并搭有家物,亦付耕人使用。另单载明当日三面言定耕人备出碛底银一百员正。递年实纳租粟一百六十五石,早季纳清油谷一百石,冬季纳杯粟六十五石正。其租粟不论丰荒,并无加减,务要干净。亦不得湿有交纳。其田一贌三年,若租粟清白,另立贌约再耕;如有不清等情,即将此碛底银任从短除,耕人不得异言执拗。其牛耕人务要小心,倘有天年时气,预先报知田主。若有损失,不干耕人之事。若不小心而至被盗等情,照时值估值赔还田主。再耕人若要回唐不耕,将田园屋宇牛栏家物等项照单交还田主。耕人自置家物等件自愿搬开,不得阻挡。此系二比甘愿，今欲有凭，立贌字一纸付执为炤。

乾隆二十八年十一月廿三日　　　　　立贌字人　林振岳

在场担认人　刘启华

2. 乾隆三十九年（1774）连阿五等贌耕字

立贌字人连阿五、蒋才富、曾阿县，今因乏田耕作，前来岸里社潘兆仁官手内贌出水田犁分二张，坐土枫树下东势庄，带瓦屋一座共二十二间，又茅屋十间，竹围禾埕菜园俱备在内。当日言定递年供纳大小租粟四百石正。早季供纳清留谷三百石，冬季供纳三杯谷一百石。其二季租粟务要重风干净，不得湿有抵塞。斗系岸里社正满量交。纵过年冬荒歉，不得拖欠升合。其田贌耕三年，自乙未年起至丁酉年冬止，限满将田屋交还田主自理管业，任纵招佃别耕，才等不得阻当霸踞占耕滋事。其田屋系才等承贌自住自耕，不敢滥招多人窝藏匪类、开场聚赌等情，亦不得转贌他人私相授受滋事。其修坡作圳以及修整屋宇，俱是耕人之事，其带有农具家伙照单收管，不得失落。如有失落，照额补还。今欲有凭，立贌字为照。

批明即日才等现备银二百员，交于田主兆仁官收入，以为碛底。倘每年租粟无清，将碛底银扣算以抵租粟。其租粟每年还纳清楚，其田限满之日，将银二百员付还才等收回。此是二比甘允，不得反悔，立批再炤。再批明约内茅屋十间，系带原片竹围背小分田，的系黄荣裕兄承贌批炤。

乾隆甲午三十九年六月□□日

　　　　　　　　立贌字人　连阿五、蒋才富、曾阿县

　　　　　　　　代笔人　詹仁昆

　　　　　　　　保领人　黄荣裕

3. 乾隆四十六年（1781）黄虽、朱齐等贌耕字

立备碛地员银贌耕字人黄虽、朱齐，今备得碛地银，前来向贌葫芦墩社番妇麻腊斗内士仝伊赘夫搭保分下有水田一处，土名车路唇庄前。其田原有界址分明，现耕王贻发，递年供纳租谷八十五石，并通事公费在内。递年早季纳租五十石，晚季纳租三十五石。因保夫妇做典乏银公费伙食等项应用，前来仝向通事五面议明，即日经社收过齐等分下碛地银四十员，收足应用。言定其银立约起耕限满日永无行利，其田除将王贻发兄耕作期限两年未满至癸卯年冬止，交耕三年，自癸卯年冬起至丙午年冬止。其三年所纳之租，务要晒干重风精净，不得粗湿。丰歉不得加减。其田亦不得敢私相授受典替等情。限满之日，将银田两相交还。此系各情甘愿，别无异言，口恐无凭，立备碛地员银贌耕字一纸付炤。

乾隆四十六年辛丑十二月□□日　　　　立　黄虽、朱齐
　　　　　　　　　　　　　　　代笔、在场见　在见番天生
　　　　　　　　　　　　　　　限满交耕人　王贻发[①]

在上引的三纸贌耕契约中，第一纸中承贌人林振岳必须"备出碛底银一百员正……如有不清等情，即将此碛底银任从短除"；在第二纸中，承贌人连阿五、蒋才富、曾阿县三人，"即日才等现备银二百员，交于田主兆仁官收入，以为碛底。倘每年租粟无清，将碛底银扣算以抵租粟"；第三纸承贌黄虽、朱齐交上"碛地银四十员，收足应用。言定其银立约起耕限满日永无行利"。在一般情况下，承贌租佃双方在合约期满之后，如果没有继续延续承贌关系，碛底银、埔底银等是要归还承贌

[①] 契约扫描件现藏厦门大学国学研究院电子资料库。本文契约文书均由台中陈炎正先生提供，特此致谢！

人的。

从上引的契约文书内容看，汉民向"番社"承瞨土地，交纳押租和年份田租，这种契约文书无疑就是明清时期大陆的所谓"租佃文书"了。但是在台湾的此类契约文书中，却大多用"瞨耕"的名目建立租佃双方的关系。这其中的原因大致有二。一是习惯性的用语。"瞨"字在大陆各地很少使用，"瞨"字在台湾的流行，可能与明代后期荷兰人的统治有关。"瞨"（荷兰语：Pacht）为荷兰东印度公司在台湾实行的一种特殊的租税承包制度，意指将某项经营活动的权利以拍卖出售，其他人不能侵犯承包商的权利。独占权通常一年到期，得标时承包商须先交纳一些预付款，余款等到期后才交清。"Pacht"这一字起源于拉丁语的"Pactum"或"Pactus"，意为领主与包税人对税额取得一致意见。当时的汉人以台湾闽南语念为"Pak"，汉字写成"瞨"。

"瞨"字源于荷兰统治台湾时期的租税承包制度，故在明末清初之时，台湾有"瞨社"之谓。"'瞨社'亦起自荷兰，就官承饷曰社商，亦曰头家。八九月起，集伙督番捕鹿曰'出草'，计腿易之以布，前后尺数有差。劈为脯，筋皮统归焉。惟头及血脏归之捕者，至来年四月尽而止。俾鹿得孳息，曰散社。五谷、鸡逐饮食之外，凡所生息，唯社商估计，皆习为固然。"[①]这种瞨社及社商制度，一直延续到清代统一台湾之后的康熙后期，官府革除"社商"名目，但是"瞨"字作为闽南语的一个俗字，却被延续了下来。

更为重要的原因是，台湾"民番"土地中的瞨耕关系中，有相当一部分承瞨者并不是我们习惯上所认知的那种缺少土地而佃耕地主土地的贫穷佃户，而是具有雄厚经济实力的农田垦殖经营者。如在我们上引

---

① 康熙（周钟瑄）：《诸罗县志》卷八《风俗志·番俗》。

的三纸承瞨契约文书中,第一纸所应每年交纳的田租是"递年实纳租粟一百六十五石";第二纸所应每年交纳的田租是"言定递年供纳大小租粟四百石正";第三纸所应每年交纳的田租是"递年供纳租谷八十五石,并通事公费在内"。这每年动辄交纳田租上百石甚至数百石的大笔交易,断不是一般意义上的贫穷佃农所能承担的。这些经济实力雄厚的大垦户和大承瞨者,都要把承瞨来的"番社"土地再次转瞨或者转佃给其他农民,成为十足的"二地主"。如在本文中屡屡提到的张达京、张振万等番田承瞨者,就留有不少再次转瞨、转垦的契约文书。如乾隆十二年(1753)八月签立的给垦批,是张振万把番田转垦给汉民王简书的。"立给垦批阿河巴庄业主张振万,有自置课地一所,坐落土名余庆庄,经丈东至林宅田为界,西至圳为界,南至六张犁小圳为界,北至车路为界,四址丈踏明白。共有田甲一十一甲五分正。今招得电话王简书前来,出得时价埔价银一百六十两正。其银即日交收明讫,其埔随踏交银主前去垦成水田。内带水分九张足荫。当日二面议定,递年每甲实纳初年大租二石,次年纳大租四石,三年实纳大租八石,系头家租税,永为定例。每甲随带车工银三钱六分正,贴运课工脚费用。其大租务要晒干风净,不得湿有。丰歉租无加减,亦不得拖欠升合。此系二比甘愿各无勒迫。今欲有凭,立给垦批一纸,付为永远执照。外批明其庄中申禁以及水谷,俱系佃人之事,再照。即日收过垦批银一百六十两足讫,再照。乾隆十二年八月□□日给。"①再如乾隆二十六年(1761)的招佃批字,是张振万把自己承瞨来的"番社"埔地对外招佃,由汉民林品秀承佃。"立招佃批字人业主张振万,有承买岸里等社埔地一所,坐落土名何河巴庄上横山。今有佃人林品秀前来补给批单,□经踏过四址分

---

① 契约扫描件藏厦门大学国学研究院电子资料库。

明。又经业主丈过，秀分水田五甲三分九厘，按甲纳租每甲纳租八石，永为定例。系官较斗量，佃人自送至本庄公馆交纳入仓外，又贴纳配运车工脚料银每石贴银四分五厘，随租秤交。如无随租秤交，就租照依时价扣出外，方算实租。租谷务要晒燥重风干净，不得湿有抵数。全中修理桥路开筑埤圳以及埤头扣费等项，系佃人□□□□□□□□等情，如有此情，查出禀官究逐，另招别佃。全佃人欲退，此必要诚实之人，方许授受。今欲有凭，立招批一纸付执为炤。乾隆二十六年八月□□日业主张给。"①从这二纸的转垦字和招佃批中可以看出，即使是二手的转垦招佃，其田园的数量也还不少，前者十余甲，后者五甲多，折成民亩则是一百余亩和六十余亩。而第三手的承垦和承佃者，很有可能无法自家耕作，必须再次转瞨或转佃给其他农民。②

因此，台湾"民番"土地交易中的瞨耕租佃关系，固然从形式和内容上看，都可以等同于大陆的租佃契约，但是从承瞨者的身份上看，却差异很大。其中有一部分自然是乏田耕种的外来贫穷汉民，但也有一部分是把承瞨"番社"田地作为一种财产增殖来经营的。这种承瞨者，多少有些类似于荷兰、郑氏政权时期的瞨社社商的行为。也许正是由于这种因素，我们在台湾移民的祖籍地福建、广东等地的土地交易中，土地租佃依然书写的是"佃约"文书，看不到"瞨耕"形式的契约文书，而唯独在台湾，大量流行着"瞨耕"的行为及其契约文书。当然，随着汉民与"番社"经济往来的不断增强，相当一部分汉民与"番民"的社会关系逐渐改善并且日趋密切，而且番地承瞨之后再转手承瞨、典借、

---

① 契约扫描件藏厦门大学国学研究院电子资料库。
② 张达京、张振万等人是雍正、乾隆年间彰化县最著名的土地承垦承瞨者之一，在道光《彰化县志》卷六《田赋志》的陞科记录中，多次提到本文所提到的张振万、张承祖以及秦、张、江等业户的陞科报赋数额。如"乾隆五年，秦、张、江等新陞下则田共四十一顷二十九亩二分二厘，每亩征银分七五厘五毫六丝，每银三钱六分，折粟一石，共征粟六百六十石零一斗零一合六勺"。

抵押，甚至私下断卖等复杂情况的不断发生，使得"民番"土地交易中交纳磧底银、磧地银、埔底银等押租的现象有逐渐减少的趋势。

（二）清代台湾"民番"土地赎耕契约中的初垦免租或减租现象

在清代前中期台湾"民番"的土地赎耕契约文书中，还有一个特点也十分显著，这就是初垦免租或减租的特点。在台湾番地的早期开发过程中，由于"番民"不擅长农业耕种和粮食生产，许多土地依然处于原始状态，抛荒者较多。这种情况与福建等地的租佃关系很不一样。福建等地的土地，到了明清时期，大部分区域已经开发，土地的租佃基本上是在熟地的基础上进行的，租佃双方签订的租佃文书，直接进入耕作和交纳田租的阶段。而在台湾则不同，原始状态和抛荒的土地，需要数年的时间来进行开垦和培育，才能进入到正常耕作的熟地状态。这种特殊的开垦情形，造成了台湾"民番"土地的承赎租佃，往往出现早期初垦免租或减租以抵工本的形式。下面，我们同样举三纸契约文书作为例证。

1. 乾隆四十三年王辉侯立赎开辟字

立赎开辟字人王辉侯，今因乏田耕作，前来向得岸里社番阿沐乌内手内赎出埔园一块，坐土崎仔脚东势，原有界址分明。即日当社言定侯承赎自备牛只农具种子前去凿圳开辟成田，言定四年开荒无租，以为折补开荒工本。自己亥年春起至壬寅年冬止，四年限满，邀同通土并田主踏看阔狭，议定租粟，另立赎约再耕，田主不得私赎他人。此系二比甘愿，两无抑勒。口恐无凭，立赎字为炤。

批明即日侯备出现银七十二员，以为开水费用之需，言定无利，折为磧底之费。侯若不耕作，此田田主应得，原磧底银兑还耕人收回立批为炤。

再批此七十二员之银，原系其为开水以灌荫，此十一分番园之费，佃人不耕之日，此十一分番田主共凑齐七十二员之银交还收回，俟不得各执膜约另向取讨七十二员之数批炤。

再批明倘园分圳水未足，仍作园耕种纳租，应以筑田之日算起再炤。

乾隆四十三年四月□□日　　　　　　　立膜字人　王辉侯

代笔、在场见　岸社土目、通事

2. 乾隆四十一年赖日辉、王兴立膜字

立膜字人赖日辉、王兴，今因乏园耕作，前来问到潘头家兆仁官分下，膜得园地一块，坐落土名旧社崁下，踏看原有界址分明，并带有茅屋一座。当日言定递年供纳园屋租税银共六员正。其银限每年十月终一足交清，不敢少欠。其园屋限膜耕住三年，自丙申春起至戊戌冬止。限满交还园主，不敢执拗。口恐无凭，立膜字付为存照。

即日批明其园地耕人自出工力开有涧水到园，垦成水田之日，议定三年之内照园租供纳所收田中谷石以补耕人工本，三年之后，请到田主到处踏看涧狭，照田租供纳，议定若干另立膜约批照。

乾隆四十一年二月二十六日　　　　　立膜字人　赖日辉、王兴

代笔人　张振嘉

3. 乾隆二十六年刘芝应、余仁资立合约承耕字

立合约承耕人刘芝应、余仁资，今因无业耕作，前来承得麻著旧社土目阿打歪大由士、斗内士郡乃等在地主大由士报垦旱园，内除有犁分五张，以为守隘番丁口粮承招耕种。当日经通事等众面议

定并无埔底银,其屋厝系埔主出银架造,亦略搭有农器家物,开明批内。其余牛只耕种农器家物等项,俱耕人自己备用。至所供租粟,初年一九抽的,埔主得一分,耕人得九分;次年一九二抽的,三年一九五抽的,照额推抽,永为定例。若有偏背拖欠租,及有不法匪为擅越界外生事等项,查获情愿将物业交还出庄,任从埔主另招别佃,不敢踞抗。今欲有凭,立承耕字为照。即日批明现领犁分五张、茅屋一庄、牛栏一座、犁二张、铁钯一张、锄头二张、大锅二口、凳四条。若埔不耕,照数支还批的。

再批限耕五年,满后再议规矩炤。

乾隆二十六年十二月□□日　　　　　　　立　应、资（画押）

　　　　　　　　　　　　　　　　　　　在见　通事敦仔

　　　　　　　　　　　　　　　　　　　代笔　姻亲郑梯①

由于出垦的荒地,在开垦环境、生产条件以及前期准备工作等方面都存在一定的差异,因此"番社"与汉民在订立承瞨契约的时候,对于初垦免租和减租的程度上也会出现不同的约定。从以上契约的第一纸情形看,承瞨开辟字人王辉侯"自备牛只农具种子前去凿圳开辟成田,言定四年开荒无租,以为折补开荒工本",四年免租期限满了之后,双方再根据土地的开垦成熟情况,另行签立承瞨租佃的契约。在第二纸中,承瞨人赖日辉、王兴与番田主约定,"其园地耕人自出工力开有洞水到园,垦成水田之日,议定三年之内照园租供纳所收田中谷石以补耕人工本,三年之后,请到田主到处踏看润狭,照田租供纳,议定若干另立瞨约"。也就是说承瞨的园地三年免租,但是对于居住"番社"所提供的茅屋一座,承瞨人必须每年向"番民"交纳居住茅屋的租税银

---

① 以上契约文书扫描件藏厦门大学电子资料库。

"六员"。在第三纸中,承耕人刘芝应、余仁资,其所承耕的番田,已经过初步的垦辟,生产环境及其条件似乎比那些原始状态的纯荒地要好一些,因此采取的是减租的方式,并且逐年递增。即所谓"所供租粟,初年一九抽的,埔主得一分,耕人得九分;次年一九二抽的,三年一九五抽的,照额推抽,永为定例"。这也就是说,第一年番田主仅取一分租粟,承耕人得九分租粟;到第二年,番田主增加一分,为二分;到第三年起番田主与承耕人各得五分,并且从此成为定例。由于上引契约中的所谓"一九""一九二""一九五"属于闽南语俗称,难于理解,我们再引一纸乾隆二十六年(1761)九月二十七日的招佃契约做进一步的说明:"今来招得弟运孟、芝应,前来承贌埔地一张,坐落土名麻著旧社。当日二面言定业主大租每年招(照)庄家例耕人车运交纳,其小租议定首年纳谷七石,二年纳小租谷十石,三年纳小租一十五石。若再耕作,招(照)十五石永为定例。其租谷二季收割后重风干净一足纳明,不至少欠。口恐无凭,立招字存炤。……"① 在这纸契约文书中,我们就可以比较清楚地看到,汉民承贌埔地,第一年交纳租谷七石,第二年交纳十石,第三年交纳十五石。以后则以十五石永为定例。

(三) 汉民通过贌耕、典当、胎借、押租等多重手段蚕食"番社"土地

汉民虽然都是从福建等大陆移居的外来人,但是与"番民"相比,无论是在经济上还是在文化上,都存在一定的优势。如在汉民的文化潜意识中,素来就有勤俭殖财、多种经营以及防范经济风险的传统,然而在"番民"方面,则较少有长期的经济风险意识。《台湾府志》记台湾

---

① 契约扫描件藏厦门大学国学研究院电子资料库。

"番俗"云:"平地近番,不识不知,无求无欲。……终岁不知春、夏,老死不知年岁。有今钱无所用,故不知蓄积。秋成纳稼,计终岁所食,有余,则尽付曲蘖,无男女皆嗜酒。屋必自构,衣必自织,绩麻为网,屈竹为弓,以猎、以渔,罔非自为而用之。"① 于是,在这两种不同的社会形态、经济形态和文化形态的碰撞交往过程中,"番社"的经济权益,往往更容易受到汉民的侵蚀。其反映在土地交易关系上,汉民多关注于较长远的利益,而"番民"则经常为了眼前的短暂利益而出让土地的经营权。如下面二纸契约文书所反映的情况:

1. 乾隆三十九年许愧吾领收认纳租字

立领收认纳租字人许愧吾,前来岸里社潘讳兆仁官分前,承祖遗有埔园一处,坐土浮圳山顶,东至岭下旱沟牛埔为界,西至牛骂头社番园为界,南至蔡家公馆车路为界,北至洪圳交界车路为界,踏看界址分明,俱有佃人承耕。界内共有犁分二十八张半,第因丰歉不时,佃人拖欠租粟无清。兹愧吾前来认为佃首包领认纳。当日言定每年供纳大租银三十员正。其银限定每年十月内一足交清,不论佃人耕作有收无收,系愧吾甘愿照约纳足,不敢向兆仁官异言减少等情。其租付愧吾向各佃收取。倘庄中有大小争务等项所费,以及窝匪聚赌行凶打架致生祸端等件,系愧吾一力抵当,不干业主之事。此是二比甘允、两无迫勒。今欲有凭,立议认纳约字一纸为照。

批明即日言定愧吾包领认纳租银,各执约字为凭。自甲午年起至丙申年至,限满租银清楚明白,再向认纳。若年间租银拖欠无清,不论年限任从业主兆仁官另招他人包理,愧吾不得霸踞阻当滋事。立批是实。

---

① 乾隆(范咸):《重修台湾府志》卷十六《番俗通考》。

乾隆三十九年七月□□日　　　立领收认纳租字人　许愧吾

　　　　　　　　　　　　　　　保领人　李志生

　　　　　　　　　　　　　　　在场见人　洪扬芳

2. 乾隆五十四年陈旁立备出现租碛底银字

　　立备出现租碛底银字人陈旁，今来向得麻里兰社头家阿打歪老令分下有田一处，坐校力林庄大圳唇，东西南北原有界址分明。递年带纳额租二十石正，内割出租谷三石，交纳通事一九孔五之需，仍有租谷一十七石正。兹因阿打歪乏银缴公项之，在旁手内现收过现租银五十七员，又收过无补利碛底二十六员。即日当社经通事言定将此一十七石租谷付交旁自耕自收九全年。自庚戌年春耕起至辛亥、壬子、癸丑、甲寅、乙卯、丙辰、丁巳、戊午、年冬，共该收来租谷一百五十三石正，以为抵还五十七员之银，母利一足清楚。限满之日，旁只收回二十六员之碛底银，将此田交还业主管耕，旁不敢异言生端等情。此系二比，口恐无凭，立备现租碛底银字，各执一纸为照。

　　外批明即日当社旁实备出现租并碛底银八十三员，交阿打歪老令收讫批照。

　　乾隆五十四年七月□□日　　立备出现租并碛底银字人　陈旁

　　　　　　　　　　　　　　　　在场通事

　　　　　　　　　　　　　　　　代笔岸社记

　　　　　　　　　　　　　　　　乌牛栏土官阿四老六茅①

　　在这两纸契约文书中，田主"番民"不仅拥有这两块土地的所有使用权，而且也把这两块土地租佃给相关的佃户，每年会有比较固定的

---

① 契约扫描件藏厦门大学国学研究院电子资料库。

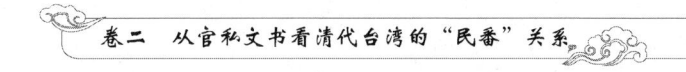

租粟收入。但是田主"番民"为了眼前的银两使用，索性把这两块土地的收租权以银钱交易的方式，转让给了汉民许愧吾和陈旁。在第一纸的契约中，许魁吾每年只需交纳给田主"大租银三十员"，就获得了"番社""犁分二十八张半"大片土地的收租权益①。这颇类似于"包租"。而在第二纸的契约中，汉民陈旁向"番社"交纳现租银"五十七员"，外加"二十六员"磧底银，便获得了每年一十七石、连续九年共一百五十三石的该土地地租收入。这实际上就是把该地九年的租粟收入出卖给汉民陈旁。

由于"番民"在经济经营与管理上的劣势，"番民"或"番社"向汉民举贷借银的现象亦时有发生。然而"番民"或"番社"向汉民借贷，由于平日缺乏理财积蓄的观念，如期如数还贷成了一个大问题。"番民"唯一可以作为借贷抵押物的基本上就是土地了，当"番民"或"番社"向汉民借贷时，双方签订的"借银字""生银字"等借贷文书，绝大部分是以土地作为抵押物，或是直接把原耕佃户的收租权利暂时转让给债权人。我们这里略举数例如下。

1. 乾隆五十三年通事潘明慈立借银字

立借银字岸里社通事潘明慈，今来向得郑国煋兄手内借过佛银五十圆，当日三面言定共贴利谷一十石。其银母并利谷限至本年早季收成，即将番佃黄振昇、赖完、林振仓应纳本年一九五公费谷出单共二十三纸、共谷五十九石四斗，对佃付与银主收执。俟六月收割，亲向番佃黄振昇、赖完、林振仓照单收取。除扣去贴利谷一十

---

① 本契约中的所谓"共有犁分二十八张半"，按清代台湾民间的俗例，每张犁分等于五甲土地，二十八张半犁分约等于140余甲；每甲约等于福建等地的民亩11余亩，则这块番园大致折成民亩约为1000余亩。以常理推测，1000余亩地每年仅包租银"三十员"，似乎过于轻微。故加注存疑在此，仅以"大片土地"约略述之。

石外，仍收谷四十九石四斗，照依时价折银清还母银五十圆。清款若不敷补足，有剩交还通事，不得互□。今欲有凭，立借银字一纸并收谷完单共二十三纸付照。

外批明其银母利若算清楚，此字即要付回，不得变匿批照。再批斗系岸社租斗量收批照。

乾隆五十三年五月初九日　　　　　　　　　　　　立借银字

在见　廖阿科

代笔人　邱子标

2. 乾隆五十七年通事潘明慈立生银字

立生银字岸里社总通事潘明慈，今因欠公项并公馆缺欠伙食，前向王天送兄手内借过大甲街店契当来银母二百圆正。当经三面言定每银一百圆每月贴利银三圆。其银母利银至癸丑年六月早季将岸里社公租对佃割收抵完清款，不致少欠。今欲有凭，立生银字一纸付照。

乾隆五十七年七月□□日　　　　　　　　　　　　立生银字

代笔、保认人、在场知见　郭九畴

3. 道光甲午十四年通事潘清章立借银对佃交租抵利字

立借银对佃交租抵利字，岸里社总通事潘清章情因前通事办公乏银急用，向张庚龙兄弟借过尝祀银五百大元正，即日通土甲立约炳据供纳利谷每年共一百石。奈社中公事浩繁，利息无可措完，母利无归，以致张庚龙兄弟到社取讨屡迫。无奈爰集众社公议，此银理合公借公用，各循天良，不敢昧心。随即对过通事历收佃户王藏利应纳社课租谷七十二石零，又对员宝庄佃户张□茂应纳大租谷四十二石五斗。两佃共纳谷一百一十五石对交银主庚龙。历年通事自应出单交庚龙自行向佃量收抵利。每年仍长有谷□十五□，交完通事收回，而通事不得向佃私收短折。出单之日亦不得兜留延误。如有此情，任从银主取回母银。倘日后有接充通事，俱照原约所行。此系人番两愿，恐口无凭，立借银对佃交租抵利字一纸付执为照。

即日批明实收过约内佛母银五百大元正。

再批明银主要移居别处，任从银主退回本银，不得拗难再照。

道光甲午十四年六月□□日　　　　　立借银对佃交租抵利字

代笔　古信□

知见　对社施缎①

在这三纸借贷契约文书中，债权人汉民把银子借给"番社"，"番社"则把番田向佃户收租的份额转交给债权人收取。这三纸借贷文书的举债人都是通事，通事是"番社"中的上层人物，拥有比一般"番民"更多的土地及其他社会经济权益。虽然正如我们在前面所论述的那样，这些通事、土目等"番社"的上层人物，也经营着放贷取利的活动，但是他们也在不同的场合里屡屡举债，这也从另外一个侧面反映了"番民"、通事平常不注重蓄积、防范经济风险意识差的生活方式。从这些通事的借贷文书中，我们还可以经常看到诸如"因前通事办公乏银急用""因欠公项并公馆缺欠伙食"等缘由，在有的借贷文书中，我们甚至还看到通事为了给官府送礼而不得不举债的记述，如所谓"因年杪乏银送各官礼仪，无处措办"等②。官府应酬事务繁多，固然使得许多通事、土目必须以借贷应对，但是归根结底，"番社"的这些通事、土目等上层人物

---

① 以上借贷契约扫描件藏厦门大学国学研究院电子资料库。
② 见乾隆四十四年（1779）十二月二十八日通事潘明慈立借银字。契约扫描件藏厦门大学国学研究院电子资料库。"番社"的许多通事虽然经常向汉民举债，但是有些财力比较雄厚的通事，也会仿效汉民或者与汉民合作，对外放贷。关于这一问题，拟在另文予以叙述。

最终还是要把这些负担转嫁到一般"番民"身上。①因此,"番社"平常比较缺乏防范经济风险意识的传统以及一般"番民"贫困化等因素,使得"番社"的对外举债,特别是向汉民举债,往往成为一种经济常态。

值得注意的是,如果"番社"或"番民"无法如约转让地租份额,则这种债务将有越陷越深的危险。在上引的第三纸契约中,就是"番社"无法如期如数措完利息而不得不把另外的地租份额追加给债权人张庚龙兄弟。在张氏兄弟的追讨之下,"番社"通事只好把"通事历收佃户王藏利应纳社课租谷七十二石零,又对员宝庄佃户张□茂应纳大租谷四十二石五斗。两佃共纳谷一百一十五石对交银主庚龙"。

"番民"或"番社"向汉民借贷的过程,实际上逐渐加深了汉民对"番社"土地的侵蚀。同样地,汉民把土地出瞨给汉民耕作,收取一定数额的碛底银、埔底银,从表面上看是对承瞨者的一种额外索取。在以往我们对于明清时期福建等地租佃关系的研究中,"押租制"的残余,素来就被看作是地主对佃户的一种剥削手段而予以负面的评价。但是在清代台湾则有所不同,"番社"田主收取碛底银、埔底银等,其所产生的后果是两面性的。一旦"番民"或"番社"无法退还汉民的碛底银、埔底银,这些承瞨的土地,就很可能逐渐转化为汉民所拥有的土地,下面的这纸契约文书就充分地说明了这一点:

> 立退佃耕人字人张赞陈,因承垦耕到阿里史社番园埔一所,坐落土名本社前四址界内。自不能垦耕,欲行出退。托中引与陈恰哥前来承赞一张,议定每张五甲外屋地五分,当日凭中言断园埔底价银二百四十员,其银即收价银一百一十五员,其园埔随即丈明五甲五分付承替人垦耕。递年纳大租十五石,永为己业。日后张赞陈等

---

① 乾隆(范咸):《台湾通志》卷十六《风俗·番俗通考》记载:"县官到任,有更换通事名色,缴费或百两或数十两不等。设一年数易其官,通事亦数易其人,此种费用名为通事所出,其实仍在社中补偿。当官既经缴费,到社任意攫夺,岂能铃管约束?"

不得言取言赎等情。若张赞陈等开陂圳，应凑价银一百二十五员。有水成田之日，每张首年纳大租粟二十五石，二年定例纳铁粟四十石。租粟在庄交纳，无贴车工。至若陂头圳路系张赞陈等清理。倘有番人上手不清，俱系通土白番张赞陈等抵当，与承替人无干。若承替人不耕，任从另退他人，业主不得阻挡。若承替人年纳大租粟不清，以及居庄窝藏匪类赌博情弊，任从张赞陈通土等禀究。此系二比甘愿，各无反悔。今欲有凭，立退佃垦耕字一纸，付执存炤。

即日实领过园埔底价银一百一十五员，所批是实。

乾隆甲申二十九年正月□□日　　　　　立退佃垦耕字　张赞陈

中人　廖珍岳

知见①

从这纸契约文书可以看出，汉民张赞陈原先从"番社"阿里史社那里承瞨到番园一处，于乾隆二十九年（1764）时自己不愿继续耕作，由于埔底银的关系，张赞陈遂将本埔园转退给汉民陈恰哥来承耕，陈恰哥则退还给张赞陈埔底银"一百二十五员"，另外还有开陂圳的工本埔底银"一百二十五员"，如果日后张赞陈开陂圳成功，陈恰哥还得再次凑足价银"一百二十五员"，退还给张赞陈。在这纸契约文书里，原从"番社"承瞨来土地的张赞陈，已经完全把自己当作该地的支配者，所谓"倘有番人上手不清，俱系通土白番张赞陈等抵当，与承替人无干"。而且今后如果陈恰哥不再承耕，陈恰哥也可以仿效张赞陈的做法，把此地当作自家物业，转退给别人，"若承替人不耕，任从另退他人，业主不得阻挡"。如此一再转退之后，这块原先属于"番社"的土地，其"番社"所留下的印记就更加模糊了。因此到了清代后期，许多汉民把原先从"番民"那里瞨租典当过来的土地，实际上当成了自己的财产物业，可以进行

---

① 契约扫描件藏厦门大学国学研究院电子资料库。

"杜卖尽根"的交易。举清末光绪年间的一份契约文书为例：

> 立杜卖尽根番田契字人陈阿知、阿掌兄弟，有承祖父遗下番水田一段，坐土在社皮庄东片洋前，系典过岸里大社番主潘头番马下六，递年尚有伙食谷五石八斗正。其田东至刘家田为界，西至大沟界，南至大沟界，北至蔡家小沟界，四至界址面踏分明。原配埤水通流充足，并松须树在内。磧地银上流下接。历管清白。今田主乏银应用，愿将此田出卖于人。先问房亲人等不受外，托中引就于游民朝兄弟出首承买。当日仝中三面言定时值尽根田价银七兑六百八十大员正。即日银契交收足讫，遂即仝中踏明田界树木付民朝兄弟前来管耕收租纳课，永远为业。任凭向番交关换约，知不敢异言。一卖千休，田中木石不留，永断葛藤。日后知兄弟以及子孙人等不敢言及找赎滋事生端。保此田原系知兄弟承祖父之物业，与别房人等无干，亦无重张典挂他人财物以及上手人番来历不明情弊。如有此情，知兄弟出首一力抵当，不干承买人之事。此二比甘愿，各无反悔。今欲有凭，立杜卖尽根番田契字一纸并带番约字一纸合共二纸付执为炤。
>
> 批明即日同中实收过字内田价银六百八十大元库平四百七十六两正足讫批炤。……
>
> 光绪十一年十二月□□日
>
> 　　　　立杜卖尽根番田契字人　陈阿知、阿掌
> 　　　　在场见人　陈阿都
> 　　　　秉笔　吴吉人
> 　　　　为中人族亲　陈源顺、陈新葛[①]

原先属于"番社"的"界内"保护土地，经过以上多重的赎耕、

---

① 契约扫描件藏厦门大学国学研究院电子资料库。

租佃、典当、胎借、押租、退耕、转租、买卖、杜卖尽根的交易之后，其土地所有权已经转手分散到诸多人的手里。作为原有业主"番民"来说，往往成为名义上的田主，收取最低份额的"伙食谷"而已。至于这块土地在汉人手里如何交易买卖及经营，"番民"们基本上无权过问了。

（四）"民番"土地交易中"番妇"作为签订契约责任人的比例远高于汉民

清代台湾"番社"及"番民"在经济与文化上的劣势，导致了他们在与汉民发生经济关系特别是土地关系的过程中，不断地为汉民所侵蚀。虽然说官府为了维护"番民"的生存空间和社会经济权益，一直采取着种种限制汉民侵害"番民"利益的政策，但是这种政策在现实的经济关系面前，显得十分的被动。因此到清代中期及后期，许多"番民"土地的实际操作权已经逐步为汉民所拥有，成为一种无法逆转的经济趋势。

在清代台湾"民番"的土地物产交易中，还有一个特点也很值得引起注意。在福建等地的契约文书中，订立双方的身份一般都是以男性为主，女性在契约文书中作为当事主人的情况是比较少的，除非是该物产的男性主人已经去世，而其子辈男性尚未成年，不得不由寡居的女性代其子辈出头，在契约文书上担任交易一方的责任人。但是我们在台湾"民番"交易的契约文书中，却经常可以看到由"番妇"出面来签订契约的，由"番妇"等女性出面签订契约文书的概率大大超过福建等地女性出面签订契约文书的比例。在我们前面所引述的契约文书中，已经可以看到"番妇"出面签订契约的例子，在此，我们再举两个例子以做进一步的证明。

1. 乾隆六十年黄文麟立备出租并碛地银承膊字

　　立备出租并碛地银承膊字人黄文麟，今有承膊得岸社番妇马六千斗内士父遗应分水田一分，坐在校力林庄背，东西南北四至，各有界址分明。当日凭土目甲头备出有碛地银三十二员正，又备出七全年现租银二十员正，俱交番妇马六千斗内士一足收领完讫。其田付麟自乾隆六十年之后丁巳年春起至戊午年、己未、庚申、辛酉、壬戌、癸亥年冬止，耕作七全年。每年原带额租谷一十一石正，内除岸社一九孔五公费租谷一石六斗五升正外，尚仍有租谷九石三斗五升正，麟照约收管七全年，以为抵还二十元现备租银。日后番妇不得取讨七年内租谷，麟亦不得取讨二十元现租银。如至期限满，其碛地银三十二元一足交还文麟收回。若至期无碛地银交还，番妇愿将此田转膊立约，俱不得生端滋事异言互拗等情。此系愿备碛地银外现备现租七全年租银抵消，碛地银照约兑还。今欲有凭，立承字付照。

　　乾隆六十乙卯年八月□□日　　　　　立承膊字人　黄文麟

　　　　　　　　　　　　　　　　　　　在场　土目

　　　　　　　　　　　　　　　　　　　依口代笔人　郑世琰

　　　　　　　　　　　　　　　　　　　知见　甲头阿六万来牛

　　　　　　　　　　　　　　　　　　　番亲斗八士六木里

2. 嘉庆二十二年陈等加立杜卖尽根山园绝契

　　立杜卖尽根山园绝契人陈等加，自有明买过南大肚社番妇打史斗内、阿伯狮、阿甲斗内同有承祖父遗下有山园大小三坵双坯连，坐落土名在社脚庄北势山坑沟墘，现今四至，东至小水沟界，西至赵家山园田界，南至山坑沟中界，北至赵家园界，各四至明白为界。今因乏银别创,愿将此园三坵出卖,先尽问房亲人等不欲承受外,托中引就招卖与赵天生出首承买,当日凭中三面言议时值价佛银六十大员正。其银即日同中明交收讫。其山园三坵随即踏界付与赵天生前去掌管耕作,任从开凿买水成田、栽种竹围、起盖居住,陈等不得异言阻当。其园全中明约逐年纳番业主大租钱二百文,不得增多减少,丰荒两无加减,出单为凭。保此园是等自己明物业,与房亲人等无干,亦无重张挂典他人财物为碍。如有不明等情,等出首一力抵当,不干银主之事。乙卖干休、连根尽绝,等日后子孙再不敢言找言赎套谋生端等弊。此系三面言议、二比甘愿,各无反悔。口恐无凭,立杜卖尽根山园绝契乙纸并交上手番契乙纸合共二纸付执为炤。

即日仝中交收过立杜卖契内佛头银六十大员正完足再炤。

嘉庆二十二年五月□□日　　立杜卖尽根山园绝契人　陈等加

代书并知见男　陈钟泰

为中人侄　陈绵深①

台湾"民番"土地交易中,"番妇"经常出面作为签订契约的一方责任人,是与"番妇"在"平埔族"人家庭结构中的地位相联系的。在福建等地,延续千年的父权制社会,举凡家族、家庭的对外关系,基本上是由男性出面处理的。但是在台湾的少数民族的社会结构里,女性的地位大大超出汉民家庭的女性地位。"番妇"在其社会里的生产、生活、传宗接代等许多方面,其重要性都超过男性。根据清代台湾各地文献的记载,就可以十分清楚地了解到这一情形。《台湾府志》云:"番俗以女承家,凡家务悉以女主之,故女作而男随之。番妇耕稼备尝辛

---

① 契约扫描件藏厦门大学国学研究院电子资料库。

苦,或襁褓负子扶犁,男则仅供馌饷。"① "其俗重母不重父,同母异父俱为同胞,同父异母直如陌路。呼父曰'阿妈',称叔伯、母舅如之。呼母曰'惟那',称婶母及姈亦如之。"②《彰化县志》云:"番妇耕获樵汲,功多于男,唯捕鹿不与焉。能织者少,且不暇及,故贸易重布。钱谷出入,悉以妇为主。……重生女,赘婿于家,不附其父。故生女谓之有赚,则喜。生男出赘,谓之无赚。无伯叔甥舅,以姨为同胞之亲。叔侄兄弟,各出赘离居,姊娣皆同居共爨故也。近县各社,有外宿妇家,日归其父合作者。父母既卒,乃就妇家。"③ 有些掌家的"番妇",甚至敢于随意打骂、侮辱上门入赘的男性。在《北路理番案册》中,有一份乾隆三十三年(1768)派差抓拿"番妇"殴人案件的票示,该文曰:"拣司汪为禀明电夺等事。本年正月廿九日据岸里社通事、副通事阿四老六万、甲头阿四老阿沐等具禀,杨永庆等复占番业,唆使番妇沙冈不听通土理论,先殴伊婿甲保并沈汝聪去园菜等情。案查先据沈汝聪以乘死唆逐等事具禀,业经拘集各犯讯明在案。续于乾隆三十二年十二月十一日蒙本县宪韩批据沈汝聪告为棍唆番吞等事,……仰原差邱忠元协同该地保甲通土立拘。后开有名犯证各正身,星刻赴司以凭复讯。该差倘敢延纵究处不贷。速速须单。计开:被禀杨永庆、杨永芳、严阿奕,番妇沙冈,被殴保甲、沈汝聪,原禀通事、副通事、甲头阿四老阿沐。……干证陈阿三、严阿奕。"④

在这样的社会风俗氛围里,所谓"钱谷出入,悉以妇为主",土地等物产的交易,在许多场合里由女性出面作为契约责任人的一方,就是理

---

① 乾隆(范咸):《重修台湾府志》卷十六《番俗通考》。
② 乾隆(范咸):《重修台湾府志》卷十四《番社风俗一》。
③ 道光(周玺):《彰化县志》卷九《风俗志·番俗》。
④ 《北路理番案册》,乾隆三十三年(1768)二月初二日给。

所当然的事情了。当然，随着清代中后期汉民与"平埔族""番社"交往的日益密切，汉民与"番民"通婚的现象也不断增多，再加上汉民社会经济结构及其运作模式对"番社"所产生的潜移默化的影响，"番社"的汉化现象也渐趋明显。在这样的趋势之下，"平埔族"人的社会结构包括家庭结构在内，势必也会产生某些变化。因此到了近现代时期，"平埔族"家庭内部的经济责任人，就要由各个家庭内部结构的具体情况而定了。

五、从碑刻文书看"民番"对埤圳水利的管理与使用

（一）彰化县岸里社"民番"对于水利埤圳的修筑与管理

彰化县岸里社一带的番田、民田，大部分开垦于清代中期的雍正、乾隆年间。土地的垦殖、耕种及其收成，必须依赖于水利的灌溉，如果没有配套的水利资源，农田的开垦是达不到预期的收成效果的。而从台湾中部的自然地理环境而言，大甲溪的水源无疑是其下游农田耕作的重要保障之一。《彰化县志》称："彰化陂大概有四：其由北而南者曰清水圳，引大甲溪水而导之。凡猫雾拣、半线、大肚诸保，良田数十万顷，皆资灌溉。"[①]

在猫雾拣岸里社一带，利用大甲溪水源修筑的埤圳主要有二。根据县志所载，其一是"猫雾拣圳"，"在岸里阿里史等社。水从打兰内山

---

① 道光（周玺）：《彰化县志》卷二《规制志·水利》。

流出，灌溉束上保田千余甲。业户张、蓝、秦合筑"。其二是"大甲溪圳"，"水源与猫雾捒圳同，流至大甲溪，筑埤引入，灌溉寓鹜头沙辘等处之田"。①

县志中所谓"猫雾捒圳"是由张、蓝、秦三姓合筑，当地又俗称为"葫芦墩圳"。张姓就是我们在前文所屡屡提到的张达京。张达京于雍正年间及乾隆前期入垦、承瞨岸里社一带的荒地，并且一度担任岸里社"番社"的通事，受到当时"民番"的普遍拥戴。他为了推进这里的荒园优化为水田，联合秦廷鉴家族及蓝氏家族，开筑了这道埤圳，从而保障了这一带新开垦土地的耕作用水。特别是当"番社"向张达京等提出以"番社"的待垦荒地换取修筑埤圳以供番田用水时，张达京等积极联络张振万、秦登鉴等六大业户，承诺集资开圳。下面就是雍正十年（1732）张振万等六馆业户与"番社"潘敦仔等签订的开圳给垦字：

> 公同立给垦字人六馆业户张振万、陈周文、秦登鉴、廖朝孔、江又金、姚德心，岸里搜捒乌牛栏旧社等社土官潘敦仔、茅格、敦必的、茅格买阿打歪、加腊下、郡内拔以、郡内大由仕、该旦打禄禄阿、阿打歪郡务、黎、斗肉士郡乃、四老马下道、马下道甲必难、白番阿木阿打爱薯、歪格比等，缘敦等界内之地，张振万自己能出工本开筑埤圳之位，水源不足，东西南势之旱埔地，历年播种五谷未有全收。无奈众番鸠集妥议，向恳通事张达京与四社众番相议，请到六馆业户取出工本，募工再开筑朴仔篱口大埤水，均分灌溉水田，敦等愿将东南势之旱埔地，东至旱复沟，直透至赖家草地为界，西至张振万自己田地、牛地为界，南至石牌，透至西与张圳汴为界。此系敦四社众番之地，亦无侵碍他人界限，众番情愿以此

---

① 道光（周玺）：《彰化县志》卷二《规制志·水利》。

酉守工本付与六馆业主前去招佃开垦阡陌，永远为业。敦等四社日后子子孙孙不敢言争。今据通事张达京代敦等请到六馆业户担承，计共出本银六千六百两，开筑大埤之水与番灌溉。当日议明六馆业户开水到公圳汴内之水，定做一十四分，每馆应该配水二分，留额二分归番灌溉番田。其东南势之旱埔地，照原踏四至界内，付与六馆业户前去开垦，以抵开水银本。六馆业户与四社众番，敦等当日议明举为六馆以张振万为首也。历年筑理朴仔篱口大埤之水，以及圳水灌溉民田、番田，共保水源充足。此系敦等祖地，与他社无干，亦无重约他人典挂不明，如有出首，敦等抵挡，不干六馆之事。此系敦等甘愿割地换水，六馆业户愿出本银开水分番灌溉换地，两相甘愿，后日不敢言找言赎侵越等情。保此地系每年六馆业户坐粟六百石，每馆应该粟一百石，听敦等自己到佃车运。此系二比甘愿，两无迫勒交成，恐口无凭，同立给垦约字七纸，各执一纸为照。

雍正十年十一月□□日　白番郡乃殴郡　阿木爱薯

　　　　　　　　　　　阿斯老爱姑　阿打歪格比

　　　　　　　　　　　土官潘敦仔　郡乃拔黎

　　　　　　　　　　　该旦阿禄禄　茅格买呢

　　　　　　　　　　　加腊下　茅格　敦必的

　　　　　　　　　　　阿打歪　郡内大由仕

　　　　　　　　　　　斗肉士郡乃　阿四老马下道

　　　　　　　　　　　阿打歪郡那务　马下腊甲必难

　　　　　　　　　　　　　　　代笔人　广东张元调

　　　　　　　　　　　　　为中猫雾捒土官　由皆乃①

---

① 该垦字扫描件藏厦门大学国学研究院电子资料库。

这条埤圳的圳水流经之处，因为有东边和西边两大片土地的区别，为了灌溉的便利，当地"民番"又在流经之处加筑了一座埤圳，使得圳水可以分灌东西两片土地。于是，猫雾捒圳就有了东圳和西圳的差别和争执。承蒙台中市陈炎正先生的盛意，得以见到由他抄写的《葫芦墩圳碑刻》一册，其中所收录的碑文，自乾隆年间以至清代末年的光绪年间，共有十余碑。兹根据这些碑文，试对清代台湾中部地区的"民番"修筑、管理、使用水利的若干问题，做一初步的分析。

张达京管理埤圳期间，由于他处事公道，本人威望比较高，故能比较公平地解决圳水的使用问题。但是在乾隆二十年（1755）前后，张达京因为自己年老思乡，把属下的农田、承赎"番社"的番田，以及埤圳的管理事务，交付给儿子及其他相关人员之后，回到福建的故乡。继任者缺乏张达京的个人威望和管理才能，几经人事变动之后，很快就出现了争夺埤圳管理权和使用权的情况。乾隆二十七年（1762），位居上游的东圳业户廖盛、张振万、敦仔及佃户吕必安等，与位居下游的西圳业户萧西旦、郑日省等各自到官府衙门控告对方私自添筑埤圳、违规断流致使下游缺水引灌等等。经过彰化县衙门的实地勘查后结案，并把判决的结果刻石立碑，公示于众。该《水圳杜讼碑》云：

> 候补分州署理台湾府彰化县猫雾捒司加三级大功五次戴，为抄案饬遵以杜后讼事。案蒙本县正堂胡信牌委勘，吕必安告萧希旦等强拆上两埤，萧希旦等控敦仔等违断复筑一案等因。本司遵即亲诣该处，随同两造及埤长、番汉人等查勘情形，并讯各供。缘廖盛等水圳，势近大甲溪，其源从朴仔篱口山而出。该处水源泛散，廖盛

等有圳一条，设埤一座，决水引灌东边一带田亩。距千余步之下，又有圳一条，设埤一座，决水引灌西边一带田亩，两埤俱存。萧希旦等并无强拆，其二埤之下，最后添筑一埤，先蒙前宪勘谕押拆，廖盛等已经遵拆，现有埤迹可考，亦无复筑。惟萧希旦之田在下坵，资上流灌溉禾苗，如遇天年久旱，廖姓佃人若将草席遮阻，数水绝流，未免受累，衅端则由此起。兹同两造酌议，除前宪断拆一埤，永不许廖盛复筑外，其二埤及用记石砌成，水由缝道流出，嗣后旱岁，不得阻以草席，听水自流，以资分灌等因，绘图详覆县宪。蒙批：据勘讯明确，两造均已允服，□□饬遵依限印送缴原卷、绘图存等因。蒙此除饬遵依申送外，合亟出示饬遵。为此示仰东保业户廖盛、张振万、敦仔及埤长、佃民吕必安等，西保业户萧希旦、佃民郑日省等知悉，嗣后尔等务遵本司详奉批案，除前宪张勘谕拆去最后一埤永不许廖盛等复筑，其第二埤，遇有旱年，不得用草席遮阻石缝之水，听其自流。萧希旦等亦不得借端强拆寮盛等两埤，永息讼端。其各凛遵毋违特示。

乾隆二十七年五月□□日给

业户廖盛　承祖　张振万　秦廷国　陈周文

廖朝孔　翁嘉奇　吴来兴　江又金　吴嘉受

通事敦仔　甲首张飞　吕必安　陈□　甲首曾云□

张陈　甲头江晃清　赖成胜　谢绍达　陈元秀

张文起　管新凤　徐廷睦　　遵同立石[①]

根据这块碑文的记述，官府为了确保埤圳下游东西两保农田的用水

---

① 碑文扫描件藏厦门大学国学研究院电子资料库。下面所引碑文除了特别注明之外，均出自此处，不再注明。

问题，强令拆毁东、西二圳之外的所有私筑，并且永著为例。位居上游的东圳，不得任意在石圳的空隙中加塞草席等物，阻止水源自然流出，致使下游西圳无水可用。"其二埤及用记石砌成，水由缝道流出，嗣后旱岁，不得阻以草席，听水自流，以资分灌。"

从官府的判决结果看，官府尽可能地维护埤圳水利使用的公平，保证东、西两圳农田的水利权益。从双方涉讼的人员看，下游西圳基本上是汉民，而在上游的东圳，"番社"的田地大部分集中在这一带，"番民"在其中占有重要地位，如领头的"敦仔"，就是我们前面屡屡提到的岸里社"番社"总通事。当然除了"番民"之外，廖盛、秦廷国等，都是当时实力比较雄厚的汉民垦主和承贌番田的领头业主。因此，从东圳、西圳的埤圳水利诉讼中可以看出，诉讼双方的势力集团组成，并不是以汉民与"番民"作为划分界限的，而是以地域的利益为划分界限的。当这一地域的利益受到另一地域势力集团所侵害时，同一地域内的汉民和"番民"，必须联合起来，共同维护和争取本地域的权益。

（二）水利埤圳修筑与管理的地域特征

然而，乾隆二十七年（1762）的官府判决，还只是一种维持水利公平的比较模糊的处置方式，具体落实到每年的用水需求时，还是免不了再起纷争。位居上游的东圳往往采取惯用的手法，在上游阻塞水源下流，致使下游用水困难。乾隆三十三年（1768），东、西圳双方再次互控到官府衙门，请求落实解决东、西两圳的分割水源问题。官府经过核查事实后再次判决。该判决文书依然以刻石立碑的方式，公示于众。该《分争水利示禁碑》云：

为沥陈苦情等事，案蒙钦命巡按台湾按察、户科掌印给事中觉罗明、工科掌印给事中朱批：据傅兴球、李鼎耀、吴文和、纪文环、黄君彩、萧元登等，具控张凤华、敦仔、秦廷鉴等违断绝流，奉批仰县查案详报核夺等因。经本县备录周元良、杨仕捷等原断控案详：看得猫雾拣大肚东、西保民番分争水利一案，缘该处水道由大甲溪发源，流经朴仔篱口分流，灌溉东、西保民番田地，向来三七得水。乃东保敦仔、秦廷鉴、张亨生等，经就朴仔篱口砌塞源流，故西保周元良等具词，仰县集讯之下，悉得前情。当将该犯分别押枷，比差押令疏通定汴三七分灌。随据差保会同二比前往朴仔篱首埤开圳处所，公同执索量明共十五丈，照断三七。东保民番应得水汴十丈零五尺，西保民番应得水汴四丈五尺，深浅均分，各投具结，定过水汴分灌。具依存卷外，嗣后毋论溪流变迁盈涸，永远定以三七为汴，分流灌溉。毋许奸番奸民，抗断滋事，复起争端，致干严究，此判。奉批：该业户等均于雍正年间开垦水田，共享灌溉，东西相安久矣。自东埤各业户倚居上游，忽于旧有二埤之外，添筑第三埤，遏绝西保下流分灌，致起争讼。前任张令亲勘，实有三埤，押令拆毁，是肇衅固由来矣。讯断后，不能翻案添筑，又于第二埤内，草席遮拦泥填石缝，每逢岁旱，辄肆曲防。校计其由，固在东保。若仍照前断，草率了事，不但构讼不休，而且西保民番，实有旱患。况遇之岁旱缺水，东埤自救不暇，焉有盈余以济西保？使果有余水卖人接济，则其从前之添埤、草拦泥填种种横毒，在张达京、吕必安、敦仔等，原为霸占卖灌起见，并非自己灌田之不足。其获罪更无可贷矣。本院秉公查核，遵上谕有兴修水利之文，念皇朝无令农卖水之例，嗣后应定汴三七分灌,就朴仔篱第一埤开圳处所,照古量十五丈之数,令东保民番,得水汴十丈五尺;西保民番,得水汴四丈五尺,以便分灌田地。至定汴以后,遇有修浚埤圳工程,俱照东七西三分数,出力公办,不得推诿。亦不许埤长人等,借端索骗,违者重处。仰县速行勒石永守,以杜争端,以昭平允。慎无阳奉阴违,致干察出题参可也。……原定汴之处大溪中央,已经淤成石坝,南北分流,难于定汴。就处相度情形,将西保原开小圳,着令填塞,即于下而河流宽窄相等处所,通丈一十四丈,东保分出七分计九丈八尺,西保分出三分计四丈二尺,于汴口两旁堆积石仔为界。仍当场面谕,嗣后毋许混争致生事端。现在流灌两平,民番相安等因。遵此合饬勒石遵守,以杜争端。……各宜凛遵毋违,特示。

乾隆三十三年四月□□日立。

在这次判决中,官府首先明确了东圳使用水源七分、西圳使用水源三分的分水原则。但是光有三七分开的原则是不够的,因为在操作中进行计量相当困难。于是,官府又判定在适合的地段堆积石子儿进行分流,所谓"即于下而河流宽窄相等处所,通丈一十四丈,东保分出七分计九丈八尺,西保分出三分计四丈二尺,于汴口两旁堆积石仔为界"。如此"流灌两平",多少可以保障下游西圳的三分用水。在这次诉讼中,双方的势力集团,依然是以地域界限为中心的。东圳方面的首事者,番社总通事敦仔赫然其中,张氏家族和秦氏家族作为本圳开筑的最早族人,也和"番社"通事一起,应对诉讼。

当猫雾捒圳的东、西二圳发生争执诉讼时,由于涉及不同地域的权益,所以不同地域各自内部的居民,无论汉民或"番民",都能在地域共同利益的驱动下，联合起来，一道应对不同地域的权益纷争。但是在本地域之内，特别是在清代中期的乾隆年间，汉民和"番民"也往往会因水利的管理和使用问题，发生冲突。乾隆晚年，岸里社"番社"就曾经与汉民发生了水利权益使用的诉讼。官府经过受理之后，勘查审讯禀予以判决。乾隆五十八年（1793）七月官府根据判决，照例刻石立碑，公示于众，该《埤圳水份碑》云：

> 特授台湾府北路理番驻镇鹿港海防分府加二级记录一次军功加一级随带朱，为势豪垦占事。乾隆五十八年六月二十六日奉提督宪批，本分府详，岸里社番潘贤文等，具告职员杨振文占据水埤抗断病番一案。缘台属地方水性碱卤不堪灌溉，民间耕种，俱赖山溪之水，筑埤注蓄开凿水圳，引流浸灌。其岸里等社一带田园，系于朴仔篱接连溪水，开筑二埤。蓄水灌溉，土名上下二埤。其上埤之水，系汉番公共，番三汉七，定汴分溉。其下埤之水，原系汉民张达京开筑灌田，与番无干。迨后各社番黎，将下埤溪圳旱园，遂改水田，即于下埤内，引水流浸灌。张达京因各番食水无多，无损于己，未经阻止。迨后张达京之子张凤华，将该处庄业尽数售卖职员杨振文，所有埤水，应归杨振文经管。而各番视为故常，仍欲分引下埤之水。且又不知珍惜，多凿空妄泄埤水，致杨振文赴前陞本府辖下呈控，移厅勘详。社番潘明慈等亦赴提宪道辖下控告，批发本分府衙门会同彰化县勘讯议详。业经前分府金会同前彰化县宋，同到地勘明断，佥将埤水二八均分，番得二分，灌溪洲番田，振文自得八分，引灌自己课业。已据各番遵同具结。而职员杨振文诚恐各番反侧不常，设或将来续垦水田，二分之水，不足引灌，仍须额外多求，且恐各番持有定断，多开圳道，漏泄埤水，有妨课业，未遵

具结，复赴道宪辕门控告。经公亲王松、邱子标、简仲攀，地主潘士兴等劝明处断，令扬振文将伊应得上埤三分之内，分给各番架枧开圳，接引灌溉，免分下埤之水，以绝后衅。取具各结，具详请销存案。只缘上埤圳水已灌民番各田数千余甲，较之下埤者为多。若由上埤架枧接引，又未免鹜远难达。设遇久旱之年，恐致抛荒。……查下埤圳水，既据公亲通土，以及原被人等佥供，尚可分出一二分。在杨振文酌盈济虚，无所为害，似应准令各番分得二分灌溉，以利田畴，但不得得陇望蜀，复垦溪埔，以及多开圳孔漏泄埤水，致滋日后衅端。应照依具结，饬令该通土，会同公亲地主，在于原议张攀龙、林启观田边，定汴一处，分出圳水七厘，并于上圳寮庄，前定汴一处，分出圳水一分三厘。上下两汴，共分圳水二分，开圳两条引灌。其设汴料工内，第一汴工费，令扬振文出八分，各番凑出二分；第二汴及开圳工费，各番自行独任，与杨振文无涉。每年埤长辛劳水粟，照依水分数目，二八公认。各番从前所开水隙，既行填塞。以后各番不得多开溪埔为田，致滋缺水。亦不得混控。圳道致有漏泄，一有违抗即行严究。并出示晓谕外，勒石遵守以垂永远。……须至碑者。

乾隆五十八年七月初三日。

根据上面碑文所述，由于时间的推移，到了乾隆晚年，原来由汉人通事张达京开筑的埤圳，几经转手后由汉人杨振文等接手管理。在张达京主事之时，汉民与"番民"就其内部的水利使用权益上达成了民七番三的协议。张达京为人宽厚，事事顾及"番社"的利益，"因各番食水无多，无损于己，未经阻止（番民用水）"。但是埤圳的管理权转手到杨振文等人之后，"番民"违约用水，就受到杨振文等人的限制，于是，双方对簿公堂，起了纷争。

关于岸里社内部的"民番"用水纷争，其实在乾隆中期之后便时有发生，我们在彰化县的公文书中也曾看到相关的案卷。如乾隆三十四年（1769）通事潘兆开禀称欺番背约云："正堂成为欺番背约等事。据阿里史社副通事潘兆开等禀称，本社前旱园一块，约八甲零，筑成田，即就秦廷鉴东卡内所分，定二分之水，另开圳转引流灌溉旱园。讵秦廷鉴管事秦阿八等不从愿议，喝令庄佃甲头江坤清等各执器械，将新开水圳概行掘毁等情，并粘缴合约一纸到县。据此批示外，合行饬查，为此票仰原查洪用去往该地，协同乡保甲即将该通事潘兆开所禀伊田，就于原首秦廷鉴东卡二分水圳内，另开圳路引灌，与秦廷鉴水圳是否有妨碍，速即查明确实，实给具图说随票赴县禀复，以凭察夺。仍即严谕二比毋许滋事致干重究。……"① 又乾隆四十七年（1782）"番社"通事禀告汉民杨振文截水断绝番田用水云："慈等垦田在先，杨振文买业在后，岂容谋夺？若以翁仔社果系界外，决截伊水，伊家王拱生何得向社番瞨耕犁份一张？又何肯背主而□同社番？似此则振文之谋夺不成、捏害番黎饿死可知。……"② 从上引文书可以了解到，从乾隆三十年（1765）到乾隆晚年，岸里社一带汉民与"番民"争水的事件是经常发生的。双方经过不断的争执、妥协以至于对簿公堂，最终于乾隆五十八年（1793），官府判定：原属张达京时期与"番民"约定的汉番公用的水圳，民七番三用水，照旧执行；而原由张达京私人修筑并且后人转售于汉民杨振文的"下埤之水"，劝喻杨振文从汉番和睦相处的角度出发，"杨振文酌盈济虚，无所为

---

① 乾隆三十四年（1769）二月二十四日给。
② 乾隆四十七年（1782）五月十八日入。

害,似应准令各番分得二分灌溉"。即从杨振文私属的圳水里,分出二分供"番民"使用。

从清代中期以来民番的土地、水利争执的案例中,我们不难看出,清朝台湾地方政府考虑到汉民社会经济的强势地位及其不断侵蚀"番社"的事实,尽可能地在一定程度上给予"番社"和"番民"一定的倾斜关照,上引的案例就充分地说明了这一点。我们在彰化县的官文书中,也看到了类似的判例。如乾隆三十一年(1766)猫雾捒司的票簿记:"猫雾捒司州右堂加一级汪为绝水灭卡等事。本年三月十三日据王子社庄民吴特芳具禀前事,续据谢捷文具诉并据通事敦仔具禀各情节到司。据此业经集犯查讯,谢有彬所种之田系久垦有水之产,而吴特芳去岁将所种之番产,改园作田,欲分谢有彬田水,直属不合,但念二比均种番业,况吴特芳今已垦园成田,未便独令该田无得水分,以致废业失所,实非公正之道。故行饬议为此单仰原差赖名即令该通事敦仔照得谢有彬、吴特芳二比争水一案,从中秉公妥议,务令各得安业,毋致抛荒滋事。仍将议过缘由并查吴特芳所种番产有无正供报陞各情,一并据实声明禀复赴司。……"①在这宗案例中,官府先指明新开垦的番地,"欲分谢有彬田水,直属不合"。但是番地既然已经开垦出来,再次抛荒也"非公正之道",因此判决双方"从中秉公妥议,务令各得安业,毋致抛荒滋事"。这样的判决实际上也是尽可能地保障了番地的开垦并能够顺利生产出粮食,使得"番民"的租粟收入有所依靠。当然,尽管地方官府在一定程度上维护着"番社"的土地、水利利益,但是在汉民日益侵蚀"番社"的大环境之下,这些案例的判决,都不足以扭转"番社"田地被汉民不断蚕食的趋势。

---

① 《猫雾捒司票簿》,乾隆三十一年(1766)五月二十五日给。

（三）利用水利埤圳收取"水租"

由于埤圳的修筑和日常维护管理是需要投入工本的，因此使用猫雾捒圳水的农田，需要向埤圳的修筑管理者交纳一定数额的租粟，称为"水租"。一般的情形是，出资、出人工参与修筑埤圳的汉民或"番民"，自然成为这一埤圳的所有者。埤圳的所有者再把埤圳的日常维护管理权转瞨给勤于圳务的人，这种承包埤圳维护管理事务的人称为埤长或圳长。埤长或圳长根据该埤圳日常维护管理的实际情况，另行雇用人手。所有使用该埤圳水的农户，每年按照规定向埤长或圳长交纳"水租"。下面，我们看乾隆四十八年（1783）六月立石的《包修埤圳合约书》碑文：

> 立合约字，业主张振万，今有朴仔口粮埤，管下庄口社，水分埤伙，递年请人修筑，兹年限既满，有廖元清前来包冒修筑，自埤头以下，直至鸳鸯汴止，一带圳路岸营，其中当用石螺藤树石砌土榛等，依众议备办力作坚固，不得混行塞责，致水渗漏。又或洪水奔腾，致悬埤圳工成浩大，务请多工紧作，使水不日通流灌溉课田。至辛劳谷石，每张的谷三石五斗，系业户租栳量明，限三次收讫，二月收谷一石，六月收谷一石二斗，十月收谷一石三斗。不得大斗收量。其余所作埤圳、修桥梁、住房屋，及溪头伯公等项，若要修整，依大众议论而行，不得叛众越规。其埤言定自甲辰春起至戊申年冬止。在寮不得窝匪聚赌，如有此情，任从业户禀逐。至限满之日，交还业主，另行议冒，不得抗违。今欲有凭，立合约字二纸，各执一纸付为执照。

乾隆四十八年六月　　　　　　立合约字人　业户张振万

　　　　　　　　　　　　　　　　　　　　　　廖元清

根据这一合约，使用圳水的汉民所属田地，每张即五甲田每年交纳"水租"三石五斗；每年分三次交纳，"二月收谷一石，六月收谷一石二斗，十月收谷一石三斗"。至于"番民"所属的田地，根据其他的记载，由于番田不计张甲，按租谷的收入总量计，"准以租一百五十石，耕人亦出三石五斗"。

承包埤圳日常维护管理事务的埤长、圳长，基本上是由汉人来担任的。乾隆晚年，岸里社内的埤圳一度分为民七"番"三以及民八"番"二的水利使用分案（见上引乾隆五十八年（1793）碑文），因此在日常维护管理上，番田使用圳水仍由汉人埤长负责，为了按时如数向汉人埤长交纳"水租"，道光四年（1824）官府还特地下达晓谕文，强调用水业户必须按规交纳。该晓谕文同样刻石公示于众：

> 特授台湾北路理番驻镇鹿港海防总捕分府加五级记录十次邓，为恳请示谕等事。据岸里社番潘万兴户丁潘振文、潘春文等具呈词称：缘岸里社属一带沿庄水田，自昔系万兴等祖父名敦仔，于大甲溪创造埤头，开圳引水流灌。原议埤分民田水额有七，番得水额之三。照七三分股埤长募工修筑埤圳，同力合作。每年食用工资，以民田五甲，耕人出粟三石五斗；番田无甲，准以租一百五十石，耕人亦出三石五斗。均作三次，量出交埤长，工人收为工食之资。屡请官给示谕，该埤长督工勤力，修作完固，通流毋得滥收工粟。各庄工人，应按田甲租粟，量出水工粟等因，应求无□其修理，民七之埤长工人，系归汉人业户招请。而万兴等承管番三埤水，近此十余年来，请陈洪募工督造罔懈。依原规三次到庄向收工粟。来岁乙酉及丙戌、丁亥、戊子、己丑等五年，仍系陈洪为埤长，募工办理。时恐民心不古，间有假名作埤，伙伴混收工谷，以致庄中耕人

乘机刁抗，不肯按田出粟情弊。若非呈请示谕，该埠长陈洪勤督工，修番三分额之埠圳，毋许怠弛。……为此示仰岸里社属管下各庄佃户番人等知悉，尔等如有耕田就此水灌溉者，务须遵照原规，认向埠长陈洪交纳水粟，取具埠长戳单执凭，毋得互相观望，阻扰抗纳。至该埠长亦宜责成悉心募工，谨慎督修圳道，不得懈怠。所有各佃倘敢故违不遵抗约情弊，该埠长据实禀赴本分府，以凭严拿究追，决不宽贷，宜各凛遵毋违。特示。

道光四年十一月廿八日给。

埠长或圳长的人选，除了由埠圳所有者甄选推举之外，因埠圳管理的良善直接关系到汉民和"番民"的生计以及政府的课税收入和社会的安定，埠长和圳长的担任，最后还必须得到官府的认可并且颁发执照，方能成为法定正式的埠长或圳长。道光十四年（1834）年官府颁发的晓谕文，就是再次确认埠长廖点成等职务身份的文告。该晓谕文刻石立碑所云如下：

准补鹿港分府彰化县正堂加五级军功加三级记录十次大功十次李，为出示晓谕事。道光十四年六月二十日据拣东堡葫芦墩街尾廖点成呈称：情因朴仔口大埠，于道光五年间，岸里社业户潘初拔、潘春文，及十五庄佃户，连名佥举成父廖必捷为埠长，修筑埠圳。经业户收去礩地底银员，立合约如据。蒙前县主李恩给示戳，允办埠务，历年无误延。于道光十年间，成父已故，成须交父业，照旧办理，并无缺水误公。自应禀请给示换戳，以便佣工修筑埠圳水道通流，农人乐耕无忧。其逐年水租照旧每张田应纳水租三石五斗，无甲声者一百五十石为一张，亦应照纳，以资埠伙工食之需。恩恩迅给示谕，声明各佃户二、六、十月顶认埠，廖点成给单向纳无误,以杜庄棍混收之弊。未蒙给示换戳,不敢转便,理合肃具禀请,恩准换戳,并恳示谕,以便照旧修筑埤圳,庶课项无误,沾感切叩等情。……为此示仰该庄番佃人等知悉,尔等应纳水租,各须遵照示谕,向埤长廖点成完纳,执单执照,毋许短欠丝毫。倘敢不遵,许该埤长指名具禀,赴县以凭差拘追究。该埤长亦不得借端额外加索,致干究革。各宜凛遵毋违。特示。

　　道光十四年廿三日给

　　岸里社埤圳自乾隆前期修筑以来,经过一百年来的管理使用,当地"民番"对于该埤圳关注的焦点也逐渐有所转移。如前所述,在埤圳修筑后的最初一段时期内,无论是汉民或"番民",其关注点比较集中于埤圳的所有权、使用权,以及汉民和"番民"的各自权益分配等问题之上。但是经过一百年来的社会变迁和周边田地的不断开发,汉民与"番民"的土地界限已经被逐渐打破,番田的所有权、耕作权、贌耕权、租种权等,已经被分割得出现了多层关系,有些土地的权益甚至于分割得支离破碎,许多土地很难再分清究竟是汉民的,还是"番民"的。汉民的土地与"番民"的土地你中有我、我中有你,相当一部分"番民"的生活方式也向汉民转化,甚至与汉民无异,成为汉民。在这种社会变迁中,埤圳的所有权、使用权以及"民番"对于埤圳的权益分配,逐渐变得不甚重要。而日益显露出来的关注焦点,却是埤圳的日常维护管理权及其"水租"的收益权。

(四) 水利埤圳权益的纠纷

　　埤圳的首次修筑,需要投入大量的经费和人工成本。一旦埤圳修筑成功,日常的维护管理,如果不是遇到特大自然灾害的袭击破坏,其所花费的资金和人工相对比较轻微。但是自从乾隆中期官府颁定"水租"交纳的份额是每田一张五甲、年纳三石五斗之后,这一"水租"份额标准就一直被延续下来。这样一来,"水租"就成了很可观的经济收益。特别是随着嘉庆、道光年间台湾开发的进一步扩展,需要使用圳水的田亩也不断增加,"水租"的总量也不断增加。利益所在,纷争也就必然随之。这种对争当埤长、圳长以及对收取"水租"权的争夺,早在乾隆后期即已发生。如《猫雾拣司票簿》中收录有乾隆四十四年(1779)的一份呈文,就是关于承包维修管理埤圳的争执。该呈文云:

> 具呈岸里社番埤雇守包头江元清,为遵案呈明恳给示谕以杜横恶混收酿祸事。缘岸里社有番三民七之粮埤一座。前番通事同汉业户雇请吴单梅等包筑管理。因去岁十月年限已满,各业户议……岸里社社主监生潘士万、通事潘明慈等恐伊番田失水,将伊番三之水份额埤,请清看守包筑。现经该社主潘士万、通事潘明慈于去岁十月间赴前宪王呈明给示晓谕在案。清随即鸠工修筑埤圳,灌溉充足,看守无误。经今半载,清循照苗例先向番佃拈收多寡谷石以为包埤众工伙食。讵有苗包首吴单梅等恃恶强横,将限满之苗约自行积批添加年限,串同员宝庄□甲徐再勷混向番佃争收伙食谷石。切业各有主,清因众番雇请帖据案凿,吴单梅如果年限未满,何以去岁十月清请工架筑之时、前宪出示之后并无言语,及经半载,始行出头争收?其为恃恶横混情节显然。……①

到了清代后期,这种关于埤圳维护管理权的纠纷事件日益增多。到了道光年间之后,岸里社关于埤圳的纷争,就基本上集中于争夺埤圳维护管理权益之上。为数不菲的"水租"收入,逐渐成为一种物业财产

---

① 《猫雾拣司票簿》,乾隆四十四年(1779)六月。

的标志。如我们在清代后期的契约文书中，就曾看见过利用"水租"进行交易的现象。咸丰八年（1858）"番民"潘万兴立有出典"水租"的契约，其中略云："立典水租字人潘万兴，有承南坑口十八灵魂苦今脚庄愿带朴仔篱圳水，递年水租粟二十石正。今因乏银应用，托中引就前来向得葫芦墩街王三光出首承典。当日仝中三面言定时值典现水租粟价银一百大员正。银即日仝中三面交收足讫，即日愿将此水租粟递年额实二十石正，交付王三光自收，不敢异言生端。……"[①]可见，由埤圳水利设施所产生的经济利益，已经得到社会上人们的普遍关注和应用。

在经济利益的驱动下，有些人想出各种理由，妄图把持埤圳的维护管理权，从而获得"水租"收益。同治十一年（1872）的晓谕文，就是官府针对争夺埤圳日常维护管理权而颁发的告示。该晓谕文云：

即补分府署彰化县正堂加十级记录十次记大功五次吴，为出示晓谕事。本年八月二十三日，据业户吴昌记、王璞园、江文澜、赖纯仁、江中清、陈政和等仝禀称，缘捒东保大甲溪朴仔篱口大埤圳，引水灌溉阖保田园，课命攸关。前遭廖庚芳等夤缘混占，修筑不力，经各业佃鸠还工本，而芳等将圳退办各业佃，另举充。复据业户张得志即张溪贪图混争，节经控蒙仁宪堂提质讯，断令将埤圳归吴昌记等经理，张溪不得阻扰。仰见公溥之至。昌等经另举廖大瀛为正圳长，陈荣昌为副圳长，荷蒙批准，给发示戳。……查此案，先据吴昌记与张得志即张溪互控，业经本县提讯，两造供词各执，惟吴昌记执有"聿修堂"印契为凭，该圳自应归于吴昌记经理，张溪不得阻扰。兹据吴昌记等仝举廖大瀛为正圳长、陈荣昌为副圳长，禀请给发示戳前来，……为此示仰捒东保东西汴耕佃人等

---

① 契约扫描件藏厦门大学国学研究院电子资料库。

知悉，尔等管耕田园，如系配带朴仔篱口大埤圳水，每年应纳水粟，务须照旧章，向圳长廖大瀛、陈荣昌交纳，以资修筑工本，不得借词延欠。倘敢故违，定即差拘究追。该圳长亦不得额外需索，致干并究。各宜凛遵毋违。特示。

同治十一年八月廿九日给晓谕。

以上晓谕文讲的是埤圳所有者吴昌记等，推举"廖大瀛为正圳长，陈荣昌为副圳长"，但是先后遭到廖庚芳、张溪等人争控，官府经过勘查核实，确认了吴昌记等推举廖大瀛为正圳长、陈荣昌为副圳长的合法有效圳长身份。尽管官府的判决也已刻石立碑公示于众，但是张溪等人依然不服，再次上控。次年即同治十二年（1873），彰化县衙门再次做出判决，该判决的晓谕文如下：

钦加运同调署彰化县正堂加十级记录十次孙，为示谕归管事。照得业户吴昌记与张溪互控拺东保朴仔篱埤圳一案，先经吴前县主集讯未结。兹本县会同北协台，亲临该处提集两造人证质讯。据吴昌记呈出承买先后印契确凿，张溪并未执有实据。堂讯之下，始据供明此圳已于乾隆年间出卖，自应归吴昌记等照旧管业，张溪不得阻扰。倘张振万派下子孙及埤伙人等，嗣后再敢生事，则惟张溪暨具保之各头人是问。所有该埤圳以外，另有软陂一名莺岸，每逢发水必需修筑，各佃每年另外贴纳水谷，以资筑工。张溪前曾经理，年得工谷一百二十石。兹埤圳既归吴昌记等，保举廖大瀛等一手经理，而张溪不无向隅，未便没其乃祖开筑微劳，着就软陂所收水租，抽出谷一百石，分作早晚两季，给与张溪收取，以示体恤。仍取张溪收单执据。其该软埤莺岸，应行修筑一切，悉归圳长廖大瀛等经理，与张溪等无干，亦无许借滋事端，致干提究。……各宜凛遵毋违，特示。

同治十二年四月十五日给。

饶有意味的是，此次出头与埤圳业主吴昌记等争控埤圳日常维护管理权的张溪，竟然是开创修筑该埤圳的张达京的后裔子孙。虽然已经过去了一百余年，但是随着时间的推移，埤圳的丰厚收益，不免引起张氏后裔子孙的妒忌不满，故而出头争控。当同治十一年（1872）官府判定张溪败诉之后，张溪等坚持己见，再次提出上诉。彰化县衙门经过对前因后果等缘由的考察之后，再次做出判决。新的判决虽然依然认定该埤圳的埤长人选，应由业主吴昌记等推举出来的廖大瀛、陈荣昌担任，但是考虑到张氏先祖对于此埤圳的贡献，特地分出一部分"水租"，归属于张溪等张氏后裔收取。"张溪前曾经理，年得工谷一百二十石。兹埤圳既归吴昌记等，保举廖大瀛等一手经理，而张溪不无向隅，未便没其乃祖开筑微劳，着就软陂所收水租，抽出谷一百石，分作早晚两季，给与张溪收取，以示体恤。"这种判决结果，从法律的角度来讲多少有些意外，但是它完全符合清代台湾的民间习惯法。从闽台两地民间物产交易的历程看，土地物产等交易数十年乃至数百年之后，其子孙多次向现业主寻讨田价找贴的现象相当普遍。张氏后裔张溪等向现管埤圳的业主索要"水租"，大概也是出于闽台两地民间的"找贴"习俗吧！

由于时间越久，"水租"收益丰厚的现实越容易引起其他人的觊觎，因此，在光绪年间，还连续发生了多次争控"水租"的案件。举光绪六年（1880）的例子，官府出示的晓谕文写道：

赏戴花翎即补清军府特授彰化县正堂随带加二级记录十次傅，为出示晓谕事。照得吴昌记与戴协利互控拣东保朴仔篱口水圳一案，业经提集质讯。据吴昌记呈验，孙前县颁给示谕，该水圳系责成吴昌记等举充圳长。戴协利原系吴昌记等交其经理,乃戴协利利欲熏心,不顾大义,断令该水圳仍责成吴昌记另行选举圳长接办。戴协利不得再行干预。已据两造具遵在案。兹据抄封总理吴昌记业户职员林振芳、张涌昌、张辅军,吴世绳、林志芳、王璞园、廖朝孔、陈凤仪、江中清、陈为登暨众业户等禀称,查有圳寮庄陈源顺,为人诚实,堪充正圳长;圳寮庄廖清源,素系忠厚,堪充副圳长,恳请饬充等情,并取认充结状禀缴前来。据此,除批准承充外,合行示谕。……各宜凛遵毋违,特示。

光绪六年八月十七日给。

这是该埤圳业主吴昌记等与戴协利等的互控案。"吴昌记"不是某一汉民的真实姓名,而是由一班业主所命名的对外共同使用的名称,同样,"戴协利"也不是某一汉民的真实姓名。这种多户业主共起一名以便对外交涉的习俗,在清代台湾颇为流行。[①]可见这次互控案件中的吴昌记和戴协利双方,分别代表着两个不同群体的利益集团。最后因为吴昌记等拥有比较有利的证据,彰化县衙门判定戴协利一方败诉。吴昌记一方所推举的圳长人选陈源顺、廖清源,得到县府衙门的认可并晓谕岸里社乡里。

清代后期,由于台湾中部地区的人口日益增多,村落也普遍增加,台湾地方政府对于中部地区的行政设置进行了新的调整。在彰化县原属的一部分地区及相邻地区,成立了苗栗县和复设台湾县。于是,岸里社的埤圳纷争,有时候就涉及台湾县和苗栗县的跨县范围之内。光绪二十年(1894)的两块碑文,就记录了苗栗县民与台湾县民争夺水源的互控经过。先是,原埤圳业主蔡源顺等控告苗栗县的张程材等"违断纠众

---

① 参见陈支平:《民间文书与台湾社会经济史》,岳麓书社2004年版。

绝流"争水滋闹一事，经台、苗两县衙门会同勘议，认为张程材等"本无水分，且毗邻大安溪，尽可设法开浚引灌，兼可食兴丰畴之水，何必图占肇衅"，判定张程材等败诉，并出文示禁如下：

> 钦加二品衔候补道办理中路营务处兼统彰化防军屯兵水勇等营台湾府正堂加四级陈，为勒石示禁事。案据台属大肚西堡业户蔡源顺等禀控苗属墩仔脚庄张程材等争水滋闹一案，当经札饬，台、苗两县会同勘讯禀覆，旋据蔡源顺以张程材违断纠众绝流等情复控，并据甲首蔡畜等来府具呈，即经本府亲提讯断，并着张程材抱告陈逢源传谕息事。台、苗两县人民皆为赤子，本府一视同仁，何分厚薄？第查西保三分之水，从前涉讼，断定有案可稽。墩仔脚十三庄，本无水分，且毗邻大安溪，尽可设法开浚引灌，兼可食兴丰畴之水，何必图占肇衅？姑念因旱争水，亦非故意苛求，嗣后惟当恪守旧规，勿得再有龃龉。除立案外，合行示禁。为此示仰该处业户佃人等知悉，尔等务须遵照前定断案，毋得再启争端，致干咎戾。其各凛遵毋违，特示。
>
> 光绪二十年九月二十四日给。

苗栗县张程材一方不服，上诉至台湾府衙门，台湾府衙门发现如此判决、示禁过于草率，再次召集两县官员勘定查核，最后认为"张程材即张憨所开两圳，已历二十余年之久，其上圳穿山数十丈，所费工资，尤属不赀。此两圳顷令填塞，实有为难"。因此重新判决，准允张程材等"每隔八日，引灌一次，仍以一昼夜为准，俾资渴饮"。双方服从调解判决，立下"具结状"如下：

> 特授台湾知府在任候补道陈，仰台令叶、苗令沈勘谕示，具遵依甘结状。本年久旱，台湾县大肚保之人，循照旧章程，朴仔篱地

方决三分之水。不意中途被苗栗县民张程材即张憨，在枋寮地方凿圳两道，横截溪流，致台邑大肚堡水田更益干涸，纷纷争控，欲令填塞圳道。今经两县会勘定断，查张程材即张憨所开两圳，已历二十余年之久，其上圳穿山数十丈，所费工资，尤属不赀。此两圳顷令填塞，实有为难。且当年溪水充足，以其有余，分润墩仔脚等处各庄之旱田，于此无损，于彼有益，有何不可？断令不必填塞。常年溪水充足，仍照旧引灌。至现时圳道不通，墩仔脚等各庄人民牲畜，皆忧干渴。断令于四月初三日引灌一昼夜。如再不雨，于四月十一日复引灌一昼夜，嗣后每隔八日，引灌一次，仍以一昼夜为准，俾资渴饮。两邑之民，各宜遵照，按时引灌，勿得争多竞寡，致滋事端。张程材即张憨等，须知朴仔篱所决三分之水，本属台邑大肚堡应有之水分，现系情让。此后如再遇旱岁，不得援以为例，务必自觅水源，开浚疏通，命其充沛以防□灾，庶乎利己而不损人，方臻妥当。以后永不准在大甲溪滨，另穿山洞及另开阳圳等情。□□遵照，大甲堡众业户等遵照，合具遵依结状，是实。

光绪二十年岁次甲午九月□□日立置。

在清代台湾中部各方汉民杂处、汉民与"番民"杂处的社会环境里，台湾府衙门对于苗栗县张程材等与台湾县蔡源顺一方的水源争控，采取调解的处置办法，也许是最可行的方案。这时汉民与"平埔族""番民"的界限已经日益淡薄模糊，而不同地域间和不同民系间的界限却依然清晰，甚至动辄引发"分类械斗"。因此，我们从上面所论述的自清代中期以来直至清代末期岸里社埤圳的修筑、管理与纷争的案件中，一方面可以看到这一区域社会经济开发历程中"民番"关系的演化过程；另一方面，清代台湾地方政府在处置"民番"关系以及不同地域、群体的纠纷时,所采取的顾及"番民"利益的民族政策,以及力求平衡地方各方利益的措施,还是有值得我们今天借鉴的地方。

六、六份阄书中所见的台湾民间分家析产

(一) 闽台地区民间的分家析产习俗

阄书,一般是指明清以来的民间家族分家文书。如"百度百科"对于"阄书"的解释是:"阄书就是过去分家的一种契约。是我国古代常见的一种契约文书。常见于古代徽州民间,徽州人在其晚年往往将家产均分成数份载入文契,令诸子以拈阄的方式确定各自所能继承的那一份产业,这种文契就是'析箸阄书'。析箸即分家。"实际上,以这种"阄书"的形式进行分家析产的现象,在明清以来的福建和台湾地区,也是十分的普遍。

在中国的传统文化里,人们总是向往和推崇数代血脉相连、累世同居共财的大家庭制度。特别是到两宋时期,社会、政治、经济的动荡不定日益加剧,阶级关系日趋复杂,于是,坚持义理的士大夫们,力图把个体私有经济的发展,局限在大家庭制度之中,使它成为一种既顺应社会变化,又符合传统道德观念的理想化的家庭模式。因此在唐以后的官方正史中,都相当热衷于此类累世同居共财大家庭的记载。但是在社会实践上,这种累世同居共财的大家庭制度严重地束缚了家庭成员的生产积极性,抑制了私有欲望的伸长。一般来说,由一对夫妻及其未婚子女

组成的家庭,家庭成员们都有着共同发家的愿望,因此能够发挥比较充分的生产积极性。但一旦儿女辈婚嫁成家,并且生出孙辈,那么情况就不一样了,家庭成员最为关心的,不是这个由数对夫妻组成的大家庭的利益,而是以每对新夫妻及其子女所界定的小家庭的利益。而在共同生产、集体分配的家庭体制下,每个以夫妻为基本单位的小家庭之间,难免会由于劳动、分配、福利以及性格、意气诸方面的差异,产生种种矛盾。随着大家庭内辈分的增加和以夫妻为基本单位的小家庭的日益增多,其内部不可避免的矛盾和冲突亦日益激化。于是,家族内部的每一个以夫妻为基本单位的小家庭结构,成了中国聚族而居的家族制度之所以能够永久性地存在并且不断发展的一个重要内在因素。

福建与台湾地区民间家族内部家庭组合及其分析的比较正常的途径应当是这样的:当某一个迁居始祖带领妻子儿女在某一个地点定居下来之后,垦荒耕耘,迎娶婚嫁,繁殖后代。儿子们长大成人后,便开始分家,儿子辈另成单独家庭,成为长房、二房、三房及更多房。孙儿辈成长婚嫁后,家庭再次分析。家庭分析的最佳时间是在二世同堂和三世同堂之间,三世同堂以上尚未分析即属非正常情况。如此世世相衍,代代分析,以夫妻为基本单位的个体小家庭日益增多,原先由某一迁居始祖开创的家庭,便逐渐扩展为家族。随着人口的繁殖和家庭的不断分析,家族的规模不断扩大,家族内部的分支、分房也不断增多,如果不遭受天灾人祸等外部因素的干扰,由某一个迁居始祖开创的家庭,就这样不断地演变成雄踞一方的巨姓大族。正因为如此,人类学和社会学的学者们往往把以夫妻为基本单位的个体小家庭称之为"核心家庭",而把三世同堂及以上的家庭称之为"主干家庭"或"扩张家庭"。

闽台地区分家析家时基本奉行着平均分配的原则,使祖辈、父辈所辛勤积累起来的财产,化整为零地被平均细分。这种平均分配的分家析产原则,使个体家庭私有经济的发展存在着一条"成长极限",即当家庭分析为以夫妻为基本单位的小家庭时,家庭内部的生产积极性得到了比较充分的发挥,如果经营得法并且顺利的话,私有财产的积累可以达到一定的规模,但这时子女辈已经逐渐成长并陆续婚嫁,生儿育女,家庭的内在矛盾也随之产生,生产积极性随着矛盾的升级而受到抑制。为避免这种不良现象的发生,兄弟辈必须分家析产,私有经济的规模又回到了祖辈或父辈单独成家时的规模。于是,随着世系的沿袭繁衍,析产——积累——再析产,便成了家族制度下的永久性循环。①

在家族观念的影响下,闽台地区家族内部对于血缘关系的延续,也就是通常所说的奉祀香火十分重视。家族希望每一位族人都有后裔奉祀香火,同时也有义务使每一个族人都能保持香火不断,后继有人。于是当有的族人因种种意外变故而出现继嗣中断时,家族组织便可通过过继(房)、抱养、顾香火等种种形式,使孤寡的族人得到香火延续。这种血脉香火延续的观念意识,同样在闽台地区的民间分家析产中发挥着重要的作用。

(二) 福建与台湾地区在分家析产上的某些差异性

尽管福建与台湾两地在家族的传承和分家析产的习惯上,基本上是相通的,但是台湾毕竟是属于从明代后期逐渐大规模移民开发出来的新区域,新开垦地的社会关系,汉民与"番民"之间的互动,都不可避

---

① 参见陈支平:《近500年来福建的家族社会与文化》第八章《家族与家庭裂变》,上海三联书店1991年版。

免地在民间家族的形成、繁衍,以及分家析产等方面产生某些变异的状态。下面,我举出五份清代彰化县岸里社一带的汉人分析阄书进行逐一的分析,以期了解福建与台湾地区在分家析产上的某些差异性。

明清以来福建、广东等地的居民不断迁居台湾,并逐渐在台湾形成自己新的家族和村落。然而许多在台湾新发展起来的家族或家庭,依然与福建等祖籍地的家族或家庭保持着密切的联系,特别是在血缘祖先香火的祭祀方面,承担着各自应有的责任。这样一来,许多迁居台湾的家族或家庭,并没有完全切断与福建等地的经济关系,在土地、房屋、果树等物产方面,互有牵连。这种状态体现到台湾家庭的分家析产中,则不单单只是分析在台湾的现有物产,而且还要分析在福建祖家的物产,并且继续在分家阄书中承担祭祀祖先的责任。下面所举的阄书,就是道光年间彰化县吕氏家族二房的分家析产的补充约定:

> 标三公派下裔孙二大房阄分续立阄书,前家赀物既经房亲姻戚拈阄分定,兹因台湾田□□□定着为请房亲姻戚派拨一定,各掌各业,无的□□□,及唐地□业费用条件,悉订阄书立簿二本一样,各执为炤。
>
> 计开:
>
> 一唐地公业数目,自甲申年至戊戌年,一切凭公□清,以后不得生端异言。
>
> 一台地有田五甲,屋一座大小间不计,鱼池一口,址大田心庄后。现既典挂油车银元立契炳据,内每年春谷十二石,存在油车身上。兹公派自戊戌年其,其十二石之谷,作两房均分。其田屋等物,亦作两房均分。又有天上圣母季田一份,亦作两房值年均分。(有人往取,应贴盘费。)又有园一段,址大田心庄内,现公挂借

泮水叔侄银元立契炳据。

一台地田业兹既分定，从今两房人等不得再向油车典挂加取钱银事。

一唐地公蒸田内，另抽出稟山行下田一段，年科税额□□□；霞田洋一段，年税额□□□；墘仔尾一段，年税额十三石四斗。三段俱立书田，入泮人应收二份，捐纳人应收一份。（此条未定，后日公大可再行议加。）

一唐地公蒸田所立为书田，现年未有人收，仍与公蒸一样，作两房轮收堆积。

一每年两次公忌两坟祭扫忌辰，共定赀银四元，祭扫共定费银六元，亦两房轮年办理。

一标三公派下有人出考，不拘文武，县府道三次，共贴银五元。其银公议要往道考终向值年收公租人领取。

一上店背有公田一段，年该税额十石，公派将此田渐踏付辅兄收租酬劳。一生日后仍当归公为业。

一唐台所有季份如石伯公季、五谷主季、文昌爷季、四张犁圣王季，俱照两房轮年与祭。

一霞田楼内坐南向北，有公□一间两房，有人要守管，每年应纳公鸡一只，以为忌祭用。

道光戊戌年五月□□日　　　　续立阄书　长房式辅、次房驹

　　　　在场人　从堂叔世荟、堂伯联芳、房侄云腾、从堂弟□□

　　　　　　　　代笔人　从堂弟庭茂[①]

以上阄书中所说的"台地"，系指在台湾的物产；所谓"唐地"，

---

① 阄书扫描件藏厦门大学国学研究院电子资料库。

系指福建祖籍地的物产。在这纸阄书中所约定的内容，其在闽台两地的物产，除了土地、房屋、鱼池、典挂油车之外，还有诸如天上圣母季、石伯公季、五谷主季、文昌爷季、四张犁圣王季等与他人合股的田份物业。两地族人均应悉心管理照顾。同时在责任方面，除了祭祀祖先之外，还专门为两地族人的读书考试，设置了鼓励津贴银两。在清代台湾的分家阄书中，记录有同时顾及海峡两岸家族、家庭社会经济关系的情形，并不仅仅上举的彰化县吕氏家族这一例子，笔者在台南、嘉义等地都有所发现。①尤其是在福建等地的移民刚迁至台湾的第一、二、三代时，在分家阄书中顾及海峡两地的情况还是比较普遍的。显然，台湾民间分家阄书中的这种状况，与福建和台湾地区比较兴盛的宗族观念、家族制度及其组织结构是分不开的，是在新垦殖繁衍区域的移民社会里得到传承复制的产物。这种分家阄书与福建祖籍地以及大陆的其他地区，存在着一定的差异。

（三）台湾民间分家析产时对恶死及客死他乡族人后裔的照顾

明清时期福建等地移民移居台湾并在台湾拓荒垦殖，是一个高风险的行为。许多渡台的民众，或葬身于台湾海峡的汪洋大海之中，或在台湾备受瘴疠等地方疾病的侵扰，以及在与"生番"或不同垦殖族群的争斗中被杀害。因此在迁居台湾的移民中，非正常死亡率相对较高。在中国的家族观念以及死生观念中，恶死及客死他乡是很不幸的事情。家人及族人们，有责任和义务必须妥善安排这些恶死及客死他乡之人的香

---

① 参见陈支平：《民间文书与台湾经济史研究》第五篇《福建向台湾移民的家族外植与联系》。

火延续与祭祀等问题。于是，在这样的社会环境里，台湾民间的分家析产，往往又必须顾及这些恶死及客死他乡的后裔的份额。

如前所述，闽台地区民间的分家析产，一般是在二世同堂和三世同堂之间。即当某一个以夫妻为主的"核心家庭"，其所养育的儿子长大之后，逐渐结婚成家，有些儿子可能有了孙子，有的可能还没有。为了防止日后家庭内产生矛盾以及矛盾加深，这个家庭就实行分家析产。因此，较多的家庭分家析产，是在同胞兄弟之间进行的。分家析产之时，其父母亲或许还在世，或许已经去世，因不同家庭而异。但是在台湾的情形或有所不同。有些家庭的同胞兄弟中，由于种种不幸的原因，有胞兄或胞弟过早去世，去世的兄弟留下的年幼子女，必须由幸存在世的兄弟来承担抚养。当这些被抚养的侄子辈长大成人之后，为了维系过世同胞兄弟的嗣系香火，在世的叔伯辈，就得与下一辈的侄子们进行分家析产。请看下面所引的黄氏家庭的分家阄书：

全立阄分字人黄磷观、侄膝生，有承祖父遗下有所置抽罗保石螺潭庄南畔厝地基带竹围并菓子杂木一所，今因次房厚传下小儿膝生年方长成，意欲开分厝地基，亲问胞伯磷，并请邻右家长相□公平。自古张公九世同居、共爨合□和气，意欲开分，各守安分。磷自□祖父遗下厝地各物业，尽恒开分，二大房拈阄。长房磷拈得第二阄西畔厝地基一带竹围菓子杂木至车路为界，北至沟圳为界，东至中央石钉为界，南至公议存留通项一条定五尺地明为界。次房膝生拈着第一阄东畔厝地基一带竹围菓子杂木，东至沟为界，西至中央石钉为界，北至沟圳为界，南至公议存留通项一条五尺地明为界。四至界址明白。再公言约拈着西畔厝地基，该贴第一阄东畔要讨林家典地契字赎回，该贴出佛银一十大员。将典他厝地基交付第一阄份内掌管己业，不干第二阄之业。各房各掌，不准纷杂之理。二大房和气，口恐无凭，仝立二纸共一样，各房各执一纸为炤。

即日凭公收过阄分字存炤。

一批明厝地基南畔公议存留一条通项路五尺地明，东至沟，西至车路，不准二大房移□批炤。

道光十六年七月□□日　　　　仝立阄分字人　黄磷、侄膝生

公见人　家长考

庄正人　林替观

代笔人　庄茂泉①

在这份阄书中，主张分家析产的黄磷是长兄。其弟即次房黄厚，早先去世，传下小儿膝生，由伯父黄磷抚养成人。现在"小儿膝生年方长成"，黄磷便主张把祖父遗留下来的社番厝地园等物业进行分析，使得侄子黄膝生可以自己成家立业。

但是有的家庭，其胞兄弟早早去世，没有留下子嗣。为了延续去世胞兄弟的香火，在世的胞兄弟们，往往又要采取过继香火的办法，使得去世胞兄弟的嗣系得以传承下来。下面黄氏家庭的分家阄书，反映的就是这种状况，该阄书写道：

仝立阄分合约字人黄水永、通事，仝嗣侄仕进、仕达三大房等，盖闻九世同居，张公有焉，百户分爨，田氏如也。农庭美景，古风是慕，兄弟之心，每望是也。但兹生当日，□家事浩大难得支理，见树茂而枝分，视水流而衍派。叶落九洲乃子孙昌炽之差。于是兄弟各欲自典乾坤，经营觅利，相议分爨之计。即日邀请房亲族长咸集于堂参议。因长房名霸，既已登仙，而永、事等各拨一子承

---

① 阄书扫描件藏厦门大学国学研究院电子资料库。

其房份。应将大南湾坑先人遗下及自置水田山场厝宇，宜作三份均分。时当堂历算账目，先踏□大孙银二十员，余有六畜春粮种子农器会银债项家具杂物，一切亦作三大房均分。其头湖茶园存为公业。此系至公无私，焚香告祖拈阄分定。肥瘦美恶配合。相连各业各管自份。以后各自勤俭致富成家，各随造化。各不得争长较短、伤失和气。今欲有凭，仝立阄分合约字一样三纸，各房各执一纸永远存炤。

计开：

一批明长房嗣男仕进、仕达等拈得大南湾坑水田一段，东至三房田前岸为界，西至二房田后山坵为界，南至溪为界，北至二房田长小圳为界。又拈得竹林一所，东至大二房竹林为界，西至水井□□□顶为界，南至□坵崁顶为界，北至崁□为界。又拈得山场一所，东至大二房山为界，西至廿一个菜刀为界，南至谢家为界，北至溪为界。配纳大租粟一□□石正。□□本坑水上流下接。又拈得正身厝，又应得大孙银二十员。其家资什物照份均分批炤。

一批明二房水永拈得大南湾坑水田三段、沙坵一段。东至长房田前岸为界，西至顶三房田后崁为界，南至溪为界，北至大三房田□坵脚为界。又拈得坑□水田连山埔一段，东至顶四房田前岸直透山顶为界，西至大三房菜刀仑为界南至溪为界，北至崁为界。又拈得南畔田一所，东至三房山为界，西至顶四房田后崁为界，南至大二房田后崁为界，北至三房田前崁为界。又拈得厝外山场连稻埕一所，东至三房埕崁为界，西至顶长房山为界，南至□坵后崁为界，北至三房小崁脚为界。又拈得左畔护厝。配纳大租粟一□□正。□□源带本坑水上流下接。又拈得正身厝，其家资什物照份均分批炤。

一批明三房通事拈得大南湾坑水田二段、□过溪水田一坵、湾坵一段。东至大二房田前岸为界,西至长房曲尺后崁为界,南至溪为界,北至□坵崁脚为界。又拈得坑□水田连山埔一所,东至□□□畴为界,西至二房拜大二房田崁为界,南至溪岸为界,北至溪为界。又拈得厝外山场一所,东至大三房山为界,西至顶长房为界,南至二房田□□□□□□为界。又拈得右□护连稻埕一所。又拈得二房□坵仔菜园一坵。配纳大租粟一斗六升一合正。源带本坑水上流下接。其家资什物照份均分批炤。

再批明头湖茶园每年山租照份均分,而祖宗忌辰各当祭祀批炤。

再批明大阄书及契券□□交二房收贮,倘若要用宜取出付看批炤。

批明长房阄分渐交永收存炤。

光绪十一年岁次乙酉十二月□□日

仝立阄分合约字人黄水永、通事,嗣侄仕进、仕达

族长堂叔高理、房亲胞叔清浪、堂弟鼎生

代书人　陈赐贤[①]

根据上引阄书,这个家庭本来有三个兄弟:黄霸、黄水永、黄通事,长兄黄霸不幸早逝,没有留下子嗣。于是胞弟黄水永和黄通事二人,各自把自己亲生的儿子中,让出一人过继给长兄黄霸承继嗣系香火,这就是黄仕进、黄仕达。当黄水永、黄通事两兄弟分家析产时,黄仕进和黄仕达二人,就作为长房黄霸的后嗣,与黄水永、黄通事两位叔

---

① 阄书扫描件藏厦门大学国学研究院电子资料库。

叔平等分析这个家庭所有的财产物业。而黄仕进和黄仕达二人及其日后的子孙，不仅要担任祭祀祖宗的任务，同时也要担任祭祀黄霸夫妇的任务。

这种隔代进行分家析产的现象，当然在福建等地，间而也有存在。但是从整体情形而言，在台湾更为突出。这一现象的出现，是与移民及垦殖过程中的高风险联系在一起的。

（四）台湾民间所出现的不同姓氏间进行析产书写阄书的现象

阄书，正像在本节开头引用的"百度百科"所说，是过去分家的一种契约。所谓分家，自然指的是在同一个家庭或同一个家族内部的分家析产。但是我所见到的台湾的"阄书"中，却有一些在不同姓氏之间，即不同家庭或不同家族间的析产事例。这种现象在福建祖籍地乃至大陆的其他地区，也都是比较少见的。

清代台湾之所以出现在不同姓氏间进行析产并且书写阄书的现象，是与当时台湾的垦殖历程相联系的。福建等地的汉民迁移到台湾之后，首先要取得可以开垦和耕种的土地，才能在台湾站稳脚跟，进而拓展自己的事业与家庭。而要取得可以开垦和耕作的土地，一般都要通过三种途径：一是直接向官府申请开垦执照，取得开垦荒地的资格；二是向"番社"或其他业主承瞨租佃土地，一方面向"番社"或其他业主交纳租谷，另一方面自己也可以取得一定的经济收益；其三是通过买卖交易的方式取得土地所有权或使用权。

通过向官府申请垦殖执照或向"番社"承瞨土地，土地的数量一般都较大。这就需要申请者或承瞨者必须具备比较雄厚、殷实的经济实力，才有可能申请或承瞨成功。这也就迫使一部分新迁居来的移民，采取合作申请或合作承噗的办法来取得土地耕作权。这种合作，既可以是同姓之内的，也有不同姓氏之间的，如本书第254至255页引述的"3.乾隆二十六年刘芝应、余仁资立合约承耕字"文书，就是刘姓和余姓两个不同姓氏的家庭的合作承耕契约。

在这纸承耕契约中，刘、余两家所承耕的"番社"土地，有"犁分五张"。每一张犁分为清代台湾土地计量单位五甲田；每甲田大约折成民亩十一亩余。犁分五张折成民亩将近三百亩。这是一块不小的土地，一般的汉民家庭，单独承耕确实在资金上存在一定的困难。两家合力，终于把这块土地承耕了下来。

不同姓氏合作承耕或承买土地，随着时间的推移，难免出现某些在耕作和管理过程中的分歧，以及当事人的变动等原因，重新对这些土地田产物业进行分割。在这种情况下，就出现了在不同姓氏之间的家庭进行析产而签立析产阄书的现象。在此我们举出两份不同姓氏进行析产的阄书为例：

1. 嘉庆十九年林兴、翁宽水立阄分契约字

仝立阄分契约字人林兴、翁宽水各兄弟等，先年合备价银承买蔡陞观水田一段，坐在坝仔庄前西□。业主经丈一甲八分正，带水五分，共价银三百九十大员正，递年载纳大租粟一十四石四斗正。东至林家田边小沟为界，西至大溪中为界，南至林报观田为界，北至大水沟为界，并带田头树木竹枞在内。四址俱载上手大契明白。兹因合买契纸粘连，二比难以分执，是以仝中见人等，将此田从公踏明东西两段界址，二比对半，两分阄分管业。林兴坐田在东一段，载丈九分正，配纳大租粟七石二斗正。翁宽水坐田在西一段，载丈九分正，配纳大租粟七石二斗正。各带田头数目竹枞，并大小坵数俱各不计。从兹阄分已定，各照东西界段永远管业。日后不得另生枝节，异言滋事。口恐无凭，仝立阄分契约二纸一样，二比各执一纸永炤。

即日批明合买印书田契存在林兴手，又缴连上手黄金□□印书存在林盛手内，后日要取出契用，存契者不得刁难再炤。

再批明翁宽水在田起厝另住，牛只出入往来直透到大路□不敢异言炤。

又批明天年不顺，西□台风被大水冲害，两家公□所批是实。

嘉庆十九年二月□□日　　　仝立阄分契约字人　林兴、翁宽水

为中人　瓯富

代笔　黄联科

2. 同治十三年郑忠、傅进、陈溪泉立阄书字

仝立合约阄书人郑忠、傅进、陈溪泉，仝承祖父开垦大甲东社番厝地园一所，坐落土名住在瓷窑庄尾。东至车路界，西至车路界，南至沟借，北至双叉路界，四至界址踏明。四份均分起盖居住。郑家应得二份，在本家居住，又一份在姚炎山起厝处。傅家应得一份，东至车路界，西至岸脚界，南至石界，北至岸界。又一段南北，东至石界，西至石界，南至沟界，北至滴水。又一段东至车路，西至石界，南至沟，北至陈家地界。陈家应得一份，东至车路界，西至岸脚界，南至傅家后墙滴水，北至石界。又一段南北，东至车路界，西至石界，南至沟，北至自己东西厝地界。四份四至界址明白，凭界管业。日后子孙不敢生端滋事。口恐无凭，立合约阄书一样三纸，郑家二份合一纸，各执一纸存炤。

批明即日仝请公亲知见再炤。

再批明番大契交郑家收执存炤。

同治十三年十一月□□日

仝立合约阄书人　郑忠观、傅进观、陈溪泉

知见公亲　陈凛叔、陈水性、陈连来、陈天然

代笔人　陈有用[①]

在这二纸民间契约文书中，十分清楚地反映了清代台湾的不同姓氏之间进行析产采用了"阄书"的形式。明清时期，不同姓氏、不同家庭、不同家族之间进行合股经营的情况非常多见。然而这些合股经营大多出现在工商业领域，在土地交易领域相对少见。在合股经营的权益分配方面，一般采用的是签订"合约"的方式，而不是"阄书"的方式。

在我所见到的清代台湾民间契约文书中，不同姓氏之间进行合股物产的再分配，同样也有采用签订合约的形式来表达各自意愿的。举叶氏和王陈氏的合约书为例：

仝立合约分管字人叶运五、王陈氏等二人，合伙买得张儒民承父遗下水田埔园□□屋宇一处，坐落土名石头坑内立庄。其田山四至界址并带大租俱载承买契内明白。□□□各请房族到场理论均匀分管，将其屋前天池作为中线，透上屋后檐沟崁面曲下立石，直至龙顶为界；透下出入路直至瓦寮中宫到范家园茔立石定界。右片东至林家田毗连上龙岗分水为界，透下与范家塘唇为界；西至屋前中宫透上透下，与王陈氏业毗连为界；南至龙岗分水流内为界；北至花□□塘唇为界。其田园山后□旷地并带上片正横屋俱一系叶运五应□；其左片东至屋前中宫透上透下，与叶运五业毗连为界，西至范德裕换□后进□为界，南至龙岗分水流内为界，北至范家岗园茔

[①] 阄书扫描件藏厦门大学国学研究院电子资料库。

为界。其下片界内有菜地□坡塘一口,立石定界,各得一半。其余田园山圹地并带下片正横屋□一□,王陈氏□得。当日二比请得场见人到地踏明界址、分定各界,永不得争长较短生端等情。此系二比甘愿,各无反悔。口恐无凭,今欲有凭,仝立合约分管字两纸,各执一纸付执永远为照。

一批明其坡塘水□□□□二比均荫上流下接不得蔽绝水源批照。

一批明其田每年应纳大租谷系二人均配,各不得推诿立批是实照。

一批明其塘莖下该抽出小圳路一条透瓦窑灌荫立批是实。

一批明其瓦寮至窑无烧,拆屋还地照界而行管业,不得固意批照。

一批明叶运五执垦山批一纸又带合伙承买契,王陈氏收执上年买契二纸,倘要照用不得兜藏批照。

同治七年岁次戊辰十一月□□日

     仝立合约分管字人 叶运五、王陈氏
    在场 叶姓男新发、本心,王姓孙水宝
     在场知见人 王阿登、叶琳寿
      在场执笔人 蔡先寿[①]

可以说,在台湾民间不同姓氏之间进行土地田产及其他物产的分割中,"合约"文书与"阄分"文书是同时使用的。不同姓氏合股的物权人,之所以采用"阄书"的形式,其中一个很重要的原因,是双方或各方在这块土地上的耕作经营管理过程中,很难对于各方的耕作投入和

---

① 合约字扫描件藏厦门大学国学研究院电子资料库。

农田投入有一个比较清楚的计算，而不像工商业合股经营过程中有那种比较明晰的财务账簿可据。于是当物权人各方认为有必要进行分割时，最为可行的办法，就是仿照家族内部或家庭内部的分家析产平均拈阄分割财产的办法。这也许就是清代台湾通行在不同姓氏之间进行土地权益分割时采用"阄书"方式的最主要原因。而这一原因的产生又是建立在台湾移民社会垦殖经济的基础上的。因而与福建等地的民间"阄书"相比较，它是具有特殊性的。

（五）台湾民间分家析产中的"番社"因素

以上这些文书，其所产生的地点，在彰化县汉民与"番社"杂居的地带，因此在上引的阄书及其他文书中，或多或少都可以看到与"番社"的某种联系，如"批明番大契交郑家收执""开垦大甲东社番厝地园一所""承得麻薯旧社土目阿打歪大由士、斗内士郡乃等在地主大由士报垦旱园内"，以及"在见通事敦仔"等的记载。我在一份不具年份及姓氏的分家阄书中，还看到分担赡养祭祀"番母"的记载。该阄书如下：

立阄书兄弟同立：

一园在后面，抽出一分在东势，阿通分下去耕作；

二园在中，抽出二分在东势，阿恭分下去耕作；

三园在中，抽出三分在东势，阿□分下去耕作；

四园在西，抽出四分在西，阿魁分下去耕作。

二月十三日同七月初一日，又兼五月廿三日，番母，阿恭去当祭；

正月十四日同契约十七日，又兼四月廿九日，三叔，阿魁去当祭；

五月廿九日同三月十一，阿通去当祭。

兄弟协和同心。①

这份阄书大概是中国分家阄书中条文最简约、文字表述最粗糙的一份阄书了。其实这份阄书正符合该订立阄书者的实际社会经济状况。清代前中期，由于清政府限制福建等大陆居民迁移台湾，其中一度有不允许携带女眷的禁令。这就使得一些贫寒的汉人，开始尝试与"平埔族"的女性结婚，组成家庭。虽然说清政府在相当长的一段时间里，也是禁止汉人与"番民"结婚的，但是民间私下里相互婚配的情况还是时有发生。

关于汉人与"番民"通婚的事情，早在明末清初之时，主要是有少部分"社商"者欺负"番民"、凌辱"番女"所致。郁永河在《裨海纪游》中记云："红毛（荷兰人）始踞时，平地土官悉受约束，犯法杀人者，剿灭无孑遗。郑氏继至，立法尤严，诛夷不遗赤子，并田畴庐舍废之。诸番谓郑氏来，红毛畏逃。今郑氏又剿灭，帝真天威矣。姑其人既愚，又甚畏法。郡县有财力者认办社课，名曰社商。社商又委通事、伙长辈使居社中，凡番一粒一毫，皆有籍稽之。射得麋鹿，尽取其肉为脯并取其皮，二者输赋有余。然胺无厌，视所有不异己物。平时事无巨细，悉呼男妇孩稚供役，且纳番妇为妻妾。有求必与，有过必挞，而番人不甚怨之。"②《台湾通志》引《番俗杂记》亦云："社番不通汉语，纳饷办差，皆通事为之承理。而奸棍以番为可欺，视其所有不异己物，藉事开销，胺削无厌。呼男妇孩稚供役，直如奴隶。甚至略卖，或纳番女为妻妾。以至番民老而无妻，各社户口日就衰微。"③

也许出于这样的原因，官府为了保护"番社"的利益及其人口的

---

① 阄书扫描件藏厦门大学国学研究院电子资料库。
② 乾隆（范咸）：《重修台湾通志》卷十六《风俗志·番社通考》。
③ 同上。

正常繁衍，乾隆二年（1737）巡台御史白起图等奏准："嗣后汉民不得擅娶番妇，番妇亦不得牵手汉民。违者，即行离异。汉民照民苗结亲例，杖一百离异；土官、通事照民苗结亲媒人减一等例，各杖九十。地方官照失察民苗结亲例，降一级调用。其从前已娶、生有子嗣者，即行安置为民，不许往来番社，以杜煽惑生事之端。"①然而在清代中期，汉民与"番社"交往日益密切、社会经济相互渗透，特别是汉民社会不断侵蚀"番社"的大趋势之下，汉民娶"番女"的现象已经不可避免，不是一纸政府的禁令所可遏制的。因此，在这条禁令发布十年之后，《重修台湾通志》的编撰者在《风俗志》中写道：

> （番社）婚嫁，不择婚，不倩媒妁。女及笄，构屋独居，番童有意者弹嘴琴逗之。……意合，女出而招之同居，曰"牵手"。……夫妇反目，夫出其妇，妇离其夫，不论有无生育，均分社内杂物，各再牵手、出赘。近日番女多与汉人牵手，媒妁聘娶，文又加烦矣。②

在汉民与"番女"通婚日益增多的情况下，与汉民通婚的"番女"大部分逐渐融入到汉人的家庭中去，改变了其原来的家庭生活习惯。于是，汉民家庭及家族文化中那种赡养长辈、祭祀祖先的文化传统，同样延续到这种汉番结合的家庭结构中去，从而出现了上引阄书中所出现的祭祀"番母"的条文。从这一阄书条文中，我们也可以从另一个侧面了解到清代台湾汉人与"番社"的交融过程，以及"平埔族"人不断被汉化的变迁过程。

---

① 乾隆（范咸）：《重修台湾通志》卷十六《风俗志·番社通考》。
② 乾隆（范咸）：《重修台湾通志》卷十六《风俗志·番社风俗》。

卷三
族谱及其他民间文献的史料解读

一、从族谱等资料看清郑力量的逆转与康熙统一台湾

近现代以来,关于明郑集团的抗清活动与清朝康熙统一台湾的历史的研究,往往存在着某些道德与现实相互混淆的误区。近现代以来学界对于郑成功及其反清运动的研究,一般给予两个方面的积极肯定:一是郑成功继承了中国传统士大夫的那种坚守气节、不为贰臣的品德;二是他敢于面对西方殖民主义者的东来,英勇抗争,为中华民族收复了宝岛台湾。大概是基于这两方面道德高度的因素,许多学者在论述明清之际的这段历史时,总是有意无意地彰显郑氏集团的文武业绩,尽可能地回避他们的弱点与负面因素。即使是到了康熙年间清王朝派遣施琅水师统一了台湾,有些史家依然无法摆脱明代遗民的某些影响,惋惜之情不时流露于字里行间。

康熙皇帝最终统一台湾,除了两千年来大一统文化意识的历史惯性深入人心之外,最为现实的因素无疑取决于清王朝与明郑政权力量的相互消长。郑氏集团以福建及东南一隅,与拥有中国辽阔地域的清王朝相抗衡,实属不易,双方力量对比之悬殊显而易见。随着清王朝在中国大陆政权的日益巩固,双方力量的对比也日益不平衡。正因为如此,郑氏集团在福建沿海苦苦支撑的日子里,兵员、粮饷等都遇到了极大的困难。为了补充兵员和筹措粮饷,郑氏集团在许多场合不得不有些不择手段。只是由于以往的研究成果中,碍于道德层面的误区,尽可能予以避

开隐讳而已。

然而，这种回避隐讳式的历史叙述，无助于我们对康熙统一台湾的历史事件进行全面的了解。近年来，我从事闽台地区民间文献的搜集和研究工作，不经意中看到一些对于这一时期清郑对抗历史记载的私家文献，现整理如下，或可从另一个侧面，加深人们对清郑力量的逆转与康熙统一台湾的全面认识。

（一）泉州府《虎邱林氏家乘》所载清初福建的战乱

清王朝建立之初，全国各地的反清、抗清运动风起云涌，福建更不例外。以往的许多研究者为了说明南明郑成功家族集团反清运动的风起云涌、势力壮大，把当时福建各地蜂起的所谓"反清"事件，一并归纳进郑成功家族集团的抗清运动之中。然而在事实上，当明清鼎革之际，各地所兴起的"反清"运动，其起因是十分复杂的，并不完全如我们现在许多教科书中所说的那样，都是为了反抗"民族压迫和阶级压迫"。特别是那些长期流窜于偏远地区的小规模暴乱，不可否认地存在着某些趁火打劫、乱中取利的不良动机。再者，郑氏政权以福建沿海等一隅之地，对抗拥有大半个中国领土的清政权，其军费财政上的支撑也是日益艰难，苛征暴敛的现象势在必行。近年来，我在搜集翻阅福建民间族谱的过程中，获见了一些相关的记载。这些记载可以从以往人们所忽视的角度，分析明末清初福建郑氏政权以及福建各地反清势力的组织结构，从而有助于人们对这一时期福建各地反清运动的实质及其成败得失进行了解。

福建省泉州府的《虎邱林氏家乘》，清道光壬辰十二年（1832）由其族裔林昌期修撰，其中四二《本宗祥异》①，记载该家族在明末清初之时遭遇战乱的若干经历。如崇祯十四年至十五年（1641—1642）及"未申之交（1643—1644），西南方天色如血，未几，诸邑遂有斗栳乱民之变。……国朝顺治二年，太子寇到虎邱，宪奎伯教设本栅、保守楼堡，将寇发下，八境策应，是年不至大害"。②顺治五年（1648），"赤岭林邦式寇安溪，劫掠乡村。宪奎伯在县回道中，被式援（掳）住暮，宪奎伯有智略，勒同军机，幸家丁暮夜负回得脱。邦式遂入虎邱攻楼堡抢掠。贼徒在安美寨伏地穿孔，宪奎伯在楼窗见贼徒有异，密令人遍舂寨间，用铳发出，贼多死。是年财物少被抢掠。是年提台马公讳得功入安溪剿贼，宪奎伯迎接。马公知其豪毅，推重于乡，劄授乌旗，统率防御。宪奎伯遂纠合七社训练乡壮，贼散不敢犯境，遐迩辑宁"。顺治十八年（1661）五月，"大饥米腾，贫人无赖外乡与本族歹人勾引漳州南靖白头贼蔡寅与内社陈日盛贼首，廿二早聚党千余，四面合围，攻劫虎邱。牛畜衣服家器搜掠一空，屋宇被烧。本宗被杀十余人，附近老幼男女五十余人，生房者不计其数，赎命者亦不计数。破家荡产其惨极矣。前赤岭与海寇，亦不时劫掠，未有若此之甚矣"。

康熙十七年（1678），山寇黄权一伙率众五百余人，劫掠虎邱乡一带，并杀死乡人数人。林氏族人联络附近乡人奋起抵抗，进而杀死黄权等四人。黄权母裴氏及其子黄使向郑氏政权的所属衙门状告林氏族人等抗命致杀征饷黄权四人。林氏族人被拘冤者达二十余人。林氏族人不得已，以原饶阳知县、族人林洪星及训导林登鹤二人出首反告黄权等冒名

---

① 道光《虎邱林氏家乘》，共三册，承蒙石狮市博物馆李国宏馆长提供借阅，特此致谢！族谱电子扫描本现藏厦门大学国学研究院。
② 关于明末泉州地区的"斗栳"之乱，参见傅衣凌先生：《明清农村社会经济》之《明清时代福建佃农风潮考证》，载《傅衣凌著作集》，中华书局2007年版。

征饷、实为劫掠,从而激起公愤丧身请求郑氏衙门公断。该族谱记述这一事情的缘由云:"康熙十七年山寇高坪黄权及苏虎、王楚、章英、黄情、杨进等,六月十六早攻打虎邱,碎死林宪愈,牛畜财物一空。十七日七社截至乌垄格,获权等四人杀之。廿六日权子黄使以杀官掠饷赴告郑藩。连审四五遍,劳费一年。吾宗赖以安全者,宪奎之功也、尔澄之力也。尔锡云吾族有宪奎者,可为疾风劲草者也。向之迎剿提台以活邑姓、处置太子以安乡闾,今如黄权之祸,藩令森严、藩法峻烈,吾族被冤二十余人,彼以一身独肩。凡此皆智巧所深避而不敢为者,彼能蒙大难于艰贞,其功德岂浅鲜哉?尔澄以财为辅,亦有功于族也。"

族人林洪星、林登鹤的反诉状亦附载在族谱的《祥异》之中:

原任饶阳知县林洪星、训导林登鹤,为天厌易彰、众愤难禁,乞察卷案先后以别顺逆事。星等年已七十,贫病废居,因三月后假义蜂起,肆行剽掠,各寨联络会保。寨各有长,原无总摄,难则相救,不藉倡率,各签名号在簿。六月十六日逆首黄权、章英、王时杰等结伙五百余,猛突至本乡杀掠,碎死林宪愈、许庄二命,掳出王卯父子二人,牛畜财物一空。嗣各寨丁集援,权伙散逃,匿伊妹夫林坤家,抄道觅回,被乡丁埋伏追捕。众思嗷肉,乱刀杀死。林尔诸以逆杀男命事察言司投递上启。蒙千岁爷批送侍卫老爷察行,随以逆杀男命台控。蒙详兵部宣慰使老爷准理班林怀楠、林逢春等亦同日赴台禀报。越廿六日,权子黄使方架杀官掠饷诉部,蒙兵部老爷批送台将申详林尔诸一案同查。报卷案先后昭然,黄使惧词虚延审,迟至九月初二始变词泣偿四命,越尘藩主天听,添捏四犯于原词二十三名之前。黄使良心已知诬星等为非,并买王时杰认黄情为亲弟,猫鼠协谋。蒙送刑部大老爷审报,转送天台,覆盆获见。

切诬星等主炽衰老病夫,杖罕逾闻,邑里熟知,安得飞诬至于杀官掠饷。逆未投诚,何得为官?陈劫被杀,安得有饷?前台审章英一案,林尔诸被害不到,后赴部审,蒙启藩云林尔诸言及章英倡乱劫杀呼号愤恨欲绝,使黄权今日尚在,亦当与章英一时骈首,伏乞天台察众愤之情由,除未尽之逆党,毋滋反噬以长奸志,万民有天!

林洪星、林登鹤的反诉状先由郑氏所属泉州府衙门复理,后又由泉州道等衙门复审。族谱《祥异》中亦保存有泉州道等会审衙门的审词:

何道爷会同防厅覆审看语:备查详词始末情节,第裴氏状书黄权银事,一称权领张姓募兵饷银,又称权带镇营买械银两,自相矛盾,无庸再问矣。看得听讼须穷正理,告命必察实情,天下未有倡乱屠劫被众擒杀而反问旁人索命也。如裴氏控批泣偿一案,遵奉部咨从公确谳,不容不详。且慎随提现在犯证,逐一公同防厅研讯,据各寨长林涌云等咸称章英、黄权去年起兵作乱,六月十六日,权统领五百余寇来劫湖垟乡,掳畜掠财,屠戮民命,家家老幼惊逃,日夜不宁。至十七日,十寨乡民畏而生愤,纠集护救。彼时各贼四散山嵎,侦知黄权潜遁内亲林坤家,众乡兵追赶。十八日截至乌笼格捉获,杀权等于大埔。是日千百人怀劫杀之,仇恨不能食肉寝皮,一挈黄权四人,群刃乱加,亦难分为甲为乙也。及讯赏仔坚供杀赏父林宪愈并许庄两命亲见黄权。其林科供乡兵恨抢劫追擒杀死,实非科杀。林肯供林坤挟怨唆告肯,原未见杀权,实难混赖。林洪星、林登鹤供黄权等劫杀湖垟乡,当日乡民追杀,合县十八里周知。星等逾七旬,自救不遑,安能操刃杀贼。而问之总之黄权作乱为害,掳王卯父子杀愈庄二命,众乡民抱愤公杀,此权自作之孽。李再杰等指证最确,虽黄达巧辩,殆不能杜赏仔与众寨长之口,而掩权杀掠之罪耳。即裴氏老妇为子情切,其如赏仔为父喊冤,何林洪星等委属牵累,裴氏可谓溺爱不明,不知其子之恶,纵呶呶不休,殊不思百控不外一理,念愚妇无知,权等已死,均请省释宁家,各按生理,服众心以昭大公也。

诉讼双方不服,案件上诉至郑氏所属的刑部衙门,经过近一年的审理,刑部衙门做出终审判决,同意泉州府及泉州道等衙门的初审、再审判决:

> 刑部柯老爷详藩千岁看语:看得裴氏所控泣偿四命一案,行据泉州府详审至再,惟以黄权等被杀有因,林洪星等咸称黄权同章英掳掠劫杀湖坵乡,众人愤恨,共追黄权、黄情、杨进、秋鹏等杀于大埔,非洪星一人所得主。即黄达所指林科、林肯等审不招认,且各寨长与洪星供同详解前来。及讯问裴氏,称寨长非正身,即令自报的人吊到覆鞠,与府审各供无异,取各寨长林十九等甘结存案。讵裴氏坚欲偿命,复移泉州道会同泉同知公审。皆谓黄权等倡乱为害乡民,抱恨公杀,孽由己作。洪星等委属牵累请释。到臣查其咨覆,与臣审、府审相从,足见黄权等四命之被乡民群杀,实出尔反尔之报。谳者虽执法,亦安能为倡乱屠杀之人向共追共杀之民问命?刿群刃乱加之时,难分难(谁)孰先擅杀,如林科等不招,与林洪星、登鹤年逾七旬,牵累已久,应并释免议乞炤。

林氏家族与黄权的这宗诉讼官司,最终是以黄权四人被杀不究、林氏被拘的族人无罪释放为结局的。然而这个案件中所反映的各种复杂关系,值得引起注意。其一,如果黄权等人率领数百人到安溪虎邱一带肆行劫掠是纯粹出于强盗行为,则黄权之母裴氏断不敢一而再、再而三地在郑氏政权的衙门中反复上诉,黄权的所谓"掠饷",很有可能是得到郑氏政权所许可的。只不过是黄权等人的行为超出了正常征饷的界限,趁机掠财夺物、妄伤人命，激起公愤。黄权既死，郑氏政权的衙门为了安抚民众，以开释林氏族人、不再追究双方责任而结案。其二，当明末清初战乱之时，福建的许多乡村，为了保卫乡族的安全，往往都自行组织武装，决断乡里。这种乡族的武装，既可以是家乡、家族的保障，也可以摇身一变成为劫掠他乡的"盗寇"。上述的黄权，实际上也是当地人，被乡民追杀时，曾躲逃至"内亲林坤"家。而在另一方面，这些乡族的武装，往往又出于自身安全的考虑，既可成为郑氏政权在福建各地坚持抗清的群众基础，同时也可以成为清军进剿的耳目和向导。林氏家族的林宪奎，就是一个典型的人物，如族谱所记，提督马得功率领清军进入安溪县的时候，"宪奎伯迎接。马公知其豪毅，推重于乡，劄授乌旗，统率防御。宪奎伯遂纠合七社训练乡壮，贼散不敢犯境，遐迩辑宁"。这种状况，将随时改变郑氏政权和清政权在争夺福建沿海地区时社会基础力量的相互消长。

（二）漳州府南靖县《吕氏家谱》等所载郑氏军队征税苛索的情景

随着清王朝统治在全国大部分地区的逐步稳定，清军在福建沿海地区对于郑氏政权的压力也与日俱增。郑氏政权所能控制的人力、财力、物力日益困竭。为了维持庞大的军费等开支，郑氏政权除了继续控制海上贸易的垄断利润之外，不得不派出军队，或者委托相关的地方势力，在福建各地及相邻的广东、浙江沿海地带进行征饷活动。漳州府南靖县书洋吕厝的《吕氏家谱》，有一则记载就描述了当时郑氏政权在这一带征饷的情形[①]：

[①]《吕氏家谱》，不分卷，撰者佚名。电子扫描本现藏厦门大学国学研究院。

顺治九年壬辰五月十二日郑国性（姓）北镇来联络，银共壹百五十两七钱正。每楼棚出银壹拾五两，共去油七百斤，每百斤银六两。其油系借萧仰宇银，后仰宇被烧，其数被萧泮抢去，将数差兵来迫取完。

顺治癸巳年九月廿八日下午，萧中冲、萧仁来攻楼，十月初二日老屋被焚，至初六日刘立寰、刘仲林左协处和退兵，共花红银壹拾贰两正，源及兄弟出银四两壹钱正。又回差礼银壹两九钱，心俊自出。又告示银六钱七分、猪贰头、酒贰甕、鸡乙只，谢林左协银七钱，又饷银陆拾两，无银写田折银开左：

一南溪房吊钟岭田，系绝房公田，带官米乙斗五升，写卖契，今带民米七升，壬子赎回。

一枋头洋屈边早田受种子乙斗，载契银乙十六两，带民米三升半，癸卯年赎回。

一内坑口早田受种子乙斗，带民米贰升半，折银壹拾捌两。此田系润宇公私业，无赎回，将屈边一项踏换与润宇公为业。

乙未年正月初二日，萧镇差官来对取仰宇银，共打发差礼银贰两四钱。又园仔礼乙钱。初十又即魁兄弟公入六两足。又宏弟卖牛银私入乙两，共柒两足，带下枰楼内亲交萧泮收赎，出原约又书批为凭。

南溪房去杨春回来住龟洋坑，回在枋头后洋楼下厝仔居住，生一子名启，丙寅年生，于清丙戌年故，无后。有一姊丙辰生，嫁于冯孟，妹嫁于萧家。尚有祖坟厝仔楼棚倒圳水田。其祖坟一在后田墓边，一穴在枋头洋楼脚，一穴在福坛前，一穴在后洋山，一穴在庵仔坝，一穴在东山岭大坪路边。其厝仔因清萧仁贼变讼官卖银拾两正,其田在吊钟岭,公写与萧仁镇骗去无收银两。

其余物业因萧仁贼征饷无银,被叔姪开发耗尽,今尚存实田坐落倒圳,受种子乙斗、楼橱壹间透尾,历年循管催代掌管坟墓香火。

在上引的记载中,郑氏政权的属下军队深入南靖山区向各地居民征收税饷,这种税饷不仅有沿袭明朝政府的田地税,而且还有以楼橱的间数来计算的税银。税饷除了银两之外,还有油、猪、酒、鸡等物品,以及差礼银等等。这些记述都是其他有关郑氏政权文献所不经见的。

值得注意的是,这班郑氏政权的部下在征收税饷时,由于吕氏家族一时筹不到那么多的银两,竟允许当地居民以田地折抵,所谓"饷银陆拾两无银写田折银"。田地是不动产,郑氏军队流动作战,在南靖山区客家区并无固定的根据地,因此是无法进行有效管理的。这种以田代饷的获益者,势必是当地人,而不可能是以海上为归宿的郑氏集团。从上述记载中多次提到的萧中冲、萧仁、萧泮、萧仰宇,以及吕氏"妹嫁于萧家"的记载看,这些所谓的郑国姓北镇的将领萧仁等人,极有可能就是同为南靖书洋客家的萧氏家族的族人。该族谱"盈宇公"条下另有这样的记述:"盈宇公,妣沈氏,生十一子。长子名圣,次子名对,三子名言,四子名宝,其余七子俱往潮州居住。盈宇公因萧海作乱,屡擒萧家贼党杀之。萧中冲复起,杀以报怨,彼时逃在潮州,萧中冲寻至潮州,杀以逞志,其余子女皆安全。惟圣、对、言、宝回祖家,余七子住在潮州。"从这段记载的情景看,吕、萧二族结怨颇深且由来已久,并非郑氏军队进入时所形成,如此则萧中冲等人为南靖书洋人无疑。这也就是说,当明末清初郑氏集团起兵抗清时,当地的一些乡族也趁机投靠,从而出现了"公报私仇"、肆虐其他乡族的现象。

福建东北部沿海的福安县一带，郑氏政权亦到此征饷，《甘棠堡琐记》记载当时的情形云：

> 清顺治丙申十三年，有贼寇郑芝龙乃子郑成功，号呼"国姓"，贼人自称为"本藩"。十月三十日大舟贼寇进港，内至黄澜白沙，外至白马门白洲，扬帆蔽日，遍缆迷江，漂泊船只不啻蚁附。贼率陆师由东路登岸，屯扎苏江上下联村。远视帐篷，犹如雪山。至十一月十五移扎西路，自港歧后历大小留青洋蓬花山，帐篷无有才空。沿边村落焚劫罄空，深山穷谷莫不罹殃。独三塘孤堡，时备彩旗猪羊酒米，一二三图造报苗米一百零二石、官丁二百零五名，预进贼藩请饷。贼藩批曰预先投诚良善可嘉，准左戎旗给示安抚。郑监官坐委征收，每石米征银十两，三年并收；每户米纳银三十两，共计银三千余两。每官丁征银五钱，三年并收，每官丁纳银一两五钱，共计一百余两。过半年六七钱不等。坐左戎给旗示未有谢礼，抱恨在怀，面禀贼藩三塘堡内准伊自游辖免五个月兵饷，藩不准。又加外饷一千两。抑头目大户尽拘入船，供认一千两矣。①

从这资料中可以看出，郑氏政权在闽东一带征饷，"三年并收"，负担十分沉重。兼之有些征饷官员趁机搜刮，当地民众实在难于承受。然而在战乱的情景之下，不如数纳饷就有生命之虞，当地民众的苦痛可想而知。

（三）《甘棠堡琐记》等所载清、郑两军反复苛索民间的情景

正是由于明末清初清军与郑氏政权的军队长期在福建等地相对峙实

---

① 《甘棠堡琐记》（卷下）。

行"拉锯战",福建各地的乡民,或奋起追随郑氏政权从事抗清活动;或趁机作乱,劫掠钱财;或假公济私,危害其他乡里。但是更多的民众,既要受到清军的烧杀掳掠,又要应付郑氏政权的苛索横征,往往处于无所适从的尴尬境地。

《甘棠堡琐记》复记顺治十四年(1657)郑氏政权征饷之后清兵进驻后的情景云:

> 十四年清提督马、总兵张领兵屯扎曾坂山下等处,言及三塘过贼纳饷,声言屠戮。星夜各户催去自送,黎明计银一千两,缴献马提督买命讫。清顺治十四年丁酉,沿例追收银谷,无有休息。清顺治戊戌十五年贼魁郑布一诈称大船贼首进港,预借饷米二百担。时青黄未接之际,家家乏炊,丁壮者尽奔外郡负米,兼总兵吴万福到洲赴伍,三塘取夫一百名,星夜赴应,仅存老弱在家。初七夜郑布一催米为名,听其出入无忌,堡内被抢。可惜数百年器皿衣服畜产等物,罄搬入船。时百石司衙门改作堡内,巡检叶先声福安县城守拨千总一员领兵五十名,徐登、于良才轮摆镇守堡城。

> 清顺治乙亥十六年七月初六日,贼首林国梁借戍,□官商丁数十人登岸攻堡。于良才飞报本县城守千总把刘李徐喻裘等官领兵南门对敌,官马被杀,兵腿被伤。分社西门处城赶至里塘桥头对敌,贼被社铳伤死旗首二人。贼众丧胆,捲旗失戈入船,林国梁左腿铳伤而退。

> 清顺治庚子十七年八月二十三日,林国梁常怀抱恨,以通房叛饷请详,贼藩批如果叛饷发兵进剿。大船贼船尽数进港,外塘官塘遍处发岸。一更时分堡外各村焚烧,是夜二更巡检叶先声、千总徐登率兵对先去以为民望,通堡男女或争先践踏而死,号泣连天;或

落后刀枪而之，肝胆涂地。三更进城，起火焚烧，通堡民房须臾变为赤土。被掳男妇三百余人认饷赎回。于斯时也，去无路，回无家，莫谁告。目下严寒肃杀，总非死于饥饿，终必毙于寒冰矣。

清顺治辛丑十八年十一月，贼舟进港，由外塘登岸，杀人不啻杀物，锹掘城堡，掳掠男妇。各弃田宅家产，抛祖宗坟墓，携眷口搬入内地。富者仅存数日之粮，贫者俱乏隔宿之炊。卖妻鬻女，哀哀可怜。迨至康熙庚戌就年展复，远迁者乏费莫归，附近者尽回梓里，搭茅开垦，从新筑堤，稍得碗饱，悉为万幸矣。

清康熙甲寅十三年三月十五日，省城遭耿精忠变乱，割辫带纲忽在顷刻。四月初六日进兵取浙，路由孔道，经过村落掳掠□于强劫，勒派饷银丁米铅铜麻油棕铁门税，夫马差徭络绎不止，民无逃生，兼以海上作孽，复横索饷无厌，苦莫言状矣。①

清军及郑氏军队如此的进进退退，各自搜刮，使民众在这夹缝之中备受煎熬达十余年之久。

泉州府同安县的《金嶝（即今大、小嶝岛）田墘郑氏族谱》中有一篇《金嶝实录》，即记述了当地居民在这夹缝中苟且求生时所遭受的巨大苦难。该《实录》记云：

南安县石井乡郑芝龙，海上巨盗也，剽掠华夷，莫犯其缨。泉守蔡善继招抚归命，寻叛去。复略当道，率所部降于督师熊文灿。以平广盗、征生黎、焚荷兰、收刘香，功迁都督。戊辰天启殂，崇祯登极，虽诛权珰五虎等，其如奸相周延儒远斥正士，信任匪人，寺人复交通外贼，而国政自是日非矣。至十七年甲申三月，李闯入京师北城门，城中鼎沸，忠义尽节，人民涂炭，淫掠万惨，亘古变

---

① 《甘棠堡琐记》（卷下）。

革未有如斯之苦也。有吴襄之子吴三桂者，山海关总兵也。闻报怒发冲冠，效申包胥之哭，乞国朝之兵入关，大破之追而歼焉。国朝信洪承畴之言，以万民无主，因易明为清，甲申即帝位，号顺治元年。官民削发为制。先民有庠生陈世胄者，谶曰："火攻六鳌塔，沙压钱塘江。福建出天子，漳泉作战场。同安血流沟，安平尽成埔。嘉禾断人种，胡蟳死半途。"时人莫识其谓也。是岁福王立于江南，改元弘光，封芝龙与其弟鸿逵为南安伯、靖卤侯。□南京破，掳弘光去，丙戌年，鸿逵、黄道周迎唐王入闽，号隆武元年，晋芝龙平卤侯，鸿达定卤侯。以芝龙子森英毅过人，赐姓朱，名成功，赐尚方剑，仪同驸马，封忠孝伯。孰意秋九月，芝龙密款于内院洪承畴、黄熙胤，同贝勒王入京，致清兵入关，隆武驾陷汀州。福建削发为清。我嶝犹安然也。郑森者，芝龙子，府庠生也。以赐姓恩深，因辞庙焚儒衣，起义海上，收兵南澳，据厦门，号思明州。遣郑泰交通番舶，贸易外邦，以资兵饷。奉永历年号，称国姓。而我嶝自是不得安矣。丁亥春，漳泉等处以起义为名，盗贼蜂炽，群遭荼毒。戊子春，国姓兵从石井江越小营岭攻同安。九都之人好斗，偕吾将拒于店头山，兵民溃。同安破，委嘉禾进士叶翼云主同安，邱缙、林壮猷副之。正法八九都乡总，不妄杀一人，时快之。八月率至，城陷，屠城，数十万命尽歼。而叶、林、邱、教谕陈鼎同时遇害，血流成沟。己丑清兵复攻角尾城，掳掠甚多，有守节不屈投井死者，今岳口义娘庙是也。庚寅，永历遣使至岛，封国姓为延平公。因寇漳浦，下云霄，抵诏安，屯兵分水关。复入南洋剿许龙、杨广，渡达豪，剿张礼、陈敬，寻寇漳州不下，因旋兵厦岛，乘中秋并郑联之军，而我嶝为小宁焉耳。壬辰，国姓取海澄，攻长泰弗克，复围漳城，筑镇门山以水之，城坏，死者七十三万余众。旋取海澄，拔之。令黄梧守焉。癸巳清攻海澄兵败，秋七月，闽省沿海派饷，宦官富户俱遭派索。兼之清明两混，派饷有"潘剥皮"之号，筑造有"冯剔骨"之名。指吏官潘庚钟，工官冯澄世也。凡沿海有从海上出兵者，清则每船罚三百两银。而我嶝愈矣。八月屯兵马家巷，折毁八九都屋宇，荒其三冬，使之贫穷，以隆武妃故也。甲午，族郑芝龙家，磔其身于市。国姓毁同安城，造丙州城。乙未造高崎、浔尾、蟹仔屿、牌头、白沙沿边城寨，以防清兵渡海。凡产米一石者，派民夫一名以应役。一年纳谷二季，刻剥劳苦难堪，而我嶝革瘁矣。丙申，黄梧以海澄归清，封海澄公。率清兵屯安平，掘郑祖茔，焚民舍，人逃大小嶝、嘉禾、浯江等处，而安平竟成平埔。时泉州清地也，有避风船泊大嶝、浯江，国姓怒其不禀报，被逸去，罚大嶝千余金，复屯兵大嶝。被其扰害，苦尤甚焉。丁酉其舟师到南京港口，遭暴风，溺八千余人。其幼子从军亦溺焉。戊戌下攻乌丁坝贼，剿平之。已亥复攻南京，派沿海乡勇被铁，刀斧不能伤，号"铁人军"。清副将梁化凤，结马尾以冲之，复前后夹攻，国姓大败，折兵丧将而逃。其铁人无一还者。庚子五月初十日大败清兵，溺死过半，擒者悉断掌以禳谶。是春被裹粮兵劫，旋为马兵劫洗。及秋，国姓同何斌入台，为退守计，寻辛于台。子经称藩。辛丑九月，苏纳海奏沿海四省之人阴交于郑，宜迁入内地，绝其粮饷，孤其党伙，自南京、浙江、福建、广东滨海之民，尽失其所。又禁沿海，不许寸板下水。盐金米玉，兼之处处盗贼，虎狼当道，饿殍盈途。我嶝之人，日日釜鱼，夜夜风鹤矣。壬寅康熙元年，迁徙之人死于役者过半，重遭派索，逃躲外方，死绝殆尽。癸卯年郑泰制肘于经，经擒而缢之。泰弟开投清，封懋思伯。而经粮饷始困。甲辰，调投诚官军，合结夷船出泉州，提督马得功出同安，黄梧、施琅出漳州，经命御之，遇于浯之乌沙，时夷船如山，泉舟三百，箕张而下，斌以三十艨艟往来奋击，剽疾如马，火炮无一中者。诸军云翔而不敢进，得功为斌所殪。自是闻斌之名咸股栗焉。至丁未，天而雨雹，清兵渡海，嘉浯两岛男妇老幼无舟济逃，掠而北去者几不知其几何。嘉禾人种至斯断矣。而我嶝复被迫入界，屋宇宫寺焚燔无余。兄南弟北，父东子西，鬼哭神号，惨何如也！庚戌年，台兵又到厦招集流民，掠男女以为买卖。蒙董夫人垂怜无辜，俱释放回。甲寅年，耿精忠叛清，缢总督范成（承）谟，杀清镇王老虎。军民全发与谋复明，以延、建、汀、邵属耿，漳、泉、兴、惠属郑。嶝人乃回开垦。乙卯郑攻漳州，杀黄遍全家，剖棺磔黄梧尸，以暴其发冢之罪。斩洪士恩以伸洪承畴叛明之诛。丙辰，郑背耿约，袭汀州，耿仍削发归清，引兵攻郑。郑闻风瓦解。至丁巳，兴、泉、惠、潮复入于清矣。时二月，有白头贼蔡寅者，假三太子，劫杀村舍，嶝人苦之。戊午，刘国轩攻海澄，城中绝食，陷。守将段应举死之。乘胜攻泉州，城陷数丈，内开壕设钉板以拒之，闻援至，乃还。己未，白头数千人劫西界及安邑，道路不通，我嶝患焉。庚申，喇将军来嶝，复燔民居，示谕入界。提督万正色平厦门，海兵遁之。迨癸亥年六月，将军施琅奉天子威灵，战于澎湖，胜之。遣使谕郑克塽，削发归顺，兵不血刃，而台湾已入版籍。漳泉之地因海上多故，实与古战场无异也。越至丙寅，我嶝之人乃得归故土。垦荒丈量，安业焉。……呜呼！天犹未厌乱也，抑杀运未终也？回溯四十余年间，兵火天灾，流离灭绝，闻之犹令人酸鼻，况身当其际乎！①

福州府长乐县的邹氏家族，同样是处于这样一种尴尬境地的普通家族。该族谱记载明末清初的情形时云：

> 闽南邹氏宗派自北京真定府阜平县人，唐德宗朝迁居闽省，创业新宁县即今长乐沙塘居焉。第三十世祖讳守，世字行次。全甫公讳守增，字世略行。公乃玄乐公之长子也，生于明天启甲子四年。幼颇知书，长娶妣本乡店头里林氏，生于明天启乙丑五年六月初三日。妣生一女，适洞邑溪边婿王子良。公生明清交际之间，干戈数乱、迨无宁岁。田园屡荒，犹征苗米。顺治戊子五年，公方二十五岁，闽海寇乱，屠民掠财。公初被掳，后乃私遁回家。昼伏夜行，脱离寇难。又八载顺治丙申十三年，公年三十三岁。海寇大巴掌聚党数万人，横行闽省，抢州劫县，日杀无辜，乡民远窜，千百断烟。公乃携妣逃难四方，家中断烟一十四月。及归之日，屋半崩颓，埕中草满，秋收数升，惟是勤耕，不辞劳苦。至三十八岁，顺治辛丑十八年，娶妾林氏，名顺姐，乃枕峰半洋义女，随嫁上邹。生于明崇祯庚辰十四年十二月初四日巳时，生四男：长曰时振，字德玉，讳师孔，府学庠生；次曰时时捷，字德颖；三曰时招，字德祈；四曰时拱，字德照。至康熙丙辰十五年，公年五十三岁，海贼又乱，四处猖狂，幸而未及一年即静。②

族谱中所称的第三十世邹守增，曾于顺治十三年（1656）因感慨明末清初战乱之苦，撰写有离乱诗十余首，比较形象地描述了当时一般民众的遭遇及无所适从的心情：

---

① 清光绪修《金墩田墘郑氏族谱》，田墘十六世郑芳选撰：《金墩实录》。本族谱承蒙晋江市博物馆的粘良图先生提供，特此致谢！
② 长乐《邹氏族谱》节抄本现藏厦门大学国学研究院。

闽中地僻属边疆，海寇寻常恣作殃。岂为英雄争帝业，横行掳掠众家乡。

丙申七月乍凉时，巴掌娶魁督贼儿，十八之期船进镇，闽安四处叹流离。

航从五虎至流岐，大小相连不可知，拆屋夺粮谁敢御，沿江只听角声悲。

甘老点兵守镇门，将非敌手卒无存，沿江父老空欢喜，携幼扶老黑夜奔。

民逃长邑守孤城，沿海迁居避寇兵，十里断烟十四月，不闻狗吠与鸡鸣。

贼船放进濂浦边，攻屠抢掠断人烟，南台妇女淫将尽，震野哀声实可怜。

甘爷发令募英雄，五十两银赏有功。御寇百朝难退敌，猖狂贼匪横闽中。

贼寇环城战几回，军民丧胆尽啣哀。各衙文武官无策，老武囚中放出来。

老武行兵战有功，募招乡勇壮兵戎。城楼放炮烧群贼，巨寇舟航用火攻。

断桥烧屋十余天，不数尸骸遍野连。贼退罗心为大塞，水司兵出鼓山边。

匪船遍满乌龙江，两峡相持塞一双。大炮直攻巢穴破，贼魁远窜不归降。

黄牛兵到棋盘山，战复闽安海口关。烟火涨天攻五夜，匪船瓦解各江湾。

离乱三年四处奔,瀛洲屋宇半无存。今朝携眷归乡井,草满田园竹满门。

戊戌新秋返故乡,烽烟顿息理颓墙。田园荒废经三载,妇女飘零守一方。

屋宇昔曾生草莽,春秋今复荐馨香。祖宗灵爽阴相佑,俾得重修种德堂。

明末清初福建各地一般民众对于战乱的无所适从,也从另一个侧面反映了郑氏政权坚持抗清斗争的社会基础的不稳定性,而随着战乱时间的推移,以及清朝政权在福建地区统治的逐渐巩固,郑氏政权的民众基础也就日益受到削弱。再加上清朝福建总督姚启圣等人刻意在沿海一带推行稳定民间社会、笼络人心的策略,这样到了康熙年间,郑氏政权已经基本上丧失了对于福建沿海民众的控制力,郑氏政权也就必然越来越走向衰落。因此,当我们研究南明政权以及郑氏集团的兴衰历史时,明末清初福建民间社会的人心走向及其社会基础的相互消长,不能不是一个值得引起人们注意的重要问题。而民间族谱虽然只是一个私家的文献记载,但这些记载比较真实地反映了明末清初郑成功政权在东南沿海地带抗清活动的另一个侧面,因此,这样的民间文献,其史料价值同样也是不可替代的。

(四) 地方志书及士人笔记中记述清、郑两军反复苛索民间的情景

事实上,有关明末清初郑氏集团在福建及东南沿海各地的掳掠粮饷、兵员,在福建的地方志和文人笔记中历有反映,在此略举数例并与上举民间族谱中的记载相互印证。

乾隆《泉州府志》:

海上陆梁，甲午冬寇掠南邑，城坠，……民大苦之。①

会海寇郑氏派饷至英（山），族人奋螳螂攻杀之。郑大怒，且剿洪氏。②

《永春县志》：

（顺治）十一年冬，成功镇将黄恺率叛将王爱民、洪习山等突入永春派饷，攻破入坑寨，屠之，所至剽掠。

十三年秋，……先是（林）日胜纳款于郑成功，授伯爵，据帽顶山，四处劫掠。

十七年七月（郑）经将刘国轩寇泉州，分兵陷南安，……各都练总眷属共十七家俱被掳去，置之厦门，酷禁吓派。③

《漳州府志》：

蔡而烷，字邦璧，子祚达、祚週。顺治乙未，海寇郑氏入漳，祚达方携弟妹匿深山，而寇已袭其父，幽之鹭门索饷金累累。④

庚元侯，字锡公，龙溪诸生。顺治壬辰，海寇剽掠，……族党全死者十余人。⑤

《龙溪县志》：

（顺治）十一年正月有抚寇之议，……郑成功遣其党散各邑，沿乡派饷凡数月，漳及兴、泉皆罹其害。

顺治壬辰、乙未间，海寇纵横，随处索饷，而西溪窃发，商旅不通。⑥

---

① 乾隆《泉州府志》卷三十二《人物·祖泽茂》。
② 乾隆《泉州府志》卷五十六《人物·洪宝基》。
③ 民国《永春县志》卷三《大事记》。
④ 光绪《漳州府志》卷三十二《人物五》。
⑤ 同上。
⑥ 乾隆《龙溪县志》卷二十《杂记》。

类似的记载在福建沿海的地方志中所在多有，不胜枚举。下面我复举明末清初莆田人陈鸿、余飚等人亲历当时情景所留下的笔记中的记载为证。陈鸿、陈邦贤在《国朝莆变小乘》中记述顺治年间郑成功军队在莆田的活动云：

> 癸巳（顺治十年），七月，国姓（郑成功）遣大镇（王大振）率兵扎江口、涵江，郭尔龙扎黄石、塘下。分布各头目，沿乡催取虐民。差明朝举人郑擎柱为兵部，扎黄石街。勒索南北洋粮饷，继取各乡军需器械布帛。富者掳饷数多，贫者掳饷数少。五日一比，递刑拷打，仍行监禁。富贵者破家浪产，贫贱者出妻卖子。乡民悉遭荼毒。广业、常太山民更惨。父母难保，兄弟离散，妻子死亡，家业罄空。有当铺甲者，差官日到其家，先款酒席，后索夫价。前差未去，后差又来。索骗多端，应承不暇。国姓各营兵，在各府县城外，横行无忌。……
>
> 甲午（顺治十一年），三月，年饥。城中人病过半，死者甚多。八月，乡民遭掳饷之惨，日甚一日。……
>
> 己［乙］未（顺治十二年），……海滨各岛，仍遭劫掠掳饷。
>
> 丙申（顺治十三年），国姓扰沿海居民。……
>
> 丁酉（顺治十四年），……七月十二日，国姓统诸镇数万人，各驾巨舰，拥入涵江、黄石、塘下、马峰等处，杀良民，焚大厦，淫少妇，掳小儿，杀二孝廉、三乡绅。男妇杀死溺死，共有千余。折屋结大筏，捆载衣服、器皿、米豆、牛羊，鸡豕下海，一日一夜方退。
>
> 戊戌（顺治十五年），附海居民，难受海上不时拿人掳饷，抄掠财物，因构筑土塞，又名土楼。高七八尺，广十余丈，墙厚三四

尺。中作三层，状如城楼。四方如瓮城，上用瓦盖。男女器物俱贮于内。日间依然在家种作。遥望贼至，即入塞登楼。夜间男妇俱入。……人少守弱者，多被攻破，人物俱空。男妇拘至舡上，妇淫男拷。视贫富而索饷多寡，银到保全回家，无银者拷打极刑。三日一敲，五日一比，百样惨凄。每将所获穷人，严敲痛责，与稍裕者观之，令其惧怕，而速交饷赎身。亦有贫人以幼妇来换焉。①

以上所载均为郑成功在世时之事。同时期莆田人余飏在《莆变纪事》中记载了山海之寇"劫质"当地民众事：

郭尔龙聚伙孤平寨。辛卯六月二十九夜，突至柯朱抄家伙，掳去男妇数百人。自是或连夜，或间一二夜，诸乡无不被害。黄石之巨室素封皆避入清江、洋城，以为二乡距城稍近，出山之道稍纡，稍有缓急，城中兵可以应援。尔龙侦知，八月深夜，径趋东郊，由厝坝直抵洋城、清江，捆载而去。系累子女千余人，至寨分贫富索银，或千、或百、或数十。家有数丁，留其老少，令主家政者先归，措办来赎。无力可赎，多拷死弃路旁。或云主兵者暗与之通，按甲不出，分肥所掠。自是黄石、沙堤、惠洋无不掠矣。掠至营富者，称家勒赎。贫不能具者，听其别指富家。于是乡之无赖者先等第其人，密告于贼，夤夜出没，神鬼莫测。有富儿逃城中数月，偶一日晡时抵家，三更贼即缚去，邻居尚不知也。既而富者略尽，则又不论单户零丁，逐乡搜拷，或得米一二担、钱十数串者，云掳一人胜于缚一猪也。于是乡民多伏处山坳，匿迹草中，以图苟免。

又关于"掠饷"事：

---

① 陈鸿、陈邦贤：《国朝莆变小乘》，不分卷，载中国社会科学院历史研究所清史研究室编：《清史资料》（第一辑），第75—79页。

癸巳之秋，沿乡肆掠，昼夜不宁。是冬，当事者与海上有和辑之议，以下游四府、广东惠、潮听其节制。疏上候复而以乏粮为词，当事者准其沿海索饷，各县分官征派，顺者免加兵。吾邑坐派三十万，差郑擎柱以兵部职衔莅黄石征之，开衙设库，分曹置局，诸色人役无不毕集。乡差一总，村置一司，拘提鞭扑，有如重犯。名一实十，饱于奸猾之手，再加三派耗于求乞之情。于是里无不破之家，家无不覆之垒。最异者，郑在黄石征饷，县官坐塘下催条，满笠纱巾，分庭对坐，包布毛帽，并路前驱，真可谓胡越一家，耦俱无猜者矣。至十月，朝旨勒令剃发，海上又复飞扬。吾邑之穷久矣，自此番掠饷，搜括靡遗，不论中家贫户，即巨室素封，俱随以烬矣。

海焚，海上煽祸十有余年，其长驱蹂躏内地者，自丙申七月南台之变始。次年七月十三日，倾岛而来，楼舡叶飞，鲸鲵螳聚，直抵涵江、黄石，掠家资，抉仓厩，撤近水板扉梁柱，结筏装载入舟，三日不停，系累妇女幼穉不可胜计。其丁男不分贵贱，笋剥衣服，勒令挑运，不任者挥刀杀之，如孝廉陈雄、明经林贺、乡绅张昌龄皆遭毒手。老穉闺人，填沟壑而蹈兵刃者何啻千余，其掠而无归者亦复称是。庐舍择其大者付之一炬。至十五日晚鸣金振旅。贼退之后，哭声遍闻。贼先捆载书籍，次乃敛收辎重，故藏书之家片纸不存，于是吾邑又为一空矣。越三年庚子，大艨复至。时二乡已尽，即有衣被，皆寄顿城中，所掠者米麦而已。……

破棺，自甲午打饷之后，海人勒兵讨仙邑西乡之不服者，尝劈停攒之棺，陈其尸于寨下以怒之。丁酉，沿南北洋焚掠，亦择寝堂中华而坚者而启之，而取其棺中之殉。至乙巳三月，闻吾里有富人之媳丧二十余年而厝于攒者,中有簪珥之类,开之,卖十余金。于是闻风兴起,界内外之棺无不研矣。黄白首饰日登街市,东井一派百余柩无一全封。邻有陈姓,云其家七柩概被开毁,他则不知,若其母丧时方极贫,一铜簪无殉者,亦罹惨祸。甲辰大水之变,停柩漂流遍处。次年三月,有陈山陈姓者,父母之棺皆失,旋得其父,欲觅其母合葬,遂与数浮屠及善士谋为收棺之举。制匣数百枚,燔其骨而贮之,后遂利其所有,聚数棺而劈之,合数尸而焚之,俟其烬则检置匣中。甲之颅与乙之髀,男之手与女之足,杂处不分。呜呼!陆地之棺既破于贼,水次之棺又破于僧,僧与贼其为罔利摸金则一也。鬼遭劫运,亦亘古之大变也。①

余飏为明朝遗民,曾经参加过抗清活动,对郑氏政权的抗清活动深具同情,他的记载,断无偏袒清王朝之理。从以上的这些记载看来,无论是郑成功在世时,还是其后代郑经等掌权时,迫于兵员和粮饷的匮乏,都不得不在福建及东南沿海一带实行残酷的经济征收甚至劫掠活动。如此惨烈的征收与劫掠,虽然在短期内可以部分缓解兵员和粮饷的紧缺问题,但是这种举动又严重地挫伤了沿海民众对于郑氏集团的拥戴之情。民众对于郑氏集团的支持度不断甚至迅速下降,许多地方出现了抵抗郑氏集团而顺从清王朝统治的现象。在这样的情势逆转中,郑氏集团的力量日益衰微,清王朝的统治逐渐加固,最终清王朝打败郑氏集团而统一台湾,就成了必然的趋势。因此,我们在讨论清朝康熙皇帝统一台湾这一历史事件时,对于康熙皇帝、施琅将军的雄才伟略固然需要予以肯定,但是对郑氏集团的行为困境及其历史教训,无疑也是需要予以认真检讨的。

---

① 余飏:《莆变纪事》,载中国社会科学院历史研究所清史研究室编:《清史资料》(第一辑)。

二、闽台民间信仰演变与尊贵者之关系举隅

以往研究民间信仰者,多注重于民间对于信仰神明自身的演变及其造神历程,但是对于民间信仰之寺庙借助尊贵者的名望而达到彰显神明的作用,则很少引起人们的注意。事实上,中国民间信仰与士大夫知识分子等所谓尊贵者、名望者的关系相当微妙复杂。探讨这二者之间的微妙复杂关系,无疑对于深入了解中国民间信仰文化特征的各个方面,具有一定的学术意义。

(一) 台南下营上帝庙

我在整理明末清初文献史料时,曾在明代遗民王忠孝的文集,即《惠安王忠孝公全集》中发现了一篇关于清初在安平建造玄天上帝庙的文字《东宁上帝序》[①],这大概是有关台湾寺庙史上最早的文字记载之一。兹将全文抄录如下:

> 东宁上帝序
>
> 孔子曰:鬼神之为德,其盛乎矣。又曰:务民之义,敬鬼神而远之。盖先王以神道设教,事涉玄幻,义则昭著,是故惠迪吉、从

---

① 《惠安王忠孝公全集》于1993年由笔者标点校注在台湾省文献委员会印行,署名"夏斯"。《东宁上帝序》见该书第22—23页。

逆凶，福善祸淫之理，应若桴鼓，则务民义者，乃所以敬鬼神，是则设教者意也，岂世俗徼福之见哉。

东宁僻处海东，向为红夷所据，土夷杂处，散地华人，莫肯措止矣，间有至者，多荷锄逐什一之利，衣冠之侣未闻也。

赐姓抚兹土，华人遂接踵而来，安平东宁，所见所闻，无非华者。人为中国之人，土则为中国之土，风气且因之而转矣。是以向者地屡震，而今宁谧；向者春无雨，而今沾濡。天心之明，示人以意也，而况于神乎。

迩者总戎林君提兵入内地，舟泊铜陵，见荒庙中有真武尊像在焉，遂奉以东。其同事黄君者，铜人也。曰："此吾里夙所敬者。"神与人若相巧然，遂有建庙之募，属余为之引。余从不能作募，言以自家力不能舍，未有劝人舍者，独以东宁庙宇绝稀，偶有庄严显设，殊足起人敬畏，则此举亦创见也。

语曰：黍稷非馨，明德惟馨。旦晚鼎构一新，凡莅土者，与夫协建者，骏奔者，洋洋如在上、在左右焉。而又绎不可度，矧可射之旨，敦务义之实，修尊长之风，将见神人允洽，民物安阜，宁翳东土磐石，骎骎乎式廓旧疆，兴复始基之矣。于是为引。

王忠孝，泉州府惠安县人，明崇祯元年（1628）进士。康熙二年（1663，即永历十七年）清兵攻破金门、厦门二岛，忠孝随军栖铜山，次年即康熙三年（1664，即永历十八年）三四月间，移居台湾安平。康熙五年（1666）丙午四月卒于台湾。①

现存于台南县并且正式在政府相关部门登记的真武庙有近60座，

---

① 见《惠安王忠孝公全集》卷二《文类·自状》，以及附卷洪旭：《王忠孝传》；《王氏谱系》。

其中据说创建于明郑时代的有三座，即下营乡下营村营八三一号的"上帝庙"、台南市民权路八九号的"北极殿"以及台南市民族路二〇八巷三一号的"开基灵祐宫"。后两座在政府有关部门的登记中明确注明创建于"明永历二十五年"，此时永历帝已死，按其纪年类推，应为康熙十年（1671）。而下营乡的"上帝庙"，则未注明具体年月，笼统称之为"明郑时代创建"。① 王忠孝在台湾生活的时间既然是康熙三年至五年（1664—1666，即永历十八年至二十年），那么他也就不可能为永历二十五年（1671）创建的台南市内的真武庙撰写序文，因此，王忠孝为之撰写序文的真武庙，应该是下营乡下营村的"上帝庙"。再者，王忠孝在序文中所记该庙为郑氏军队所建，所谓"下营乡下营村"的地名，即当时军队驻扎地的历史遗存，也可从另一角度证实王忠孝撰写序文的真武庙，为下营乡下营村的可能性比较大。

然而，我们从现在台南县下营乡下营村"上帝庙"所留存下来的资料看，庙宇对于其创建之初的这些珍贵资料一无所知，而且所记当初首事的人员也不相同。该庙现在流行的庙史资料如是云：

下营北极殿玄天上帝庙

本庙系明永历十五年顺治十八年（公元一六六一年）岁次辛丑年十月，郑成功部将刘国轩将军、洪旭副将军、沈崇明参军、潘庚锺参军、姜挚副参军，倡建茅屋，奉祀开天炎帝、玄天上帝，原位于距今庙址西南一里处，俗称庙地区，自郑氏驱荷克台后，汉人

---

① 以上见仇德哉编著：《台湾之寺庙与神明（四）》，台湾文献委员会1983年编印，第268—273页。

陆续渡台定居于此,初时只有二百余户,清康熙廿四年(公元一六八五年)岁次乙丑年十一月,台厦巡狩周昌与先人迁建于现址,神威显赫,香火鼎盛,至乾隆十二年(公元一七四七年)岁次丁卯年八月,巡台御史范咸其,莅庙进香,随即发起增建前殿,原后殿添高三尺,形成前后殿,并恭塑玄天大上帝神像,镇座大殿,嘉庆二十年(公元一八一八年)岁次乙亥年二月,又因年久失修后殿坍塌,时富绅沈怀(沈百万)倡起重修再增高二尺五寸,并在庙前置石阶,长一丈八尺,光绪十七年(公元一八九一年)岁次辛卯年八月,重新兴建复添高三尺,前面开掘一泓半月池漾照鬒宫庙池,德符呜呼休哉。时住民三百余户,至民国八年(公元一九一九年)岁次己未年八月,六姓董事会鉴于庙低洼所装花鸟人物亦告损坏,乃又议重修更加添高三尺六寸,时住民增至一千多户,民国四十年(公元一九五一年)岁次辛卯年正月,武承恩六姓财产管理会为增庙貌观瞻,特筹巨资重修屋顶,富丽堂皇,名闻遐迩。……

根据这一庙史资料,创建此庙的是郑成功部将刘国轩将军、洪旭副将军、沈崇明参军、潘庚锤参军、姜挐副参军等,显然,这一庙史的叙述,有着十分明显的后人臆想的成分在内。

台南县下营乡下营村真武庙创建的确切时间,虽然我们根据推定无法精准到某年某月,但是依照上面的两则记载,可以知道是在明永历十五年,即顺治十八年(1661)岁次辛丑年十月至王忠孝去世的康熙五年(1666)丙午四月之前。一般而言,请人撰写庙序文是在庙宇建成开光之时,创建庙宇的时间要比撰写序文的时间早,因此庙史中说郑军占领安平后即"倡建茅屋,奉祀开天炎帝、玄天上帝",基本符合当时的事实。

永历十五年至永历二十年（1661—1666）间，刘国轩在郑军系统里，尚未达到如此总戎主事的显赫地位。相反，当郑成功逝世后，驻扎在台湾的部将与驻扎在金、厦二岛的部将，在拥立继承人上大有分歧。驻扎在金、厦二岛的部将拥立世子郑经，而驻扎在台湾的部将拥立郑成功之弟郑世袭。刘国轩时为驻守台湾的部将黄昭属下，属于反对郑经继承王位的一方。阮旻锡《海上见闻录》载其事云：

> 五月初八日，国姓招讨大将军殂于东宁，年三十有九。提督马信及诸镇将黄昭等议以其弟郑世袭护理大将军印。未几，马信、黄安皆病故。世袭以黄昭、萧拱宸为腹心，拔刘国轩管镇事，谋自立。报至思明州、郑泰、洪旭、黄廷、工官冯澄世、参军蔡鸣雷等立长子经为嗣，称世子，发丧即位。①

由于这样的缘故，刘国轩在郑经继位之初的一些日子里，也就是康熙初年台南县下营乡下营村创建真武庙的这段日子里，并不怎么受到当权者的重视。据连横《台湾通史》的记载，这段时间刘国轩被派往北线剿抚高山土著，"以国轩守鸡笼山，剿抚诸番，拓地日广。二十年（康熙五年，1661）晋右武卫，驻半线。二十四年秋八月，斗尾龙岸番反，经自将讨之，国轩从，遂破其社。十月，沙辘番反，平之。大肚番恐，迁其族于埔里社，追之至北港溪，乃班师归，自是北番皆服"。②从这些记载中，可以知道此时刘国轩的活动地点，并不在安平即台南一带。

再看庙史中所谓的"副将军洪旭"，其真实的辈分，可以称之为郑成功的长者。隆武时期，洪旭追随郑成功的父亲郑芝龙拥戴隆武敌，被封为"忠振伯"。郑芝龙降清后，归依郑成功，举义抗清，被

---

① 阮旻锡：《海上见闻录》壬寅，康熙元年（1662），海上称永历十六年。
② 连横：《台湾通史》卷二十九《列传一·刘国轩》，商务印书馆1983年版。

郑成功任命为"兵官",即掌管军队的长官。郑成功逝世时,洪旭更因在拥立郑经嗣位的过程中发挥了重要作用,而备受敬重。《台湾外记》载郑成功逝世讣闻厦门时,"洪旭曰:'国不可一日无君,当先嗣位,然后发丧。'经从之。洪旭、黄廷、王秀奇等同诸文武修表达行在,请经就厦门嗣位,称曰'世藩'。布告各岛、台湾,方举哀。"①因此,作为郑氏集团的元老,无论如何都不应该成为刘国轩的副将军。同时,自郑经到台湾嗣位以后,洪旭的主要活动地点,基本上还是以金门、厦门及铜山为主,不太可能在安平与刘国轩等人在下营乡创建真武庙。

从洪旭和刘国轩二人在康熙初年即永历十五年至永历二十年(1661—1666)间的行实看,现在流行于台南县下营乡下营村真武庙的庙史,其所谓刘国轩和洪旭等人创建庙宇的记述,应该是后人的一种臆想。这种臆想来源于两种因素:一是前人的口碑传说中,庙宇是由郑氏军队所创建,至于具体是由哪位将军倡议首事修建,则因缺乏早期的确切记载,物是人非,不免以讹传讹;二是刘国轩后来成为郑经后期及郑克塽时期军队的代表性人物,为了增强庙宇的权威性,抬出刘国轩的名望是再好不过的选择了。这样一来,在长达三百多年的时代与社会变迁中,留在人们脑海和口碑中的历史记忆,就不断地被这两种因素所感染和强化,久而久之,台南县下营乡下营村真武庙的庙史就这样传承了下来。庙宇也因为有了刘国轩这样有声望的历史人物而得到一定程度上的神化。

那么,台南县下营乡下营村真武庙的创建人究竟是何人呢?王忠孝在《东宁上帝序》中明确说是"总戎林君提兵入内地,舟泊铜陵,见

---

① 江日升:《台湾外记》卷五。

荒庙中有真武尊像在焉,遂奉以东"。这位总戎林君,参酌诸种文献资料,我认为林瑞的可能性最大。因为这位"总戎林君",至少必须具备两个条件:一是必须跟随郑成功参加征台之战;二是在郑氏军队中拥有相当高的地位。林瑞基本上符合这两个条件。郑成功决定东征时,许多将领畏畏缩缩,而林瑞是当时东征的主要将领之一。《海上见闻录》云:

>二月,赐姓驻金门,整理船只。以兵官洪旭、前提督黄廷居守思明州,户官郑泰居守金门所。二月初一日,祭江。赐姓督文武官亲军武卫周全斌、何义、陈蟒、提督马信、镇将杨富、萧拱宸、黄昭、陈泽、吴豪、林瑞、张志等作首程先行。①

林瑞作为郑氏军队的镇将之一,王忠孝尊称其为"总戎"也不为过。从《惠安王忠孝公全集》中,我们还可以知道王忠孝与林瑞之间有一定的私人交情,该书卷六"书翰类"中收有王忠孝写给林瑞的信:

>别日多矣,客况何似,还棹何期,云树之想,料具同情。岛中鲜饶宦,而有二三气谊,较淡苦。敝舟久滞江干,资斧莫继,不得已南下买籴,冀得些脚,以佐珠桂。闻此中有税有票,所费不赀,则犹空载明月耳。冒昧作一牍于四兄,希其推念免税,以当解推,倘难全免,得三之二焉,所谓故思其次也,乞留意。

王忠孝写信给林瑞的目的,是为了宽免税金,可见其二人之间的交情尚非泛泛。由于有这样的交情,当林瑞在下营乡下营村创建真武庙的时候,请王忠孝为之撰写序文,也就是顺理成章的事了。

---

① 阮旻锡:《海上见闻录》辛丑,顺治十八年(1661,是岁,顺治驾崩,康熙登极),海上称永历十五年。

（二）南靖县鹅髻山九鲤飞真观

福建省漳州市南靖县鹅髻山有一座"九鲤飞真观"，供奉何氏九仙。何氏九仙的民间信仰，在福建省境内可谓由来已久，可追溯到汉代时期。据《古今图书集成》等书记载，福建九仙山，以汉何仙兄弟九人而得名。汉武帝时，九仙之父任侠好气，从淮南王刘安游，淮南王善之。九人预知淮南王有大祸，惧其连累及己，数谏父谢绝王，父不听，九兄弟去，入闽。经武夷山、福州于山、莆田壶公山，炼丹于仙游县之九鲤湖上，故称九鲤飞真。① 漳州市南靖县鹅髻山的"九鲤飞真观"，应是仙游县九鲤湖的分香庙宇。

漳州市南靖县鹅髻山的"九鲤飞真观"，虽然来源于仙游县九鲤湖致九仙信仰，但是在其后的庙宇信仰变迁历程中，加入了许多与尊贵者、名望者相关的故事。根据当地文化部门的介绍，这座庙宇相传宋仁宗庆历年间，即1041年，仙游九鲤湖仙祖，爱此灵山胜景，化身九鹤，飞舞于鹅仙洞，托梦时人郑光，授意迷恋这片风水宝地。郑光发动乡邻捐资，在半山腰建起一座"九鲤飞真寺"，供奉九仙祖。从此，这里香火鼎盛，吸引着海内外游客前来旅游、观光、祈梦。南宋理学家朱熹、明朝状元罗伦、清朝进士庄亨阳等历代名人志士都与鹅仙洞结下了不解之缘，留下许多让人回味无穷的传奇。

在这些古代名人中，最引人注目的是明朝状元罗伦。罗伦，《明史》有传，其传略云：

---

① 《古今图书集成》《职方典》第一千○三十三卷《福州府山川考》，并参见陈支平：《福建六大民系》，福建人民出版社2000年版，第12—13页。

罗伦，字彝正，吉安永丰人。五岁尝随母入园，果落，众竞取，伦独赐而后受。家贫樵牧，挟书诵不辍。及为诸生，志圣贤学，尝曰："举业非能坏人，人自坏之耳。"知府张瑄悯其贫，周之粟，谢不受。居父母丧，逾大祥，始食盐酪。

成化二年，廷试，对策万余言。直斥时弊，名震都下。擢进士第一，授翰林修撰。逾二月，大学士李贤奔丧毕，奉诏还朝。伦诣贤沮之，不听。乃上疏，……疏入，谪福建市舶司副提举。御史陈选疏救，不报。御史杨琅复申救，帝切责之。尚书王翱以文彦博救唐介事讽贤，贤曰："潞公市恩，归怨朝廷，吾不可以效之。"亡何，贤卒。明年以学士商辂言召复原职，改南京。居二年，引疾归，遂不复出。

伦为人刚正，严于律己。义所在，毅然必为，于富贵名利泊如也。里居倡行乡约，相率无敢犯。衣食粗恶。或遗之衣，见道殣，解以覆之。晨留客饮，妻子贷粟邻家，及午方炊，不为意。以金牛山人迹不至，筑室著书其中，四方从学者甚众。十四年卒，年四十八。嘉靖初，从御史唐龙请，追赠左春坊谕德，谥文毅。学者称一峰先生。①

从该传记中，我们可以知道罗伦出身贫寒，并且终生贫寒，然始终坚持道德标准，可谓"威武不能屈、贫贱不能移"，堪称一代人范。

正因罗伦具有如此高尚的道德水准，受到人们的普遍仰慕，故在其身后演绎出诸多的传说与神话，罗伦因此在不少地方被人们奉为神明而崇拜。由于罗伦疏争大学士李贤奔丧夺情事而被贬职至福建泉州任市舶司副提举，于是，在福建的一些地方也保存有罗伦的事迹传说，以及以

---

① 《明史》卷一百七十九《列传第六十七·罗伦》。

罗伦之号命名的"一峰书院",而在漳州南靖县一带,则衍生了罗伦与鹅髻山"九鲤飞真观"结缘的民间传说。该传说略云:

南靖县金山有一座青山,上尖下参,形如金字,山尖有巨石为鹅冠,故名鹅髻仙峰。奇峰突起千仞,石壁嶙峋,秀丽非常,是南靖县八景之首。山腰有座道观,匾额曰"九鲤飞真",表明是仙游九鲤仙分镇于此,传说圆梦甚灵。前人有诗云:"鹅峰开胜景,九鲤寄仙踪。有梦皆奇中,无乩不暗逢。"

相传明正德年间(1506—1521),广东兴宁县有位举子罗伦,上京赴考,特地到"九鲤飞真"来求梦,想预卜此科能否高中。可是住了九晚,空无一梦,十分懊恼,临行在墙上题诗一首,表明心志。诗云:

千里寻仙意虔诚,九宵无梦亦无眠;

神仙不识人间事,罗伦此去不回头。

罗伦拂袖而去,行至半途,发觉自己的包袱雨伞忘取了,匆匆返观去取,却见刚刚题的诗,墨汁未干,已被人篡改了。诗改成:

千里寻仙意不诚,九宵无梦岂无眠;

神仙尽知人间事,罗伦此去中状元。

罗伦读诗大惊,拜倒墀下发愿道:"罗伦若中状元,定来砌石铺路,以利游人,以谢仙人。"因此至今从瀑亭到"九鲤飞真",仍保留着罗伦古道。

从前中状元,并不像演戏一般,马上封为八府巡按,捧尚方宝剑,衣锦还乡来报恩报仇,耍尽威风。罗伦中状元之后,只不过在翰林院当个编修,郁郁不得志。有次请假返乡省亲,夫人为丈夫解闷,牵出小公子,笑说:"孩子真聪明,才四岁,就会对对子了。"

怂恿状元郎出个上联让儿子对。罗伦满肚子不高兴，勉强说个"天"字。本来天对地、日对月，十分简单，普通小孩都会对上的。可是夫人偏偏挤眉弄眼地手指地下做暗示。小公子本来想对"地"字，见母亲的动作，顺着她手指处看去，地上有个鸡屎，误会了，出口应声"鸡屎"。状元公一听，怒不可遏，大喝一声："笨蛋！"夫人弄得十分尴尬连忙排解道："孩子被你吓坏了，再出个字对对。"罗伦黑着脸孔，说个"父"字。做母亲的又连忙指着自己胸脯，暗示对"母"字，孩子早吓懵了，见母亲手指胸脯，顺口回答"奶"字。罗伦忍无可忍，拍案而起，骂声："浑蛋，儿痴如此，有何希望。"拂袖出门，再也不回来了。

原来罗伦一气离家出走，又来到漳州石室岩，拜在龙裤祖师门下，剃度出家当和尚了。所以，迄今石室岩龙裤祖师身边，坐着一个身穿红袍的人，他就是罗伦状元。

一晃十年过去了，罗夫人含辛茹苦地训子教读，为争一口气。果然，儿子不负母亲的苦心，十六岁便高中状元了。这天，正值罗夫人生日，双喜临门，罗府广斋僧道，暗访罗伦。其实罗伦真的回来了，他坐在门口大树下，等到僧道众散尽了，不受一般斋供，偏要夫人亲手调的鸭蛋面线。夫人一听，大喜，知道丈夫回来了，赶忙做好太平面线，双手捧出门来会见状元郎。黄昏时分，大树下不见人影，只见地下留着两行字，写道：

儿孙自有儿孙福，

莫为儿孙做马牛。

这是罗伦劝告夫人的话，也可转赠给望子成龙的父母亲们。可怜天下父母心啊！

这个民间传说有三点值得注意：一、罗伦为广东兴宁县人；二、罗伦与南靖鹅髻山"九鲤飞真观"结缘的由头是上京赴考，特地到"九鲤飞真"来求梦；三、罗伦的人生结局是来到漳州石室岩，拜在龙裤祖师门下，剃度出家当和尚了。所以，迄今石室岩龙裤祖师身边，坐着一个身穿红袍的人，他就是罗伦状元。

显然，这个民间传说并没有多少真实的历史依据。明代状元罗伦仅此一人，是江西吉安永丰人，而不是广东兴宁人。状元罗伦出身贫寒，上京应试时既无能力也无必要如此游山玩水式地绕道数千里舍近求远到福建漳州南靖县这个并不很著名的鹅髻山"九鲤飞真观"来祈梦。再者，罗伦病逝于江西老家，至今墓茔犹在，又何来"一气离家出走"，出家于漳州石室岩拜在龙裤祖师门下，最后也跟着飞真成了"罗伦状元"的神仙？充其量是罗伦被贬职到泉州时，一度寄情于闽南山水，或曾经到过闽南的九仙庙宇如鹅髻山"九鲤飞真观"游览进香？

罗伦与漳州南靖鹅髻山"九鲤飞真观"结缘的民间传说虽然没有史实依据，但是"九鲤飞真观"杜撰这个传说故事的目的却是十分清楚的。以罗伦的道德声望，而拜服在小小的鹅髻山"九鲤飞真观"下，则这座庙宇及其神仙的圣灵就非同小可了。"九鲤飞真"固然神明早著，但是鹅髻山的"九鲤飞真观"只不过是其众多的分香庙宇之一，而有了像罗伦这样德高望重的人物来陪衬拜服庙宇，无疑大大提升了庙宇的知名度与神灵度。民间信仰的深化是有待于借助尊贵者、名望者予以烘托的。

然而，民间传说的虚假性毕竟是容易引起人们怀疑的。近年来，漳州当地一些热心地方文史的人士对这个民间传说进行改造，使之成为近乎历史的文字书写方式。《漳州文史资料》载蔡建南的《千年古刹——

九鲤飞真观》云：

明成化二年（1466），江西省吉安永丰的罗伦因慕名九鲤仙祖，特意在进京赶考时来到鹅仙洞祈梦。没想到，住了九个晚上，什么梦也没做成。一时性起，他挥笔写下一首诗：

千里求仙意甚虔，九宵无梦亦无眠；

神仙不识人间事，罗伦此去不回还。

题罢拂袖而去。没走多远，忽然天空乌云密布，大雨将临。罗伦想起雨伞忘了带，只好折回去取，发现刚才的题诗已被改为：

千里求仙意未虔，九宵无梦岂无眠；

神仙尽识人间事，罗伦此去中状元。

罗伦不由大喜，随即叩头许愿：若能美梦成真，一定修一条从山下到观前的路，让更多的人来朝拜。那年，他果然如愿以偿，成了殿试状元。于是，罗伦捐资修建了从山脚到庙宇的石阶小径，共3800多坎。以后，罗伦又在庙下方题写"定心处"，在大殿左右两处题写"蓬莱""真机"大字。①

罗荣阳先生在《漳州文史资料》第二十九辑《鹅髻山》一文中也有着同样的叙述：

罗伦是明代江西永丰人。1466年，他慕名九鲤仙祖，在上京应试之前，特意绕道来到鹅髻山祈梦。罗伦在观中寄宿九个晚上，欲得仙祖托梦指点，由于卜问心切，既难安眠，又不曾得一梦，好生懊恼，一时性起，挥笔在墙上题了一首诗："千里求仙意甚虔，九宵无梦亦无眠；神仙未识人间事，罗伦此去不回还。"题罢，就迈步下山，走到一小平地，忽闻阵阵雷声，想起雨伞放在题诗墙下，就返

---

① 漳州市政协文史委员会编：《漳州文史资料》（第二十七辑）。

回观中取伞,发现原诗已被改为"千里求仙意未虔,九霄无梦岂无眠;神仙尽识人间事,罗伦此去中状元"。他惊喜交集,随即叩头许愿:若能金榜题名,愿筑建山麓至庙宇的石阶道路以答谢。经上京会试,他果然如愿以偿,成了殿试状元。于是,他捐资修建了从"飞来亭"到"九鲤飞真观"全长3800坎的上山道路,这是迄今发现的福建省同时代最长的石砌台阶古道。后来,该石阶被百姓尊称为"罗伦古道"。后人还在罗伦闻雷想起雨伞而折回处的一块石头上,龙飞凤舞地题划"定心处"三个大字,石刻至今犹存。[①]

从上面的叙述中,我们看到热心地方文史的人士,尽可能地把原本传说中的罗伦往历史上真实的明代状元罗伦身上靠。原本传说中的罗伦是广东兴宁县人,《漳州文史资料》中变成了江西省吉安永丰人;原本传说中的罗伦最终来到漳州南靖鹅髻山,拜在龙裤祖师门下,剃度出家当和尚,得道成佛;而《漳州文史资料》中的罗伦,则把这段传说全部删除。如此改造之后,明代状元罗伦与南靖鹅髻山"九鲤飞真观"的因缘关系,就不易找到破绽了。

不仅如此,热心地方文史的人士为了进一步强化南靖鹅髻山"九鲤飞真观"的神明效应,还在原有传说的基础上,添加了一系列与名人相关的历史叙述。

在"九鲤飞真观"的后侧,有一处南宋大理学家朱熹讲学处。宋绍熙九年(1190),朱熹出任漳州知府,曾在此讲学。民间传说,当年朱熹召集10名书生在此学习,有一名负责炊事的年轻人也挤出时间旁听攻读。第二年,11人考试,全部中举。[②]

[①] 漳州市政协文史委员会编:《漳州文史资料》(第二十九辑)。
[②] 同上。

明朝时，平和县芦溪秀才陈扬美上鹅仙洞谒九仙祖，得仙梦中举人，后任大理寺正卿。返乡特到鹅仙洞半山腰建一座"半山亭"。从此之后，"九鲤飞真观"更是声名远播，香火旺盛不衰。

清朝康熙年间，龙溪县的唐朝彝官居翰林编修，因得仙梦，代理了"半天皇帝"祭南郊，亦上山重修"九鲤飞真观"。

民国时期，军阀混战。湖南人军官朱炳荣，因厌恶军旅生活，毅然脱离军界，只身入住"九鲤飞真观"，穿起道袍，修道养性，并到处化缘，集资重修"九鲤飞真观"。后来，朱炳荣逝于庙中，埋骨"罗伦古道"旁。人们为纪念他"放下屠刀，立地成佛"，年年祭扫其坟墓直至现在。

"九鲤飞真观"自兴建以来，吸引着无数诗人墨客题诗作词。清朝诗人王麟祥的题诗是："鹅峰开胜景，九鲤寄仙踪。有梦皆奇中，无虬不暗逢。啼猿栖绝壁，巢鹤隐长松。寤觉人间世，深山午夜钟。"清朝许本巽也有诗吟："突兀凌云万丈峰，尽言此地有仙踪。清机现出岩前月，爽籁传来涧底松。岂为求真方着屐，端由览胜故扶筇。尘心已觉消除尽，况复时闻顶上钟。"清朝王世俊对"九鲤飞真观"也有一番描述："鹅峰高耸绝尘埃，观古云深石砌台。试问范侯何自始，相传九鲤有仙来。欧寮胜迹山长在，灵鹫遗踪像不灭。记取梦中留一语，不辞路远卧苍苔。"从这些诗词中，可见"九鲤飞真"胜景。①

漳州南靖鹅髻山"九鲤飞真观"与明代状元罗伦的因缘关系经过从民间传说到文史叙述的转化之后，俨然成为信史。如今不仅被南靖地方政府列为"县级文物保护单位"，而且还时不时举办所谓的"九鲤飞

---

① 漳州市政协文史委员会编：《漳州文史资料》（第二十七辑）。

真寺文化节"。如当地有关部门曾报道:"金山镇一年一度的传统节日'九鲤飞真寺文化节'在鹅仙洞山下隆重开幕。节日期间来自鹅髻山庄九鲤飞真寺的所有先祖都陈列在山脚下的朝拜堂,所有附近善男信女都前来朝拜、许愿等,夜晚时分还可以欣赏到漳州芗剧的精彩演出。本届文化节规模盛大,爆竹声不绝于耳,彩旗飘飘,更有许多大氢气球在会场附近上空飘扬,给节日增添了许多喜庆气氛。本次文化节持续时间从农历十一月十一日至二十一日。广大南靖的善男信女可以前往参观、朝拜。"显然,漳州南靖鹅髻山"九鲤飞真观"与明代状元罗伦的因缘关系经过热心地方文史的人士如此改造之后,其功能不仅仅在于使这一民间信仰得到了道德与神明上的升华,而且还朝着推动地方旅游经济,以及联络台湾同胞和海内外族谊乡亲的多层面的趋向发展。

(三) 一点思考

通过以上两个例子的考察,我们似乎可以对闽台两地民间信仰的演变历程有一个不同角度的思考。

我们以往对于民间信仰的演变历程,大多关注于由人至神的演化过程,以及地方社会乃至政府朝廷对于神格的褒奖与强化,这是神明培植与助长的一个最主要方面。然而,神格的提升以及神灵的显赫的历史过程,还存在着另外一方面的因素,同样也是不可忽视的。这就是庙宇神明借助尊贵者与名望者的权势与声望,来塑造庙宇的灵异与神明的精神高度。前一种方式,地方社会的参与者、政府官员以及朝廷对于庙宇与神明的褒封,基本上是主动型的。而在后一种方式里,被借助利用的尊贵者和名望者,则大多是已经去世了的著名人物,属于被动型的。这种方式在中国东南地区与华南地区民间信仰的发展演变过程中并不少见。

著名的历史人物如韩愈、朱熹等往往成了这些地方寺庙塑造神明的绝佳对象。

但不论是主动型的,还是被动型的,这两种方式对民间信仰神灵的塑造与庙宇精神文化的建构,都起到了积极的推动作用。因此,我们在探讨闽台区域民间信仰发展演变的历程时,这两种方式的发展脉络与演化过程,无疑都应该引起大家的重视,这样才能对于闽台区域的民间信仰,有着更为全面的理解。

三、《林氏族谱》与林贤从征台湾史事

(一) 施琅征台及其随征总兵官

关于康熙年间靖海侯施琅率领水师进攻澎湖、台湾,现今传世所能看到的最为直接的文献记载,主要有由施琅本人的征台疏文所结集的《靖海纪事》,以及稍后被任命为钦差大臣巡视闽粤边界的工部尚书杜臻所编撰的《闽粤巡视纪略》。而其他从征者的记载则相对稀少。

施琅率师征台,根据杜臻《闽粤巡视纪略》的记述,其主要从征部将有"以兴化总兵吴英为左冲锋,金门总兵陈龙、铜山总兵陈昌继之,而厦门总兵杨嘉瑞当其后。平阳总兵朱天贵为右冲锋,提标前营游击何应元、提标署中营参将罗士珍、提标右营游击蓝理、提标署后营游击曾成继之,而海坛总兵林贤继其后"。①据此,当时从征的总兵官有六位。

施琅在《飞报大捷疏》中所提及的参战总兵,不止六位,他在该疏中写道:

> 臣于(康熙二十二年六月)二十二日再申军令,分股进发。遣臣标随征都督陈蟒、魏明、副将郑元堂领赶缯、双帆艍船共五十只为一股,从东畔蒔内直入鸡笼屿、四角山为奇兵夹攻。又遣臣标随征总兵董义、康玉、外委守备洪天锡领赶缯、双帆艍船共五十只为一股,从西畔内堑直入牛心湾,作疑兵牵制。将大鸟船五十六只居中,分为八股,每股七只,各作三叠。臣居中为一股,兴化镇臣吴英领一股居左,平阳镇臣朱天贵、臣标前营游击何应元合领一股居右,金门镇臣陈龙领一股在次左,臣标署中营参将罗士珍、署右营游击蓝理、署后营游击曾成合领一股在次右之右,署铜山镇臣陈昌领一股在次左之左,海坛镇臣林贤领一股在末右,厦门镇臣杨嘉瑞领一股在末左。尚有船八十余只留为后援。……②

根据上引施琅的记述,随征的总兵官以上将领,除了杜臻所说的六员之外,至少还有都督陈蟒、魏明,总兵官董义、康玉。总兵官以上的将领有十余位。③

在这些总兵官以上的从征将领中,我们已知只有总兵吴英留有一部著作《行间纪遇》,现存北京国家图书馆,20世纪末中国人民大学清史研究所的李鸿彬教授,曾经根据这部著作中的记载,写了一篇关于吴英总兵及其事迹的论文。除此之外,其他关于吴英总兵研究的成果就相当

---

① 杜臻:《闽粤巡视纪略》,《附纪》。
② 施琅:《靖海纪事》(上卷)。
③ 在《飞报大捷疏》中,施琅还提到"前锋臣中股随征左都督何义等官兵"。

罕见了。《行间纪遇》既为孤本，图书馆方面倍加珍惜，一般读者难得一见。故关于吴英总兵的研究势难继续下去。至于林贤及其他的总兵，时至今日，尚未见到专门介绍其生平与事迹的论著。究其原因，仍然在于缺乏相关的文献记载，致使研究者们无从着手。

（二） 林贤总兵与澎湖海战

2004 年，笔者从事闽台地区文献搜集与整理的工作，在社会调查的过程中，于泉州南安市发现了《马平霞殿林氏本房族谱》及其他的一些家族史料，里面竟然有记述林贤总兵参与台海战役事迹的《平台纪事》，以及其他与林贤参加征台海战相关的记载。

林贤，字克希，号尊一，福建南安人，生于明崇祯五年（1632）九月二十七日，卒于清康熙二十六年（1687）六月十八日，享年五十有六。《马平霞殿林氏本房族谱》原修于康熙丁卯年（二十六年，即1687 年），是由林贤自己组织族人编成的。林贤不久去世，康熙丁丑年（三十六年，即 1697 年）继由林贤次子梦赍及族人林元星等增修。现在所看到的本子，是乾隆十年（1745）复由林梦赍在原谱基础上续修的。乾隆十年（1745）续修的《马平霞殿林氏本房族谱》，共分上下二部。上部是诸如《源流备考》《旧传备考》以及记传、墓志铭一类的文编，下部是《宗支图》《历代族谱》及世系《林氏世纪》三种。有关林贤以及台海战役的资料，主要集中在族谱的上部。其中有《平台纪事》《平台报捷文》《荣禄大夫海坛总兵官尊一公行实》《荣禄大夫黄岩总兵官近亭公行实》《世袭都骑尉兼云骑尉湄亭公行实》等。此外，还有一些与之相关的谕敕文、祭葬文、墓志铭等。这些资料的发现，可以说在一定程度上弥补了开展林贤总兵与台海战役研究的缺陷。

林贤之率领水师出战,最先见于康熙十七年(1678)的定海之战。《靖海志》记曰:

> 八月,郑氏水师镇总督萧琛守定海。林贤等舟师至,琛战船不先期整顿,议以舟寡且小,欲据上流牵制之。水师五镇章元镇(其他各书有记为"章元勋"者)欲先发制人,率所部十舟进战。林贤等击之,元镇众寡不敌,阻风逐流,一军尽没,被擒入福省杀之。①

《闽海纪略》亦记曰:

> 泉州围急,福州以林贤、黄镐、陈子威等督师出闽安镇,遥为声援。萧琛守定海,所属汛地听其措饷;船只、器械不先期整备,临时遇敌,一战而溃。时琛为总督,议以舟寡且小,难以克敌,欲据上流牵制之;元勋欲先发制人,率所部十舟进战。福州船大而坚,元勋众寡不敌,阻风逐流,一军尽没;元勋身创甚,吴兆网获入福州,杀之。②

定海之战取胜之后,林贤依然率领清军水师驻守在福建沿海一带。康熙十九年(1680)提督万正色发动海坛、崇武海战,平厦门、金门二岛,把郑氏军队赶出福建沿海。林贤以援剿左镇参与战役,授海坛总兵官。③康熙二十二年(1683)靖海将军施琅率部进攻澎湖、台湾,林贤所部作为主力之一,参加了战役的全过程。《马平霞殿林氏本房族谱》收录有《平台纪事》云:

> 康熙二十二年癸亥,提督施公琅奉命荡平澎台。六月初一日,施公在铜山会各镇,传集大小将弁,告诫三章,当天立誓,申明赏

---

① 彭孙贻:《靖海志》卷四,《台湾文献丛刊》第35种。
② 佚名:《闽海纪略》,永历三十二年(1682),《台湾文献丛刊》第23种。
③ 参见本书第一章之三《〈师中纪绩〉与康熙统一台湾史事补遗》。

罚功条。三军将领，欢腾踊跃，随会议进兵。施公欲先住扎花屿，少保公曰："花屿在澎湖之西南，八罩在澎湖之正南，不如住扎八罩，以占上风。"

十四日乘风开船。十五日到八罩。十六日舟行会议。少保公曰："须先拨快哨二十只进澎湖港，探寇船多寡，抛泊何处，陆地多寡御守，并看港路宽狭，俟回报进兵。"施公随拨快哨，南风便利，即到澎湖港。见寇船二百余号在港内，扬帆排列两边山，大小船只，不计其数。我船见其防守严密，将官许英、蓝理、鲁成、张胜、赵邦试、吴启爵、阮钦为等数船首先进港。伪水师总督林升见许英等船深入，率领寇船前来夹攻。诸船齐发炮箭，林升一船死伤甚多，打断林升左腿，寇船遁入港。诸将以后船无援，亦退出港。将官许英、蓝理各带伤。

施公见众心观望不齐，复与少保公商议。少保公曰："国家四十年来，为此海寇，屡抚屡剿，所费钱粮，何啻千万？沿海数省，百姓被害，不啻千万。如今已扼其吭，若不乘势平定，日后何有破台之举？寇舟虽多，只有二三十只凶猛，余不过碌碌逐阵而已。今日因我师彼此观望，依愚见，明早收船八罩，申明赏罚，号令我战船四百余号，挑选大船四五十只，余船令在后架梁。将各船精锐官兵挑出，每大船上面若站得二百人，舱底藏伏二百人。对敌时，死伤一人，即换一人。其枪炮弓箭俱未许开用，令各兵将火炮、火桶、火礶伏在两傍舷边，各镇自领前锋。我船进港，寇大船必来迎敌，我船派配已定，或二船或三船攻烧一船，寇之前锋大船一经烧毁，余船无不破胆矣。"少保公又曰："若挑定官兵船只，船篷上大书姓名，各镇先进，众将不敢不进。"

是夜，遂在大海中抛船。十七日，收回八罩。施公将昨观望将领尽行捆绑，欲正军法。少保公会各镇保领，各立军令状，随即挑选船只，官兵分配已定。

十八日黎明，天色骤变，倏起飓风。至五更，忽空中轰雷一声。少顷，云开雾散，北风随止，立转南风，少保公急遣人报知施公。往日，八罩屿中一井仅供一二百人汲取，此时，大军数万人皆仰给是井，泉涌不竭。又海底有老古石，其利如刀，船下碇时，辄被割断。其夜，抛船安稳无虞。此圣天子当阳，百灵效顺。本日即进虎井屿。

廿一日，施公会集各镇，言曰："明日分作两股进兵，设阄拈定次序，庶不紊乱。今寇船泊在澎湖东边山，就东边拈起。"少保公向前拈得第一阄，平阳镇朱天贵拈第二阄，兴化镇吴英拈第三阄，铜山镇陈昌拈第四阄，金门镇陈龙拈第五阄，厦门镇杨嘉瑞拈第六阄。拈拨已定，二十二日巳时，我船鱼贯而进，余船俱随后架梁。少保公与平阳镇朱公左右并进。朱登敌楼，谓少保公曰："后舟未至，奈何？"少保公曰："兵贵神速，不能待，亦不必待。"正及交锋，朱公中炮身亡，其船随即退出，独少保公一舟直抵妈宫前寇围中。寇利我孤军，以四舟合击少保公一舟。少保公首先冲阵，身中二箭，后舟不至。少保公纵火欲自焚，以励将士。从午至申，尽力殊死战，射死伪镇江钦、吴贵等，下水焚烧江钦、蔡佛、陈启明等煩船三只。伪总督刘国轩驾小船从吼门先遁。又焚杀伪镇营丘辉等计三百余员，焚死寇兵一万四千有奇，打沉及烧毁寇船大小一百五十九只，获寇船三十五只，及炮器、甲械、旗帜等项无算。当是时，炮矢连天，战声沸腾，日色无光，波涛俱赤。少保公舟中兵士,死者一百九人,负创者一百六十四人,遂克西屿头,三十六岛屿,一尽荡平。施公登少保公舟,睹积血盈踵,横尸满目,泣劳曰:"公血战破敌,功莫并矣。"露布云:"冲艅陷阵,鏖战覆寇者,乃海坛镇臣林某也。"

八月十三日,少保公率领本标三营官兵船只进入台湾,招抚伪藩郑克塽、刘国轩及伪公侯伯总镇等官。举国归附,悉人版图。

台平班师,施公复密疏具题为镇臣协心戮力全收成效事,如海坛镇臣林某,当先破敌,舍命陷阵,诸将无出其右。臣忝专征之命,此役战功非比寻常,不敢隐讳,谨冒昧上陈,伏乞皇上睿鉴施行。盖平台之役,论功少保公为第一。①

六月二十二日澎湖海战之后,福建地方官员及前线提督等官均向朝廷呈奏报捷,六月二十八日,林贤亦有《平台报捷文》上奏,该文曰:

海坛镇林为塘报首冲破敌、大获全胜事。照得海贼负固占踞澎湖,列船峙炮,以为崛虎莫撄之势。本镇仰承本提督军令,严肃将旅,誓死向前。本月十六日,中营许英首先冲艅入阵,鏖战破围,炮伤贼首林升,射死伪将谢葵,贼艅溃散,游击许英登蒙本提督奖赏在案。二十二日,本提督申严号令,分股进剿。本镇调拨标辖将备,分列前锋、副锋及应援船只。本镇身先向前,务期攻坚陷阵,迓力冲击,陡遇江钦熕船。本镇奋不顾身,首冲破阵,料江钦麾集伪领旗蔡佛、伪公下王顺、伪援剿后镇陈启明等熕船共四只,合攻本镇一船。炮矢连天,血战喧腾。自午至申,

---

① 《马平霞殿林氏本房族谱》(上部),载康熙二十二年(1683)六月不肖男梦赉谨识:《平台纪事》。

本镇身中二箭，奋呼将士，尽力死战，射死江钦、吴贵等，随即跳船砍纬，立烧江钦、蔡佛伪公等船共三只。尚伪援剿陈启明船一只，从本船尾楼攻打，被副锋中营游击泽英、游击丁世芳，并千总林恭船冲打败坏。贼首杨文烦船一只，前来救援，登被游击许英冲杀烧毁。左营游击吴辉领前锋进取，直冲贼首。陈士勋、陈谅等烦船三只，合攻吴辉一只，扭紧对杀三时辰。守备胡宗明、许王船，林正春、林登阁船，把总江日满、守备余福共三只入艍，应援吴辉，奋勇冲突，弁兵跳船夺旗，立烧陈士勋烦船一只。守备胡宗明同何应元攻烧贼烦船一只。右营游击江新、千总林胜船，派拨前锋，冲入下风贼艍。金门总镇陈帮援夹攻，击败凤字贼烦船一只。中营守备李琦、千总何聚等船在近应援。李琦同陈兰、王朝后帮攻陈启明贼船一只，其余千总李振、把总林凤、林耀、林应、张荣等，各赶缯紧随。随征千总陈口沿边搜捕，不敢疏玩。是役也，本镇与吴辉、许英首先冲艍，将士用命，破敌有必死之心，无观望之志，皆赖朝廷洪福齐天，本提督硕画胜算，故能一鼓而贼艍扫尽，贼寇无遗。所有阵亡阵伤官兵，及在事有功人员，并奋勇跳船官兵，另容缮册开报，合将破敌情形，备由具报须至塘报者。①

显然，上引的记载，在澎湖战役的细部描述方面，要比其他各种记载详尽许多。《马平霞殿林氏本房族谱》中关于林贤指挥水师参与澎湖海战的文献，对于弥补其他文献记载的粗疏，具有很好的参考价值。我们参酌这些文献资料，至少可以了解到当时海战的惨烈场面，以及当日气候环境条件对于清军水师的有利一面。

---

① 《马平霞殿林氏本房族谱》（上部）。

（三） 关于林贤早期"从逆"经历记述的隐讳

《马平霞殿林氏本房族谱》中最令人好奇的是林贤的身世问题。从我们到马平霞殿林氏家族以及林贤墓地的实地考察中了解到，林贤是现在泉州市晋江市永和镇马坪村人，也就是清代泉州府晋江县马坪村人。但奇怪的是，目前所能看到的许多有关林贤身世传记的文献记载，对于林贤少年、青年及壮年时期的记述十分简略①，甚至含混不清。《马平霞殿林氏本房族谱》（上部）收录《泉州府志》中的《林贤传》，该传记记载如下：

> 林贤，字克希，晋江人，从戎福州，尝因事全活南台一带居人。会逆耿阻兵，伪郑窃据，巡抚吴兴祚置水军，以贤领之。出上竿塘，擒章元勋等，覆其军，解泉州围。从提督万正色率舟师下金厦两岛，题为援剿左镇，论功居多，授海坛总兵。复从将军施琅攻澎湖，率右队战艘先进，伪帅江钦等合四船攻贤一舟。历三时，身中两矢，欲纵火自焚，奋呼将士殊死战，杀敌且尽，诸将继至，遂克之。所领兵，十死伤七八。琅登贤舟，横尸相藉，积血没踵，泣劳曰："公血战破敌，功莫与并。"册勋加世职，有旨召见，宴赉甚厚，还卒于官，赠太子少保，予祭葬。子达，官黄岩总兵，梦松袭职。②

大概是由于林贤死后葬在南安县的缘故吧，《南安县志·人物志》

---

① 据《马平霞殿林氏本房族谱》（上部）所收录李光地撰写的林贤墓志铭中的记载，林贤生于明崇祯壬申即五年（1632），卒于康熙二十六年（1687），享年五十六岁。康熙十七年（1678）林贤参加定海之战时，已经是四十七岁的壮老年了。

② 本传应抄录自乾隆《泉州府志》卷五十六《国朝勋绩》。

也收入林贤的传记，该传记含含糊糊地记载林贤是三十六都田头里人：

> 林贤，字克希，号尊一，三十六都田头里人。从戎福州，领新设水军，擒巨寇章元勋于上竿塘，为援剿左镇。从提督万正色平两岛，授海坛总兵。康熙二十二年靖海将军施琅攻澎湖，朱天贵率左队，贤率右队，两翼并进。郑舟环攻，天贵中跑死，贤舟如箭发。澎有礁限舟不能越。是日六月二十二日潮头高涨六尺，遂直抵娘妈宫前。郑军四船合击，贤身中两矢，奋呼军士殊死战。舟中死者一百九人，伤一百六十余人，尸相枕藉。旋而诸将继进协击，郑将江钦被箭中肋，陈启明大舰亦被烧，刘国轩不支，从海口遁去。论功加世职，辛赠太子少保。①

以上无论是《泉州府志》还是《南安县志》，对于林贤的少年、青年以至壮年时期的记述都相当模糊含混，仅以"从戎福州"四字轻轻带过。其在康熙十七年（1678）参加定海战役之前的所有经历，让人不明就里。我们再来看看族谱中所收录的一些清代官员关于林贤身世的记述。总督福建、浙江等处地方军务兼理粮饷兵部右侍郎兼都察院右副都御史王新命所撰《少保公像并赞》云：

> 公讳贤，字克希，号尊一，赠公茂田公季子也。任福建海坛总兵官。先时，巡抚吴公立水镇，以公领之，救泉围，出上竿塘，擒章元勋等，覆其军，偕提督万公下两岛，功居多，爰镇海坛。越癸亥，从将军侯施公平澎台，首先赴敌，孤舟陷围，身受重创，麾众鏖杀，自午至申，贼尽歼，遂克之。策勋加世职。……②

---

① 陈其志：《南安县志（续志）》卷二十八《人物志·清武绩》，台湾南安同乡会1974年印行。另据《马平霞殿林氏本房族谱》（上部）《墓图》记载，林贤的坟墓位于"南安县二十一都，土名铁庭虎子山"。

② 《马平霞殿林氏本房族谱》（上部）。

巡抚福建等处地方提督军务都察院右副都御史张仲举撰《少保公像并赞》云：

> 闽居东南，坤舆所穷，间气盘郁，挺生英雄，具文武才，学万人敌，择主而事，天命早识，如韩淮阴去彼西楚，如李英公归天策府。时当逆藩煽乱于闽迤，寇乘之侵轶海滨。军府运筹，请治战舸，孰堪大将，非公不可。公既受命，练我水犀，黄龙青雀，如熊如罴。试之上竿，贼众奔骇，只轮不返，岩城围解，遂为军锋，平厥金夏，饮至论功，莫逾公者。捷闻于朝，旌节是颁，建牙专阃，海坛之山。有赫天威，申命秉钺，靖此幺麽，扫其巢穴。公独先登，冲乃中坚，裹创鏖战，蝥弧卒褰，四面受敌，一身皆胆，穷寇面缚，南人不及。澎湖之屿，台湾之城，归我王化，列于编氓。……①

康熙二十六年（1687）六月十八日病故，三十三年（1694）兵部奏请祭葬恤典，记有林贤的简单履历云：

> 前来查林贤系福建泉州府晋江县人，于康熙十八年十二月题署守备管福建海坛总兵官事，十九年正月十二日到任。十九年九月为飞报战船等事，案内加署参将。二十年二月为恭报大杀事，案内加左都督，记余功三次，系正一品。二十五年为钦奉上谕事，案内给与拜他喇布勒哈番，再记余功三次。等因。具题，奉旨：再加增一拖沙喇哈番。钦遵。各在案。于二十六年六月十八日病故。在任七年有余，并无事故，应否加赠，伏候上裁。至于祭葬，俟命下之日移咨礼工二部议可也。康熙三十二年十二月十一日题，本月十五只奉旨：林贤著加赠。余依议。钦此。查林贤系左都督，今加赠为太

---

① 《马平霞殿林氏本房族谱》（上部）。

子少保,但加赠宫衔,臣部不敢擅拟,相应恭清上裁。所有赠诰一道俟命下之日,移揭内阁撰给可也。等因。康熙三十三年正月二十日题,本月二十二日奉旨:林贤着加赠太子少保。余依议。钦此。钦遵。①

以上三则文字所引均为官方的记载,应该是以本人的履历档案为依据的,但是对于林贤的籍贯及早期活动,依然草草应付,轻轻跳过。下面,我们再来看看《马平霞殿林氏本房族谱》中家族内部关于林贤早期经历的记载。族谱《世系表》中在叙述林贤事迹时云:

> 贤,字克希,号尊一,赠大夫茂田公三子。壮岁从戎福州,尝因公事全活南台居民数万。康熙戊午年六月,海寇攻犯泉州,公任福建援剿水师总兵官,统领三营官兵,在上竿塘杀贼六千余名,擒伪镇章元勋等,覆其军,解泉州围。庚申,偕提督万公平金厦两岛,功居多,移镇海坛总兵官。癸亥六月,从提督施公平澎台。……②

族谱中还收有《霞殿分支田头本房族谱·林贤传记》云:

> 贤公,字克希,号尊一,少名七,赠大夫茂田公三子。公壮岁从戎福州,尝因公事全活南台居民数万。康熙戊午年六月,海寇攻犯泉州,公任福建援剿水师总兵官,统领三营官兵,在上竿塘杀贼六千余名,擒伪镇章元勋等,覆其军,解泉州围。庚申,偕提督万公平金厦两岛,功居多,移镇海坛总兵官。癸亥六月,从提督施公平澎台。……③

家族族谱内的这两则记载,除了《林贤传记》中的"贤"字后面

---

① 《马平霞殿林氏本房族谱》(上部),《兵部文》。
② 同上。
③ 《马平霞殿林氏本房族谱》(上部)。

多出一个"公"字，以及增添"少名七"三个字外，其余全部相同。

以上这些林贤的传记记载，有出自地方志书的，有出自同时期官员及政府的正式祭典文告的，还有的则是出自家族内部的世系传记。但是这些记载无不对林贤的早期经历，略过不计。林贤并非出自政治或军事世家，以一介贫民的身份"从戎福州"，以最底层的行伍开始，纵然有升迁的机会，顶多也只是把总、千总的职务。如果没有特殊的经历，是断然不可能拥兵一镇、贵为总兵官的。这种反常的现象，不能不令人怀疑林贤及其族人在刻意隐藏其早年的经历。

笔者在从事台湾文献搜集整理的过程中，曾经见到由王得一编撰并保留有提督万正色遗著的《师中纪绩附师中小劄》，其中有万正色上奏朝廷恳求给予投诚水师将领予实职实权的记载曰：

> 时投诚总兵官林贤、黄镐、陈龙、杨嘉瑞、朱云从、何应元、吴孕骥等，各招募水兵合万有余人，公念兵将非制，约束不灵；又莅事方新，拊循非素，须令感恩，始堪破敌。因从容语之曰：湖广诸镇，例有援剿，吾请援例，为诸君题授实职，可乎？贤等皆喜，谓我辈输诚以来，虽颇著战功，未登一命。倘荷造就，敢惜捐躯！公遂拜疏，请以林贤、陈龙、黄镐、杨嘉瑞为左右前后四镇，以何应元、吴孕骥补提标前后营游击。疏上，下和硕康亲王议。王执不可。公曰职在岳州，所有末议，将军贝勒概荷赐允，是以历年强寇获致廓清。今承简命，承闽疆，所有建明，悉系进剿机宜，尤望殿下俯垂俞鉴也。王曰兵机进退，悉听尊裁。事系建官，实难遽允。公曰职题请援剿，正系兵机何也。用兵之道，先宜恩结，后以威制。今林贤诸人未有实职，虽各握兵，未入经制。职甫入闽，恩意未洽，一旦出海，人各一心，虽有韩白，弗能济也。若各授以总镇

实职，彼事惬意中，荣出意外。感恩既至，报德难忘。同心协意，何攻不克哉？王默然久曰：请听子题矣，遂其疏覆，上许之。①

根据万正色的记载，我们对各种记载忽略林贤的早期经历，也就可以恍然大悟了。林贤之所以从康熙十七年（1678）起一跃成为清军水师的援剿左镇、海坛总兵官，是在此之先已经成为"逆"方的水师重要将领。率部投诚之后，正好清军缺乏水师将领，不得不予以重用，委以参加指挥定海之战的重任。尽管如此，清朝廷对于这些投诚的将领并不放心，不予实职。这样才有了万正色的这一建议，林贤也因此被授予援剿左镇的实职，在其后的战役中发挥了重大作用。

关于林贤早期经历中的"从逆"，有两种可能。一是郑氏集团的将领。而根据马平霞殿林氏家族的传说，则是靖南王耿精忠的部将，耿精忠叛乱之后，林贤率部投诚清军。林贤的早期"从逆"，无论哪种途径，在有些文献记载中，遇有涉及，但记载依然是十分含混的。当康熙二十二年（1683）林贤参加澎湖海战并进取台湾之后，清朝廷作为奖赏封林贤夫人章氏为一品夫人，该敕文有云：

> 奉天承运，皇帝制曰：国家思创业之隆，当崇报功之典，人臣建辅运之绩，宜施锡爵之恩。此激劝之宏规，诚古今之通义尔。镇守福建海坛等处地方总兵官左都督林贤，夙娴兵事，克抱荩诚，矢志来归，深可嘉尚，戎行效力，积有勤劳，爰加爵以酬庸，复奉职而周懈，崇阶荐陟，益励小心，庆典叠逢，宜膺懋赏，用颁宠命，以奖厥功。兹以覃恩，特授尔阶荣禄大夫锡之诰命。……②

在这篇敕文中，提到林贤"夙娴兵事，克抱荩诚，矢志来归，深可

---

① 王得一：《师中纪绩》，《议设援剿镇》。
② 《马平霞殿林氏本房族谱》（上部），《诰授荣禄大夫镇守福建海坛等处地方总兵官左都督仍带世职余功讳贤公暨配封一品夫人章氏敕文》。

嘉尚"。这一记载正好与上引的万正色所提到的"时投诚总兵官林贤、黄镐、陈龙、杨嘉瑞、朱云从、何应元、吴孕骥等"相吻合。康熙三十三年（1694）林贤逝世后，朝廷颁布祭典，在《追赠宫保敕文》中云："原任福建海坛总兵官林贤，夙谙兵事，久历军行。壮岁从戎，即著干城之望。"①也明显提到林贤在投诚清军之前，便已"夙谙兵事，久历军行"。

《马平霞殿林氏本房族谱》中还收录有由林贤同僚左都督吴英填讳、林贤三个儿子撰写的《林公行状》，对于林贤早期的活动及"从逆"有所提及，该行状云：

呜呼！不孝梦赉等，不缴谷彼，苍不殒灭，自受祸延，先大人于六月十八日巳时疾终正寝。哭踊自绝，泪继以血，兄弟稚拙，未解公家事，何能为先人状？但念椿德不彰，萱命尤切，不得不仰溯一二，以抒何怙之哀鸣。先君讳贤，字克希，号尊一，祖贯晋江马坪人也。曾祖得所公携王父茂田公择里于兜率而居焉。王父有隐德，拙家计，乐施与，里闾翕然称之。再传生伯仲三人，父居其季，学书学剑，年未弱冠而躯貌顾然伟也。遭乱飘舶于重译之外，倍蓰什伯，所向辄利，诚信靡他，外国之人，爱之重之。我皇清定鼎，父因弃去而自归于朝。是时，山海尚阻声教，禁旅宿卫络绎闽郊，攻城略野，徒疲奔命。父以舳舻赴省，抚军吴公，即今两广制台也，思靖蠡窟，必藉楼船，父智略足当大任，遂启康亲王设立水镇，题请以父专制之。出上竿塘，擒渠魁章元勋等，执讯获丑，覆没其全军，泉围立解。又统舰为提督万公前驱，于旬月之间，戡平金厦两岛，论功独多，爰有迁镇海坛之命。癸亥六月，大集舟师，

---

① 《马平霞殿林氏本房族谱》（上部），《林公行状》。

> 荡平澎台。提督施公，肃队分股，父首先援，桴鼓冲艨直入。贼见父孤舟，遂四面合围。奔腾突杀，死伤枕藉。父身中二箭，纵火欲自焚，奋厉将士，无不以一当十。左冲右突，自午至申，历三时，鏖战方尽，歼其所围四舟者。施公至，登舟见积血盈踵，泣劳曰："公血战破敌，功莫并矣。"露布云："冲艟陷阵，鏖战覆寇者，乃海坛镇臣林某也。"密疏云："如海坛镇臣林某，当先破敌，舍命陷阵，诸将无出其右。"缘此一战，澎破而台平，海疆底定。①

《林公行状》中对于林贤早期经历的记载，比以上所引的其他各种文献记载多出了"伯仲三人，父居其季，学书学剑，年未弱冠而躯貌顾然伟也。遭乱飘舶于重译之外，倍蓰什伯，所向辄利，诚信靡他，外国之人，爱之重之。我皇清定鼎，父因弃去而自归于朝"的文字。据此，林贤在投诚清军之前，是从事海外贸易的。这一记载，虽然比其他文献记载多出了这段从事海外贸易的经历，但是联系到突然成为清军的水师将领，依然十分的牵强。

《马平霞殿林氏本房族谱》中还收录有后来成为清朝重臣的泉州人李光地为林贤撰写的墓志铭，该墓志铭写道：

> 康熙三十二年十一月，兵部奏故海坛总兵官林贤葬赐恩礼。上顾辅臣曰："是克台湾，舟师先敌立功，林贤否其以功。"状来即诏加赠太子少保，葬赐恩礼，如有司所治。子梦赉在京师，既得命，遂请余，曰："先人休烈著矣。虽然必有志，念先人生厚于先生，殁愿先生之张之，赉将以为幽堂礼。"呜呼！吾鲜民也，不群立，不贰事，况敢文乎？抑门内之亲，僚友之情，轻重礼不相厌于

---

① 《马平霞殿林氏本房族谱》（上部），《皇清诰授荣禄大夫镇守福建海坛等处地方总兵官左都督仍带世职余功先考尊一林公行状》。

义庶可。

少保，林其姓，贤其讳也，字克希，号尊一。赠公茂田生四子，少保为季，魁伟沈塞。少未遇，游东海间，操赢缩之计，与海外诸国互市，诚信著明，人成重之。以海氛拒命，因辞去而自归于朝。逆藩阻兵，海氛势复振，攻州掠郡，骓风跌踢，不可踪迹。巡抚吴大夫立水镇，以少保领之。救泉围，出上竿塘，擒章元勋等，覆其军。从提督万帅下两岛，功劳居多，迁总海坛兵。癸亥年六月，将军施琅大举舟师至澎湖。澎湖者，贼之门户，宿重兵焉。少保一舟，扬帆先进。盖海之战舰，虽部署卒伍，然星分鼓楫，非如陆地，首尾相及。贼见少保孤舟，大师未集，遂四面合围。少保殊死战，身被重创，纵火欲自焚，以厉将士。崩腾突杀，历三时，贼殆尽，诸舟继至，遂克之。长驱至台湾，贼平。……策勋加世职，有旨召见，延入正殿，嘉劳再三，赐醴宴、朝服鞍马。适上东巡，令为陪乘咫尺，顾问款洽如家人。事毕归镇，以康熙丁卯年六月十八日巳时卒于官。少保治军肃，所至皆有威惠，处内外，缀亲疏，能别而有恩。①

在李光地撰写的墓志铭中，对于林贤的早期经历，有所补充，所谓"少未遇，游东海间，操赢缩之计，与海外诸国互市，诚信著明，人成重之。以海氛拒命，因辞去而自归于朝。逆藩阻兵，海氛势复振，攻州掠郡，骓风跌踢，不可踪迹。巡抚吴大夫立水镇，以少保领之"。

综合李光地撰写的墓志铭和林梦松、林梦赟、林达三位公子撰写的《林公行状》，我们大体可以知道林贤早期是属于郑氏集团的部将，只

---

① 《马平霞殿林氏本房族谱》（上部），《皇清诰授荣禄大夫镇守福建海坛等处地方总兵官左都督仍带世职余功赠太子少保尊一林公墓志铭》。

有这样的经历，才有可能一旦投诚就能担当指挥水师的重任。从上面的记载来分析，林贤从事海外贸易为明末清初之时，当时东南沿海的对外贸易大权，为郑芝龙家族所控制，如果不是郑氏集团的部属，是很难在海市中立足的。有所谓"凡海舶不得郑氏令旗者，不能来往"。李光地在墓志铭中说："以海氛拒命，因辞去而自归于朝。"在当时的官方用语中，"海氛"指的是占领台湾的郑氏集团，而从来不是指镇南王耿精忠。耿精忠叛乱之后，官方称之为"逆藩"，与"海氛"没有关系，二者用语差别是很明显的。因此李光地在此虽然仅用十三个字来记述林贤投诚清朝之前的经历，但是其意甚为明确，即"辞去海氛"。换言之，也就是告别了郑氏集团，归于清朝。

从李光地及林贤儿子们的记述中，我们可以看出，林贤早期是属于郑氏集团的部将，于康熙十五年（1676）左右辞别郑氏集团，投诚清朝。至于现今林氏家族中有传说林贤原属于耿精忠部下，可能是考虑到耿精忠原先也是清朝的臣子，所属军队也是清朝军队。林贤投诚，只不过是从这部清军转变为另一部清军，算不得变节投降云云。

清代前期，清朝军队与郑氏集团在闽台一带对峙抗争数十年，福建沿海各地特别是泉州各地的居民被卷入者不在少数，不少人成了郑氏集团的将领官吏。但是自从康熙统一台湾之后，郑氏势力云消星散，绝大部分的郑氏集团旧部，无论是抗战到底的，还是投诚清朝的，都极不愿意重提这段历史和经历。因此，我们在闽南一带的民间族谱中，很少能够看到有关各个家族族人参与郑氏集团抗清事迹的记载。而像林贤这样投诚后成为清朝的"干城"者，就更不愿意被人知道其早期"从寇""从逆"乃至"变节投降"的经历。正因为如此，我们今天所能见到的有关林贤的文献记载，就不能不对其早期的经历含混其词了。

从林贤传记中对于其早期经历的隐讳,我们也可以进一步了解到,清代康熙二十三年(1684)清朝统一台湾之后,福建沿海居民的某种微妙的社会心态。

四、流传于闽台地区关圣帝君与岳武穆王的善书辑述

(一)与关圣帝君、岳武穆王相关的劝善书本

关圣帝君与岳武穆王的民间崇拜,随着时间的推移和时代的变迁,关圣帝君与岳武穆王的神佑功能,也在不断地变化。即以关圣帝君言之,后世之人赋予其儒、释、道各家种种的尊号神冠,诸如伏魔大帝、护法伽蓝、武财神爷等等。清代及近现代以来,社会变迁更加激烈,关圣帝君和岳武穆王作为正善之神的榜样,更可成为导化尘世、端正世风的精神力量。正因为如此,一些关于关圣帝君与岳武穆王的劝善书本,在民间流传起来。

新中国成立以来,福建各地曾经历过多次关于"破除迷信"的运动,与关圣帝君与岳武穆王相关的劝善书本,往往被视为"迷信书籍"而遭到销毁,故而现今存世者较为少见。2000年笔者因搜集台湾民间文献的缘故,曾在台湾岛内的寺庙中,看到有关关圣帝君与岳武穆王的劝善书本广为流播。这些劝善书本虽然不足以考察关圣帝君和岳武穆王民间信仰崇拜的整体概貌,但是我们通过对其的初步分析,还是可以看出关圣帝君与岳武穆王民间信仰崇拜随着时代的变迁而在闽台地区所发

生的某些演化过程，因而这些善书不失为我们深入研究闽台两地关圣帝君与岳武穆王民间信仰崇拜的珍贵资料。

（二）《岳武穆王治世金针》

《岳武穆王治世金针》上下二册[①]，为台湾宜兰县碧霞宫所独有。此书在中国大陆甚为罕见，很可能是由闽南人所撰写，并于清代末期传入台湾。该书内页题为"《碧霞宫治世金针重视三才》，丙申年黄静性存，板藏厦门文德堂"。据此可知最初刊刻于清末民初的福建厦门。1972年宜兰县碧霞宫再版《岳武穆王治世金针》时，时任总董堂事的方坤邕先生，撰有《治世金针再版序》，对于该书出版的初衷有一个很简要的说明。再版序略云：

> 治世金针，本宫之史也，记载立庙之经纬，阐明先人于甲午割让之后，创立碧霞宫，奉祀岳武穆王，藉以在日人统治之下，维系汉魂之不坠，进而冀求疆土之光复。谋深虑远之举巨细靡遗，历历详叙，是本宫门生不可不读之史书也。

> 惜乎！出版当时，部数无多，流传不广，加之老成凋调，遗族不知宝藏，致使散佚无传，几乎为绝迹之书矣。本人入堂将近三十年，只闻其名，而未得阅其书，常叹庙史之将没而有无限之怅也。至于去腊，堂友黄君景尧，访知三星刘议员金全，藏有完整原刊本，洽得刘君领可，携回传阅，于是乎有再版之议。承诸同仁踊跃捐资付梓，用广流传。此举正合复兴文化之义，又是本宫之一大盛事，而同仁久年之愿亦可偿矣。

[①] 是书承蒙台湾宜兰县文化中心出示赠送，特此致谢。电子扫描本现藏厦门大学国学研究院。

从这篇序言中,我们可以更为确切地知道,碧霞宫创立于清代末期日本人占据台湾之后,其初衷是"奉祀岳武穆王,藉以在日人统治之下,维系汉魂之不坠,进而冀求疆土之光复"。而这本善书的出现,不仅仅是为了一般民间信仰上的劝善正俗,而是有着怀念故国、维系中华文化的深远意义。

《岳武穆王治世金针》是借神圣降鸾所集成的劝善文字,所谓"是集系神圣降鸾自著,一字一句俱照原稿恭录,不敢妄自增减"。[①]全书共分五卷:卷一宫字部,卷二商字部,卷三角字部,卷四徵字部,卷五羽字部。

闽台民间信仰中的关圣帝君与岳武穆王崇拜,经常合祀在一起。为了增强《岳武穆王治世金针》的劝善威灵,是书在卷首有《南天关圣帝君引》云:

> 夫天地者万物所自生,人身者五伦所攸系。三代以上,皆以王政治民,六经中惟以中正为本。溯源相续,道脉流传。是皆万世不易之经也。乃自世风不古,视仁义为污谈,鄙道德为疏阔。郅治之麻,于兹不复振矣。然而圣教不行,端赖神道。故大帝降造金科一部,越后感应暗室。觉世诸善篇,愈出愈明,愈详愈精。神明显化之妙,实与圣经若合符节。今日者风化不本于古初,唐虞之盛莫觏,群黎显背乎大道,郑卫之俗重兴。故岳君奉旨飞鸾显化,经造新书一部,观其大旨,赏善惩奸,报应分明。亦如宣圣做春秋,一字之褒,荣于华衮;一字之贬,严于斧钺。煌煌乎与史册争光、鳞书并美矣。然其书厥名《治世金针》,盖取其针针见血而破人心窝,使迷途尽知所返,则三才成,而斯世

---

① 见是书卷首"掌堂陈圣王记",上册,第13页。

可以治平也矣。爰为小引云。

关圣帝君的引文，强调了在世风不古的社会变迁中，坚持五伦道德，以及赏善惩奸、报应分明的重要性。在这种意旨的指导下，《岳武穆王治世金针》全书所宣扬的精神核心，基本上是中国传统教化中忠、孝、节、义的思想观念。如在卷四中，为了彰显善恶报应的灵验，把人世间的各种行为进行细化，凡是坚持忠、孝、节、义的行为，都可得到若干的功德积累；反之有损于忠、孝、节、义的行为，则记过若干，将来入阴间时，一并结算清理。这也就是我们一般所说的"善有善报、恶有恶报"的轮回意识。举"忠类"的功德积累：

济世经邦而造苍生万世之福者，二千功；

为国拔贤除奸，而能致君泽民，大者一千五百功，小者五百功；

尽忠扶持幼主，而保安社稷者，一千二百功；

忠心善策，救太子妃主之难，以延国祚者，一千六百功；忠心善谏，匡君而行善政，一千一百三十功；

尽忠尽节，不避艰险，不贪利禄者，九百五十功；

……

在"孝类"的功德积累条目中：

登庸受禅，建帝业而追王先人，敬祭坛庙，一千五百功；

承先人之基业，兴利除弊，增修善政，二千功；

亲先君之旧臣，封先君之庶胄，五百功；……

善奉二老，试药试粪者，终身八百功；

事亲承顺亲颜，下气柔声，一日三功；

凡亲有怒，而和悦解劝，一次四功；

凡事子是而亲责其非不怨者，一次二十功；

……

在"节类"的功德积累条目中：

未嫁而夫先亡，为之守节终身，一千六百功；父母逼之改嫁而不从加五百功；

夫死而能守节终身，一千二百功；

夫死而激烈与俱死者，一千零二十功；

守节被逼不从以致身死者，一千零二十功；

夫死以礼奉养公姑，妇道兼理子职，一日四功；

夫死而克苦抚子，不绝夫嗣，八百功。

在"义类"的功德积累条目中：

受恩而至亡身以报者，九百功；

受人大恩，终身不忘者，八十功；

慷慨而为义士者，三百功；至死者，八百功；

推诚待人，不负人托，重者二十功，轻者二功；

见义勇为，大者五十功，小者七功；

受恩而即报之，二功，大者十五功；

见利思义，非义不取者，一次三功，大者四十功；

施恩不求报，与人不追悔者，一次大者八十功，小者三十功。

《岳武穆王治世金针》中同样列举了不忠、不孝、不节、不义各种行为的惩罚过失。如在"不忠"类中，"不忠以致社稷倾颓者，一千六百过；……奸徒背主，北面事仇，一千二百过；献地卖主以图权贵，二千过；可守不守，劝君降敌，一次一千二百过；……。"在"不孝"类中，"不孝而至弑亲者，二千过；不孝殴打父母，诬亲为非，一事三百过；睚眦叱骂父母师尊,一次五十过；父母有过,直斥其非,以致父母无地可容,一次大者一百五十过,小者五十过；不孝忤逆父母,一次二十过；扬父母之短于外者,一次三十六过；存心恨父母不公者,一百二十过；父母教训不能听从,反敢怨气交施,一次四十过；每日奉养不能以礼者,三过；昏晨定省有缺者,一日三过；听妇言而怨双亲,一次三十过；……。"在"不节"类中,"妇人不守节操者,七百过；夫死不能霜守,富者六百过,贫者四百过,至贫者二百五十过；霜守之妇而不淑者,三百九十过；夫死纵欲邪淫废尽家业者,一千二百过；夫死不能孝养翁姑、抚育孤儿者,三百过；夫死子幼竟敢思淫别嫁、不念丈夫后嗣,八百六十过；……。"在"不义"类中,"受人厚恩不报,反以仇谢者,八百过；受人惠而忘其惠,大者四百过,小者二十过；受人莫大之恩而不能一死报者,六百过；终身见义不为者,一百八十过；终身交友无义者,一百五十过；负债不还,一员银为五过；凡事不能仗义者,大者五十过,小者一次八过；见利忘义者,一次大者六十过,小者四过。"①在这些扬善惩恶的"功过格"中,还比较详细地列举了各个不同社会阶层中人的赏罚功过,如"四民类""官吏类""什民类""婢仆类""富裕类""荣贵类""贫贱类""闺阃类"。

《岳武穆王治世金针》作为一种闽台民间信仰的劝善书本,虽然是以神明显示的形式出现的,但是其中所宣扬的内容,基本上是以传统伦理道德为核心的行为准则和观念规范,这些行为准则和观念规范却能够在一定程度上起到净化社会风气、端正习俗的正面作用。尤为难得的是,《岳武穆王治世金针》作为台湾民众在遭受外族日本人入侵统治之下而为了维系传统文化保存并传承下来,它的社会意义,就更不能简单

---

① 《岳武穆王治世金针》卷四《功字部》《过字部》。

地以"民间信仰"或者"封建迷信"一言以蔽之。

（三）《关圣帝君救劫文觉世真经》等劝世经文

关圣帝君的信仰，随着时间的推移，其社会与文化功能亦不断扩展。明清时期的一些基层知识分子，更是根据自己及社会的需要，杜撰出寄托关圣帝君显灵的所谓经文，其中最为著名的是《关圣帝君救劫文觉世真经》，又称《觉世篇》《觉世宝训》，简称《觉世经》或《觉世真经》。自18世纪以后，《觉世真经》与《感应篇》《阴骘文》三部最受尊崇的善书，结集一起以"三圣经"之名刊行，由此可以看出《觉世真经》在民间社会中的影响力。关于这些经文出现的最初时间，说法不一，但是从闽台地区的情景而言，大致是在明代中期之后。现在依然保存在泉州市文物管理委员会仓库，来自民间关帝庙的一方关羽画像题刻，上面留有福建地区早期的关帝崇拜经文，兹抄录如下：

□国太平义勇武□□□对崇真□神咒曰："护国关王，正直神灵。上天直北，掌幽督冥。家庭供奉，对越神明。诚尔昭格，咸尔通神，祈之有报，祷之有灵。随处随显，有咸有应，日月显象，时时现形。堂堂如在，凛凛如生。供奉者佑，亵渎者烹。奸邪恶党，鬼魅妖精。重则奏请，轻则责行。不孝不义，霹雳一声。无仁无礼，粉骨碎身。两间正气，万古英名。速报现报，顷刻降临。"

天师告关将军曰："自今后，凡遇朔望、三元、五腊、甲子、庚甲、诞日，若人斋戒虔心，念诵此咒，即得星辰顺度，社稷安宁，风调雨顺，五谷丰登，人民通泰，与道合真，种种花香，时时存新。虔心供奉，消灾消难，延福延生。上自帝王、士宦，下及黎庶、万民，皆大欣喜，信受奉行。"古吴弟子申时行薰沐口手拜书。①

这一经文咒语，很少见于其他记载。该经文咒语据说是"古吴弟子申时行薰沐口手拜书"，申时行是明代万历时期的内阁大学士、著名士人。该经文咒语是否真为申时行所拜书，不得而知，但是有了申时行的名号，对于该经文咒语的流行，无疑起到很好的推动作用。此时的关帝经文还比较粗糙随意，经过明代后期及清代的流传修订，终于形成了《觉世真经》与《感应篇》《阴骘文》等较成体系的备受尊崇的关帝崇拜信仰善书。

到了近现代，有关关圣帝君的经文，又有所发展。我在台湾考察时，曾在许多寺庙中见到《关圣帝君戒淫经》《桃园明圣经》等善书。

《关圣帝君戒淫经》，台南市和裕出版社印行，初始版本不详。我于2006年得之于台北市龙山寺，为2006年重印本。全书除了《关圣帝君戒淫经》正文及注解之外，还有《戒淫诗》《冥罚淫律》及觉有情居士所著的《淫报启示录》和惭愧生所著的《邪淫好色惨报最速》，卷末附有《文昌帝君戒淫宝训》。

《关圣帝君戒淫经》的意旨十分明确，就是劝诫世人洁身自爱，不应当淫乱纵邪。值得注意的是，这篇《关圣帝君戒淫经》并非先人的流传，而是创自当代。是书卷首有一篇所谓的《自序》文，讲述了其出现的缘由：

> 社会潮流日趋变态，尤以淫风为盛。因社交公开，家庭之中，男士每喜拈花惹草，自命风流；妇女红杏外遇，自诩高尚。青年男女受洋风所染，好读色情书刊而心摇，喜欢欢爱影剧而神飞。情难

---

① 此碑文见泉州市文管会收藏的木刻板关羽画像上部。

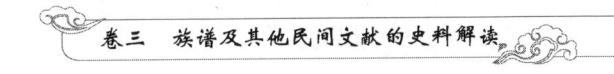

自禁，越轨频传。一旦难以结合，则悲剧屡生，不幸也哉！神圣人伦，沦为兽欲。又多不肖，凌辱妇女。奸淫无辜，其罪不赦。地狱色鬼最多，犯者岂可不猛省回头乎！再观通街闹市，各种色情行业林立，有明目经营，有暗地销魂者。虽官方严禁，而业者魔高，利欲熏心，不惜以身试法。好色之徒，又趋之若鹜，流连忘返，不惜花钱伤身。不幸者染毒遗患，子孙受累，因而琴瑟失和，家庭破裂者多矣。新闻不断，丑事连篇，妨害风化案件，琳琅满目。甚至酿成命案，或因畸恋而遭杀身之祸。淫欲害人甚于洪水猛兽，由此可见一斑。古云"万恶淫为首，死路不可走"，岂可不信乎！①

从这篇《自序》文中，我们可以知道《关圣帝君戒淫经》是当代社会背景下的产物，是随着社会的变迁针对社会时弊而产生的，在某种意义上，也可以说是一种"与时俱进"的神明劝善方式，这就赋予神明劝善书本更多的社会现实意义。《关圣帝君戒淫经》及其《自序》文的出现，从形式上看，也许是通过关帝崇拜仪式，即所谓"神圣降鸾"的方式显示给世人的。而其背后，或许也是一些有心于端正世风的社会人士想通过所谓神明之口，以达到警示世人的目的。但不论是神圣降鸾也好，或是有心人士的警世也好，其最终的效果，都是希望通过神灵崇拜的方式来净化社会和回归传统优良的伦理规范。

《桃园明圣经》书题"朱子删定、玉泉真本"。目前流行于台湾地区的版本，主要是出自民国前期广东的蔡超云。蔡超云又名蔡飞，在现刊的《桃园明圣经》有序略云：

> 余岭东一孤儿也，幼时稍识之无，即喜虔诵《明圣经》。弱冠前后，奔走风尘中，尤喜搜罗《明圣经》。见经中错简衍文，颠倒

---

① 以上所引《关圣帝君戒淫经》及该书电子扫描本，均藏厦门大学国学研究院。

凌乱，尝思有以删正之、注解之。奈道务匆忙，此愿未能即偿。己巳季春，余出川返粤，道经宜昌时，在道友处阅及朱夫子于清末奉上帝敕旨，依宋天圣之玉泉真本，并考定三天著经箓载所删定之《明圣经》，分为经序、原始、力学、道貌、节训、经验六章，与坊间俗本大异。乃喜而钞其原文。至朱子所注解之意义，则以文字繁冗，暂不钞录焉。当清末贵州大醮时，朱子即以删定之经文，从沙盘木笔中，宣扬于世。余之夙愿，可因之而了矣。乙丑、丙寅两年，关帝显像于云端，皆摄有影片。今将此片制成铜版附印于经首，以供善男信女之膜拜也。

据此，现今流行的《桃园明圣经》是在清末的道士扶乩中出现的。为了强调《桃园明圣经》的可靠性，在卷首冠有《朱子删正桃园明圣经奏议》，该奏议云：

肃疏奏议，谨副帝心。臣熹以罔生宋代凤儒，谬接孔门心学，考经编史，不堪往事上闻。注易校书，岂有此必今人遵守？第文人高远，希图苟掇一科，而下等狂愚，未免竟荒八德也。虽然冠婚丧祭，礼叙生前；小学格言，期望没世。奈世人读之者藐藐，而行之者寥寥矣。又何若张圣之《阴骘文》、关圣之《觉世经》之入人益深，而更切于化世也哉。伏蒙上帝敕删《桃园经》，臣俯查汉季少明文，是梦授之流传者罕，晋初无盛典，本新闻之驳议者多。迨而至于后晋之天福九年，经固流布，海内遵行。……又迨宋之天圣七年，民间录出玉泉真本，始有首之经序、末之经验二章。然犹错简无次。迨元人乱揉后，众口异辞，虽有一二信善，幼而持诵长而忘焉，长而奉行老而懒焉。固不得其详切真解。章句错伪，以成今之梓行经本矣。臣熹不敏，谨依我宋天圣七年玉泉真本，以符三天著经篆文。其经如左（经文从略，即本经正文）。……当与六经不朽，欲人立志，要同三传并勘，聊抒寸衷，仰维帝听。伏冀帝泽覃敷、天恩下逮，准锡报恩于奚似，赐诸功过以何如，则民命信有攸归，而神曹无不景仰。臣熹无任瞻天激切之至。

综合以上序言可知，晚清以来的各种所谓关圣帝君的经文，均是由民间人士创造并借助扶乩的方式而流播于民间的。民国年间，是书开始在大陆的一些地区流传，并逐渐传入台湾。是书载有韩雨霖在台湾翻印《桃园明圣经》的序言云：

> 余于民国三十七年来台。至三十八年秋，因操办商店，身体劳碌，得肋膜炎重症，非常危险，医药罔效，延至四十年春，仍未恢复原状，因翻阅由天津携来之书时，发现明圣经，遂既翻印千部送人，由此时余每日虔诵，经过旬日，倏然而愈，责乃出人意料之外，至今余年已七十有一矣！身体仍健，此乃诵明圣经之感应也，今值再印之际，谨附记数语以报圣帝之恩。并望社会人士，人手一册，共相讽诵，改过迁善，信受奉行，于世道人心，裨益岂浅鲜哉！民国六十年春月，民国七十七年重印，洁清韩雨霖再识。

20世纪六七十年代，大陆经历"文化大革命"，一般的关圣帝君的善书在寺庙中难得一见。改革开放之后，宗教及民间信仰的社会环境逐渐宽松，此类善书得以恢复，并有部分从台湾曲折传回。这一过程，多少也反映了大陆与台湾之间文化的同源性与不可分割。同时，经过时代变迁的磨炼，我们对于《关圣帝君戒淫经》及《岳武穆王治世金针》一类的劝善书本，并不能以所谓的"信仰迷信"一概予以否定。闽台民间信仰崇拜中借用神明的力量来净化社会、端正世风的做法，是否也可以为我们现代人在构建和谐社会时所参考借鉴？这也正是近年来我愿意搜集和关注《关圣帝君戒淫经》和《岳武穆王治世金针》的目的所在。

（四）闽台关帝信仰中的神迹记述

泉州市区有一座关帝庙，坐落在涂门通淮街，故又称"泉郡通淮街关帝庙"，始建于明代，自清代以来，香火日盛。随着清代中期泉州沿海居民迁移台湾的人数与日俱增，这座关帝庙的香火也逐渐传入台湾，在台湾各地形成了许多分庙。耐人寻味的是，在关圣帝君传播于台湾的过程中，文献上保存了若干关于两地信仰的记录。

现通淮街关帝庙内壁嵌有三方石碑，石刻均为63厘米×30厘米，按上中下连在一起，碑黑页岩石质。石碑刻有关圣帝君的《觉世真经》。文字如下：

敬天地，礼神明。奉祖先，孝双亲。守王法，重师尊。爱兄弟，信友朋，睦宗族，和乡邻。别夫妇，教子孙。时行方便，广积阴功。救难济急，恤孤怜贫。创修庙宇，印造经文。舍药施茶，戒杀放生。造桥修路，矜寡拔困。重粟惜福，排难解纷。捐赀成美，垂训教人。冤仇解释，斗秤公平。亲近有德，远避凶人。隐恶扬善，利物救民。回心向道，改过自新。满腔仁慈，恶念不存。一切善事，信心奉行。人虽不见，神已早闻。加福增寿，添子益孙。灾消病减，祸患不侵。人物咸亨，吉星照临。若存恶心，不行善事。淫人妻女，破人婚姻，坏人名节，妒人技能，谋人财产，唆人争颂，损人利己，肥家润身。恨天怨地，骂雨呵风，谤圣毁贤，灭像欺神，宰杀牛犬，秽溺字纸，恃势辱善，倚富压贫，离人骨肉，间人弟兄，不信正道，奸盗邪淫，好尚奢诈，不重俭勤，轻弃五谷，不报有恩，瞒心昧己，大斗小秤，假立邪教，引诱愚人，诧说升天，敛物行淫，明瞒暗骗，横言曲语，白日咒诅，背地谋害，不存天理，不顺人心，不信报应，引人作恶，不修片善，行诸恶事，官词口舌，水火盗贼。恶毒瘟疫，生败产蠹，杀身亡家，男盗女娼，近报在身，远报子孙。神明鉴察，毫发不紊。善恶两途，祸福攸分。行善福报，作恶祸临。我作斯语，愿人奉行。言虽浅近，大益身心。戏侮吾言，斩首分形。有能持诵，消凶聚庆。求子得子，求寿得寿。富贵功名，皆能有成。凡有所祈，如意而获。万祸雪消，并福骈臻。千祥云集，诸如此福，惟善可致。吾本无私，惟佑善人。众善奉行，毋怠厥志。

碑文的末尾，附有这样的文字："垂训：做好人，说好话，读好书，行好事。道光二十年庚子二月下浣同安苏廷玉敬书。壬寅重九男士准刻石，藏于通淮古庙以应圣训而垂久远云。温陵石室居摹镌。"

此三方石碑中的《觉世真经》，与世间流传的《觉世真经》相比，缺少了前头的160余字，即："帝君曰：人生在世，贵尽忠孝节义等事，方于人道无愧，可立身于天地之间。若不尽忠孝节义等事，身虽在世，其心已死，是谓偷生。凡人心即神，神即心，无愧心，无愧神，若是欺心，便是欺神。故君子三畏、四知，以慎其独。勿谓暗室可欺，屋漏可愧，一动一静，神明鉴察，十目十手，理所必至。况报应昭昭，不爽毫发。淫为诸恶首，孝为百行原。但有逆理、于心有愧者，勿谓有利而行之；凡有合理、于心无愧者，勿谓无利而不行。若负吾教，请试吾刀。"据庙方管理者所言，系石碑面积有限，难于容纳全文，故删去前头文字。然此说于理不通，似为民国年间遭火灾时损毁，重建者只好把剩下的三方石碑嵌于壁内。原碑应为四方。

清中期以来，泉州沿海各地民众移居台湾者日众，海峡两岸的居民中往返于两地者甚多，各种祭拜关圣帝君的活动也不断出现。而在这些活动中，难免良莠不齐，引起一部分较为虔诚的信众的不满。于是有的信众再次借助扶乩的途径，在泉州通淮关帝庙中立碑警示。现存于庙中的一方清嘉庆年间的石碑，即是台湾的信众特意渡海前来镌立的。碑文如下：

关帝降神碑

云游到此，特有数言传布人间，速进纸笔来。吾乃大汉关云长也，奉玉皇命巡察人间善恶。云游到此，适见汝辈戏演吾像，以供笑乐，不忍不教而诛。夫演戏祀神，将以敬神也。敬神而转以慢神，于心何安？吾居天阙，掌天曹，位列奎缠之舍，职分桂籍之司。眼见世人图予像、塑予形、朝朝崇祀，亦可谓知有礼者矣。然至酬愿供神，演唱之间，每以予形为戏侮，不敬之罪，稍知礼义者忍为之乎？剧本多矣，何必戏演吾旧事。吾本日特来附乩，汝辈可以传布世人，互相劝戒，切勿以敬予者时，而戏侮及余也。信予言者，积善获福无疆；慢予言者，侮辱必遭天谴。速将吾谕言，贴文衡殿通晓。

嘉庆二十一年岁丙子六月初七日下午，台郡宫后街鼎行演唱梨园，摘三国临江会一节。行中圣像前炉光发越，不知觉悟。已而台上假托圣貌之人突然跃舞，就手中所执木剑乱砍装鲁子敬者，如真欲杀声势，随即颠仆，莫知其身，口授此语，令书以示。伏思圣言本不可侮，况圣像乎。爰敬录之，以昭灵赫，以悟世人。

彰化生员林光夏熏沐书，嘉庆贰拾有肆年岁次己卯捌月拾伍日。泉郡下民奉命择立。

台郡的信众特意渡海来到泉州关帝庙立碑示禁，显然是想借助祖庙的权威，对各分香庙的活动予以阻止。如此看来，福建沿海各地的神明祖庙，对于台湾的崇拜信仰，起了相当重要的作用。不过从有的资料分析来看，福建与台湾毕竟隔着海，神明的往来管辖甚为不便。因此对于民间一些细末的琐事，似乎也有鞭长莫及之势。清末鹿港郊商许志湖的家族文书中，就反映了这一情形。光绪二十二年（1896）因避日本侵占台湾之祸而内迁泉州祖家的许氏女许珠在给留在台湾鹿港的母亲的家书中，就提到自己身体有病，到关帝庙祈求平安。不料关帝灵签提示说该女户籍不在泉州，一时还处理不了此事，尚需向鹿港的神明求告。该家书如下：

敬禀者，兹去月叩别母亲，朝夕怀念。但是叩祝神天庇佑，老母身体康泰，长亨遐龄。惟不孝女，前以（已）得一疾，至今暂未得全（痊）愈。而前日仝居莱姑代求本境关帝爷信签，指点信女叩求上苍，本欲在唐叩求，碍咱寄居之人，不能料耳。兼又未知地方法道，叩请慈亲，将此情禀过杉行街父亲，代备办香按桌，立天台，代求天公，庇佑愚媳妇得均安。如是得回鹿者，自当叩奉。如是不得回台，自当付去艮（银）项，以为谢资。惟望母亲若通知公公，切要立天台桌求佑，当信杯为一。若是允杯，付信来知；如无允杯，亦当付音来知。此事切切，启知为一。惟是来日，清英及沛英亦以（已）清安，不免介怀矣。奉禀，尊安不一。上母亲大人康泰。

丙申（光绪二十二年，1896年）桂月廿二日外高厝愚女（许）

珠肃禀。①

以上所载，虽然事涉虚幻，但由此亦可窥见福建沿海地区与台湾两地之间民间信仰与基层社会的往来情景。故这些资料，仍不失为研究闽台历史文化的珍贵文献。

最后，饶有趣味的是，在闽台两地的关帝信仰崇拜中，还连带崇拜关羽的祖父和父母。有关关羽的先世及父母，《三国志》中并无确切记载，闽台地区关于关羽父母的记载，据说是来自关羽的托梦。现仍然竖立在泉州市关岳庙内的《关圣帝祖茔碑记》中云：

汉壮缪侯死，忠祠庙遍天下，莫敢指为淫祀。侯生于蒲，其先祖世系不可考。然坟墓之在条麓者岁者祀。康熙戊午十七年，昌平士人于昌读书于解州塔庙。塔庙者传为侯故居也。昌昼寝，梦侯呼授易碑二大字。寤而起，见殿西方浚井，得巨砖有文，砖已碎。昌亟合而读之，即侯父奉祀厥考，主中纪死生甲子并两世字讳。因往循求墓道悉合。昌白于州守，王君朱旦愬然曰：旦丁酉宿涿州，逆旅梦侯揖迎、酌以巨觥曰：烦椽笔叙生平。迄今二十有二年，始符前梦。乃自为碑，竖侯墓旁，分守使者张君大本铭焉。谨按王君所纪：

侯祖讳番字问之，号曰石磐，汉和帝永元二年庚寅生，居解梁常平村宝池里五甲，绝意进取，以《春秋》训子数十年，至桓帝永寿三年丁酉卒，寿六十六。侯父讳毅，字道远，庐墓终丧，归已为桓帝延禧二年。明年庚子六月二十四日产侯于故里。侯丧父读书不辍，博通淹贯。娶妇胡氏，于灵帝光和元年戊午五月十三日生子平。次年诣郡陈时事，不报。仗义击杀豪右吕熊等七人。吏捕侯

---

① 引自林玉茹、刘序枫编：《鹿港郊商许志湖家与大陆的贸易文书》，台湾"中央研究院"台湾史研究所2006年版，第165页。

急,妇抱平亡母家以免。其大略如此。

关夫子忠烈贯古今,浩气塞天地,九州之内,六合之外,靡不竭诚殚敬,独祖考世系,代寝湮远,查不可考。即如庆远一举,世皆相沿,以五月十三日设祝,是盖惑于《三国志》四戊午之说故也。余于戊子秋,晋安获卸传解州,闻知昌梦侯授易碑之事,及州守王公朱旦笔记,较之《三国志》所载,殊不相符。然《三国志》中叙事颇近小说家,而词与《汉书》亦相谬舛,毋如贩夫牧竖途路侈传,以四戊午为信然,牢不可破。至于世传诸书并无记载,以故侯先后两见梦于王、于二君。赫赫灵异,千百年犹如在焉。因特表而刊之,以告于同人云尔。温陵霞山供奉弟子苏麟巨定伯。①

关羽的祖父、父母名讳是否真如泉州市关岳庙内碑文所言,不得而知,但是在闽台两地的民间信仰中,往往有主祀某尊神而兼及祭祀其祖父母、父母的习俗,这种习俗颇类似于明清时期当朝官员受皇恩赠封其父母、祖父母的制度。在民间信仰极为盛行的闽台地区,也许认为只有这样,才能更加体现神明的伟大,以及民间对于神明的高度敬仰。这种情形,不知道在中国的其他地区是否也有存在,还望博物君子,有与教我。

五、闽台地区回族、畲族等少数民族的妈祖信仰

中国的少数民族都有各自的文化传承与宗教信仰,有些民族如中国

---

① 注:该碑黑页岩石质,61厘米×36厘米,现立于泉州涂门街关岳庙内。

西北地区的回族等，宗教信仰是其赖以存在的文化基础，宗教信仰的改变被视为民族的最大耻辱。然而在福建的沿海地区，无论是外来的回族，还是土著的畲族，都在不同程度上接受了汉族文化的影响，其中包括妈祖信仰崇拜。为此，我在从事闽台区域历史文化史的田野调查过程中，也关注了这一问题。下面，就我近年来的调查所得，略做整理叙述如下。

（一）泉州回族郭氏家族的妈祖信仰

泉州回族丁氏、郭氏家族是宋元时期从中东地区来华经商而定居于此地的阿拉伯人的后裔，宋元时期，因海外贸易的发达，来华经商的阿拉伯人就在泉州等沿海地区立稳脚跟，并一度掌握了泉州的政治、经济大权。由于政治与经济的需要，这些回族人很早便与汉文化产生了密切的联系。元明鼎革之际，泉州等地的回族人一下子从统治者的地位落入到被歧视者的地位，切身的感受使他们认识到重建姓氏威名与家族声望的重要性与紧迫性。于是，把自己融入汉人的社会文化系统中就成了这些阿拉伯人后裔在当地立足的必不可少的基本条件。

本次调查的回族后裔郭氏家族，聚居在惠安县的百崎乡一带。元明易代，郭氏家族为了适应政治社会的变迁，迅速把自己塑造成与汉人家族没有太大差别的地方家族之一。本来，作为来自中东阿拉伯人的后裔，他们是有着自己独特的姓氏的，但是在这关键时刻，所有的泉州沿海一带的回民包括郭氏家族在内，纷纷把自家的姓氏改为汉姓。[①]明朝在福建的统治一经确立不久，回族郭氏家族就在百崎一带建造了自己的

---

① 参见陈支平：《福建族谱》第十一章《少数民族族谱的向心意识》。

宗祠。所谓："埭上宗祠，位于百崎回族埭上村，乃百崎郭氏回族始祖仲达公于明洪武初年所建。公初来百崎舖即定居于兹并在此供奉先祖牌位，为百崎回民最早之宗祠。之后仲达公携眷迁居百崎村，则令四子仕敏公留守于此，由是斯祠也成了仕敏公哲嗣钦赐捕盗官郭谏评暨诸昆仲之故居。后人前来瞻仰故居时，缅怀郭谏评及乃父之业绩，曾撰联以赞：'两世同驱倭，伟绩昭明室；诸昆共创业，宏基启智房。'"[1]接着，郭氏家族开始修撰本家族的族谱，并且在明代前期的正统年间颁发于族内各房。其木本水源、明昭穆序尊卑的修谱理念，大致抄仿于汉族人的族谱，其受汉民族儒家文化的影响是十分明显的。《郭氏族谱·族谱引》所称："古者国必有史，有家者仿之而为谱，则谱乃史之遗也。史自司马以至班、范诸家，有传，有世，有表，有书，有志，其体详矣。"则已明言他们的修谱是直接溯源于汉民族"国有史、家有谱"的文化传统。建盖祠堂，敬宗祭祖，一如汉民；至于对于他们的祖先，更是大违其初，都变成了中原地区的郭氏望族，即唐代中期因平定安史之乱而闻名于世的郭子仪的嫡传汉人的后裔。[2]

在宗教信仰和民间信仰方面，这些阿拉伯人的后裔家族，也开始仿效汉人家族，进行多神、杂神的融通崇拜，其伊斯兰教的宗教信仰反而被大大淡化。与此同时，福建湄洲的妈祖信仰，在元代政府和明初政府的推动下，迅速在福建各地普及开来，并且向全国的其他地区传播。于是，素有海上经商传统的阿拉伯人后裔郭氏家族，也很快接受了妈祖信仰，开始崇祀妈祖。

现在惠安百崎乡郭氏家族有一座妈祖庙，坐落在埭上自然村，当地

---

[1] 见2011年8月10日福建泉州百崎郭氏回族埭上宗祠等修理事会：《重修百崎郭氏回族埭上宗祠启事》，启事张贴于埭上祠堂内。

[2] 参见陈支平：《福建族谱》第十一章《少数民族族谱的向心意识》。

俗称"埭上天后宫"。据说这座埭上天后宫初建于明代初期的明永乐与宣德年间（1403—1435），原为一小宫庙，清康熙年间（1662—1722）才扩建成现在的规模。以后数度重修。

埭上天后宫的兴建与明代伟大航海家郑和有着一段传奇的故事。明永乐十五年（1417），郑和奉旨第五次下西洋，船队在泉州刺桐港候风。郑和是回族人，不仅信仰伊斯兰教，还信仰佛教、道教，尤笃信妈祖，所以他几次下西洋都到当地有妈祖宫的地方去朝拜，祈请妈祖保佑他的船队一路顺风，平安到达目的地。船队的船上除挂着"大明钦差总兵郑和"的旗帜外，还插着妈祖的神旗。2005年郭氏家族重修埭上天后宫时，立有《埭上天后宫重修记》，该记略云：

> 埭上天后宫，始建于明永乐至宣德年间。初为一小庙，坐落于本村原清真寺前。庙前有一大池，约亩余。俗称宫潭、妈祖潭。池水清澈晶莹，从不干涸。
>
> 相传本村信奉妈祖与郑和下西洋有密切关系。郑和系回族，既信仰伊斯兰教，亦信仰佛、道两教，尤其虔诚信仰妈祖。每次下西洋，所经之地若有妈祖庙，必亲自到庙祈求平安。第五次下西洋，船队停泊于刺桐港候风，获悉百崎乃其同族，即亲临视察，看到百崎乏地耕种，遂举宫兵围海筑堤造田。时值台风大潮之际，堤岸屡遭冲击，几濒崩塌。郑和手举妈祖神旗，亲临指挥，遏止狂涛。堤成后吾村先辈见妈祖如此灵验，请其留下神旗，筑小庙祀之。
>
> 尔后，境泰民安，四时祥和。咸感妈祖圣德醍醐，坤仪显耀，信者益炽，香火愈盛。清康熙年间，由乡贤倡议，酿资扩建，塑大妈、二妈神像供奉。斯时，庙门因故偏西，配上周边特异景物，却也独具风格，历经三百余载，世事沧桑，然圣德流芳，俎豆馨香，

长期炽盛。乙丑年（一九八五）冬，村中有识之士，再度倡议重修，又增塑三妈神像供奉。……今夏，村中有识见者谋议扩建重构，得到各方相应，佥允赞同，遂即成立筹建组。着手擘划。海内外仁人志士，善男信女，相继慷慨解囊，共襄胜事。①

重修过的埭上天后宫，坐西北朝东南，建筑面积 300 平方米，由上殿（主殿）和下殿（香案殿）组成，硬山式屋顶，大门偏西，宫前有水域 8000 平方米的大水池，俗称"金潭""妈祖潭"。相传清乾隆年间（1736—1795），妈祖到她娘家"谒火"回来，跳过跨度近百米的这口大潭。

埭上村的现有居民，有 98% 属于回族郭姓族人，2% 是早先从外地迁来的异姓。分为四个队，做活动时，每个队卜三个头，四个队共 12 个头，三年卜一次。天后宫翻建后，去湄洲进香 5 次。宫里奉祀三尊妈祖，大妈（妈祖）是湄洲妈，二妈（妈祖）是从仙游分来的，三妈（妈祖）是从惠安张坂镇下洋分来的。年节来烧香的人较多。农历九月初九做佛生日，去湄洲进香，回来演戏，宴桌。三月二十三没有活动。天后宫里诸神像摆设如下：

武安王 花桥公 观音妈	三妈 大妈 二妈	宫内妈 宫内公 福德正神

埭上天后宫是否真的是因郑和之故而修建，如今已经很难进行考究。但是有两点值得注意：一是在现在埭上村的郭氏家族中，依然保存着郭氏先民围海造田的遗迹，并且至今依然是当地农渔业生产的一项重

---

① 本碑立于埭上天后宫内。

要水利设施。在数百年的回民风俗演变中,因而也形成了"堤岸节"的民间节日。据传"郑和这次下西洋是到忽鲁漠厮等国,他听说港对面的百崎有先辈从阿拉伯或波斯来的回族群众,就前来探望。百崎回民在码头筑亭(当地回民称接官亭,现保存完好)迎接,当郑和得知百崎回民土地少,人丁多,生活有些困难,就发动士兵与当地群众一道筑堤造田,建村庄。但正遇六七月台风大潮季节,海堤多处缺口,郑和挥动妈祖旗现场指挥。经过多次与暴风雨搏斗,终于在古历八月十五日把两条海堤建成(分别为700米、60米)。当地回民为感谢郑和军,炸了'油香'前去慰劳。后来就是埭上村每年最隆重的节日——'堤岸节'。这两条海堤也称为'郑和堤'(现保存完好)"。[①]埭上村从明代至新中国成立前夕,商船、渔船有几十艘之多,他们船上都供奉"海上女神"的神像和香火。所以现在百崎郭氏家族的五个房份中,唯有埭上村把妈祖作为境主。所谓"境主",就是村落保护神。这就说明这里的回族郭氏家族,已经把妈祖的神格提升到高于伊斯兰教自身宗教的层次之上了,并且演化成当地民间习俗的一个重要组成部分。

值得注意的第二个问题是:郑和是否到过埭上帮助郭氏家族修筑堤岸固然不可考,但是郑和在下西洋经过福建的时候,作为穆斯林信徒,他确实祭拜过妈祖。这一事实说明,早在明代前期,至少在中国的南方,从国家的政策到官员及民间的认知中,对于伊斯兰教、佛教等,并不存在过于明显的宗教畛域。事实上,中国历史上并没有出现过"宗教"这一特定的政治与社会名词,不同的神灵崇拜是可以在大一统的政治文化观念之下共存与融合的。

---

① 参见郭家齐:《埭上天后宫》,载惠安县政协文史委编:《惠安文史资料专辑·惠安寺庙宫观教堂录》,2005年12月印行。

（二）泉州回族丁氏家族的妈祖信仰

回族丁氏家族聚居于现晋江市陈埭镇一带，其中西坂村西锦娘妈宫，就是当地著名的天后宫。这座天后宫里面所崇祀的神灵，除了主祀神妈祖和三夫人妈之外，还有众多的佛教和道教以及不知来历的神灵。其分布示意图如下：

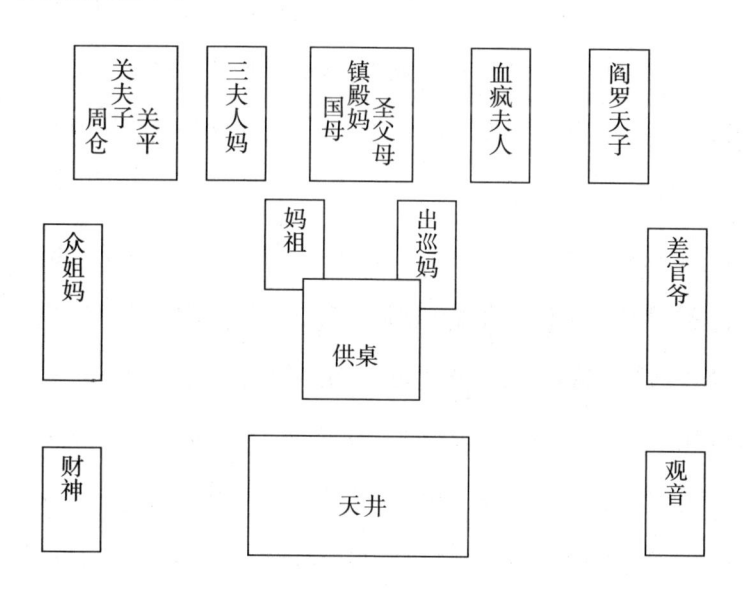

关夫子周仓 关平	三夫人妈	镇殿妈 圣父母 国母	血疯夫人	阎罗天子
众姐妈	妈祖	出巡妈		差官爷
	供桌			
财神	天井			观音

庙中所祀的国母不知来历。三夫人妈即陈、林、李三夫人。陈夫人又称临水夫人妈（767—792），姓陈名靖姑，或名进姑。一说宁德古田人，一说福州下渡人。传说她与林纱娘、李三娘义结金兰，并一起赴闾山学法，师承许旌阳真人。三姊妹得道之后，合称三奶夫人。三夫人的尊号很多，有顺懿夫人、慈济夫人、顺天圣母、天仙圣母等等。三夫人和妈祖是目前闽台两地最重要的女神崇拜，一个成了海上保护神，一个成了妇幼保护神。因此在福建地区有"莆田有妈祖，古田有靖姑"之

称，本宫之妈祖和三夫人妈同为主祀神名曰娘妈宫，正是出于这一缘故。闾山派中，有一批道士，奉临水夫人等三位结义女神为宗师，以红头巾作为标记，称作"三奶派""夫人派"，又称"红头法师"。而另一部分道士则将法主公奉为宗师，并以黑头巾作为派系之标记，台湾人称之为"乌头法师"。

三夫人妈的香脉来自泉州东岳庙，历史上西锦娘妈宫也被称为小东岳。当地信众每年都会去古田临水宫祖庙进香。血疯夫人和阎罗天子分灵也来自泉州东岳庙。关夫子是翻建宫庙时新增的，先请师父装塑，再去泉州通淮关岳庙过炉。天井两侧壁下还奉祀财神和观音，财神也是翻建时增塑的。

西锦娘妈宫虽然是由三夫人妈和妈祖共同奉为主祀神的，但是由于三夫人妈信仰除了护佑妇女助生保胎之外，还演变为驱鬼镇邪的"红头法师"的宗师，显得过分威严神秘，而妈祖则始终一派慈祥和气的景象，因此在一般民众的心目中，妈祖似乎更让人宽心亲近。于是，逐渐地，妈祖更成为村中民众祭祀与迎神赛会的不二神明。从上面的宫内神像排列示意图中可以看到，主殿的前面还有一尊"出巡妈"，这正是丁氏族人们用于迎神赛会、巡视四境祈求平安的偶像。

正因为如此，妈祖也就成了合境全村人的保护神主神，故亦称"境主神"或"挡境神"。当地西坂村的居民90%多均姓丁，姓陈的有三四户，姓黄的一户，姓曾的三户。陈埭西坂村一带居民虽然绝大多数是回族的后裔，但是当地的民风习俗及民间信仰已完全汉族化。只有祠堂祭祖时才会请阿訇来，有伊斯兰教的仪式。他们每年去湄洲进香，三月初一卜定日子，一般会选三月十九或二十。回来刚好三月二十三给妈祖做生日。进香活动由管委会负责组织。由于陈埭回族乡已经是全国闻名的经济发达乡镇，经济实力雄厚，故于2011年翻新这座天后娘妈宫时，仅仅重建宫庙一项就花费人民币300多万元，加上其他费用，总共不下500万元。

重修过的西锦娘妈宫，两边墙上嵌有三块石碑，分别为《西锦娘妈宫重建之前历次维修捐资捐物芳名录》《本里阿姑西锦娘妈宫重建捐资芳名录》《西锦娘妈宫重建捐资芳名录》。兹把《西锦娘妈宫重建捐资芳名录》的前84位捐资人的名字及捐资数额抄录如下：

丁路二十万元　　丁伟健一十五万元　　丁文解一十二万元

丁火炎一十一万元　丁志虎一十一万元　　丁联辉一十万元

丁清渊一十万元　　丁剑锋一十万元　　　丁加建一十万元

丁灿阳一十万元　　丁炳坤一十万元　　　丁和平、蔡惠珍一十万元

丁荣付五万元　　　丁贵水五万元　　　　丁志强五万元

丁金彻五万元　　　丁辉煌五万元　　　　丁建康五万元

丁火木五万元　　　丁金山五万元　　　　丁冰魁五万元

丁成奎五万元　　　丁文玉五万元　　　　丁颂鲁五万元

丁蛤目五万元　　　丁建胜三万元　　　　丁志桑三万元

丁振元三万元　　　丁致财三万元　　　　丁信息三万元

丁信德三万元　　　丁信徒三万元　　　　丁信助三万元

丁长源三万元　　　丁良锦三万元　　　　丁金联三万元

丁长圣三万元　　　丁清水三万元　　　　丁国栋二万二千八百元

丁金章二万二千元　丁怀展二万二千元　　丁火星二万元

丁龙辰二万元　　　丁辉灿二万元　　　　丁建涛二万元

丁则友二万元	丁则恭二万元	丁则文二万元
丁则辉二万元	丁文初二万元	丁明灿二万元
丁明晓二万元	丁江沙二万元	丁建从二万元
丁天宝二万元	丁辉二万元	丁秋生二万元
丁树阳二万元	丁振星二万元	丁建发二万元
丁华友二万元	丁景发二万元	丁金烟二万元
丁友德二万元	丁泉龙二万元	丁清标二万元
丁镇国二万元	丁清来二万元	丁群雄二万元
丁红九二万元	丁泉成二万元	丁春木二万元
丁彬彬二万元	丁颂俭二万元	曾胜凯二万元
丁瑞芳二万元	丁飞宇二万元	李贵水二万元
丁马挺二万元	丁火胜二万元	李柏二万元
丁清河二万元	丁明峰二万元	丁火辉一万元

……

在这块"重建捐资芳名录"里，共记录了331位捐资人的名字，捐资数额从二十万元至二千元不等，二千元以下者不登录此碑文。捐资人大部分为当地居民，除此之外，还有少部分由本地迁居中国香港、澳门，马来西亚，印度尼西亚的族人。在上面所抄录的84位捐资人中，即二十万元至二万元的捐资人中，属于回族丁氏家族的人员多达81位，其余三位分别为曾姓一人，李姓二人。在未抄录的捐资一万元以下至二千元的247人中，除了曾、李二姓外，还有陈、吴、万、赖、林、张、许等姓氏，共11位。丁姓之外的杂姓在捐资人芳名录中大约仅占有4%的比例，这一比例正好与陈埭西坂村的居民姓氏比例基本吻合。通过这一数字的比对，我们可以知道这里的天后妈祖崇拜，是由回族丁氏家族支撑起来的。至于这座娘妈宫的理事会，则完全是由回族丁氏家族的族中长辈及族中较有社会地位与财力的族人担任。

（三）台湾蓝氏家族的妈祖信仰

随着明清时期福建沿海居民大量移居台湾，妈祖信仰也在这一时期传进台湾岛内，并且在台湾岛内得到迅速的发展，成为迄今为止台湾岛内最为重要的民间崇拜神祇。在妈祖信仰传入台湾的过程中，祖籍福建漳州的畲族后裔蓝氏叔侄兄弟，在其中发挥了重大作用。

如今分布在台湾各地的妈祖圣庙，数以千计，而其中最负盛名的十大妈祖庙为：（1）澎湖天后宫；（2）鹿港天后宫；（3）台北关渡天后宫；（4）台南大天后宫；（5）台南鹿耳门天后宫；（6）云林北港朝天宫；（7）台中万春宫；（8）大甲镇澜宫；（9）嘉义配天宫；（10）高雄旗津天后宫。其中和军事有关，作为战舰、旗舰的镇舰妈祖，后来成为地方信仰中心——妈祖庙的镇庙妈祖，共有三个：（1）台南鹿耳门天后宫（其主神为郑成功座舰的镇舰妈祖）；（2）鹿港天后宫、台南大天后宫（其主神为蓝理所请湄洲祖庙开基二妈，为施琅座舰的镇舰妈祖）；（3）台中万春宫（其主神为蓝廷珍所请湄洲妈祖阁的三妈，为七日平台座舰的镇舰妈祖）。由此可知，在台湾的十大妈祖庙中，有三座是由畲族蓝氏后裔即蓝理、蓝廷珍、蓝鼎元所奉请入台的。

蓝理，表字义甫，字义山，祖籍今福建省漳州市漳甫县赤岭畲族乡人。生而魁伟，自幼习武，精通刀、枪、矛、盾等各种兵器。施琅兴师征台，闻理英勇，奏请随师征台，檄署"提标右营游击"领前队先锋。据《鹿港天后宫简介》记载："康熙二十二年（1683），施琅将军平台时，恭请湄洲祖庙开基妈祖神尊护军，由部将蓝理请神尊于船上顺利登陆,凯旋班师回朝时,其族弟施启秉、族侄施世榜父子,虔诚恳留圣母神尊入庙奉祀,施琅将军并恭献匾额'抚我则后'一方,以谢神恩。"1928年天后宫重修时,鹿港罗君蓝撰写序文亦云:"鹿港圣母之宝像,乃是康熙二十二年施靖海将军之戎幕僚蓝理,同湄洲之僧恭请而来,俾鹿崇祀,至雍正三年始建此天后宫。"彰化县政府在对于鹿港天后宫的介绍文中,也传述了蓝理奉请妈祖入台的史实:"鹿港天后宫创建于明万历十九年(1591),系台湾最早之妈祖庙。相传清康熙二十二年,福建水师提督施琅东征平台,派部将蓝理至湄洲妈祖祖庙,恭请湄洲妈祖护军渡海,该神像原寄奉现台南大天后宫内,施琅班师还朝之际,其族弟、侄施启秉、施世榜,恳请留台奉祀。该妈祖神像为湄洲现存唯一仅有之开基妈祖,为六尊开基妈祖之第二尊,故俗称'二妈'。鹿港天后宫于雍正三年(1725)由施世榜献地迁建;诸信徒捐献盖庙,以砖瓦扩建;隔海正对湄州祖庙,故承袭祖庙之宫名,称天后宫。"①

再看有关台南大天后宫与蓝理的渊源关系。根据《台南大天后宫简介》等台南文献资料的记述,台南一带是福建妈祖信仰最先传入的地方,所谓旧志载明宣德间(1426—1435)三宝太监郑和将妈祖香火引至大井头,世传其为湄洲妈祖播台之始。南明永历三十七年(清康熙二十二年,1683)临济僧济泅遵明宁靖王朱述桂遗嘱,将其府改为天妃神祠,奉祀天妃妈祖和观音菩萨。是年八月,施琅渡海攻台,明郑投降。施琅攻占台湾后,即进驻宁靖王府,将观音神像移正室右侧的监军府,今观音殿内。施琅鉴于台湾先民深仰妈祖之灵异,为收买人心,派其部将蓝理至湄洲妈祖祖庙所请护军渡海的祖庙妈祖,奉祀于正室中。并以妈祖显佑济师,奏请朝廷诰封妈祖,并奏请康熙将王府改建为妈祖庙大

---

① 以上三种简介及序文资料,均取自台湾鹿港天后宫。

天妃宫以示不居功，八月康熙准奏。康熙二十三年（1684）下诏敕封妈祖为"护国庇民妙灵昭应传慈天后"，大天妃宫也随即改名为大天后宫，是台湾妈祖庙号中最早称天后宫者。①

蓝廷珍，字荆璞，祖籍也是漳州市漳浦县畲族乡人，生于康熙二年（1663），卒于雍正七年（1729）。蓝廷珍年少时，投奔时任浙江定海镇总兵蓝理麾下。日习骑射，舞戈扬盾，且擅长火攻，枪炮几乎是弹无虚发，深得蓝理的器重。以善捕盗，历迁温州镇右营游击；因屡立战功，擢升为澎湖副将，不久又授予南澳镇总兵之职。康熙六十年（1721）夏，台湾朱一贵起兵，占据台湾府。蓝廷珍率部进剿，取得成功。是年秋，蓝廷珍复率漳泉兵士百余人，入垦屏东里港，始成村落，这是漳州畲族蓝氏落脚屏东最早的文献记录。

大致在此期间，蓝廷珍及其畲族族人，从福建奉请妈祖入台，以保佑族人在新开垦地的平安。现台湾蓝氏设立有宗亲会，宗亲会的记录中称："台中蓝兴宫，清康熙二十二年（1683）首任大墩区总兵（今台中市）蓝廷珍奉派来台时，亲率家人前赴福建湄洲朝天阁，恭请天上圣母金身随船保护来中奉祀；并斥资于现址兴建寺庙，定名蓝兴宫妈祖庙；且由唐山聘请名僧来台主持，此为蓝兴宫之肇始。至清嘉庆年间，庙宇经百年风雨霜侵，已乏昔日之象，有碍市街瞻观。当时有地方名人林开梅、许其昌等人，倡议修建，并正式将宫号更名为万春宫妈祖庙。"②

万春宫现在也是台湾十大妈祖庙之一，在台湾的妈祖信仰中颇有影响。根据《万春宫历史沿革》等文献资料的记载，万春宫妈祖俗称"台中妈祖"，在清康熙年间发生朱一贵动乱，总兵蓝廷珍来台平乱，

---

① 以上简介资料均取自台南大天后宫。
② 参见台北蓝氏宗亲会"部落格"。

由蓝廷珍提督亲自赴湄洲朝天阁恭请圣母随船保护,又称"蓝兴妈祖",登台后先驻驾于台南大天后宫,雍正元年,乱事结束后,才迎接妈祖到大墩庄店(今台中三民路一带),定名为"蓝兴宫"。乾隆五十一年(1786)发生林爽文事件,蓝兴宫遭战火波及,乾隆五十四年(1789)修庙复建,但嘉庆年间因为庙宇遭风雨剥蚀,由地方人士募资改建,使原本属于私庙性质的"蓝兴宫",转变成众人集资的"万春宫"。[①]

在台中妈祖庙的修建过程中,畲族蓝氏的另一位杰出人物同样做出了重要贡献,这就是蓝鼎元。蓝鼎元,生于康熙十九年(1680),卒于雍正十一年(1733)。字玉霖,号鹿洲,别字任庵,蓝廷珍的族弟。康熙五十七年(1718),族兄蓝廷珍升任南澳总兵,便道返乡,论及镇守南澳事宜,鼎元上书数千言,直指"南澳一镇为天南第一重镇,是闽粤两省门户","镇南之法,以搜捕贼艘为先"。书中条陈七大要务,供廷珍参酌,巨细靡遗,洞若观火,深得廷珍赏识。康熙六十年(1721),朱一贵在台湾起事反清,蓝廷珍奉令平台,蓝鼎元受邀随行,来台参与军事幕僚的工作。军中往来文书手札、军务、善后、备防诸事,无不参与。他又遍历台湾西部各地,熟悉台湾地理环境,协助蓝廷珍调度军队,料敌如神,对平定朱一贵之乱卓有贡献。

正是由于这样的关系,当蓝廷珍从福建奉请妈祖入台时,庙宇的建筑以及神明的安置等具体事务,基本上由蓝鼎元来实施完成。据万春宫附近耆老说:万春宫妈祖是蓝廷珍从湄洲请来奉祀,蓝兴庄妈祖庙,则是由蓝鼎元鸠工兴建的。万春宫虽毁于日本人占据台湾之时,但一部分文物却被保留下来,现安放于万春宫中。这部分文物都十分雅致,疑为当年蓝鼎元兴建万春宫时,请名匠所制。其主殿镇殿妈祖后面,有幅

---

① 以上简介资料均取自台中万春宫。

"沧龙吐水"图，以国画方式完成，气势磅礴；画工精致传神，为罕见之佳作，经专业鉴定，应为立庙之初，就有此作，存留至今，为他庙所无。①

值得注意的是，蓝氏三杰对于妈祖信仰在台湾的传播所起到的作用，多少与一定的政治和军事因素有关，但是他们的作为，却深刻地影响到他们的族人即畲族后裔的宗教信仰意趣。《台中万和宫》简介写道："于台中市，除万和宫外，尚有四座妈祖庙，即中区万春宫，东区乐成宫，北屯区南兴宫，西区朝奉宫。各自拥固定信众。其中以创建于雍正年间之万春宫、万和宫为最早，乾隆年间之安乐宫次之。恰好将台中市区东西分为三部分。三间庙宇创建年代之先后，与台中地区开垦进度有关联。即万和宫和张国有关，万春宫与蓝廷珍、蓝鼎元有关，乐成宫和平和板子铜壶林氏有关。其信徒前二者较为集中，以老街为核心，与交易中心一致。"在这则记载中，明确地指出了台中妈祖庙的建造，与"台中地区开垦进度有关联"，"各自拥固定信众"。这也就是说，蓝氏族人同样是台中妈祖庙的重要信众。

正因为如此，经过两百多年的代代相传，这些移居到台湾的畲族后裔，已经把妈祖信仰作为他们赖于传承的宝贵精神文化遗产，倍加珍惜。这正如其后裔子孙蓝孟德在瞻仰自己家族妈祖庙时所感慨的那样：

> 作为一个有情有义的台湾人，慎终追远，敬仰祖先，是其传统的美德，也是非常自然的感情。认祖归宗，落叶归根，万里返乡，寻根谒祖，也是我们共同的心愿。每次带着儿女到台南鹿耳门天后宫拜谒妈祖时，我都会指着那片海土相连的地方，告诉儿女说，那里是北汕尾鹿耳门，那里是当年两位祖先蓝理、蓝廷珍渡海平台的

---

① 以上参见蓝孟德：《漫谈平台建台清初蓝氏三杰对台湾次级文化妈祖信仰的影响》。

地方，虽然沧海桑田，鹿耳门已不复见，但对着儿女，诉说着祖先蓝理破腹孤舟救主，两丈蓝理巨旗，吓破敌胆；蓝廷珍七日平台的故事，……这时，先人神勇破敌的景象，就浮在眼前，历历在目，宛如就在眼前。每次到赤崁楼、官祀武庙逛古迹吃完度小月，或是到台南安平吃虾卷，每年走春到台南祀典天后宫拿通书时，站立在妈祖主殿螭壁前，看着那块"神潮征异"的南澳总兵蓝廷珍谢神恩匾和那块雍正四年由蓝廷珍以"妈祖涌潮济师事"上奏，雍正御书"神昭海表"的御匾，仍高悬在台南大天后宫，心中就有股莫名的激动；……我就心有荣焉地自问：这真的就是我蓝氏的祖先吗？每次到"一鹿二府三艋舺"的鹿港，去寻找小镇的故事。吃蚵仔煎、喝鱼丸汤，然后到鹿港天后宫访古，听着解说员说这尊是开基"二妈"，是当年靖海侯施琅请部将蓝理去湄洲请来的开基妈祖，全世界只有这一尊，现在大陆祖庙都没有开基妈了，要拜湄洲开基妈祖，就来鹿港天后宫，就是这一尊。……我的心头就会无限地悸动。每次到台中出差，有时同窗好友都会拉着我的手说："来！去看你家的庙。"我都会莫名其妙。台中万春宫，奉祀着蓝兴妈祖，那就是传言中我家的庙。看着奇特的建筑格局，大门在主殿的右边，还有戴着清朝官帽的公石狮和那座全台唯一的石牌坊"天后阁"，听着耆老说："万春宫妈祖是蓝廷珍开垦蓝兴庄把他从湄洲请来的妈祖，迎到这里奉祀的湄洲妈；蓝兴庄妈祖庙，是由蓝鼎元鸠工兴建的。还有那幅'沧龙吐水'一定要看喔！是别的妈祖庙都没有的。"脚踏在万春宫的庙庭里，真的就有回家的感觉，好熟悉啊！好亲啊！似乎看到先祖蓝鼎元忙碌的身影，穿梭在万春宫里。①

从这篇文章中，我们可以充分体会到畲族后裔子孙对于先祖业绩以及妈祖信仰的真挚情感与无限崇拜。妈祖信仰已经成为台湾畲族后裔生活中的一个不可缺少的组成部分。

（四）闽台少数民族崇拜妈祖的文化意义

福建地区除了回族之外，还有蒙古族、满族、高山族、畲族等少数民族，其中以畲族的人数为最多。事实上，现在居住在福建的少数民族，几乎没有不崇拜妈祖的。

福建沿海回族、畲族等少数民族对于妈祖的信仰，如果从文化发展史的视野来考察，特别是从民族文化史的视野来考察，无疑具有十分重要的历史意义。众所周知，自近代以来，政治家、民族学家和社会学家们经常将"民族"作为表述单位来使用。然而，人们在使用的时候却往往充满矛盾和悖论。造成这种状况的根本原因是"民族"拥有多种语义和多条表述单位的边界。其边界主要有三：民族—国家"想象共同体"的政治性表述；地缘性文化发生形貌和地方人群的历史性表述；某一个具体民族的历史记忆与族群认同的策略性表述。三者的边界相互交错但不重叠，有时甚至发生冲突。在三者的互动过程中，"主控叙事"的权力化总是处于主导地位，致使民族的历史性表述产生明显的"制造"性质。历史叙事与历史本身存在巨大差异。而随着历史的推移，原始的形态就越来越变得模糊不清，近现代的民族表述，就愈加接近于

---

① 以上参见蓝孟德：《漫谈平台建台清初蓝氏三杰对台湾次级文化妈祖信仰的影响》。

"想象共同体"的形象。①

假如我们用更为通俗化的语言换一个角度来表述，中国民族的起源及其形成与变迁，主要是受到"文化意识"的影响和"自我表现"的时代变迁所导致的。某种强势的区域性"文化意识"或国家性"文化意识"，将对周边的少数民族产生巨大的，甚至是潜移默化的影响力。而不同少数民族间的"自我表现"，既有加强本族内部认同感的作用，同时它又是应对来自外部"文化意识"影响力的本能反应。这两者的相互作用，造就了近现代社会考察民族问题的基本因素。

基于这样的思考，我们可以这么理解：不同民族之间的相互关系是多线性的，尤其是民族文化的影响力，往往超越社会、种族、国家等领域的界限，具有超越时空的永久意义。并且，这种民族文化的影响力，具有不以人们的意志所转移的坚韧力量。当某一种民族文化更具有先进文化特征时，这种民族文化对于其他文化的影响力是毋庸置疑的，也是难于阻挡的。这种趋势，从世界文明发展史的角度来思考是合理的。因为世界文明的发展是全人类的共同财富，当某一个民族拥有更先进的文化形态时，从表面上看，它似乎具有一定的外植性，从而对其他民族产生了文化的变异。然而从长远的历史来观察，则这种外植性无疑推动了其他民族文化的进步，因而也就进一步推动了世界文明的共同进步。相反地，那些囿于狭隘地域性的民族文化观念，抱残守缺，从根本上讲，是不利于文化与文明的共同进步的。文化的超越与文化的认同，是中华民族凝聚与发展的基本要素之一。

就中国东南区域的情形而言，由于自唐宋以来从中原南下的汉族文化始终处于强势主导的地位，这种文化势必对这一区域内的其他少数民

---

① 参见彭兆荣：《论民族作为历史性的表述单位》，《中国社会科学》2004年第2期。

族文化产生深刻的影响力,在潜移默化的历史变迁中,汉族文化包括宗教信仰与民间信仰在内,自然而然地渗透到他们的文化意识和日常行为之间,从而成为他们社会生活方式中的一个不可或缺的组成部分。正因为如此,福建少数民族的文化意识和日常行为出现了许多与他们原来形态不相吻合甚至是不可思议的变化。汉族文化与回族文化的交融,在福建沿海地区得到了和谐的体现。

因此,如果我们从民族文化发展史的视野来讨论福建少数民族崇拜妈祖的问题,这对于深化中国区域文化变迁史的整体考察,应该不无益处。

六、试论闽南梨园戏《管甫送》的剧本变迁

《管甫送》是闽南梨园戏三个流派共有的传统折子戏[①],也是由高甲戏等福建地方剧种所改编而上演的,在闽南民间流传甚广。《管甫送》以其欢快优美的乐曲和载歌载舞的表演形式,深为城乡观众所喜闻乐见。又因为《管甫送》的剧情明快,演出时间短,常常作为"大戏"演出之前或之后的"小出"[②],起到烘托现场气氛、提升戏剧艺术感染力的作用。查剧中音乐全部采用闽南民间歌谣小调,丑角艺术十分丰富。由于高甲戏丑角竞争十分激烈,《管甫送》的表演形式也因此不断

[①] 所谓闽南梨园戏三个流派,即指上路、下南和七子班。
[②] 闽南民间称每晚演出有完整戏本及故事情节的戏为"大戏",亦称"正出",以有别于如《管甫送》等的"小出"。

变化。主角管甫的身份时而商贩，时而小吏。辛亥革命后，管甫改着青衣小帽，妹娟改着衣裙。20世纪30年代，管甫装饰除了长衫、马褂、小帽外，增加了手杖，妹娟也拿着雨伞。故有"唐葛丑"（拐杖丑）的称号。正因为如此，当闽南民间进行年节婚庆的喜庆日子里，也往往请来演员欢唱此戏，或者由乡里的戏剧爱好者们自弹自唱，提高娱乐的热情。耳濡目染之下，许多乡村的农夫，在辛劳耕作之余，偶然也会哼哼数句断断续续的《管甫送》唱腔。由此亦可见《管甫送》在闽南地区民间社会的文化影响。

《管甫送》剧目的来源不详。其剧情描写的内容与台湾有关，应当起源于清代中后期。一说是清末从竹马戏移植来的，经高甲戏艺人加工，成为高甲戏独具风格的小戏。又由于早期演出本中有嗜好"鸦片"的唱句，估计该戏成型于清代后期的可能性较大。《管甫送》属于烘托现场气氛的加演"小出"，很有可能是由某些戏剧演员自己创写试演，受到观众喜爱之后，继续修改，逐渐形成可以在梨园剧演员中口传身授的演出戏目。到了20世纪后期，福建省文化部门为了抢救、挖掘民间传统剧本，遂由福建省闽南戏实验剧团根据老艺人从清代末期留传下来的戏本以及演出记忆口述，整理成为文字剧本（见后），在此称之为"口述整理本"。

20世纪后期印行的《管甫送》，即口述整理本，由于口述者直接受业于清代后期民间艺人的言传身教，并参照艺人的私人抄本，所以这个口述整理出来的文字剧本基本上保留了清代后期民间演出时的原有概貌。综观这个口述整理本，大致可以看出以下三个特点。

一、故事情节简单。描写管甫（男丑）从台湾回来探望父母病情而途经厦门时，与旧情人妹娟（女旦）欢聚、告别、不忍分离之事。

二、唱词朴素，多有乡间俚语。如：

[旦唱] 相思爱无兴又无彩，忽听见外面闹嚷嚷，俉呢不是管甫透暝来。[丑上白] 双脚踪踪行，行到妹娟门口庭。到了，我共伊叫门一下。妹娟，开门呜。

[丑白] 妹娟免烦恼，听我说。[唱] 风吹啊，娘仔啊，对各对面，不高不低好人才，嗳嗳哟，娘仔我都爱。[旦唱] 头插啊，一枝啊，鬓各鬓边桃，鬓桃插来软抖抖，嗳哎哟，想兄总龛着。[丑唱] 手举啊，一枝啊，竹各竹烟吹，烟吹举来门口过，嗳嗳哟，无心做工艺。[旦唱] 就在啊，房中啊，绣各绣烟袋，烟袋绣来甚好款，嗳哎哟，阿兄忆着玩。[丑唱] 身穿啊，一领啊，太各太平裀，小妹亲翁去出外，嗳哎哟，招兄来长蹄。[旦唱] 身穿啊，一领啊，白各白短衫，短衫穿来镶乌领，嗳哎哟，害兄无性命。[丑唱] 身穿啊，一领啊，满各满州甲，小妹招兄来长甲，嗳哎哟，二人揽搭搭。[旦唱] 脚穿啊，一条啊，青各青缎裤，缎裤穿来青倜倜，嗳哎哟，共兄捻嘴须。[丑唱] 手举啊，一枝啊，苏啊苏白扇，白扇扬来风微微，嗳哎哟，一阵清香味。

三、插科打诨，许多唱词迎合民间的观赏趣味。如：

[丑唱] 小妹啊，妹娟啊，莫得苦伤悲，兄今换班有三年，嗳哎哟，台湾我不去。[旦唱] 绣枕啊，排来啊，排各排同边，小妹招兄烧鸦片，嗳哎哟，未烧先过瘾。[丑唱] 烟盘啊，收起啊，倒各倒同边，小妹和兄来做戏，嗳哎哟，二人拙生意。[二人同唱] 双人啊，掀开啊，红各红罗帐，罗帐掀开做风流，嗳哎哟，一对金鸳鸯。[旦唱] 有钱啊，有银啊，是各是阮翁，无钱无银是别人，嗳哎哟，掠着割头鬃。

事实上，闽南地方戏剧的"小出"，并不像"大戏"那样有着比较严格的文字剧本和演出程序，演员们为了烘托现场气氛、迎合民间观众的观赏趣味，往往可以比较随意地改动词曲，延长或缩短演出的时间。特别是当观众兴趣高涨时，插科打诨的场面将大大增加，一些比较低级以致肉麻的说词时而掺杂其间。如当演至管甫与妹娟欲抽鸦片和同床共眠时，可以有许多调情轻薄的歌舞。

闽南地区传统民间戏剧虽然有许多迎合下层民众趣味的唱词和歌舞动作，但这恰恰是民间基础文化的一个重要表现形式。我们不能以社会上层以及知识分子的价值观来贬低这种表现形式。

从清代后期民间艺人口传下来的《管甫送》演出剧本，经过戏剧专家记述整理成为最初的文字剧本之后，有些高雅的戏剧专家便认为这种剧本过于庸俗，格调不高。于是，经过现代知识分子诠释过的新文字剧本很快就问世，并且付诸剧团排练演出。新文字剧本与旧口述整理本相比，有四个特点十分明显。

一、剧情做了较大改动。口述整理本是写男丑管甫从台湾回来漳州途经厦门时与旧情人妹娟小聚；而新文字剧本则改为男丑管甫与妹娟同在台湾，相聚三年，因为祖家福建泉州家书催促管甫返回，不得已与妹娟告别苦分离。

二、删除口述整理本的那些所谓低级趣味、迎合下层民众观赏趣味的词句，在文字上既保留一部分地方方言的特征，而又尽可能地高雅化。如当管甫与妹娟相见诉衷情时，没有了抽鸦片和同绣枕的情节，而是用以下的文字来表达：

自从共妹呀恁相识　　　　　恰似孤星
伊都月来伴月来伴　　　　　香蕉落叶叶卷心
椰树结子伊都知人意　　　　香蕉椰子呀知人意

兄哥你	未必伊都知人心知人心
甘蔗吃来啰节节甜	菠萝结目伊都目目圆
甘蔗菠萝呀知人意	你我双人
伊都到百年到百年	基隆常常啰多雨来
新竹常常伊都起风台	只恐新树呀根底浅
风来雨来	伊都不自在不自在
洛阳桥板啰坚又大	东西塔高伊都基深在
哪有真心呀共虔意	

用这样的文字表达两情相悦、坚贞不渝，恐怕不是台湾一般的下层民众即男丑所能企及的，倒像是曾在杭州受过良好教育的梁山伯和祝英台之流的语言。

三、随着戏剧语言的高雅化，道德的追求亦趋向完美化。本来，口述整理本中的妹娟是一位有夫之妇，所谓"小妹亲翁①去出外，嗳唉哟，招兄来长带"，"东畔出日西畔红，恨爸恨母恨媒人，公子王孙不匹配，匹配短命侥幸人。嗳哎哟，管甫喂，侥幸的人啊"。管甫与妹娟相会，属于法外的偷情之举，在传统社会里是不符合伦理道德的。但也许正是这种非道德的婚外恋，容易为下层民众所津津乐道，当作劳作之余的谈资笑料。同时，在清代福建民间普通民众迁移台湾的历程中，非正常婚姻关系和非正常男女关系的大量存在，也在这个戏剧中得到一定程度的反映。因此，《管甫送》之所以受到下层民众的欢迎，其实与当时的社会现状和民众道德欣赏水平有着很密切的联系。然而，新文字剧本的改编者也许认为这种偷情的渲染不符合中国儒家的大传统文化，于是就改为二人在台湾相识、相爱，最终来个明媒正娶、白头偕老。如唱词所云：

---

① 原注：翁，丈夫之意，属闽南方言的谐音。

屈指算来三年岁月整　　　我想着管甫

好像蜜糖甜在心　　　　　伊来台湾共阮有缘分

俩人情浓蜜意深　　　　　但愿共君结连理

白首偕老结成同心……

有的是真情实意　　　　　管甫定要带来给小妹

既有真情实意　　　　　　阮还要你

三媒六礼来共我定亲谊　　对对　管甫这次返来

必定带来三媒六礼　　　　来共小妹完婚

者　花包盘担　　　　　　红灯四轿

拜天地入洞房　　　　　　对面笑　呼哈嘻呼哈

嘻哈呼嘻哈　　　　　　　妹娟笑纹纹

管甫笑哈哈　笑哈哈　　　嘿　这正称我心意啰

这样的结局，与中国传统戏剧中惯用的才子佳人落难分离，最终团圆洞房花烛的模式，如出一辙。

四、新文字剧本的政治语境凸显加强。在口述整理本中，只有管甫与妹娟二人的调情悲欢，与道德标准和政治命题没有丝毫的关联。但是在新文字剧本中，不但道德标准得到强化，政治上的意义也作为创作者的一个主题诉求而充分体现在全剧的演出过程中。我们从以下的唱词中，就不难体味到这种政治语境的凸显加强。如：

家书催我返泉州我半是忧翻半是喜　离乡日久思亲切

我又是难舍　　　　　　　我妹娟真情意

难分难舍两岸情　　　　　但得着来共她说出因依

但得着来共她　　　　　　共我妹娟因依……

日月潭边啰开碧桃　　　　哪有情妹伊无情哥

自从共哥呀恁相识	满腹心事
伊都难发落难发落	北斗山上啰出温泉
有情小妹伊都在台湾……	
小妹　船要开啰	管甫就此告辞
阵阵锣声催人归	滴滴泪暗垂
乡愁阵阵游子心	难舍有情人
别时容易见时难	望断秋水在台湾
刺桐红花七月开	归帆隔岸来
管甫哥　既是要返去	待小妹送你几步
多谢小妹美意	兄哥不用客气
一步送哥出绣帘	蝴蝶成对双飞燕
春花绚烂开不败	秋月明亮永团圆
二步送哥大路边	阿里山高通到天
洛阳桥下长流水	流到台湾重团圆

　　这样的唱词改编，实际上已经大大超过了管甫和妹娟二人悲欢相送的离别情愁，而是借题发挥，突出了"海峡两岸是一家"的宏伟主题。为了渲染这一主题，作者还大段描写泉州两地的土特产品，诸如："有情不怕伊都水隔流，泉州台湾是同宗，哎哎哟哎哎哟，成对在后头。小妹　管甫这次定要共小妹带来。带来什么？者　嘉兴木梳，福州虱篦，苏州刺绣，杭州绸面，胭脂点嘴唇，粘柴贴云鬓。这般丰盛，阮也无稀罕，只是泉州有没好对象？有有！黄陵荔枝真出名，五店市李咸是真时兴，安溪的铁观音，晋江的西滨饼，范志神曲好字号，清源茶饼呵特别好，石狮甜糕人阿谀。哎哟，阮也无稀罕吃也无稀罕穿，阮要的是恁泉州人的。是么，是么，到底是么？是恁泉州人的真情实意。对　对！泉

州是海滨邹鲁,满街尽皆圣人,有的是真情实意,管甫定要带来给小妹。"这样的描写,一方面与剧情脱节,有画蛇添足之嫌;同时也未免与穿着丑角行头的管甫太不相称,活像个现代有情有义的企业家。政治语境的凸显,已经使小人物管甫和妹娟之流不堪重负。

口述整理本出版于2000年,新文字剧本紧接着就问世演出了。虽然二者相隔的时间很短,但是其内容及其戏剧主题却发生了很大的变化。从这二者的变化之中,我们大体可以得出两点认识。

一、《管甫送》演出剧本的演变,也同中国传统戏剧的许多剧目一样,起初是由民间艺人根据下层民众的欣赏趣味而创作演出的,一般上层知识分子因其格调低俗而较少光顾;但是随着某些剧目在广大民众之间广泛流行,一部分上层知识分子往往根据自己的道德品评标准,进行文字的修改加工。其结果是,一方面演出剧本的文学水平有着显著的提高,戏剧剧本经历了由"野"至"文"的跨进;而另一方面,戏剧的道德价值观也随之向儒家伦理的正统化靠近,甚至向着"戏剧为现实政治服务"的目标前进,这样的戏剧也必然日益朝着上层阶层所盼望的"教化"功能转化,并且发挥着一定的社会影响力。

二、民间戏剧由"野"入"文",虽然是中国戏剧以及其他民间艺术的一条必经之路,但是并不等于说戏剧的由"野"入"文"就标志着戏剧艺术的提升。地方戏剧之所以能够扎根于民间社会,就在于它适应了下层民众的艺术欣赏意趣。这些戏剧以其幽默、诙谐、调侃的戏剧语言,以及带有某些反传统的故事情节,而深深地受到群众的喜爱。因而,这样的地方戏剧是民间文化的一个重要组成部分。然而一旦这样的戏剧被上层知识分子所改编,戏剧的"野"少了,文雅多了,同时也就必然被引入道德与政治教化的死胡同。这种文雅化的戏剧,或多或少

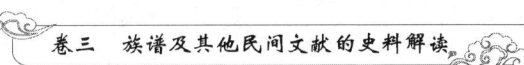

脱离了与下层民众的内在联系。正因为它缺乏民众文化内涵的支撑，因而它很容易演变成为单一文本化的戏剧。

基于以上两点认识，泉州梨园戏《管甫送》由"野"入"文"的剧本变迁，其得失利弊的评判，恐怕就只能是一个无解的永久悬念了。

附：

（一）口述整理本（梨园戏下南）《管甫送》[①]

[旦扮妹娟上唱]【水车】屈指算来年久月深，想着我君相思病损，心急山高路又远，千山共万岭，弓鞋又短细，无人可借问，想起来焦人心酸，保庇我君早返来，望天相保庇，保庇管甫早早返来。[丑扮管甫上唱] 擂鼓过五更，想着妹娟焦我心头暗伤悲，亲像百里奚辜负庞廖，牛郎织女恶相见，个个辜负都如是，行到伊厝共伊说透机。[旦唱]相思爱无兴又无彩，忽听见外面闹嚷嚷，俩呢不是管甫透暝来。[丑上白]双脚踪踪行，行到妹娟门口庭，到了，我共伊叫门一下。妹娟，开门鸣。[扣门声][旦白]是谁叫门。[丑白]妹娟，你详细听，我是恁管甫兄。[旦白]呼，是阮管甫返来鸣，障说待阮来开。[丑白]来，来开。[旦白]原来都是管甫返来。[丑白]正是。[旦白]管甫请入内。[丑白]妹娟请。[旦白]管甫请坐。[丑白]妹娟同坐。[旦白]未知管甫伯，到来何事。[丑白]妹娟，你有所不知，那是阮刀仔许厝寄一张批来，四角烧三角，剩一角插鸡毛，教我着去漳州着柯厦门，我直来共妹娟你别别咧。[旦白]嗳，管甫啊。[丑白]妹娟免烦恼，听

---

① 口述整理本由晋江施教恩、林玉花口述，福建省闽南戏实验剧团抄，林任生校订，郑国权复校。1998年2月初稿，2000年4月再改。

我说。[唱]风吹啊要，娘仔啊，对各对面，不高不低好人才，嗳嗳，娘仔我都爱。[旦唱]头插啊，一枝啊，鬓桃插来软抖抖，嗳哎哟，想兄头会着。[丑唱]手举啊，一枝啊，竹各竹烟吹，烟吹举来门口过，嗳嗳哟，无心做工艺。[旦唱]就在啊，房中啊，绣各绣烟袋，烟袋绣来甚好款，嗳哎哟，阿兄忆着玩。[丑唱]身穿啊，一领啊，太各太裯，小妹亲翁去出外，嗳哎哟，招兄来长蹛。[旦唱]身穿啊，一领啊，白各白短衫，短衫空来镶乌领，嗳哎哟，害兄无性命。[丑唱]身穿啊，一领啊，满各满州甲，小妹招兄来长甲，嗳哎哟，二人揽搭搭。[旦唱]脚穿啊，一条啊，青各青缎裤，缎裤空来青惆惆，嗳哎哟，共兄捻嘴须。[丑唱]手举啊，一枝啊，苏啊苏白扇，白扇扬来风微微，嗳哎哟，一阵清香味。[旦白]管甫啊，恁在何处。[丑白]阮在漳州城。[旦唱]盘山啊，过岭啊，合啊合恁行，相同行到漳州城，嗳哎哟，管甫好名声。[丑唱]小妹啊，妹娟啊，莫得苦伤悲，兄今换班有三年，嗳哎哟，台湾我不去。[旦唱]绣枕啊，排来啊，排各排同边，小妹招兄烧鸦片，嗳哎哟，未烧先过瘾。[丑唱]烟盘啊，收起啊，倒各倒同边，小妹和兄来做戏，嗳哎哟，二人拙生意。[二人同唱]双人啊，掀开啊，红各红罗帐，罗帐掀开做风流，嗳哎哟，一对金鸳鸯。[旦唱]有钱啊，有银啊，是各是阮翁，无钱无银是别人，嗳哎哟，掠着割头鬃。[丑白]不是空，拿着会割头鬃，无思想你，卜返来去咯。[旦白]管甫啊，你既是卜返去，给阮留一下。[丑白]你卜留我若久啊。[旦白]阮卜留你三日。[丑白]不可，我赶紧的事志，哪会堪停去拙久啊。[旦白]无而留一日就好。[丑白]一日的就会做得。[旦白]嗳，管甫啊。[唱]东畔出日西畔红，恨爸恨母恨媒人，公子王孙不匹配，匹配短命侥幸人。嗳哎哟，管甫喂，侥幸的人啊。［丑唱］兄今一时卜返去，共你妹娟说透机。［旦唱］听见管甫卜返去，恧阮心内暗伤悲，管甫返去着再来，不可给阮恶等待。嗳哎哟，管甫喂，恶等的待啊。［丑唱］兄今劝妹不可吼，阮厝那爹妈总会年老，人说啊，养儿着待老的，今日那无返，是我大不孝。［旦唱］妹今听见苦伤悲，听见管甫卜返去，管甫信心在阮厝，我子养大送你。嗳哎哟，管甫啊，送给的你啊。［白］管甫，你既是卜返去，待阮送你行上几步。［丑白］你却（句）细脚验行。［旦白］阮那为着你，脚骨痛痛也着行。［丑白］你卜送我到倒落去。［旦白］阮卜送你到渡头。［丑白］既然拙有心，而给你送几步。［旦白］嗳，咦。管甫啊。［唱］一步送哥到床墘，双手牵来眼泪滴，哥你今旦卜返去，误阮青春少年时。二步送哥落栏杆，暝日想哥心艰难，我哥在厝日日好，今旦出外朝朝难。三步送哥出厅口，共哥香火挂前头，只物是妹亲手做，爱卜管甫好到老。四步送哥花园内，心头苦切哥不知，望卜同哥永恩爱，无疑今旦拆东西。五步送哥到前山，目滓流落透心肝，管甫只去无处看，亲像风筝断了线。六步送哥到大路，劝教我哥着忠厚，自己身命着照顾，不可意爱别人某。七步送哥桥仔头，双手牵哥目滓流，望卜双人好到老，谁知有头无尾梢。八步送歌到后河，十分难舍我兄哥。咱今双人只样好，今旦分开无奈何。九步送哥到溪墘，鸳鸯水鸭做一池，禽鸟也卜成双对，亏咱兄妹拆分开。十步送哥到海墘，看见海水心惊疑，海水无情人无义，管甫返去病相思。［丑白］妹娟你请。［旦白］嗳咦，管甫啊。［丑白］我卜落船略。［下］［旦唱］看见管甫悻悻去，恧我心头暗伤悲，顺风顺水好天时，未知何日再相见。将身行入绣房内,怨心切命无人知,提起针线无心情,想起管甫是我兄,我今无心入绣厅,掀开镜箱照孤影。[念]西风吹来冷微微,脚酸手软行唸进,手提针线无心情,纷纷醉醉忆着兄。[下]

[梨园戏　下南《管甫送》终]

(二) 新文字剧本高甲传统折子戏 《管甫送》

屈指算来三年岁月整	是谁叫门
我想着管甫	是管甫你来
好像蜜糖甜在心	是我来
伊来台湾共阮有缘分	待阮来开门
俩人情浓蜜意深	啊
但愿共君结连理	都真正是管甫哥你来呀
白首偕老结成同心	是　是阮来
嘿依	管甫哥
家书催我返泉州	妹娟
我半是忧翻半是喜	管甫哥
离乡日久思亲切	妹娟
我又是难舍	风吹呀　兄弟呀
我妹娟真情意	对个面来
难分难舍两岸情	风流潇洒伊都好人才
但得着来共她说出因依	嗳哟管甫阮都爱
但得着来共她	嗳嗳哟嗳嗳哟
共我妹娟因依	管甫阮都有害
妹娟	小妹呀　头插呀
开门　开门	鬓个鬓桃

鬓桃插来伊都晃晃摇　　　　　啥　管甫哥

嗳哟共君对面笑　　　　　　　你要返去

嗳嗳哟嗳嗳哟　　　　　　　　正是　因阮厝爹妈

　　　　　　　　　　　　　　寄来家书一封

共君对面笑　　　　　　　　　四角烧三角

手举呀　一枝呀　　　　　　　万分紧急　催我返去

苏个苏白扇　　　　　　　　　我特来共小妹你相辞

白扇摇来伊都风微微　　　　　哎呀　管甫哥

嗳哟管甫中阮意　　　　　　　啊美

嗳嗳哟嗳嗳哟　　　　　　　　管甫呀　共妹呀

管甫中阮意　　　　　　　　　说透个机呀

小妹呀　做人呀　　　　　　　阮厝那爹妈

有个有情意　　　　　　　　　伊都老年个纪呀

管甫怎甘伊都拆分离　　　　　火急呀　家书呀

嗳哟怎甘拆分离　　　　　　　催我返乡里

嗳嗳哟嗳嗳哟　　　　　　　　我今无回去

怎甘拆分离　　　　　　　　　伊都不孝个义呀

嗨　　　　　　　　　　　　　哎哎哟

管甫哥　　　　　　　　　　　小妹呀喂不孝个义呀

难得今日到小妹家中　　　　　听说呀　此话呀

为何叹气　　　　　　　　　　暗伤个悲呀

小妹　　　　　　　　　　　　管甫那

管甫今要返去泉州　　　　　　此去伊都要返乡里呀

特来共小妹你相辞　　　　　　恐畏呀　此去呀

不要返来呀

害我那

孤单伊都苦伤个悲呀

哎哎哟

管甫呀喂苦伤个悲呀

再三呀　劝妹呀

心把个定呀

管甫那

此去伊都泉州个城呀

禀告呀　爹妈呀

一年半载呀

就来共小妹

伊都完亲个谊呀

哎哎哟

小妹呀喂完亲个谊呀

管甫哥

你此话说得恰准

十二点敲十二下

是恰准准准

我何时共小妹你相骗

管甫哥　听你障说

真是教阮伤心

你可记得

记得什么

管甫哥

日月潭边啰开碧桃

哪有情妹伊无情哥

自从共哥呀恁相识

满腹心事

伊都难发落难发落

北斗山上啰出温泉

有情小妹伊都在台湾

自从共妹呀恁相识

恰似孤星

伊都月来伴月来伴

香蕉落叶叶卷心

椰树结子伊都知人意

香蕉椰子呀知人意

兄哥你

未必伊都知人心知人心

甘蔗菠萝呀知人意

你我双人

伊都到百年到百年

基隆常常啰多雨来

新竹常常伊都起风台

只恐新树呀根底浅

风来雨来

伊都不自在不自在

洛阳桥板啰坚又大

东西塔高伊都基深在

那有真心呀共虔意

大风大雨

伊都各自在各自在

管甫哥　你说的也是

小妹都也放心

只是此去路头远

说来阮也不爱你去呀

小妹

泉州虽然路头远

你我恩爱难割断

难割断

正是　盈盈一水

难隔断你我恩爱情

只要你有心　我有意

不久咱就可团圆重相见

感谢兄哥有情意

你此去探望双亲

也是合情合理

小妹怎敢叫你久居台湾

忘宗忘祖忘乡里

小妹真是深明大义

管甫定要返来

共小妹你长相依

兄哥不免客气

管甫哥　你今要返去

待小妹送你一件礼物

对　对　睹物思人

小妹真是情深意长

管甫哥

一个呀　荷包呀

绣个绣呀鸳鸯

鸳鸯戏水伊都成双对

风吹雨打不相忘

哎哎哟哎哎哟

雨打不相忘

胸前呀　挂起呀

绣个绣呀荷包

有情不怕伊都水隔流

泉州台湾是同宗

哎哎哟哎哎哟

成对在后头

小妹　管甫这次

定要共小妹带来

带来什么

者　嘉兴木梳

福州虱篦　苏州刺绣

杭州绸面　胭脂点嘴唇

粘柴贴云鬓

这般丰盛　阮也无稀罕

只是泉州有没好对象

有有　黄陵荔枝真出名

五店市李咸是真时行

安溪的铁观音

晋江的西滨饼

范志神曲好字号

清源茶饼呵特别好

石狮甜糕人阿谀

哎哟　阮也无稀罕吃

也无稀罕穿

阮要的是恁泉州人的

是么　是么

到底是么

是恁泉州人的真情实意

对　对

泉州是海滨邹鲁

满街尽皆圣人

有的是真情实意

管甫定要带来给小妹

既有真情实意

阮还要你

三媒六礼来共我定亲谊

对对　管甫这次返来

必定带来三媒六礼

来共小妹完婚

者　花包盘担

红灯四轿

拜天地入洞房

对面笑　呼哈嘻呼哈

嘻哈呼嘻哈

妹娟笑纹纹

管甫笑哈哈　笑哈哈

嘿　这正称我心意啰

小妹　船要开啰

管甫就此告辞

阵阵锣声催人归

滴滴泪暗垂

乡愁阵阵游子心

难舍有情人

别时容易见时难

望断秋水在台湾

刺桐红花七月开

归帆隔岸来

管甫哥　既是要返去

待小妹送你几步

418

多谢小妹美意

兄哥不用客气

一步送哥出绣帘

蝴蝶成对双飞燕

春花绚烂开不败

秋月明亮永团圆

二步送哥大路边

阿里山高通到天

洛阳桥下长流水

流到台湾重团圆

三步送哥过石桥

双人水影桥下照

清水照影难照心

心明如镜情意投

四步送哥妈祖宫

妈祖娘娘有灵应

相邀宫前来咒誓

不敢亏心共侥幸

五步送哥上渡船

愿君风顺水也顺

管甫誓言记在心

娘子宽心待佳音

送君千里　终须一别

小妹请回步

管甫就此告辞

管甫哥请

小妹请

管甫哥

小妹

管甫哥

小妹

归期已有期

小妹心欢喜

明年红花开

与哥庆团圆

庆团圆

……